U0919384

主办：
四川大学法学院刑法学科
四川大学刑事政策研究中心

Criminal Law
Interpretation Review VOL.3

刑法解释

魏东主编

2018

第3卷

法律出版社
LAW PRESS · CHINA

目　录　　刑法解释（第3卷）

卷首语

魏　东*

《刑法解释》(第3卷)共载文16篇。

本卷"特稿"和"专论"两个栏目共登载了6篇专题研讨刑法解释论的学术论文。邓子滨教授大作——《中国刑法实质解释论的主要问题与批判》秉持作者一贯的形式解释论立场,明确指出"实质解释论是从主观到客观的入罪理论""实质解释论的根基是经常修正为法益的社会危害性""实质解释是一种不顾忌手段约束的目的解释"是实质解释论的主要问题之所在,并予以逐一批判。子滨教授基于形式解释论立场对实质解释论"失当"之处所作学术检讨,篇幅不长却言简意赅,应当说是击中实质解释论的要害和痛处的,是一种"片面的深刻",值得刑法学人细读品味。值得注意的是,子滨教授重申形式解释论,其并不排斥实质解释,而是主张形式判断先于实质判断,由此而将实质判断的功能限于出罪,并且认为其立场是与笔者所主张的"刑法解释的保守性"命题并无二致;子滨教授重提形式解释论与实质解释论之争,认为形式解释论和实质解释论之争,对于形式解释论来说,并不是要不要实质解释之争,而是实质解释和形式解释的位阶之争,实质解释的功能之争。这是十分精准的。而笔者所关心的是,子滨教授重提形式解释论与实质解释论之争,指出实质解释论的主要问题并对其加以批判,会不会再次搅动"学术江湖"而引发新一轮学术论战?我们拭目以待。

卢勤忠教授在其大作《刑事司法解释中的刑法思维方法问题》中指出,刑法思维方法要与大众思维既相一致(符合国民的预测可能性)又有区别(理性判断),相较于民法,刑法更重实质认定(是否具有法益侵害性),这一特点易侵蚀形式合理性,因而在刑事司法中必须贯彻先罪后刑的逻辑顺序。应当说,勤忠教授提出的刑法解释论问题及其反思,同子滨教授前面重申的学术"批判"形成了某种较为默契的呼应。时延安教授在其大作《作为刑法解释方法的合宪性解释》中指出,刑法解释中的合宪性解释既有指引作用,又有限制作用,合宪性解释的依据限于宪法规范,以平等权、财产权与言论自由为代表的宪法权利规范对刑法规范的解释和适用具有重要的限制作用,回应了合宪性解释适用中可能存在的问题,进而指出合宪性解释应作为最后使用的解释

* 魏东,法学博士,四川大学法学院教授、博士生导师。

方法,更多地发挥其限制和约束作用,即一方面检验通过之前运用的解释方法得出的解释结论是否与宪法规范矛盾,检验其是否会导致刑罚权的扩张适用进而导致侵犯公民权利的情形出现;另一方面将人权观念渗透到刑法适用活动当中,确保刑事司法能够真正全面地保障人权。李运才教授的《刑法解释方法的界定及适用——基于刑法解释对象的考察》一文,对刑法解释对象进行反思和界定,认为其仅限于形成刑法中有意义的概念的文字组合或者文字和符号的组合(或者说是语词);刑法解释方法的界定及其选择亦由刑法解释对象所决定,可分为文理解释、补正解释和当然解释;运才教授还指出,不应将刑法解释与刑法教义学等同看待。笔者撰写了《西方国家刑法解释(学)的学术考察》一文,西方国家刑法解释实践经历了严格解释与灵活解释的交替反复之后,最终在当今时代走向了反对机械的严格解释而主张适当的灵活解释、适当的客观解释和适当的实质解释,尤其在20世纪以来直到当下灵活解释主义作为一种刑法解释立场已经越来越被普遍接受;可以发现当前中国刑法解释实践在发展方向上具有亲近适当的客观解释和适当的实质解释的趋同性,中国刑法解释学完全可以借鉴吸纳西方国家的刑法解释理论。青年刑法学者田维博士在《罪刑法定价值与刑法解释的保守性》一文中,分析了罪刑法定原则所蕴含的根本价值——形式理性、人权保障与权力制衡及其与刑法解释的保守性理论的契合性,对刑法解释的保守性理论持赞同观点,认为刑法解释的保守性理论以人权保障作为核心价值面向,充分考量了刑法解释中的多种价值,以保守性作为基本精神,对入罪解释的绝对形式化进行了审慎的突破,是对刑法解释理论"保守地创新"。

本卷"刑法判解"栏目共登载5篇论文,对多种类型犯罪和刑事案例的刑法解释与适用进行了学理研讨。最高人民法院研究室副主任周加海博士和法官喻海松博士合作的《环境污染犯罪的刑法解释与司法适用》一文,介绍了"两高"《关于办理环境污染刑事案件适用法律若干问题的解释》的制定背景与经过,详细阐述了该解释十个方面的主要内容,为我们正确理解和适用环境污染犯罪最新司法解释提供了权威的解释性指引。陈洪兵教授近作《以交通肇事逃逸为例看作为犯与不作为犯的区分》一文,提出区分作为犯与不作为犯的困境除抽象层面讨论外还需借助分则中具体的构成要件的解释予以解决,对于"移置逃逸"的处理应结合是否增加客观死亡风险等要素严格审视,以防对国民自由的限制。本人拙作《毒品犯罪的解释性疑难再检讨》对吸毒者实施涉毒行为的定性处理、代购毒品与居间介绍毒品交易行为的定性处理和走私、贩卖、运输、制造毒品罪的既遂形态认定进行了思考和检讨,对相关的疑难问题提出了个人的解决方案。青年刑法学者曾成峰法官新作《帮助信息网络犯罪活动罪的刑法解释》一文,对帮助信息网络犯罪活动罪的相关问题进行了有益的梳理和探索,着重对其犯罪构成和司法认定进行了全面论述,并对其刑罚配置问题提出了不宜轻率地适用资格刑和禁止令等观点。罗书平先生的《办理减刑假释案件中适用司法解释溯及力原则初探——以最高人民法院“法释〔2016〕23号”司法解释为视角》一文，指出按照以“从旧兼从轻”为基础的溯及力原则，对新的司法解释施行前的减刑假释案件仍应当适用“当时”的司法解释，除非适用新的司法解释对罪犯更有利，其论述对于当下司法实践具有参考价值。

本卷“刑法原理”栏目共登载5篇论文，对行为犯理论展开了集中研讨。何荣功教授大作《行为犯原理的阐释与反思》鲜明地提出，行为犯在构成要件的设置上呈现缩水现象，导致犯罪既遂的提前和控方证明责任的减轻，当前我国对行为犯的设置过于随意，呈现泛化趋势，存在巨大的法治风险；因而，行为犯的立法设置必须讲求正当性，应坚持近代刑法确立的以结果犯为原则的立法技术。梅传强教授与张永强博士合作的《行为犯理论的修正——兼与行为犯否定论者商榷》一文，对大陆法系行为法理论进行了梳理，进而对我国的行为犯理论加以检视，从行为犯概念、行为犯否定论、行为犯、举动犯和危险犯的关系以及行为犯存在根基出发，对行为犯理论进行了理性修正。王志祥教授与黄云波博士合作的《行为犯概念之辩证》着重对行为犯的概念问题进行了研讨，全面分析了行为犯概念的讨论基准、界定标准、行为犯概念与犯罪的本质、行为犯概念与结果犯概念之间的关系、基本犯既遂形态的设置规律等理论问题。本人拙作《行为犯原理的探讨性阐释》，从行为犯的内涵界定、具体类型和犯罪样态出发，提出了应从形式概念、犯罪既遂标准说的界定方式来阐释行为犯原理；主张行为犯属于横向的犯罪样态，包括预备行为犯、举动行为犯、过程行为犯、持有行为犯、危险状态犯等五种具体的犯罪类型，原则上不得混同于纵向的犯罪形态。蒋玲博士新作《危险犯的故意认识内容》提出，抽象危险犯中的抽象危险体现了法益侵害性，属于客观违法要素，同时也是犯罪故意的认识内容；抽象危险犯区别于具体危险犯的特点是抽象危险结果与行为同时发生，因而对行为的认识即意味着对抽象危险结果的认识。

特　稿

中国刑法实质解释论的主要问题与批判

邓子滨*

目前，在我国刑法学界公开主张形式解释论的学者并不多见，当然对实质解释论表示怀疑的学者逐渐增加。值得注意的是，魏东教授提出了保守的刑法实质解释论的立场，指出：入罪上要保守并充分重视形式审查，坚守刚性化、形式化的入罪底线，即入罪上的刚性与形式立场。与保守的实质解释论相对应的是魏东教授称为全开放的实质解释论，这种实质解释论主张入罪上的弹性与实质立场，不求立法上的最大公正，但求司法上的最大公正。魏东教授认为，这恰恰是保守的实质解释论所反对的。其实，魏东教授所说的这种所谓"保守的实质解释论"，与我所主张的形式解释论的立场是完全一致的。

——陈兴良

这篇文章是魏东教授看到《中国实质刑法观批判》（第2版）后要求我写的"命题作文"，他有理由关注这本书，因为陈兴良先生在"修订版序"中将其"保守的实质解释论"评价为与"形式解释论的立场是完全一致的"。[1] 如果有什么人认为陈先生的这一评价有些出人意料，那么是因为他们不甚了解下列事实：魏东教授的"保守的声音"是在形式解释与实质解释之争如火如荼的时候出现的，他"所主张的'刑法解释的保守性'或者'保守的刑法解释'，其主要内容有三点：一是入罪解释的原则立场与出罪解释的常态化立场，即主张坚守刚性化、形式化的入罪底线的原则立场，准许有利于被告人的出罪的客观解释、实质解释的常态化；二是入罪解释的例外方法，即主张谨慎地准许例外的、个别的且可以限定数量的客观解释与实质解释对被告人入罪；三是刑法

* 邓子滨，法学博士，中国社会科学院法学研究所研究员。

〔1〕 参见邓子滨：《中国实质刑法观批判》（第2版），法律出版社2017年版，修订版序第4~5页。

漏洞的立法填补原则立场”。[1] 我很奇怪,魏东教授的主张明明是形式解释的,为什么一定要冠以“保守的实质解释”之名不可?径直叫做“开放的形式解释”不好吗?当然,我的任务只是简明指出实质解释论的主要问题并对其加以批判。简明扼要,直指要害,不耽误读者的宝贵时间。

一、实质解释论是从主观到客观的入罪理论

在我看来,形式解释是指遵循立法原意,依照法律条文的字面含义的刑法解释论,它由古典学派所确立的罪刑法定原则衍生出来,强调追求法律的形式正义;实质解释则认定立法原意并不可寻,强调法律文本和解释者的互动,致力于破除法律的僵硬滞后,尽量扩充可能的文义,在个案的定罪量刑中综合考量各种因素,贯彻以兑现实质正义为目的的刑法解释论。不过,重要的不是形式解释和实质解释各自怎么说,而是看它们究竟怎么做。这里还是先援引《中国实质刑法观批判》中的一个著名案例——偷渡案。

偷渡案涉及以参加夏令营为由“骗取”签证,进入他国后滞留不归的行为是否构成非法偷越国(边)境罪。所持有的出境证件,即护照和签证都是真实的,也是在国家指定的海关口岸出境的,但在获取签证过程中对出境目的做了不实描述。为此,陈兴良先生专门撰写了“使用骗取的合法证件出境行为之定性研究——顾国均组织偷越国(边)境案”一文,收入《判例刑法学》。陈兴良先生提出:“如何界定这里的合法与非法?按照裁判理由,出境的合法与非法,是根据出境意图判断的,以旅游为名出境,实际上想在当地定居或者从事劳务,这就是非法出境。在这种情况下,对出境的合法与非法的判断,就不是一种形式判断,而是一种实质判断。显然,这种观点是不能成立的。我认为,出境的合法与非法是指出境证件的合法与非法。只要持合法证件出境,就属于合法出境。只有无证出境或者持有伪造、变造等证件出境,才属于非法出境。”[2]

再看以下几种情形:(1)事主正常驾车时,看到违法驾驶者左转抢行或者强行加塞并线,没有向违法者让步,进而发生剐蹭,事主建议或同意违法者给钱私了。事主是否构成敲诈勒索罪?(2)为了买房或者逃避债务,通过诉讼方式进行“假离婚”的,是否构成虚假诉讼罪?(3)吃完饭不给钱的行为是否构成诈骗罪,当真是由意思产生于饭前还是饭后决定的?以上案例若要入罪,必由主观开始,也就是由口供开始,先解决被告人怎么想,再让被告人的行为符合被告之所想。这一定罪过程,难以完成。

---

[1] 魏东主编:《中国当下刑法解释论问题研究——以论证刑法解释的保守性为中心》,法律出版社2014年版,第126页。

[2] 陈兴良:《判例刑法学》(上卷),中国人民大学出版社2009年版,第84页。

二、实质解释论的根基是经常修正为法益的社会危害性

以张明楷教授的实质解释为例：将非家庭成员的遗弃行为纳入遗弃罪；将军警人员显示军警身份进行抢劫的行为看作冒充军警抢劫，以便适用抢劫罪的加重构成；在刑法没有规定单位犯罪的情况下追究直接负责的主管人员和直接责任人员的刑事责任。[1] 凡此种种，都是以社会危害性大为思考起点的。作为实质犯罪论的首倡者，张明楷教授认为，实质的犯罪论主张以犯罪的本质为指导来解释刑法规定的构成要件，而犯罪的本质恰恰是法益侵害性，侵害或者威胁了法益是违法性的实质。[2] 张明楷教授对于"实质解释论的基本内容"做了归纳：其一，对构成要件的解释必须以法条保护的法益为指导，而不能仅停留在法条的字面含义上。换言之，解释一个犯罪的构成要件，首先必须明确该犯罪的保护法益，然后在刑法用语可能具有的含义内确定构成要件的具体内容。其二，当某种行为并不处于刑法用语的核心含义之内，但具有处罚的必要性与合理性时，可以作出不利于被告人的扩大解释，从而实现处罚的妥当性。[3]

现在的问题是，为什么在一些疑难案件中，入罪冲动那么势不可当？陈兴良先生认为，就司法理念而言，社会危害性观念没有受到彻底清算，内涵于罪刑法定原则的形式理性的观念没有得到弘扬，这不能不说是一个重要的因素。因为社会危害性理论不仅仅是一种学术话语，更是刑法学中的政治话语、意识形态话语。并且，经过数十年的宣传，社会危害性理论已经根深蒂固，形成了思维定式。社会危害性理论恰恰就是实质刑法观的理论基础。[4] 因此，不从社会危害性理论批判入手，实质刑法观就难以从理论上得到彻底清理。社会危害性理论本身的反形式主义特征，决定了它就是一种实质主义法学。陈兴良先生进而毫不犹豫地选择形式理性而非实质理性，虽然牺牲了个案公正，使个别犯罪人员逍遥法外；但法律本身的独立价值得以确认，法治的原则得以坚持，这就有可能实现更大程度的社会正义。[5]

张明楷教授在其新近著作中直言："不深入讨论条文与案件的具体焦点问题，仅抽象地从是否违反罪刑法定原则、是否滥用权力、是否破坏法治的角度进行讨论，就不可能得出合理结论。"[6] 而笔者认为，当下中国大陆刑事法治的"急所"，恰恰是理念、观念问题，而不是处罚必要性等具体考量。不同理念、观念决定着不同解释方法的选择运用，而不是相反。某种刑法解释方法的选择以及多种方法的组合与排序，无非是

[1] 参见张明楷：《刑法分则的解释原理》（第2版），中国人民大学出版社2011年版，第1～108、683～739页。

[2] 参见张明楷：《刑法学》（第4版），法律出版社2011年版，绪论第12页。

[3] 参见张明楷：《实质解释论的再提倡》，载《中国法学》2010年第4期。

[4] 参见邓子滨：《中国实质刑法观批判》（第2版），法律出版社2017年版，初版序第7页。

[5] 陈兴良：《刑事法治论》，中国人民大学出版社2007年版，第10页。

[6] 张明楷：《刑法学》（第5版）（上册），法律出版社2016年版，第57页。

不同理念、观念主导下的师心自用。

就犯罪论而言,学者早已指出:从一开始到目前,我国的犯罪论体系就是实质的,倒是在罪刑法定原则写入刑法典后犯罪论的形式化与实质化才成为一个问题。而且,从资产阶级的犯罪构成到社会主义的犯罪构成,就是从形式主义的犯罪构成向实质意义的犯罪构成的转化。[1] “我国刑法中的犯罪构成是一种实质性的犯罪行为的类型。这里所谓的‘类型’是指法律化的行为的类型,是立法者用法律的形式确定下来的具有相当程度的社会危害性的行为的类型。”[2]传统的苏俄四要件被普遍认为是一种“实际上以犯罪已经成立为前提”的体系,容易脱离法条的形式规定而径直追究实质的犯罪。因此,根据来自苏俄的四要件犯罪构成体系,总能先找到有罪要件,然后补齐其他要件,易于入罪。在社会危害性理论指导下,先作实质判断,定罪过程不过是为社会危害性寻找证据而已。这种理论已病入膏肓,无可救药,只能革故鼎新,引入德日三阶层的犯罪论体系。“通过构成要件该当性、违法性、有责性,层层递进,使定罪活动从客观判断到主观判断、从形式判断到实质判断、从类型判断到个别判断,形成逻辑上的位阶关系,从而保证定罪活动的中立性、独立性与正确性。”[3]

三、实质解释是一种不顾忌手段约束的目的解释

实质论者关注目的,因为目的和实质的关系是友好的;形式论者关注目的,因为目的和形式关系是紧张的。想想那句“以合法形式掩盖非法目的”,虽出现在《民法通则》第58条和《合同法》第52条,所以,真正跟形式过不去的,不是实质,而是目的。张明楷教授认为:“法律解释应以贯彻立法目的为根本任务,当出现了不同的解释结论时,最终起决定作用的是目的论解释。研究刑法目的有利于立法与司法上合理控制处罚范围,将没有侵犯法益的行为以及侵害程度并不严重的行为排斥在犯罪之外。”[4]对刑法的解释应以刑法保护的价值来超越形式主义的束缚,不论对法律所作的扩张解释或限制解释,都必须符合法律的目的,而不是相反。目的论解释,据称已为人们所全盘接受,更被誉为解释方法之桂冠。[5]

多年以前,我在为一起单位行贿犯罪作辩护时,从公诉人那里领教了“以合法形式掩盖非法目的”这句话所蕴含的超规范的解释力。我的委托单位从事拆迁工作,上级主管领导握有拆迁实权,所以单位决定为领导提供一辆车,使用了4年,但车主是个

---

〔1〕 参见姜伟:《犯罪构成比较研究》,载《法学研究》1989年第5期。

〔2〕 马克昌主编:《犯罪通论》,武汉大学出版社1999年版,第73页。

〔3〕 参见邓子滨:《中国实质刑法观批判》(第2版),法律出版社2017年版,初版序第9页。

〔4〕 张明楷:《刑法学》(第4版),法律出版社2011年版,第27页。

〔5〕 参见[德]汉斯·海因里希·耶赛克、托马斯·魏根特:《德国刑法教科书》,徐久生译,中国法制出版社2001年版,第193页。

不相关的人。我认为,机动车采用登记主义,登记给谁谁就是车主,车主对车有法律上的所有权。作为被告的领导,所享有的不过是从所有权分离出来的使用权,而使用权不是财物,不构成受贿罪,因而我的委托人也就不构成单位行贿罪。公诉人则认为,借用不过是形式,实际上该主管领导始终独享着对该车的占有、使用、支配、收益等权利,加起来就足够成为所有权。车主是名义上的,他没出过一分钱,没有实际交易,也没有实际控制,名义车主谈何取得所有权?

到今天为止,我仍然承认公诉人说的"是那么回事儿",但我仍然认为,那个"形式""名义"在法律上依然是重要的。法有法的逻辑,即使它在某些案件中是愚蠢的。如果不把这种"愚蠢的"法逻辑一以贯之地坚持到底,或者说,如果把所有掩盖了目的的形式都彻底否定,那么就会滑入一个"本质"的深渊。比如妓女卖淫,一把就利索的交易算卖淫,多次交易的更应该算卖淫;进而,不以次计而以时间计,以合法的、不合法的各种身份或者无身份的各种关系作掩护,一段时间内进行钱色交易的,算不算卖淫?如果算,那么"二奶""小三"就都是妓女了。或者反过来问:"二奶""小三"与妓女有何区别?其实,恩格斯曾最为深刻地揭露婚姻的"本质",大意是说,资产阶级的婚姻实际上就是一种伪善地掩蔽着的正式的和非正式的卖淫。

实质解释实际就是目的解释。那么,刑法的目的到底指向何处?李斯特说,现在刑法不只反对犯罪人,也保护犯罪人;它的目的不仅在于设立国家刑罚权力,同时也要限制这一权力;它不只是可罚性的缘由,也是它的界限。因此,刑法不仅要面对犯罪人保护国家,也要面对国家保护犯罪人;不单面对犯罪人,也要面对检察官保护市民。自从有刑法存在,国家代替受害人施行报复时开始,国家就承担着双重责任。[1] 话说得没错,实在是很全面,颇得辩证统一之要领。也许赞赏这番话的人没有意识到,权力拥有者很喜欢这样的论断,而且时常被推为高论。这是因为,如果刑法的目的、任务、责任等都是双重或者多重的,就可以降解刑法尤其是罪刑法定原则对权力的压制力度,在实际的刑罚权力运作中就可以增加弄权的合法性。换言之,无论司法官员把力量、重点放在哪个方面,至少都没有明显的不妥。因此,权力得以游走于双重乃至多重目的、任务和责任之间,闪转腾挪,飞檐走壁,冯虚御风,根据需要不断调整自己的位置。权力自由了,权利就危险了。

问题在于,刑事司法中没有那么多统一,更多的是对立。要么有罪,要么无罪。"不仅……而且"句式被周详教授比喻为双截棍,优势在于其穿透力。它没有长棍的笨拙,没有刀剑的锋利,没有铁锤的重量,不善于使用者还会打到自己。但是,双截棍的所有的短处加起来就是长处,外表不像凶器或武器,容易携带,随便往裤兜里、衣服中一插即可,又随时可以抽出来使用而令对手猝不及防,因而具有非常强的欺骗性。

---

〔1〕 参见[德]拉德布鲁赫:《法学导论》,米健、朱林译,中国大百科全书出版社1997年版,第96页。

双截棍又有非常强的弹性与灵活性,出招前可用手臂或后背隐藏遮蔽另一截,让对手看不清双截棍以什么确定的、可预判的路线运行。它的一头在运行中若遇到格挡时,另一头却可以转向,甚至借格挡之弹力而加重其打击力。因此,它可以从上下前后左右各个方向循环而灵活地以直线、弧线以及不规则的折线攻击,令对手防不胜防。真正阐述了武哲中的"以无法为有法,以无限为有限"的辩证思想。当目的论解释祭出"不仅……而且"时,就是抟出一副双截棍,不知道使用的是哪一截"目的"击中并穿透了刑法规范的肌体。[1]

目的论解释之所以受欢迎,据说是因为特别契合当下刑法所谓"保护法益"和"保护人权"的双重诉求,也就是除了法无明文规定不为罪的共同诉求外,还多了一层保护网——法虽有明文规定,也要看法益侵害是否达到应受刑罚处罚的程度。为人权提供双重保护,岂不甚好?形式论者还有何话说?可问题就出在这里,争议也出在这里。目的论的实际解释结论,并不如实质论者所宣示的那样,在注重实现刑法的法益保护目的的同时,更注重严格控制解释的尺度,从而实现对国民权利的充分保护。事实是,有很多当罚尚有疑问的行为,却被目的论"解释进来"而不是"解释出去",所以实际情况是入罪偏多而出罪偏少。这个判断,可以适用于整个实质解释论的实践。"主要的问题并不是法律的起源,而是法律的目标。如果根本不知道道路会导向何方,我们就不可能智慧地选择路径。"[2]卡多佐的这个说法乍听起来有理,但仔细一想未免自欺欺人。人们时常确实不知路向何方,也没有可信的地图。如果知道,那么人们自然会选择智慧之路。

实质论者往往持客观解释的立场,相信以立法者的用意作为法的目的,不如对法律目的做当下的诠释来得方便。他们自然会说立法原意并不十分明确,可信奉立法至上者又凭什么相信,司法者对刑法目的的理解,比之于对立法者原意的探究更接近正确?立法者是一个集体,但却不能说人多就没有共识,也不能说人少就一定能更好地把握刑法目的。所谓"刑法的客观解释",无非是给司法者肢解令其不满的法律并确立自己的法律提供借口。换言之,"当一些法律本身没有包含可以用来证明法庭判决正当性的所谓'法的目的'时,法庭可以无视法律条文的明确语言表述"。[3] 因此,笔者不相信客观解释,并且认为,放弃对立法原意的探究,转而赋予法律以当下的目的,应当是例外,而不应当是规则。

需要警惕的是,刑法是实现社会管控的重要手段,在这一"逐利"过程中,可能学者与官府是不谋而合的。不谋而合的逐利可能使学者放松对"目的"的审视,很容易

---

〔1〕 参见周详:《论一只"牛虻"在中国刑法学术生态圈的诞生——评〈中国实质刑法观批判〉》,载陈兴良主编:《刑事法评论》(第26卷),北京大学出版社2010年版,第90~91页。

〔2〕 [美]本杰明·卡多佐:《司法过程的性质》,苏力译,商务印书馆2002年版,第62页。

〔3〕 [美]彼得·萨伯:《洞穴奇案》,陈福勇、张世泰译,生活·读书·新知三联书店2012年版,第34页。

被官方目的裹挟，而法律本身又很难迫使拥有权力者放弃政策逐利。因此，试图用目的来判定手段之公正性是危险的，避免危险的唯一办法就是保持不断重新衡量目的的能力。[1] 形式论者特别看重刑罚手段是否公正、适当，这不符合刑法的脾气，却符合刑法一代宗师的指点："目的思想要求手段与目的相适应，而且在其使用中做到尽可能的节制。这一要求尤其适用于刑罚。"[2]而现在的观念之下，刑法似乎更强调打击犯罪的功能，而忽视其用来约束刑罚手段的初衷。因为就打击犯罪而言，根本无需借助刑法，没有刑法，刑罚的施用会更加有效。"就地正法"就是典型的高效刑罚。对手段的约束会大大制约目的的实现，因此，每次见到刑法目的的调整，都应首先想到它的真正动因，不过是想突破某种手段的限制。换言之，刑法不断地重新衡量目的，时而是因为手段的限制使得过去奉行的目的受到指责，时而不过是为了堂而皇之地摆脱对手段的制约。

以目的的正当来论证手段的正当，这是目的论支持者经常陷入的泥潭，并且经常被他们所推崇的目的所反噬。具体而言，就是以正当目的为不法手段正名，或者以宏大蓝图抹杀具体权利。必须清醒地认识到，即便承认目的及其意义，对目的的追求也应当有所节制，"以目的论解释为最高准则"[3]的法学诠释方法也应当及时得到反省。理论上可以继续争辩，但实践中以高尚目的公然纵容卑劣手段的事件一再发生。典型事例就是强制引产大月份胎儿事件。目的会反噬自己。目的不仅可以选择，而且目的支配着手段，手段则为目的服务，于是，手段的自由选择以及过限使用就是不可避免的。所以，目的可以潜移默化地架空法律。因此，"让目的为手段辩解，被认为是应谴责的准则。"[4]要预先假定一种关于合法手段的范围，"除非对于手段的选择有非工具性的限制，否则，任何东西都可以在原则上被当作任何目的的手段。这样就不可能存在稳定的社会秩序。不论人们是否喜欢其结果，某些事必须做而其他事必须避免，可能是道德推理的一个根深蒂固的特征"。[5]

重要的是，崇高的目的、宏伟的计划，往往是以人类的苦难和错误作基础的。[6]一旦将某种目的深深地刻上"高尚"二字，任何个人的牺牲以及各种形式的个人牺牲，就会轻而易举并且在所难免。[7] 不是有学者直言支持击落被劫持的飞机吗？[8]其理

〔1〕［美］阿兰·布鲁姆：《巨人与侏儒》，秦露等译，华夏出版社2003年版，第68页。

〔2〕［德］冯·李斯特：《论犯罪、刑罚与刑事政策》，徐久生译，北京大学出版社2016年版，第27页。

〔3〕张明楷：《刑法格言的展开》，法律出版社1999年版，代序第11～12页。

〔4〕［德］卡尔·施米特：《政治的神学》，刘小枫编，刘宗坤、吴增定等译，上海人民出版社2015年版，第250页。

〔5〕［美］昂格尔：《现代社会中的法律》，吴玉章、周汉华译，中国政法大学出版社1994年版，第25页。

〔6〕参见［英］L. T. 霍布豪斯：《形而上学的国家论》，汪淑钧译，商务印书馆1997年版，第131页。

〔7〕参见［英］迈克尔·罗森：《尊严：历史和意义》，石可译，法律出版社2015年版，第95～96页。

〔8〕笔者向来反对击落被劫持的飞机。参见邓子滨：《斑马线上的中国》，法律出版社2016年版，第60～63页。

由之一竟然是维护乘客“不被恐怖分子利用的尊严”。[1] 人一旦接受“最高的善和最高的目的就是幸福”的思想,就可能被控制在受奴役的地位。人的自由和尊严不允许把幸福和快乐当作生活的目的与最高的善,在自由和幸福之间存在不可克服的冲突。我们经常会听到这样一种声音:“听我的,你就会幸福。”[2]

四、补叙

陈兴良先生在2012年5月第11期“刑法学思潮论坛”总评中用“极致比较”的方式说明实质论的入罪风险大于形式论:“如果是极端的实质解释论,只要有处罚必要性,都要受刑法处罚,而无论法律有无规定;如果是极端的形式解释论,只要有法律规定,都要受刑法处罚,而无论有无处罚必要性。一目了然,当然是实质论的处罚范围大,因为法律规定的范围当然比法律没有规定的范围小得多的多。”无论口头承认与否,变化在悄然发生着。实质论者近年来的著述中,所举的例子已经基本都是出罪的了。而关于形式论与实质论的争议,我认为不是偃旗息鼓,而是刚刚拉开序幕,因为以构成要件实质化为代表的整个实质化运动,正在有条不紊地进行着。实践中,罪刑法定原则屡遭劫难,岌岌可危;理论上,任何犯罪论体系都无从抵敌“不惜一切的实质正义”。陈兴良先生总结说:在解释论中,突破刑法条文的字面含义进行实质解释,就使得形式解释成为不可能。因此,对于实质解释论来说,确实存在一个只要实质解释而不要形式解释的问题。但在形式解释论中,先做形式解释,如果形式解释就排除了构成犯罪的可能性,当然也就不存在再做实质解释的问题。但如果经过形式解释,符合构成要件,在此基础上再进行实质解释,如果不具备犯罪的实质内容,仍然可以从犯罪中加以排除。由此可见,形式解释论并不排斥实质解释,而是主张形式判断先于实质判断,由此而将实质判断的功能限于出罪。形式解释论和实质解释论之争,对于形式解释论来说,并不是要不要实质解释之争,而是实质解释和形式解释的位阶之争,实质解释的功能之争。[3]

---

[1] 张明楷:《刑法学》(第5版)(上),法律出版社2016年版,第222页。

[2] [俄]别尔嘉耶夫:《论人的使命》,张百春译,学林出版社2000年版,第135~136页。

[3] 参见邓子滨:《中国实质刑法观批判》(第2版),法律出版社2017年版,修订版序第3页。

专 论

刑事司法解释中的刑法思维方法问题*

卢勤忠**

【内容摘要】刑法思维方法要与大众思维既相一致,又有区别。刑法思维的实质性特征是区别于民法思维的重要标志。刑法的确定性思维是保障人权基本精神的体现。刑法思维中必须贯彻先定罪后量刑的逻辑顺序。

【关键词】刑法思维　大众思维　实质性　确定性　量刑反制

在每年研究生入学考试面试时,我发现有一个令刑法学人非常感兴趣的现象:无论是大学期间选了经济法还是国际法的本科生,或者非法本的本科生,有不少选择了刑法学的研究方向。我就总要好奇地问:"按理说,刑法专业研究生以后毕业出来,由于专业性强,工作的选择面窄,学经济法还是国际法不是更有利于就业吗?"面试同学总会考虑良久,然后几乎如出一辙地回答:"刑法有自身的特定逻辑方法。正是这种刑法的思维方法吸引了我"。一门学科的逻辑思维方法,能使人产生兴趣,是因为喜欢它,而不是出于功利的目的,使我对刑法的思维方法也有了深深的思考。刑法到底有哪些自身的思维方法特征呢?它与民法和其他学科的思维方法有何区别。掌握刑法思维方法的特征,就能够把握学习刑法的规律,搞好刑法学的研究,并能在以后司法实践中准确地理解刑法条文,做一个好的法官、检察官和律师。事实上,我今天讲的许多案例都是与刑法思维密切相关的。

从司法实务来看,每一职业的专业人员都有其特定的思维方法,从事刑事审判的法官也不例外。如果说,熟知法律可以使一个人成为法官,那么掌握系统的法律思维方法,才能使一个法官成为称职的法官。司法事务毕竟不同于理论研究,当某一个案件或者司法实践中出现的具体问题摆在一个法官面前时,立足点是要去解决它,而不能回避。这就要求首先必须有一种研究问题、解决问题的方法。这实际上说的就是思

* 本文系主要根据作者于2017年7月6日在四川大学法学院所作学术报告的文字整理稿。

** 卢勤忠,法学博士,华东政法大学教授、博士生导师。

维方法的重要性。遗憾的是,对如此重要的问题,现实中鲜见有人进行系统的总结和阐释。这就导致一些非常奇特的现象:同样一种行为,在甲地被判无罪,而在乙地就被定罪;在甲地处刑较轻,在乙地处刑就较重;法官是一种观点,而检察官、律师或者侦查人员又是另一种观点;甚至在同一法院,不同的法官也常因一些问题有较大的分歧。在实践中,有很多地方,不少法官是通过师傅带徒弟的方法将一些经验承传下来:这个规定就这样理解,这种案件就这样定性,至于为什么,则缺乏理性的思考和回答。这实际上就是思维方法的问题。

王泽鉴先生说,法律是思维的训练而非单纯的记忆。法律不一定要念得多,法律念得多只是记忆而已,法律是要选几个重要的题目,训练思考能力。法律的问题千千万万,仅靠记忆不行,你也不必都懂,法律全书这么大,念的只要一点点,法律是通过一些重要问题的训练,让你养成一种思考的方法。王泽鉴先生举了一个民法上的案例:父亲乙有一天接到出版社的编辑甲寄来的一封信,说有一套民法百科全书,想卖给你,请你几天内答复,父亲乙把信写好了,放在信封里交给他的儿子去投递。突然,父亲乙不想买了,就从八层楼高的阳台对他儿子喊:"不要寄啊,信不要寄啊。"但他儿子听错了,以为是不要忘记,不要忘记,就去把信寄出去了。第二天父亲乙出去旅行了,回来问儿子,那个信怎么样了。儿子说,已经寄了。这个父亲乙就马上写信给出版社编辑说自己不要买书了,可是信刚发出,书已经收到了。民法上要思考的问题是:第一,出版社向父亲乙请求付书款有没有法律理由,或者说能不能向他请求付书款。第二,假设这个信是他放在桌子上被风吹下,掉在地下有人捡到拿去寄的时候,这个效果是不是一样。第三,这个信放在桌上要不要寄出未定,结果他的秘书以为是要寄的就把它投出去,效果是否一样。第一点,出版社要请求此价款,有一个请求权是基础,《合同法》第几条,买卖合同第几条,买受人有支付价款的义务。他要依照请求的话,买卖契约要成立,买卖契约成立的话,有一个要约、有一个承诺,那现在这个问题就是出版社甲寄这个信来是要约还是承诺?乙这个行为是不是承诺?要约有一个限物要约、限时要约,这个承诺是一个意思表示。这个意思表示有没有发出?发出的时候有没有错误?能不能撤回?

而就刑法思维方法来说,它就是法律思维方法中刑法特有的逻辑思维方法,它需要按照刑法规定的要求和价值取向来适用刑法,评价刑法案件的思想活动过程(或方式)。对刑法思维方法,必须有很好的理解和归纳、总结。

一、刑法思维方法要与大众思维既相一致,又有区别

笔者认为,刑法思维是一种法律共同体的专业性思维,它与大众思维要既相一致,又有区别。所谓"相一致",是因为罪刑法定原则有一个国民的预测可能性,刑法条文的适用不能违背普通大众的常识,不能违背社会大众所要求的公平正义。公平正义是

所有人，是法治国家追求的根本目标。刑法适用当然要符合这个目标，否则就会办错案。近些年的许霆案和天津大妈非法持有枪支案，河南偷草案和鹦鹉案都与公众的思维和认知有很大的差异。

天津大妈非法持有枪支案：被告人赵春华于2016年12月27日被天津市河北区人民法院以非法持有枪支罪判处有期徒刑三年六个月。赵春华上诉后，天津市第一中级人民法院依法立案受理并查明：2016年8月至10月，赵春华在天津市河北区李公祠大街海河亲水平台附近摆设射击摊位进行营利活动。同年10月12日22时许，赵春华被公安机关巡查人员查获，当场收缴枪形物9支及配件等物。经天津市公安局物证鉴定中心鉴定，涉案9支枪形物中的6支为能正常发射、以压缩气体为动力的枪支。二审法院认为，赵春华明知其用于摆摊经营的枪形物具有一定致伤力和危险性，无法通过正常途径购买获得而擅自持有，具有主观故意。赵春华非法持有以压缩气体为动力的非军用枪支6支，依照刑法及相关司法解释的规定，属情节严重，应判处3年以上七年以下有期徒刑。考虑到赵春华非法持有的枪支均刚刚达到枪支认定标准，其非法持有枪支的目的是从事经营，主观恶性程度相对较低，犯罪行为的社会危害相对较小，二审庭审期间，其能够深刻认识自己行为的性质和社会危害，认罪态度较好，有悔罪表现等情节；天津市人民检察院第一分院也建议对赵春华适用缓刑，故酌情对赵春华予以从宽处罚。综上，二审法院认为一审判决认定赵春华犯非法持有枪支罪的事实清楚，证据确实、充分，定罪准确，审判程序合法。综合考虑赵春华的各种情节，对其量刑依法予以改判。遂以非法持有枪支罪判处上诉人赵春华有期徒刑3年，缓刑3年。宣判后，二审法院依法对赵春华解除了羁押措施。赵春华表示认罪服判。

河南卢氏县农民偷草案：2017年，河南卢氏县人民法院以秦某犯非法采伐国家重点保护植物罪判处其有期徒刑3年，缓刑3年，并处罚金3000元。无意间采挖3株“野草”就构成犯罪，这让秦某的思想受到了极大震动。案件事实是，秦某发现其农田附近的山坡上长着类似兰草的“野草”，便在干完农活回家时顺手采了3株，被森林民警查获。经河南林业司法鉴定中心鉴定，秦某非法采伐的兰草系兰属中的蕙兰，属于国家重点保护植物。当时，秦某被公安机关行政拘留7日。2016年8月29日，卢氏县检察院检察官在查看两法衔接信息平台上的这一行政处罚信息时，认为秦某已涉嫌非法采伐国家重点保护植物罪，卢氏县森林公安局应作为刑事案件立案侦查，遂发出《要求说明不立案理由通知书》。卢氏县森林公安局接到该通知书后，依法对秦某立案侦查，并顺利移送起诉。

王鹏出卖鹦鹉案：王鹏酷爱鹦鹉，2014年4月开始，花费大量时间与精力，自学养殖鹦鹉技术。鹦鹉繁殖能力强，加上王鹏百般照顾，鹦鹉越养越多，不知不觉繁殖了40多只。一审法院认定王鹏于2016年4月卖出2只鹦鹉，王鹏家中有45只鹦鹉，认定为犯罪未遂，最终以非法出售珍贵、濒危野生动物罪判王鹏有期徒刑5年。

陈忠林先生认为:常识、常理、常情是法治的基本前提和基本内容。大家可以想一想,在日常生活中,有多少人会先学"交通法"再上街?又有多少人会先学有关银行、金融管理的法律法规再到银行存款、取款?多少人可能先学"民法通则""合同法"或者"消费者保护法"再到商店买东西?指导普通民众日常生活的,只可能是买卖要公平、不能无故损害他人利益、做事要推己及人、敬慕英雄、鄙视小人等人与人相处、人与自然相处的基本常识、常理、常情。

近年来,在多起案件中,都曾经出现过类似的激烈争论,司法专业人士与普通社会公众之间观点鲜明对立。这值得司法实务界深思,为何在司法机关习以为常的认识问题上,也时有司法专业判断与普通群众看法之间的重大差异?因此,笔者认为,司法越专业越要倾听民声,获得公众的认同,否则司法就缺乏公信力,难以取信于民。

另一方面,专业思维与大众思维也要"有区别",这是因为普通大众的思维可能是基于朴素的情感而作出的价值判断,确实从法律专业的角度用法律思维来分析案情,具有较大的情绪性和偏向性,需要法律专业人士理性判断。如杀人不一定偿命,而普通大众的思维就是杀人偿命。自动投案不一定是自动去公安,也可以打电话让公安人员到现场。刑法上的解释可以不按照公众对字面的含义来理解。如同性卖淫案也属于卖淫,审判时怀孕的妇女不能仅仅理解为法院开庭审判时,而应该作扩大解释。侵占罪中的遗忘物,不能理解为所有遗忘物,而必须既是遗忘的,同时又是无第三人代为占有物。

二、刑法思维的实质性特征是区别于民法思维的重要标志

通常我们认为,刑法是重实质认定的,而民法是重形式要件的。刑法为什么重实质,是因为犯罪的本质是社会危害性,或叫法益侵害性。如果一个人行为没有侵犯法益,就不能作为犯罪处理。有些行为表面上看是有违法性的,但是不能定罪的。

笔者认为这需要看实质性的要求,首先,是入罪时必须坚持实质观点。刑法中有人主张实质解释,也有人主张形式解释,但笔者是从刑法思维来讲。只要被告人的行为没有社会危害性,就不能因为表面看上去符合形式要件而作犯罪处理;而不是只要有社会危害性,就作为犯罪处理。这是符合罪刑法定原则要求的。在最新的刑法理论中,有许多理论是运用实质思维的。如刑法中的危害行为与生活行为的区别就是有无危险。客观归责理论中有三个思考层次,第一个就是是否制造了不允许的风险,不作为义务来源中传统的四要件说是形式的,现在是实质的三义务来源说。实行行为的着手从原来的形式的实施分则构成要件的行为到必须是具有实质的紧迫的危险。中立帮助行为的确定是给他人有实质的促进帮助。共同犯罪中帮助行为的前提必须是存在风险的行为。如果只是降低风险的行为,不能认为是帮助行为。

刑法思维上重实质,是指在刑法上是否具有犯罪意义上法益侵害性,不是指一个行为没有任何的危害。如夫妻看黄碟案、裸聊案、私密场所下的换妻南京聚众淫乱案，应该说仍是一种破坏社会善良风俗的行为，看上去在实质上也不利于社会的稳定。但这种侵犯社会善良风俗的行为，不能看成是刑法意义上的法益侵犯性。

在认定受贿罪时，如何看待收受房屋、汽车等物品未办理权属变更行为性质，就需要用刑法的实质性思维，而不能只看形式。笔者认为，在认定这种行为方式的受贿时，特别要注意，民法上的制度与刑法的定罪加以区别，即认定刑法上一个行为是否构成犯罪应该看其实质，而不是形式。而民法上有关权利取得则要同时具备实质和形式两个要件。我国《物权法》《城市房地产管理法》对于房屋、汽车等物品规定了登记制度，这些物品只有办理登记才能取得所有权。但刑法上的占有与民法上的占有是不同的。刑法上的占有是对财产事实上的支配状态，民法上的占有是对财产法律上的所有状态。刑法上的占有是现实性的占有，民法上的占有是主体观念上、法律上的占有。刑法上的占有，只要求具备占有的意思（主观要素）与占有事实（客观要素）即可构成，强调行为人对物的实际管领、支配，其对物的占有往往是基于犯罪行为；民法上的占有要求法律上的合法性，其占有权的取得是基于事实行为或法律行为。特别是刑法上的占有，不管是动产或不动产，犯罪行为都不可能取得实质意义上的占有。因此，刑法上非法占有的认定标准与民法上合法占有的认定标准不是完全一样的，非法占有目的的实现并不以得到法律上的确认为条件。是否在法律上取得对房屋、汽车等物品的占有权和所有权，并不能对事实上占有房屋、汽车等物品的认定构成障碍。如盗窃或者抢劫汽车，既不需要也不可能要求盗抢行为人办理汽车过户手续，但同样可以认定盗窃罪或抢劫的既遂。

房产证、汽车所有权证等权属证书可以证明权利人对该房产、汽车等拥有所有权等权利，但不能说明没有房产证、汽车所有权证等权属证书就表明房产、汽车占有人没有任何权利。例如，占有房屋后，未办理权属变更登记，从物权法意义上讲，并未取得该房屋的合法所有权，但事实上仍可以自己居住或者出租，从而事实上行使房屋的占有权、使用权或收益权。尤其是对于汽车等特定动产，尽管物权法规定了登记对抗要件主义，但其登记不是物权设定、变动的生效要件，从汽车等动产交付时，权利人即已经取得相应的物权，登记的目的是证明这项权利的存在，并以此对抗第三人，其权利凭证是证明凭证。换言之，经过登记，取得权属证书，可以有效对抗第三人，确保自己的合法权利；未经登记，未办理权属变更，不能有效对抗第三人，但不等于自己没有任何权利。

总之，收受房屋、汽车等物品不必须以办理权属变更手续为其成立要件，是否在法律上取得对房屋、汽车等的所有权，并不能对事实上占有房屋、汽车等的认定构成障碍。反之，即便行贿人以受贿人名义办理了产权证书，但未及交付的，应当视情况分别认定为受贿未遂或不构成受贿。因此，“两高”有关司法解释曾规定，国家工作人员利用职务上的便利为请托人谋取利益,收受请托人房屋、汽车等物品,未变更权属登记或者借用他人名义办理权属变更登记的,不影响受贿的认定。就是明确运用了实质性思维方法。

再如,我国有关司法解释中对有些看上去具备形式特征的主体是否属于刑法的特殊主体的问题,关键是看实质是否具有这种主体的本质特征。如有关国家工作人员或国家机关工作人员的界定的司法解释都可以得到说明。(1)最高人民检察院《关于镇财政所所长是否适用国家机关工作人员的批复》规定,"对于属行政执法事业单位的镇财政所中按国家机关在编干部管理的工作人员,在履行政府行政公务活动中,滥用职权或玩忽职守构成犯罪的,应以国家机关工作人员论"。(2)最高人民法院《关于未被公安机关正式录用的人员、狱医能否构成失职致使在押人员脱逃罪主体问题的批复》规定,"对于未被公安机关正式录用,受委托履行监管职责的人员,由于严重不负责任,致使在押人员脱逃,造成严重后果的,应当依照刑法第四百条第二款的规定定罪处罚。不负监管职责的狱医,不构成失职致使在押人员脱逃罪的主体。但是受委派承担了监管职责的狱医,由于严重不负责任,致使在押人员脱逃,造成严重后果的,应当依照刑法第四百条第二款的规定定罪处罚"。(3)最高人民检察院《关于合同制民警能否成为玩忽职守罪主体问题的批复》规定,"根据刑法第九十三条第二款的规定,合同制民警在依法执行公务期间,属其他依照法律从事公务的人员,应以国家机关工作人员论。对合同制民警在依法执行公务活动中的玩忽职守行为,符合刑法第三百九十七条规定的玩忽职守罪构成条件的,依法以玩忽职守罪追究刑事责任"。(4)最高人民检察院《关于属工人编制的乡(镇)工商所所长能否依照刑法第397条的规定追究刑事责任问题的批复》规定,"根据刑法第93条第2款的规定,经人事部门任命,但为工人编制的乡(镇)工商所所长,依法履行工商行政管理职责时,属其他依照法律从事公务的人员,应以国家机关工作人员论。如果玩忽职守,致使公共财产、国家和人民利益遭受重大损失,可适用刑法第397条的规定,以玩忽职守罪追究刑事责任"。(5)最高人民检察院《关于工人等非监管机关在编监管人员私放在押人员行为和失职致使在押人员脱逃行为适用法律问题的解释》规定,"工人等非监管机关在编监管人员在被监管机关聘用受委托履行监管职责的过程中私放在押人员的,应当依照刑法第四百条第一款的规定,以私放在押人员罪追究刑事责任;由于严重不负责任,致使在押人员脱逃,造成严重后果的,应当依照刑法第四百条第二款的规定,以失职致使在押人员脱逃罪追究刑事责任"。(6)最高人民检察院《关于企业事业单位的公安机构在机构改革过程中其工作人员能否构成渎职侵权犯罪主体问题的批复》规定,"企业事业单位的公安机构在机构改革过程中虽尚未列入公安机关建制,其工作人员在行使侦查职责时,实施渎职侵权行为的,可以成为渎职侵权犯罪的主体"。

再看如下案例:使用侵占物作质押物是否构成贷款诈骗罪案。

案情:公诉机关指控,被告人潘某于2000年1月26日,通过他人介绍,用非法侵占的公爵王轿车(价值27万元)作抵押,从农村信用社骗取贷款25万元。案发后,被告人潘某隐匿赃款,拒不交代去向。公诉机关认为:被告人潘某用所侵占的财产作贷款质押物的行为是虚构事实欺骗金融机构的行为,构成贷款诈骗罪。法院经查认为,虽然被告人潘某用侵占物作质押物与银行签订质押贷款合同的行为是事实,但被告人与银行签订质押合同的行为是民事法律行为,双方从签订到履行都不符合贷款诈骗罪客观方面的构成要件的特征,指控被告人贷款诈骗的事实与罪名不能成立。

对于本案,有的人运用民法上的形式思维来加以认定,认为不构成犯罪。理由是:

(一)该侵占物所有权的性质具有形式上的合法性。侵占物系赃物,是犯罪行为人通过非法手段将他人合法财产非法占为已有的行为,具有非法性。在这种情况下,侵占物的非法性使原财物所有权人在客观上无法对自己的财产行使所有权,其法律后果导致了所有权人对自己财物处于失控状态。本案中,被告人潘某将所有权属于公司的公爵王轿车非法占有,经过车管所过户、公证机关公证又获取了该车形式上的合法所有权。

(二)被告人在银行抵押贷款的行为是非法占有合法出质的行为,质权人没有义务审查其质物实质要件是否合法。被告人潘某将侵占车辆作贷款合同的质押物的行为是非法占有合法出质的行为,质权人没有义务审查其质物实质要件是否合法。最高人民法院《关于适用〈中华人民共和国担保法〉若干问题的解释》第84条规定:“出质人以其不具有所有权但合法占有的动产出质的,不知出质人无处分权的质权人行使质权后,因此给动产所有人造成损失的,由出质人承担赔偿责任。”本条是对动产质权债权人的善意取得制度的规定,旨在保护“交易安全”,就是保护交易当事人基于交易行为所取得的利益。其虽然是指出质人合法占有的非法处分的情况,但应可以适用于出质人对动产非法占有合法出质的情况,因为,按照民法理论,动产质权是要式行为,要式行为只要求形式上合法就可以视为合法,从质权人的角度来看其无法审查出出质人是否有出质权,也没有义务审查其动产质物实质上是否合法,只要知晓其形式上合法,并将作为质物的动产有偿占有,即可视为质权人是善意取得。

(三)潘某与银行签订的质押贷款合同是合法有效的,银行享有动产善意取得权和抗辩权。由于本案作为质权人的银行与潘某签订质押贷款合同时并不知出质人无出质权,且无重大过失,其主观上是善意的;银行作为质权人又是通过正常的有偿交换而取得的质物;质权人善意取得的财产不是法律禁止流转的财产;本案中,潘某已在取得贷款时将公爵王轿车交付银行,即现行交付,其完全符合质押合同成立的条件,故潘某与银行签订的质押担保借款合同是有效合同,且潘某已将质押物交与银行,银行是有贷款到期清偿保证的。潘某在贷款期限内不能偿还借款,贷款银行即质权人有权将其抵押的公爵王轿车折价或者以拍卖、变卖方式优先受偿,贷款银行的债权不会因被告人潘某不能履行借款债务而丧失。银行是受善意取得制度保护的,公爵王轿车的质权不受原财产所有人的追偿,原财产所有人只能向潘某提起赔偿损失。

(四)根据《刑法》第193条的规定,贷款诈骗罪是指行为人以非法占有为目的,用虚构事实或隐瞒真相的方法,使与其金融交易地位相对的银行或者其他金融机构限于认识错误或持续限于认识错误,因而自动地向行为人或其指定的第三人交付数额较大的贷款,其客观方面的表现形式有:1. 编造引进资金、项目等虚假理由;2. 使用虚假的经济合同;3. 使用虚假的证明文件;4. 使用虚假的产权证明作担保或者超出抵押物价值重复担保。

按照《贷款通则》质押贷款的规定,只要将在形式上合法的质物交给银行,银行没有义务再去审查质押物实质要件的合法性和真实性。因而,被告人潘某以公爵王轿车作质押物的行为不符合贷款诈骗的客观要件。民法不追究责任的,刑法更不应追究其责任。被告人潘某使用公爵王轿车作质押的行为,实际上是对侵占赃物的处置,仍属于职务侵占罪的行为。

笔者认为,银行并非在所有情形下都能实现担保物权,银行不可能遭受损失,不符合实际。相反,正因为银行遭受了损失,才要求实现担保物权。如果潘某归还贷款,就不需要实现担保物权。用非法侵占的轿车作抵押不是不可罚事后行为("不可罚"应该是指将轿车毁坏或抛弃,没有侵犯新的法益),而本案已侵犯银行贷款管理秩序。正因为潘某隐瞒真相才取得贷款。如果潘某告知银行真相,银行就不会发放贷款。因此,潘某的行为构成贷款诈骗罪。由此可见,用民法思维与刑法思维会得出不同的结论。

三、刑法的确定性思维是保障人权基本精神的体现

法官思维的确定性,是指法官在断案过程中,其思维要有追求确定性的倾向,这是实现法律的确定性这一司法功能要求的必然结果。法官拥有着平息纷争、生杀予夺的权力,必须小心翼翼地行使,不能草率而为。诉讼的性质是将社会纠纷尽量按照法律的普遍性和形式性的规则和程序使之转化为明确的权利义务关系来加以调整,而诉讼过程中法官的职责就是在较短的时间内公正地审结案件,使法律调整的动态利益关系及时明确化、公正化、稳定化,绝不能在案件事实尚模糊不清的情况下,就草率作出裁判。法官的确定性思维要求法官的判断结论总是非此即彼、黑白分明,无可妥协,只能断然决定,即要么是a,要么非a,而不能是介于这两者之间。即便是调解,也必须在查清事实的基础上,根据双方的意愿进行,并在形成确定的调解方案后,才能结案。否则,不仅不能做到公正处理纠纷,还可能制造出大量的冤假错案,这对于法律的权威、法官的威信、法治社会的建设都将是非常危险的。可以说,未达到内心确定,法官的思维就不可能结束,案件就谈不上办结。

用法律思维方式思考某一问题时，对事实只能作是或否的判断，而不作非此即彼的判断。不同于政治思维中“权衡”的特点。这是诉讼性质所决定的，诉讼的性质要求一方胜诉，另一方败诉，所以法官的判决总是有利于一方而不利于另一方。法律必须对许多不允许妥协的问题作出决定。法官只在程序中思考，严守程序逻辑，只追求程序中的“真”，不同于科学中的求“真”。在科学研究中，学者们总是在找到事物的客观事实后下结论，在没有发现真理的情况下，是不能也是不应当产生结论的。但在法院的司法活动中，即使在影响法律关系的法律事实查证不清的情况下，法官仍然要对案件事实作出最终的判断，因为司法的目的不是求真，而是求善，是对行为进行价值评判。实际发生的事实不被等同于法庭上的“事实”，法庭上的事实只是法庭上证据证明了的情况。法庭上的形式合理性是最高理性。

刑法实行的确定性思维是罪刑法定原则的具体要求。行为是是否符合刑法规定的定罪和负刑事责任的唯一依据。行为对于刑法的符合，要么符合，要么不符合，这是确定性的。在刑事诉讼中，这种具体的要求就是体现为疑罪从无原则。如果没有充分的证据证明被告人有罪，就只能证明被告人无罪。《刑事诉讼法》第 171 条第 4 款规定：“对于二次补充侦查的案件，人民检察院仍然认为证据不足，不符合起诉条件的，应当作出不起诉的决定。”第 195 条规定：“在被告人最后陈述后，审判长宣布休庭，合议庭进行评议，根据已经查明的事实、证据和有关的法律规定，分别作出以下判决：（一）案件事实清楚，证据确实、充分，依据法律认定被告人有罪的，应当作出有罪判决；（二）依据法律认定被告人无罪的，应当作出无罪判决；（三）证据不足，不能认定被告人有罪的，应当作出证据不足、指控的犯罪不能成立的无罪判决。”因此，刑法解释的立场要求司法者（法官）应严格以立法者的立法意图为依据来解释刑法，不应突破立法意图而进行“创造性”的法律解释，突破法律的规定来解释刑法，而民法可以进行“创造性”的法律解释。民法是调整私权利的法律，其涉及的是平等主体之间的人身关系和财产关系，而刑法调整的是国家公权力与公民私权利之间的关系的法律，是国家在追究犯罪人刑事责任的过程中所形成的一种刑事法律关系。刑法是处理国家与当事人之间关系的法律，法律规定得不明确需要解释时，由于涉及的主体是强大的国家与弱小的个人，同时刑法又是对当事人重大权益予以剥夺或限制的法律，完全可以由强大的国家作出让步，将法律的模糊、空白地带朝有利于当事人的方向解释，从而处理社会生活中不断涌现的原立法中没有规定的新情况。这一点，并不像民法的解释那样，一定要将平等主体之间存在争议的权利义务进行合理的处理，否则权利将被虚化、义务无人履行。从现行的司法实践来看，也表明了这样的立场。民事活动，法律有规定的，依照法律；法律没有规定的，依照习惯；没有习惯的，依照法理。《民法总则》第 10 条规定，处理民事纠纷，应当依照法律；法律没有规定的，可以适用习惯，但是不得违背公序良俗。而对于刑事案件而言，则严格依照罪刑法定，除非是有利于被告人的，否则不能从习惯、法理中寻找依据。民法调整的社会关系的正常性,使民法面临无限广阔的调整范围,要做到法定主义实在不可能。因此,民法必须讲究灵活,必须能够追随不断发展的社会生活并与其保持协调。刑法调整的则是国家和个人之间的因为犯罪而引起的以国家行使刑罚权、犯罪人承担刑事责任为基本内容的一种权力支配与服从关系,这是立法者精心筛选和过滤的、非常的、有限的社会关系。因此,刑法文本应当更为强调安全,使得人们对刑法禁止的行为的法律后果可以预测,不必担心来自国家的突如其来的打击,从而保障人们的自由、财产和生命。刑罚之界限应该是内缩的,而不是外张的,而刑罚该是国家为完成其保护法益与维护法秩序的任务时的最后手段。换言之,在现代法治社会,如果说私法是以规范和调整私权利的行使为基本内容的确权(利)法,那么公法则是以规范和限制国家公权力的行使为基本内容的限权(力)法。

在责任原则上,民法上可以有多种责任形式,包括过错责任、无过错责任、过错推定和公平责任等原则,刑法上行为人主观上必须有过错才构成犯罪。刑法是以对当事人承担刑事责任为后盾,以刑罚为主要制裁方式来调整人们的行为,刑事责任是一种最为严格的法律责任,它直接涉及对当事人的重大权益的剥夺、限制。而民法是以科以当事人民事责任为后盾的,如赔礼道歉、赔偿损失等,其严厉程度远不如刑事责任那样严格。在归责上,主客观相统一作为刑法中的一个重要原则,它要求任何人都只能对自己主观上存在过错的行为承担刑事责任,而民事责任除了存在过错责任原则之外,还存在其他归责原则,如过错推定责任原则、无过错责任原则、公平责任原则等,这些归责原则,都不是以当事人存在过错为前提,或者说不以确认当事人存在过错为前提,甚至没有过错也要承担责任。在民法上,一个人可能无过错,却可能会由于公平的需要,而承担无过错责任或公平责任。如《民法总则》第182条规定,危险由自然原因引起的,紧急避险人不承担民事责任,可以给予适当补偿。这说明,在法律责任的认定上,刑法比民法更为慎重、严谨。因此,两种法律责任的严厉程度的不同,也说明了在归责认定方面,由于法律规定不明确而需要解释时,刑法解释与民法解释采取的姿态也不同,刑法解释应当更加慎重,不能赋予法官在法律规定之外的过多的权力。

四、刑法思维中必须贯彻先定罪后量刑的逻辑顺序

在刑事司法中,一般的思维逻辑顺序是先定罪后量刑。但有的案件,如果单纯根据罪名,可能会得出一个量刑不合理的结论。如某甲因为顾主拖欠其2000元工资,屡次讨要不果,便将其子绑架,要求加倍支付工资4000元。深谙法条的法官对该行为的定性不会不受到法定刑的影响。如适用《刑法》第239条绑架罪之规定,某甲就有10年的牢狱之灾;如适用《刑法》第238条非法拘禁罪之规定,即视作为索取债务非法扣押、拘禁他人,某甲只可能被判处3年以下有期徒刑。于是,有不少人提出了量刑反制

定罪的观点。

再如,以下案例:小周和小吴(均为某小学二年级学生)在课间嬉闹,小周将小吴推下台阶使小吴摔至口鼻流血、两颗门牙脱落。事件以学校支付小吴医疗费营养费3000元、小周家长支付赔偿金1000元结案。两周后,小吴家长反悔,再次要求小周家追加赔偿金8000元,小周家不予理睬。某日,趁小周父母上班之际,小吴父母持扳手撬开小周家房门,推倒小周爷爷(轻微伤),强行拿走小周家手提电脑一台、手机一部(价值1.1万元)。一审法院以抢劫罪(入户抢劫)判处小吴父母有期徒刑10年,二审法院改以寻衅滋事罪判处小吴父母有期徒刑六个月、缓刑一年。

在该案中,一审法官选择的是“先定罪、后量刑”“以罪求刑”的常规裁判路径。

先定罪:小吴父母采用暴力撬开房门、推倒老人致轻微伤、强行取走他人财物,其行为符合抢劫罪的构成要件,且系入户抢劫。

后量刑:按我国《刑法》第263条规定,入户抢劫的,处10年以上有期徒刑、无期徒刑或者死刑。小吴父母因无自首、立功等法定减轻处罚情节,故按刑法规定,判处其法定最低刑10年。但是,该案二审法官选择的却是“先量刑、后定罪”的逆向裁判路径。

先量刑:根据案件具体情况,判处小吴父母10年有期徒刑,显然量刑过重且案件社会效果也不好。小吴父母固然应该受处罚,但判处一年左右刑期已经足够。

后定罪:与一年左右刑期相适应的合适罪名是寻衅滋事罪。小吴父母在索要额外赔偿不成后,上门殴打他人、强取他人财物,完全符合《刑法》第293条第1款第3项“强拿硬要……情节严重的”规定,应以寻衅滋事罪论处。

在“准确定罪”与“公正量刑”这两种价值取向中,该案一审法官无疑更注重“准确定罪”。定罪是一种对行为性质进行分析、评价的活动,不应受法定刑轻重影响,不能因为法定刑过重或过轻就改变对行为的定性。如果遵循“先定罪、后量刑”正向裁判路径进行裁判则会造成裁判结果罪刑失衡、量刑畸重畸轻;而该案二审法官则更注重“公正量刑”。刑事裁判的目的是让犯罪的人受到公正的刑罚处罚,老百姓是从量刑的恰当与否来评判法院判决之公正与否的,如果裁判结果罪刑失衡,刑罚畸重畸轻,那就不能说是一个恰当而公正的判决。因此,着眼“量刑公正”,在按照“先定罪、后量刑”的常规路径裁判会造成裁判结果严重罪刑失衡时,应按照“先量刑、后定罪”的逆向裁判路径重新选择更合适的罪名,以做到罪刑均衡。

又如,以下案例:2007年,林某因女友与其分手,来到女友的单位(某饭店),要求女友与其重归于好,遭到拒绝后在饭店门口掏出随身携带的匕首架在女友的脖子上,威胁她与之和好,民警到场劝说无效后将其制服,某人民法院以绑架罪判处其有期徒刑10年。

类似案件在实践中经常发生——事出有因、矛盾激化后劫持对方,或被制服或经劝说将人质释放。此等行为构成犯罪应无太大争议,认定为绑架罪也不违反犯罪构成理论,但若按照绑架罪处理,就要处10年以上有期徒刑。但是,在观念上,此等行为与"绑票"、林某与"绑匪",有很大区别。这时,如果允许法官变换罪名,定为非法拘禁罪、判处3年有期徒刑,更能够实现量刑公正。

似乎我国刑法中也存在大量"以刑制罪"的解释事例,只有受到罪刑相适应的制约,才能对相关构成要件做出合理的界定。比如,我国刑法第333条第1款规定,非法组织他人出卖血液的,处5年以下有期徒刑、并处罚金;以暴力、威胁方法强迫他人出卖血液的,处5年以上10年以下有期徒刑,并处罚金。该条第2款规定,有前款行为,对他人造成伤害的,依照第234条的规定定罪处罚。那么,该条中的"伤害"是否也包括轻伤呢?按照一般的解释原理,如果没有特别注明,刑法中所谓的"伤害"应当包括轻伤。然而,这样的解释显然会带来罪刑不协调的问题:行为人非法组织他人出卖血液但没有造成他人轻伤,适用第333条第1款,构成非法组织卖血罪,处5年以下有期徒刑、并处罚金;而如果行为人非法组织他人出卖血液导致他人轻伤,则构成故意伤害罪,仅在3年以下有期徒刑、拘役或管制的法定刑幅度内量刑。从罪刑相适应原则出发,必须认定第333条第2款中的"伤害"不包括轻伤,即在造成轻伤的情况下,仍构成非法组织卖血罪而不是故意伤害罪。

笔者认为,无论何种情形,在刑事司法中都必须贯彻先罪后刑的逻辑顺序。理由如下:

(1)罪刑法定、罪刑相适应原则的次序本身就是先罪后刑。否则,就该叫刑罪法定原则。行为是否符合刑法的规定是定罪判断,只有一个人的行为构成犯罪后,才考虑是否处罚。可以说,定罪是原因,刑罚是结果。在原因和结果的范畴中,必然是原因在先,结果在后的。否则就违反了哲学的思维判断规律。

(2)所谓"以刑制罪",其实本身就是先有另外犯罪存在的,但由于法官的思维是过于习惯性、直观性、典型性的思维,只选取通常的罪名,而未考虑到例外性、非典型性的罪名。这种片面选择罪名的做法本身就是错误的,更不能说明,先量刑后定罪的思维是正确的。所谓"通过量刑来选择罪名",恰恰是纠正了原先判断时罪名遗漏的错误。如前述的非法拘禁罪和绑架罪中,本来就需要考虑这两种定罪的可能性,或者说,本来就该用非法拘禁罪来定性,而法官选择罪名为绑架罪是一种定性错误。在敲诈勒索罪、抢劫罪与寻衅滋事罪中,案件本身就应该作为寻衅滋事罪处理的,法官却选择了敲诈勒索罪、抢劫罪,从而导致了处罚结果过重。再回过头去适用寻衅滋事罪,就好像是量刑导致了定罪,这是一种错觉;其实,本身就该认定为寻衅滋事罪。

(3)至于立法中对有些条文的理解,与量刑反制定罪无关。如《刑法》第333条第2款中的"伤害"不包括轻伤问题,其实是立法的体系解释,这种理解本身是正确的。但是,不是刑事司法中的量刑反制定罪问题,不能以此说明其合理性。

总之,刑法思维和刑法方法是刑法学中最主要的解释工具。思维指导方法,又指导立法和司法;方法是思维运用后具体的结果。在刑法立法和刑事司法中,刑法思维和刑法方法相当重要。只有有正确的刑事思维才能运用正确的方法,从而解决法律问题。所有法律的解决都必须依赖于正确的思维指导。

作为刑法解释方法的合宪性解释*

时延安**

【内容摘要】合宪性解释作为一种独立的刑法解释方法，要求将宪法规范运用于刑法解释当中，使得通过解释得出的结论与宪法的规范含义相一致，避免与宪法规范相矛盾。运用这一解释方法，发挥宪法规范（主要是权利规范）对刑法解释活动的限制功能，以保障人权不受刑罚权行使的不当干涉。

【关键词】合宪性解释　刑法解释方法　人权保障　财产权

一、引言

将刑法立法活动和刑法适用活动置于宪法实施的框架之内，乃是法治题中应有之义。以"宪法的原则、精神与内容"为根据，判断刑法的具体规范是否与宪法抵触，属于合宪性判断范畴。[1] 在国内已有研究中，有论者就现行刑法中个别总则性规定、部分犯罪设置问题从合宪性判断角度进行分析，指出现行某些刑法规范存在的合法性问题。[2] 判断某一刑法规范是否符合宪法规则、原则，基本上属于刑法立法论的范畴，因为其通过质疑该刑法规范合宪性来主张废除或者修改该刑法规范。以宪法规则、原则作为解释刑法规范的根据，尤其是指示和限制刑法规范的目的解释，则属于解释问题，即在解释中，应该保证通过解释得出的结论与宪法的规范含义相一致的，避免与宪法规范相矛盾，这就是合宪性解释。[3] 目前国内已有论者就刑法规范的合宪性解释

---

* 本文是教育部人文社会科学基地重大项目"构建有中国特色保安处分制度研究"（项目批准号：13JJD820014）的阶段性成果之一。

** 时延安，法学博士，中国人民大学法学院教授、刑事法中心特聘研究员。

〔1〕 参见张千帆主编：《宪法学》（第2版），法律出版社2008年版，第77页。

〔2〕 有关刑法总则性规定合宪性判断的研究，如韩大元：《死刑立法的宪法界限》，载《国家检察官学院学报》2014年第5期；刘飞宇：《对于刑法中剥夺政治权利的宪法学思考》，载《法学家》2005年第1期；刘松山：《宪法文本中的公民"政治权利"——兼论刑法中的"剥夺政治权利"》，载《华东政法大学学报》2006年第2期；叶良芳：《从特别减轻到违宪审查——以许霆案为样本的分析》，载《华南理工大学学报》2011年第5期。有关具体犯罪及其适用合宪性判断的研究，如欧爱民：《聚众淫乱罪的合宪性分析——以制度性保障理论为视角》，载《法商研究》2011年第1期。

〔3〕 ［韩］金日秀：《韩国刑法总论》，郑军男译，武汉大学出版社2008年版，第34页。

问题展开讨论[1],以积极主动的姿态从宪法规则、原则乃至学说中获得支撑刑法解释的合法性和合理性;有论者还特别就刑法司法解释的合宪性问题进行研讨[2],这对于深化有权解释体制的研究具有积极意义。[3]

对于刑事解释而言,有两类宪法规范具有指示、限制的意义及功能:权力规范和权利规范。前者是指人民通过宪法赋予国家机构的权力内容及范围的规范,这对于解释刑法中有关国家机关的规定具有指导意义;后者是指人民通过宪法确认公民权利内容的规范。比较而言,宪法中的权利规范对于刑法解释具有更为积极的指示意义:一是识别并揭示刑法所保护的利益内涵[4],二是识别并揭示通过刑罚剥夺和限制权利的性质、内容以及范围[5]。由于刑法解释意在确定刑罚权的实际适用范围,而宪法中权利规范在法律适用过程中可以形成抵御刑罚权不当行使的一个屏障,这就是宪法规范限制意义和功能的体现。[6] 从宪法规范所具有的这两种意义和功能来看,限制功能对于约束刑法解释、限制刑罚权适用更具实质意义,进而保障人权、维护宪法和法律的权威。从这个角度来看,刑法规范的合宪性解释,其工具性价值基本上表现在用以确保刑法人权保障机能的实现。而这本身也是《宪法》第 33 条第 3 款所确定的"国家尊重和保障人权"这一原则的基本要求。

本文的目的意在对刑法规范的合宪性解释的基础性问题进行研究,即在明晰合宪性解释与其他解释方法之间关系的基础上,初步探讨合宪性解释的依据、规则等问题。需要说明的是,这里的刑法规范是指刑法法条所承载的、与确定刑事责任有关的法律规范。

---

〔1〕 例如,劳东燕:《刑法中目的解释的方法论反思》,载《政法论坛》2014 年第 3 期;陈鹏:《刑法"有利溯及之例外"条款的合宪性限定解释——基于牛玉强案的思考》,载《法学家》2012 年第 4 期;冀洋、王立强:《宪法对刑事司法的实体性控制——合宪性解释的方法论引入》,载《黑龙江省政法管理干部学院学报》2013 年第 2 期。

〔2〕 例如,尹培培:《"诽谤信息转发 500 次入刑"的合宪性评析》,载《华东政法大学学报》2014 年第 4 期。

〔3〕 司法解释的合宪性问题比较复杂,从狭义上讲,是指司法解释是否符合宪法规范,从广义上讲,还应包括,是否符合除宪法以外其他宪法性法律(如立法法)的要求。此外,司法解释本身还有合法律性(legality)判断的层面,这在有些学者看来也属于合宪性解释,如梁慧星:《论法律解释方法》,载《比较法研究》1993 年第 1 期。由于我国司法解释模式是以确定一般性法律适用标准和规则的方式出现,其本身具有很强的规范色彩(甚至可以说就是一种裁判规范),因而其合宪性判断更接近于立法论层面的判断,其判断结论是围绕某一司法解释中确定的适用标准或者规则是否合宪以及应否废除。

〔4〕 例如,刑法中有关侵犯知识产权犯罪的刑法规范,其所针对的客体可以上溯到《宪法》第 35 条所规定的公民的言论、出版自由。

〔5〕 例如,《刑法》第 46 条有关强制劳动的规定,实际上即是对判处有期徒刑、无期徒刑的犯罪人劳动权利的限制,而这项权利是由《宪法》第 42 条第 1 款所规定的。

〔6〕 日本学者曾根威彦认为,在和宪法关系上考察刑法作用时,第一是和刑法的第一次控制社会机能有关的法益保护方面,所要考虑的是被宪法赋予价值的"人的价值",在刑法上应当如何受到保护;第二是和刑法的保障机能(第二次社会控制机能)相关,即考虑国家行使刑罚权的界限。参见[日]曾根威彦:《刑法学基础》,黎宏译,法律出版社 2005 年版,第 222 页。

二、刑法规范的合宪性解释在解释方法中的地位

刑法规范的合宪性解释,并不是对宪法的解释,而是对刑法规范的解释,与其他刑法规范解释方法一样,它意在确定刑法规范的适用范围。与其他解释方法不同的是,合宪性解释具有检验、确认解释结论正当性的意义,即解释结论在现行法治体系框架内是否可以接受以及在确认和保护个体性权利不受侵犯方面是否也可以接受。

关于合宪性解释在刑法解释方法中的地位有三种观点:一是认为合宪性解释属于体系解释。例如,德国学者魏德士认为,"合宪性解释是体系解释的一种情形,它同样是以'法律秩序的统一性'与层级结构,也就是各种法律渊源的顺序等级为出发点……如果一则规定根据其文义和产生历史可能有多种含义,那么合宪性解释就有用武之地了。这时人们倾向于最符合宪法价值标准的解释。"[1]韩国学者金日秀也认为,合宪(性)解释是体系解释的一种,同时他也指出合宪(性)解释具有优先地位,即当"关于法律的诸多解释成为可能时,应该优先选择考虑在体系上与该当规制对象相关联的宪法规范而进行的合宪解释;在出现法律是否与宪法规范相矛盾的问题时,应该在违宪判断之前,优先探讨在用语的可能范围内合宪解释是否可能"。[2] 二是认为合宪性解释归于目的解释当中。例如,德国学者耶塞克教授认为,"在根据法律目的进行解释时,法官总是将宪法的价值判断放在首位(符合宪法的解释),他虽然不得任意改变刑法规定的意思,但他必须尝试,在法律规定的范围内与宪法规范保持一致。"[3]三是认为合宪性解释独立于其他解释方法。例如,德国学者拉伦茨即认为,"合宪性"也是一种解释标准,其解释要求是"依字义及脉络关系可能的多数解释中,应优先选择符合宪法原则,因此得以维持的规范解释"。[4] 我国台湾地区学者林钰雄将合宪性解释与其他四种解释方法并立使用,认为"合宪性解释,适用刑法者应该优先选择最为合乎宪法规定及其所宣示的基本价值的解释可能。"[5]

上述观点都具有一定的说服力。从一定意义上讲,宪法规范对刑法解释的指引,可以通过文义解释、历史解释、体系解释和目的解释发挥作用。从文义解释来看,宪法规范所确定的明确性原则[6]具有指引意义,而这本身也符合罪刑法定原则的要求。明确性原则一方面对刑法立法提出客观要求,另一方面也要求解释的结论不能违背公

---

[1] [德]伯恩·魏德士:《法理学》,丁小春、吴越译,法律出版社2005年版,第335页。

[2] [韩]金日秀、徐辅鹤:《韩国刑法总论》,郑军南译,武汉大学出版社2008年版,第34页。

[3] [德]汉斯·海因里希·耶塞克、托马斯·魏根特:《德国刑法教科书》,徐久生译,中国法制出版社2001年版,第193页。

[4] [德]卡尔·拉伦茨:《法学方法论》,陈爱娥译,台北,五南图书出版有限公司1999年版,第243、246页。

[5] 林钰雄:《新刑法总则》,中国人民大学出版社2009年版,第38页。

[6] 现行宪法并没有明确规定法律的明确性原则。不过,《宪法》第33条第4款规定"任何公民享有宪法和法律规定的权利,同时必须履行宪法和法律规定的义务",从该款规定可以推导出,公民的权利和义务由宪法和法律规定,而这些规定必须是明确的。

众的可预测性，因而在对刑法进行文义解释过程中，不应突破刑法法条中语词的“可能的含义”；超过可能含义范围的解释“违反了法治国原则，因而是不合宪的”〔1〕。就历史解释而言，刑法规范出台时的宪法文本对于理解刑法规范的含义和背景就具有一定的指示意义。〔2〕 宪法与刑法同处于统一的国家法律体系当中，是“上位法与下位法”的关系，自然对刑法规范的解释要与宪法保持一致，这也符合体系解释的内涵。对刑法规范的目的的探寻，也要接受宪法规范的指引，并要与宪法目的和价值保持一致，从这个角度来看，刑法规范的目的解释应向宪法规范看齐。

不过，在上述四种传统刑法解释方法中宪法规范所能够发挥的作用，主要是指引的作用，即要求对刑法规范的解释应与宪法规范的意旨保持一致。然而，刑法合宪性解释的功能和价值，更多地表现在发挥宪法规范在刑法解释活动中的限制作用，即运用宪法规范（主要的权利规范）限制刑罚权，防止通过刑法解释任意扩张刑罚权适用范围进而侵犯个人和组织的合法权利。从合宪性解释的限制作用来看，传统刑法解释方法无法涵盖这一功能，而将其作为一种独立解释方法，则可以充分发挥宪法规范对刑法适用的限制功能，尤其是对任意界定刑法规范目的而形成的解释结论进行纠偏。同时，不可否认的是，将合宪性解释作为一种独立的解释方法，也会保障解释活动依照一定的次序展开，进而保障解释结论的说服力。〔3〕 就刑法解释活动而言，一方面要看到不同解释方法的存在及运用具有一定的独立性，这要求解释者在运用这些方法时保持必要的自觉并保障运用这些方法的准确合理，另一方面也要注意到不同解释方法的运用并非完全割裂，存在彼此“渗透”的情况。同时，在解释活动中使用不同解释方法时保持一定的次序，如此可以保障解释活动的论证完整、逻辑清晰。将合宪性解释作为刑法解释活动的最后一环，会起到检验解释结论的最后“关口”的意义，从而确保解

---

〔1〕 苏彩霞：《刑法解释方法的位阶与运用》，载《中国法学》2008 年第 5 期。

〔2〕 例如，为何非法经营同类营业罪（《刑法》第 165 条）的主体仅限定在国有公司、企业的董事、经理，为何为亲友非法牟利罪（《刑法》第 166 条）的主体仅限定在国有公司、企业、事业单位的工作人员？对此，应追溯到现行刑法修订时（1997 年）的宪法背景来认识。当时《宪法》第 6 条规定，社会主义经济制度的基础是生产资料的社会主义公有制，即全民所有制和劳动群众集体所有制；第 7 条规定，“国有经济，即社会主义全民所有制经济，是国民经济中的主导力量。国家保障国有经济的巩固和发展”。及至《宪法修正案（三）》（1999 年 3 月 15 日通过），对第 6 条修改后才规定，“国家在社会主义初级阶段，坚持公有制为主体、多种所有制经济共同发展的基本经济制度。”当然，由此也可以看出，现行《刑法》第 165 条和第 166 条与现行《宪法》第 6 条规定是存在一定矛盾的，即不同所有制度经济都应给予法律保护的宪法原则。

〔3〕 对于各种解释方法运用之间的关系，拉伦茨认为：(1)由一般的语言用法获得的字义，其构成解释的出发点，同时为解释的界限，在可能的字义范围外，即使以“扩张”解释方法也不能认为符合字义的，就不能视为法律的内容而予以适用。(2)在探求某用语或某语句在文字脉络中的意义时，法律的意义脉络（“前后关系”）是不可或缺的；同一规整中的不同规范，其彼此在事理上应相互一致。这实际上就是体系解释的要求。(3)假使法律的字义及其意义脉络仍有作不同解释的空间，则应优先采纳最能符合立法者的规定意向及规范目的的解释（历史的目的论解释）。(4)假使上述标准仍有未定，解释者即不得不求助于客观的目的论标准。(5)具有宪法位阶的法伦理原则，对解释具有特殊意义；在可能存在的多数解释中，应优先选择符合宪法原则。参见［德］卡尔·拉伦茨：《法学方法论》，陈爱娥译，台北，五南图书出版有限公司 1999 年版，第 245～247 页。

释活动的“产品质量”。

三、刑法规范合宪性解释的依据及运用

合宪性解释的依据,一些论者在进行定义时即给出答案。如果进行概括,作为合宪性解释的依据,包括宪法规则、原则、精神。[1] 笔者认为,合宪性解释的依据是宪法规范,而不包括宪法精神。这里的宪法规范是指调整宪法关系并具有最高法律效力的各种规范的总和。[2] 其范围包括宪法规则和原则。[3] 之所以将宪法精神排除在外,理由在于:只有宪法规范才属于实定法的范畴,而宪法精神可能具有一定的普适性,但不能在法律适用中加以援引;同时,宪法精神又存在一定的模糊性和不确定性,其本身也很难为刑法解释活动所运用。

对刑法解释具有意义的宪法规范,是实体性规范[4]。如前所述,对刑法适用最具实质性意义的是宪法中的权利规范。宪法第二章“公民的权利和义务”中集中地规定了权利规范,主要涉及平等权、政治权利、精神、文化活动的自由、人身自由和人格尊严、社会经济权利、获得权利救济的权利。[5] 除此之外,宪法第一章中所确定的基本宪法原则也具有权利保障的内容,对于刑法解释也具有重要意义。例如,第32条第1款规定:“中华人民共和国保护在中国境内的外国人的合法权利和利益……”该条确认了外国人(包括外国公民和无国籍人)在我国境内的合法权利和利益,其中包括外国人在我国合法的居留权。适用《刑法》第35条驱逐出境,实际上就是对外国人在我国合法居留权的剥夺,对这一权利的剥夺是无法根据《刑法》第5条有关罪责刑相适应原则的规定得出合理解释的,对驱逐出境性质给出合理解释,只能从保安处分(或称预防性措施)角度加以理解。[6]

宪法中很多权利规范可能对相关刑法规范的解释和适用产生限制作用。以下仅着重介绍三项权利规范对刑法解释所具有的限制功能:

1. 平等权。《宪法》第33条第2款规定了公民的平等权,现行《刑法》第4条也再次重申了刑法适用的平等原则。由于平等权是公民的宪法权利,因而在刑法解释和适

---

〔1〕 例如,参见黄卉:《合宪性解释及其理论检讨》,载《中国法学》2014年第1期。该文认为,合宪性解释就是“按照宪法的规则、原则和精神进行解释。”

〔2〕 胡锦光:《论宪法规范的构成要素》,载《法学家》1998年第4期。

〔3〕 李龙教授认为,宪法规范包括规则、原则、国策、概念以及程序性和技术性规定。参见李龙:《论宪法规范》,载《法学评论》1994年第6期。笔者的认识是,宪法规范包括规则(实体性的和程序性的)和原则,理由是只有这类宪法规定才能直接用于指引和约束公民以及其他主体的行为。

〔4〕 当然,宪法中实体性规范可能对刑法和刑事诉讼法的解释和适用都能产生限制作用。例如,《宪法》第37条有关人身自由的规定,既可以成为刑法中非法拘禁罪、绑架罪、非法搜查罪的宪法渊源,也是刑事诉讼法有关强制措施规定的宪法渊源,因而在适用刑法这些犯罪和刑事诉讼法这类措施时应受到《宪法》第37条的约束。

〔5〕 参见许崇德主编:《宪法》,中国人民大学出版社1999年版。

〔6〕 参见时延安:《隐性双轨制:刑法中保安处分的教义学阐释》,载《法学研究》2013年第3期。

用活动中要充分予以保障。然而,司法实践中的一些做法与《宪法》第33条第2款的规定和刑法适用平等原则并不符合。例如,对职务犯罪、破坏金融管理秩序和金融诈骗犯罪的服刑人从严把握减刑、假释的做法值得推敲。以往由于这几类服刑人员在减刑、假释过程中受到"特别关照",实际上享有明显的特权,相对于因犯其他罪行而服刑的犯人而言,这是一种不平等的待遇。不过,这类犯人受到减刑、假释的"优待",是一种腐败现象,并非法律适用的正常状态。而为遏制这种腐败,采取"矫枉过正"的做法,则又会导致新的不平等。比较而言,因职务犯罪、破坏金融管理秩序罪和金融诈骗罪入狱的服刑人,其人身危险性并不比其他服刑人更强,因而并无正当理由从严适用减刑和假释。从一定意义上说,依法获得减刑和假释对于服刑人员而言也是一种权利,在现有法律框架内,服刑人都平等享有这样的权利,而对这几类服刑人员适用减刑、假释采取更为严格的标准,则无形中克减了其正当权利,在合宪性层面是说不通的。对以往错误(乃至腐败)的实践进行必要的纠偏是正确的,但如果矫枉过正也是不符合法治精神的。

2. 财产权。财产权是确认和保障自然人赖以存在和获得幸福的物质基础的权利,同时也是社会经济得以正常存续和发展的基本制度保障。按照我国宪法规定,财产权是一项基本的公民权利。《宪法》第13条第1款规定,"公民的合法的私有财产不受侵犯"。由该条出发,在适用《刑法》第64条有关追缴、没收的条款时就应遵循该宪法规范,即在追缴、没收违法所得、违禁品和犯罪工具时,不应对犯罪人的合法私有财产形成侵犯。然而,在刑事司法实践中,错误适用《刑法》第64条的情形时有发生,实质性地侵犯了公民的财产权利。例如,受贿犯罪中的贿赂款应予没收或追缴,不过,在受贿人已经接受贿赂的情况下,应向受贿人进行没收或追缴,而不能向行贿人追缴。[1]理由很简单:受贿人接受的贿款属于违法所得,而该笔贿款具有特定性并已经脱离行贿人,因而只有这笔贿款能够成为没收或追缴的对象;如果再行向行贿人追缴,则实质上对行贿人的财产权形成不当干涉。再如,如果行为人将违法所得作为资本从事服务业,而后以诚实劳动进行合法经营并赚取更大规模财产。对于行为人作为资本使用的违法所得应予以追缴,对此自无异议。对于其现有资产扣除违法所得后的经营收益,应否予以没收呢?在笔者看来,这部分收入属于其合法诚实劳动所获得,应视为其合法财产并予以承认和保护,进言之不能予以没收。当然,可能的疑问是,这是否有利于实现犯罪预防?对此,应当认为,行为人通过合法诚实劳动获得的财富,都应当予以法律上的认可,这也符合宪法有关财产权规范的基本目的;犯罪预防应以确认和维护公民合法权利为基础,如此其也才能得到公众的认可。又如,对于公民所持有的灰色收

[1] 当然,如果行贿人仍能进行控制的情况下,有关机关也可以从行贿人那里没收。例如,行贿人以受贿人的名义开立账户,但仍掌握该账户电子账户的情形。

入,即公民不能充分说明其合法又不能证明其非法持有的情况下,应推定其合法并予以相应地确认和保护,这是国家权力与公民权利发生冲突时的一种“利益让与”,也是维系国家权力正当性的必然推论。只有具有特定身份的公民在有义务说明其灰色财产来源的时候,其没有履行特定义务,才能对其不能履行说明义务的行为进行处罚。[1]

3. 言论自由。我国《宪法》第35条规定,中华人民共和国公民具有言论自由。与此相关,第41条第1款还规定:“中华人民共和国公民对于任何国家机关和国家工作人员,有提出批评和建议的权利;对于任何国家机关和国家工作人员的违法失职行为,有向有关国家机关提出申诉、控告或者检举的权利,但是不得捏造或者歪曲事实进行诬告陷害。”同时,《宪法》第51条对公民行使权利和自由的限制,同样适用于公民言论自由的行使上。现行刑法中一些犯罪与言论有关,如煽动型犯罪,诽谤罪,编造、故意传播虚假恐怖信息罪,寻衅滋事罪等。[2] 也正是由于这些犯罪以言论的方式实施,因而往往会受到质疑,即是否会实质性地侵犯公民的言论自由。为维护公民的言论自由,就应充分运用上述宪法规范来约束这些刑法规范的解释结论。具体而言,在解释这些刑法规范时,应坚持正反两方面的判断标准:(1)正面的判断就是,这类“有害”言论必须达到具体危险或者造成实害的程度[3],而其针对的利益必须为法律所认可或者事实上存在且为公众所认可,这种利益必须是客观的,而不是一种主观感受。(2)反面的判断就是,要将一些事后证明内容虚假或者令人反感的言论行为排除在外,如意见性言论、批评性言论、合逻辑推断、基于恐慌的言论、单纯情绪表达以及基于公共媒体报道、权威人士发布和其他具有公信力信源的信息传播行为。[4]

实际上,宪法中其他一些权利规范对于限制刑罚权适用都具有积极意义。如此也就要求刑法解释者在进行解释活动中应当自觉地参照并援用宪法规范进行解释,并将宪法规范作为限制解释结论的一个重要根据。

四、刑法规范合宪性解释运用中的具体问题

刑法规范合宪性解释的运用,主要是发挥宪法中权利规范的限制功能,从一定意

[1] 如此分析,《刑法》第395条巨额财产来源不明罪的行为方式只有理解为不作为犯,才符合这一要求;而将其理解为持有犯,就明显不符合这一要求。

[2] 《刑法修正案(九)》第29条新增了编造、故意传播虚假信息罪。

[3] 美国宪法实践对限制言论自由采取的标准是“明显、即刻且非常严重的危险”。参见张千帆主编:《宪法学》,法律出版社2008年版,第197页。这种观点非常接近于刑法中具体危险的判断标准。将以言论实施的犯罪的类型理解为具体危险犯,同时根据《刑法》第13条规定提高具体危险的程度以设置较高的入罪的门槛,应当说有利于合理限制这类犯罪的适用,进而有利于维护公民的言论自由。

[4] 参见时延安:《以刑罚威吓诽谤、诋毁、谣言?——论刑罚权对网络有害信息传播的干预程度》,载《法学论坛》2012年第4期。

义上讲，也是在运用人权法基本原则来指导刑事司法，如此可以提升刑事司法中的人权保障水平。在运用这一解释方法时，有四个具体问题需要加以澄清：

1. 在刑法规范合宪性解释中是否要对宪法规范内涵和意旨进行澄清？

答案应该是肯定的。合宪性解释的对象是具体的法律规范，运用的分析判断工具是宪法规范，但是，宪法规范具有高度的抽象性和概括性，因而在对刑法规范进行合宪性解释时，必不可少地要对宪法规范的内涵、意旨进行澄清。对于刑法解释者和适用者而言，当需要对宪法规范的内涵和意旨进行解释时，可以借助已有宪法研究成果作为刑法规范进行合宪性解释的依据。这里可能存在的疑问是，《宪法》第 67 条第 1 项规定全国人大常委会有权“解释宪法，监督宪法的实施”，如此是否意味着解释宪法规范的权力专属于全国人大常委会？对此，在宪法学界存在不同认识。[1] 在笔者看来，宪法这项规定应从两方面加以理解：一是“解释宪法”与“监督宪法的实施”应作整体理解，即解释宪法的目的是确保宪法实施，是宪法实施的前提；二是这种解释应指制定规范性解释，是就类型化的问题进行解释。循此推导，不能否定对宪法规范的学理解释，也不能否定法院在适用刑法规范时主动探寻宪法规范意旨，并用来指导对个案的处理。所以，立足整体的宪法实施和法治框架内，法院在适用刑法时运用合宪性解释方法过程中，对宪法规范内涵和意旨进行必要的澄清，与《宪法》第 67 条第 1 项的规定并不矛盾。

2. 作为合宪性解释的判断依据是否仅限于宪法文本中所确定的规范？

答案是否定的。宪法本文中所承载的规范，当然是合宪性解释的依据。不过，考虑到我国现有法律体系的实际情况，应将除宪法文本以外的宪法性文件纳入进来，如《立法法》《香港特别行政区基本法》《澳门特别行政区基本法》。例如，《刑法》第 6 条、第 7 条和第 8 条有关属地、属人和保护管辖的规定，都提及“中华人民共和国领域”的表述，从字面上讲，应指包括港澳台在内的整个领域。然而，按照以上提到的两个基本法第 18 条及附则的规定，《刑法》并不适用于香港、澳门。因而在对《刑法》第 6 条、第 7 条和第 8 条（尤其是第 6 条）进行解释时，必须充分考虑两个基本法的规定，来确定这部刑法实际的空间效力范围，而这两个基本法的规定为解决区际刑事管辖权冲突提供了宪法层面的根据。

3. 如何处理权力与权利之间存在的冲突问题？

权利与权力的冲突，实际就是公民行使个人权利与公权力为维护公共秩序而形成的冲突的问题。《宪法》第 51 条规定：“中华人民共和国公民在行使自由和权利的时候，不得损害国家的、社会的、集体的利益……”该条实际上在明确两者的界限。就一个理想的法治状态而言，两者之间应该存在一个比较清晰的边界，但事实上无论是法

〔1〕 参见王书成：《论合宪性解释方法》，载《法学研究》2012 年第 5 期。

治先行国家还是后进国家,这条界限在理论上可能是清晰的,在实践操作中却十分模糊。由于国家本身就是维护其公民权利和利益存在的,在个人权利与公权力发生冲突且公权力行使条件并不清晰时,公权力行使应保持必要的谦抑,即限缩权力规范适用的范围,相应地扩大权利规范的适用范围。例如,一个无辜的人被错陷囹圄后从羁押场所中逃脱,应否以脱逃罪(刑法第316条第1款)追究刑事责任?在这种情形下,即便有关机关在适用强制措施或者自由刑的活动中在形式上是合法的,但实质上侵犯了公民的自由权利,因而公民以自力救济的方式维护自己的自由权利具有正当性;而政府为维护羁押场所的秩序对其进行监管也具有合法依据;两相冲突,后者应向前者进行利益让与,从而不应认为这种情形构成脱逃罪。

五、结语

毫无疑问,将合宪性解释作为刑法解释方法,有利于确保刑法解释结论的正当性,它通过发挥宪法规范的指示和限制功能来约束刑法解释活动,尤其是发挥宪法中权利规范的限制作用,可以有效抑制通过刑法解释来扩张刑罚权适用的意图及做法。应该说,在以往有关刑法解释的研究中,很多论者已经主动运用宪法规范来指导解释活动,尽管很多人没有将其作为一种独立的解释方法来看待。实际上,无论从理论上厘清,还是从实践的需要来看,将合宪性解释作为一种独立解释方法,是合理也是必要的。如此也可以将刑法解释活动纳入宪法实施轨道,以保障公民的基本权利,并限制刑罚权的行使。当然,目前对刑法规范的合宪性解释的研究尚在初始阶段,有必要在理论和实践上继续深入研究。

在刑法规范的解释活动中,合宪性解释应作为最后使用的解释方法,其作用更多的是发挥限制和约束作用,一方面检验通过之前运用的解释方法得出的解释结论是否与宪法规范矛盾,检验其是否会导致刑罚权的扩张适用进而导致侵犯公民权利的情形出现;另一方面将人权观念渗透到刑法适用活动当中,确保刑事司法能够真正全面地保障人权。从这个意义上讲,合宪性解释方法会将人权观念更为深入地贯彻于刑事司法当中,并推动人权司法保障制度实体层面的实现。

刑法解释方法的界定及适用

——基于刑法解释对象的考察

李运才*

【内容摘要】刑法解释学不是低层次的学问，但不能因此高估刑法解释学的地位和刑法解释的功能，更不能用刑法解释取代刑法立法和刑法适用。刑法解释的对象仅限于刑法条文中的文字、符合表达的有意义的刑法概念。刑法解释方法的界定及其选择由刑法解释的对象所决定。刑法条文对刑法概念的规定存在明文规定和无明文规定的情况。对于明文规定的刑法概念，应当采取平义解释、限制解释或扩张解释的方法；对于刑法表述错误以及无明文规定的刑法概念，应采取补正解释的方法。

【关键词】解释对象　解释方法　选择

一、问题的提出

刑法解释方法的界定十分吊诡，从传统的文理解释和论理解释发展到学科渗透（如刑法解释统计学方法、社会学方法、经济学方法、伦理学方法等〔1〕）、立场与方法的统一（如形式解释与实质解释之争〔2〕）、目标及态度与方法的融合（如主观解释与客观解释、严格解释与自由解释）等，各种解释方法不胜枚举，致使并非低层次学问的刑法解释学缺乏科学、合理、系统的方法论。为此，刑法学界提出刑法解释方法位阶、体系的构建等观点，〔3〕然而，刑法解释方法的体系并未真正建立，刑法解释方法的位阶亦受到广泛质疑。德国著名法学家萨维尼、恩吉施等就否认了解释方法之间存在位

---

* 李运才，贵州师范大学廉政文化理论研究中心常务副主任、法学院教授，法学博士。

〔1〕 参见赵秉志：《刑法解释研究》，北京大学出版社2007年版，第414～418页。

〔2〕 有学者指出，"对刑法规范的解释、运用，是从形式的角度还是从实质的角度进行？这既是刑法的立场问题，也是刑法方法论的路径问题。"参见刘艳红：《实质刑法观》，中国人民大学出版社2009年版，第235页。

〔3〕 例如，有观点认为，解释刑法时应遵循文义解释—体系解释—历史解释—目的解释—合宪性解释的先后顺序，依次运用这五种解释方法。参见苏彩霞：《刑法解释方法的位阶与运用》，载《中国法学》2008年第5期。有观点认为，刑法解释方法体系的建构，不仅于刑法基础理论深具意义，对降低刑事司法实践之任意性也将大有助益。并主张，刑法解释最为核心的方法是文义解释、体系解释和目的论解释，刑法解释方法之体系构建将目的论解释树立为核心并在其基础之上予以展开，应以上述三种解释方法为主干。参见李凯：《刑法解释方法的体系建构——以目的论解释之限定为视角》，载《中国刑事法杂志》2014年第1期。

阶次序的可能性。[1] 我国学者也对刑法解释方法的位阶性提出质疑。[2] 总之,当数个刑法解释方法分别导出对立的结论时,为了决定应采哪一种解释,方法论长久以来试着订出各种解释方法间的抽象顺位,但是并没有成功。[3] 当然,刑法解释方法体系的缺失和刑法解释方法位阶性的否定,并不能否认刑法解释方法的规律性,我们更不能根据喜好和口味或者自认为正确的结论任意选择刑法解释方法,[4] 否则刑法解释学作为一门学科或学问就无法建立;刑法解释方法选择的恣意性危害更大的是,法学者或法官就会被视为真正的法律解释的杂技演员,不知疲倦地去迎合统治阶级的想法,公开地从不变的法律条文中变魔术似的变出占统治地位的政治制度所期望的答案。这也许就可以解释为什么许多市民对司法和法学者越来越不满。[5] 例如,近年来,在我国司法实践出现的"刘涌案""许霆案""邓玉娇案""梁丽案""方舟子打假被袭案""偷逃过路费案"等一系列热点刑事案件中,刑法学者对刑法的解释以及司法机关对刑法的适用引发了公众的强烈质疑和广泛讨论,进而动摇了司法的威信。[6]

刑法和其他法律一样,通过规范把价值运用于事实,从而对事实的性质作出外有约束力、内有说服力的判断。如果判断者要使自己的意见具有说服力,就不能漠视法律共同体中使用方法的习惯。易言之,刑法解释方法决定刑法解释的结论。"在一个现代国家,很少有什么问题能像制定法的解释方法那样影响法律制度的样式。"[7] 但是,解释方法既可扬善,也可助纣为虐。某些时候,"刑法解释"一词无论对我们发现还是证成结论,起到的作用微乎其微,隐于其下的是对法律的一种普遍怀疑主义结

---

〔1〕 萨维尼认为"语法解释、历史解释、体系解释、逻辑解释不是人们可以根据喜好和口味可以任意选择的四种解释方式,而是要使解释成功必须协调发挥作用的不同活动。时而这种解释方式重要,时而那种解释方式更重要。"转引自苏彩霞:《刑法解释方法的位阶与运用》,载《中国法学》2008 年第 5 期。恩吉施认为,在各种解释标准中,并没有一个"确定的次序"。转引自周光权:《刑法解释方法位阶性的质疑》,载《法学研究》2014 年第 5 期。

〔2〕 例如,周光权教授指出,所谓的刑法解释方法的位阶性并不存在,讨论位阶性的有无并无理论上的实益。周光权:《刑法解释方法位阶性的质疑》,载《法学研究》2014 年第 5 期。

〔3〕 [德]英格博格·普珀:《法学思维小学堂:法律人的 6 堂思维训练课》,蔡圣伟译,北京大学出版社 2011 年版,第 78 页。

〔4〕 有学者指出,法律解释活动的实质在某种意义上已不再是单纯地探究法律条文本身的意思或立法者造法的意图,而是把对司法裁判的影响或后果预测也纳入了法律含义的辐射范围,而法律解释的目标也是要探明法律规范在社会中经得起后果评价的那种法律意旨。参见杨知文:《后果取向法律解释的运用及其方法》,载《法制与社会发展》2016 年第 3 期。正如德国学者所批评的那样,"这是一个普遍性的误识。一些学者甚至将在司法实践中普遍性的方法原则上的丧失提升为理论上的原则:解释是一种结果,通常在结果早已确定之后,才选择解释的方法。所谓的解释方法只不过是对文本的补充的事后的脚注而已。"[德]魏德士:《法理学》,丁晓春、吴越译,法律出版社 2005 年版,第 306 页。

〔5〕 参见[德]魏德士:《法理学》,丁晓春、吴越译,法律出版社 2005 年版,第 18 ~ 19 页。

〔6〕 参见袁林:《公众认同与刑法解释范式的择向》,载《法学》2011 年第 5 期。

〔7〕 [美]P. S. 阿蒂亚、R. S. 萨默斯:《英美法中的形式与实质:法律推理、法律理论和法律制度的比较》,金敏等译,中国政法大学出版社 2005 年版,第 84 页。

论。[1] 因此,无论是为了维护司法判决的可预测性还是提高刑法解释结论的可信度,亟须探究刑法解释方法运用的规则。刑法解释方法规则的建立及其合理性需要多维度予以证成:首先是刑法解释方法界定的准确性,其次是刑法解释方法选择的正当性,最后是刑法解释方法运用的有效性。

限于篇幅,本文重点从刑法解释对象的角度对刑法解释方法的界定及适用予以研究,这是刑法解释方法运用规则确立的前提。因为,任何行动或思考都离不开对象,否则行动或思考就成了无源之水、无本之木;同时,对象决定行动或思考的属性。刑法解释亦不例外,并且刑法解释的对象还决定了刑法解释方法的选取。"对象决定方法。就法而言,这就意味着:法提出了哪些问题以及应以何种思考方法回答这些问题都取决于法本身的性质和功能。"[2]"可以使用的法律适用方法和法律适用工具并非在任何法律领域都一样。""一种完全适合于整个法律秩序的法律适用方法可能损害立法者对具体生活领域和法律领域在规范形成方式上的差异性。"例如,"禁止类推只在刑法中具有强制性。如果在许多其他法律领域中采用禁止类推,将会导致法官拒绝裁判,而这样将违背宪法。"[3]质言之,有什么样的刑法解释对象,就有与之相适应的刑法解释方法。因此,刑法解释方法的界定必须首先研判刑法解释的对象。

二、刑法解释对象之争对刑法解释方法的影响

法律解释对象之界定,学界存在广泛争议。有的认为法律解释的对象为法律文本,即制定法规范及习惯和判例;有的认为是法律规范的"条文"和它的附随情况;有的则认为包括法律文本和法律事实。[4] 刑法解释对象也存在类似争议,目前有代表性的观点可以分为单一说与区分说。

(一)单一说的评析

单一说的观点认为刑法解释的对象是单一且固定的。单一说目前有以下观点:一是刑法规范说,二是刑事法律说,三是刑法规定说,四是刑法文本说。[5]

刑事法律说、刑法规定说、刑法文本说将刑事法律、刑法规定、刑法文本作为刑法解释的对象,过于笼统。这些术语远没有刑法规范和刑法条文在含义上清楚、准确。用刑法规定(包括刑事法律、刑法文本——笔者注)作为刑法解释的对象有着先天的缺陷。[6] 刑事法律说、刑法规定说、刑法文本说、刑法条文说将刑法作为一个整体界

---

〔1〕 李运才:《形式解释论与实质解释论的关系》,载《国家检察官学院学报》2015 年第 5 期。

〔2〕 [德]莱因荷德·齐佩利乌斯:《法学方法论》,金振豹译,法律出版社 2009 年版,第 1 页。

〔3〕 [德]魏德士:《法理学》,丁晓春、吴越译,法律出版社 2005 年版,第 292 ~293 页。

〔4〕 郑永流:《法律方法阶梯》(第 2 版),北京大学出版社 2012 年版,第 127 页。

〔5〕 参见赵秉志:《刑法解释研究》,北京大学出版社 2007 年版,第 332 页。

〔6〕 参见赵秉志:《刑法解释研究》,北京大学出版社 2007 年版,第 334 页。

定为刑法解释的对象,无外乎是为了避免刑法解释成为咬文嚼字的“语言游戏”,因此,这些观点始终将体系解释作为刑法解释的重要方法。事实上,如后文所述,体系解释并非刑法解释的方法。另外,刑法解释也不能仅仅追求刑法内部的和谐,而应实现现行有效法律体系的整体协调。因为,“体系解释的基础是:整个法律秩序,也就是大量有效的具体规范与所有法律部门的法律的总和,形成一个统一体、一个‘体系’”。[1] 由此可见,将刑事法律、刑法规定、刑法文本视为一个整体进而作为刑法解释的对象,并在方法论上采取所谓的体系解释方法,并不能实现整体法律秩序的协调。

规范说是较为有力的观点。通说理论认为,刑法的解释就是对刑法规范含义的阐明。[2] 还有观点认为解释对象与刑法规范概念是联系在一起的。刑法规范可以分为两大类,第一类是关于授权、免责或者减轻处罚的刑法规范,即有利于被告人的规范。因为这种规范有利于被告人,所以对这类规范进行解释的时候,允许进行扩张解释,甚至可以做类比推理的分析处理。第二类规范即禁止性规范,对其是不允许做类推的,要进行严格的解释,这是罪刑法定原则的要求。[3]

但是,规范说受到广泛批判。例如,有观点指出,从法律解释概念的各种定义来看,人们普遍对法律条文与法律规范不加区分。其实,他们之间是有区别的。法律解释的对象应该是法律条文,法律规范属于法律解释的目标。[4] 还有观点认为,刑法中直接规定的不是刑法规范,而是刑法条文。而且,刑法中也有大量的条文并不表明一定的行为规范,[5] 刑法总则中的许多一般性、原则性规定(如《刑法》第 1 条、第 2 条),并不属于刑法规范。[6] 这些不属于刑法规范的刑法条文仍然需要解释。

规范说不仅对刑法解释对象的界定存在瑕疵,而且对刑法规范的分类亦值得商榷;例如,对刑法规范按照授权、免责或者减轻处罚的刑法规范(有利于被告人的规范)与禁止性规范进行分类的标准和名称,容有质疑。“禁止性规范”被称为“不利于被告人的规范”似乎更为恰切。

问题的关键还在于:规范说主张对不同规范持不同解释的立场有失偏颇。例如,“对有利于被告人的规范可以做类比推理”的主张即是如此。因为,对诉讼证明上的“疑罪”与刑法解释上的“疑罪”处理原则是不同的。对于前者根据“无罪推定原则”

〔1〕 [德]魏德士:《法理学》,丁晓春、吴越译,法律出版社 2005 年版,第 319 页。

〔2〕 高铭暄、马克昌:《刑法学》(第 5 版),北京大学出版社 2011 年版,第 21 页。

〔3〕 曲新久:《刑法解释的若干问题》,载《国家检察官学院学报》2014 年第 1 期。魏东教授持类似观点,他指出,在入罪解释场合下,应以刑法主观解释和形式解释为原则,同时为适当照顾刑法秩序维护价值,仅应谨慎地准许例外的、个别的且可以限定数量的刑法客观解释与刑法实质解释对被告人入罪;在出罪解释场合下,应主张准许有利于被告人出罪的刑法客观解释与刑法实质解释,不得以刑法主观解释与刑法形式解释反对有利于被告人出罪的刑法客观解释与刑法实质解释。参见魏东:《刑法解释》(第 2 卷),法律出版社 2016 年版,第 1 ~ 2 页。

〔4〕 参见张志铭:《法律解释操作分析》,中国政法大学出版社 1998 年版,第 31 页。

〔5〕 参见赵秉志:《刑法解释研究》,北京大学出版社 2007 年版,第 334 页。

〔6〕 张明楷:《刑法学》(第 5 版),法律出版社 2016 年版,第 26 页。

应作出有利于被告人的处理;对于后者不是选择对被告人最为有利的解释,而是选择正确的解释。[1] 再如,"对禁止性规范要进行严格的解释"的主张亦存在瑕疵。因为,"'严格解释'的意义实在是不够清晰。实际上,一旦你赋予严格解释这个理念以实质内容,那么这个标签就算不上是什么特别准确的描述,我们可以找到更好的名字来指称这种理念。"[2]

(二)区分说的评析

区分说认为,根据刑法解释的不同情形,刑法解释的对象存在区别,并认为解释对象不同解释方法也就不同。当然,区分说内部的具体观点亦存在差异。

例如,有观点从解释的主体或解释的效力的角度,将刑法解释分为有权解释(如立法解释、司法解释)和学理解释(不是有权的刑法解释)。该观点还认为,刑法有权解释是为了刑法适用,它的对象既有刑法已然的规定,也有刑事司法已经认定的事实(法律事实),所以,其解释的对象应当是刑法和刑法事实。虽然,刑法学理解释也面临刑法实践中刑法规定和法律事实之间的矛盾,但是,其并不必然为了刑法的适用,刑法学理解释的对象是刑法条文。刑法(有权)解释与刑法学理解释在解释主体、表现形式、程序、效力、结论的多寡、解释对象、解释结论的要求等方面存在差异。[3] 还有观点认为,刑法解释分为两种:一为静态的解释,如我国最高人民法院、最高人民检察院颁布的刑法司法解释、规定等即归此类;二为动态的解释,如法官在司法适用过程中对法律的阐述和推理等即归此类。[4]

上述第一种观点将刑法有权解释和学理解释的解释对象区别对待,并将"法律事实"视为刑法有权解释的对象,值得商榷。事实上,不论是何种解释,刑法解释的对象不应存在本质区别。例如,有学者指出,立法解释就是对既存的法律文本的含义所作的说明。我国刑法理论的通说认为,立法解释包括在刑法或相关法律中所作的解释性规定、在"法律的起草说明"中所作的解释和在刑法施行过程中立法机关对发生歧义的规定所作的解释等三种情形。但是,前两种情形并不能称为立法解释。[5] 更重要的是,上述区分说的观点存在将刑法适用与刑法解释等量齐观、并为一谈之嫌。第二种观点中所谓"动态解释",更直白地将法官司法适用中的推理视为刑法解释的对象,尤为明显地混淆刑法适用与刑法解释。但是,无论是"法律事实"还是"法官司法适用中的推理"都不应作为刑法解释的对象,理由如下:

---

〔1〕 [德]汉斯·海因里希·耶塞克、托马斯·魏根特:《德国刑法教科书》,徐久生译,中国法制出版社2001年版,第190页。

〔2〕 [美]劳伦斯·索伦:《法理词汇:法学院学生的工具箱》,王凌皞译,中国政法大学出版社2010年版,第180页。

〔3〕 参见赵秉志:《刑法解释研究》,北京大学出版社2007年版,第332~335、347页。

〔4〕 李佳欣:《刑法解释的正义性追问》,载《法制与社会发展》2006年第4期。

〔5〕 张明楷:《立法解释的疑问——以刑法立法解释为中心》,载《清华法学》2007年第1期。

首先,在进行法律判断中,人们首先面对的是事实。没有事实也就无需作出判断。事实有许多的分类,在静态上,可以分为生活事实(或原始事实)、证明事实和法律事实。生活事实是既存已经发生的事实;通过证据、自认或推定等手段所证明的生活事实便是证明事实;只有为法律的事实构成(或行为构成)所规定的证明事实才是法律事实。法律事实是适法事实,即可以进行法律评价的事实;法律事实也是案件事实,即基于此可作出法律判断的事实。在进行法律判断的形成过程中,人们面临的总是发生了的个别事实,所以,生活事实、证明事实和法律事实三种事实都是个别事实。例如,“李某在旅客列车中抢劫现金若干、手机一部”是生活事实,“被害人陈述等证据证明李某在旅客列车中的抢劫”是证明事实,“李某的行为是《刑法》第263条规定‘以暴力、胁迫或者其他方法抢劫公私财物的’抢劫行为”是法律事实。[1] 法律事实是刑法适用中将业已证实的证明事实和犯罪构成进行符合性判断的结论,而非刑法解释的对象。“大多数情况下法律人并没有把这些法定的事实构成要素彻底分解为指称事实的法律概念,而通常只是不加说明地将这些概念与属于其意义范围的事实联系在一起。”[2] 当然,否定法律事实作为刑法解释的对象,并不能因此否定从事实(尤其是生活事实)中发现刑法的真实涵义。相反,规范和事实之间存在双向归属,这种归属是在一种“眼光的往返流转”过程中进行的。[3]

其次,“法律适用由根据规范标准对生活事实所进行的比较性观察和评价组成。”“应当检验得到认定的事实是否满足相关规范的事实构成,这种检验被称为‘涵摄’,在此,法律适用者考察的不是具体规范。他要在整个法律秩序(而不是单个规范)中寻找纠纷解决的答案。”[4] 这一过程是法律适用,“人们也将这种工作称为‘法律修辞学’、‘法律论辩’或者‘法律证立’”。[5] 法律适用是一种对象交流的过程,于此,必须在考虑可能适用的法条之下,由“未经加工的案件事实”形成陈述之终局的案件事实,将应予适用的规范内容尽可能精确化。解释乃是一种媒介行为,借此,解释者将有疑问的文字,变得可以理解。[6] 据此,刑法适用与刑法解释的任务和功能不同。刑法解释的任务是解释刑法条文有疑问的文字,为刑法适用确定刑法规范标准,也是刑法适用或“涵摄”三段论的大前提。

另外,上述区分说不仅仅错误理解刑法解释的对象,而且还导致各自认定的方法混同。但是,无论是法律事实的认定还是刑法适用的推理过程,其方法与刑法解释方

〔1〕 郑永流:《法律方法阶梯》(第2版),北京大学出版社2012年版,第36~37页。
〔2〕 [德]莱因荷德·齐佩利乌斯:《法学方法论》,金振豹译,法律出版社2009年版,第132页。
〔3〕 参见[德]莱因荷德·齐佩利乌斯:《法学方法论》,金振豹译,法律出版社2009年版,第130页。
〔4〕 [德]魏德士:《法理学》,丁晓春、吴越译,法律出版社2005年版,第288页。
〔5〕 [德]魏德士:《法理学》,丁晓春、吴越译,法律出版社2005年版,第287页。
〔6〕 [德]卡尔·拉伦茨:《法学方法论》,陈爱娥译,商务印书馆2003年版,第193页。

法应存在明显差异。从法理上讲,法律适用的方法致力于实现既有的法律又生产新的法律,所以又被称为"法律方法"。并且,法律方法与法学方法在主要功能上有所重合,所以,在功能上法律方法也可称为法学方法。[1] 法学方法论的主要有所谓历史学、社会学、经济学、心理学、语言学等方法。[2] 也正因如此,在刑法解释方法论界定中,出现前文所述统计学方法、社会学方法、经济学方法、伦理学方法等刑法解释方法的错误观点。根据客观事实来说,法学方法指向的是"什么是法律"的本体性理论,关注的核心是"何为准确之法"这一哲学的第一个基本命题,[3] 所以,所谓的这些刑法解释方法并非真正的刑法解释方法,实为与刑法解释学并列的刑事立法学、刑事政策学等的研究方法。

值得注意的是,传统刑法理论认为刑法解释是对刑法规定的含义的阐明;刑法条文是用文字加以规定的,由于文字的简练,从而可能会有歧义。所以,为了准确理解刑法规定的含义,就需要对刑法加以解释。同时,传统理论将刑法解释方法分为文理解释与论理解释。其中,文理解释,是指依据刑法条文中文句的意义所作的解释;解释的根据是语词的含义、语法与标点。论理解释,是指考虑立法精神,结合刑法制定的理由、沿革、当时的背景、刑法原理,以逻辑推理的方法,对刑法规定的含义所作的解释。[4] 该观点对刑法解释对象的界定模棱两可:从刑法解释的定义和论理解释的方法来看,刑法解释的对象似乎是刑法规定,而从文理解释来看,刑法解释的对象似乎又是刑法条文中的文句、语词、语法与标点。因此,在刑法解释的传统理论中,刑法解释的对象是刑法规定(或刑法文本或刑法条文)还是刑法条文中的文字和符号的认识,处于游离状态。前文对刑法解释对象是刑法规定(或刑法文本或刑法条文)的主张已作分析,在此不再赘述。刑法解释的对象是文字或符号的观点亦值得商榷,对此后文予以详述。由此产生的刑法文理解释和论理解释之刑法解释方法分类标准和具体方法亦逐步受到挑战与质疑。例如,有观点指出,这种分类所列举的解释方法是极为有限的。并且,刑法解释方法之文理解释与论理解释区分并不严谨,至为明显的是将形式的分类与实质的分类相混淆。[5]

三、刑法解释对象的厘定与刑法解释方法界定

(一)刑法解释对象的厘定

刑法解释对象是刑法解释要解释什么的问题。总体而言,具有意义的事物才具有

---

〔1〕 郑永流:《法律方法阶梯》(第2版),北京大学出版社2012年版,第27页。
〔2〕 郑永流:《法律方法阶梯》(第2版),北京大学出版社2012年版,第26页。
〔3〕 郑永流:《法律方法阶梯》(第2版),北京大学出版社2012年版,第26页。
〔4〕 参见马克昌:《刑法》(第2版),高等教育出版社2010年版,第7、8页。
〔5〕 张明楷:《刑法分则解释原理》(上)(第2版),中国人民大学出版社2011年版,第42页。

解释的意义,也才能作为解释的对象。保罗·格瑞斯曾经区分了非自然的意义和自然的意义。"乌云意味着下雨"是"意义"的后一种用法的一个例子,而"他要伤害你"则是前一种用法上的"意义"的例子。由于"自然的意义"只不过是对实际上毫无意义可言的事件之间的因果关系所做的说明,或者说一者的存在是另一种存在的证据而已。但是,在这种毫无用处的宽泛的"意义"概念上,任何事物,除非它能够置身于因果关系之外(我们知道这样的事物根本不存在),都"具有意义"。因此,具有"非自然的意义"的事物不是解释的对象。只有人类主体为了相互沟通而创造出的表征系统(各种文本)才具有意义。据此,符号系统,只有当人类主体用这些符号来型构他们意欲表达的意图客体而受众也相应地用他们来型构他们的信念客体,才能成为表征系统。[1]

刑法是由代表人民意志的立法机关,经过严格的程序,规定什么是犯罪以及如何处罚的文本。因此,从表面来看,作为符号系统的刑法文本是具有意义的表征系统,是解释的对象。但是,刑法文本是一个抽象的概念,是由相对具体的刑法条文组成,而刑法条文又是由文字和标点符号具体组成。如果没有文字和符号组成的语言,法和法律工作者就只能失语。[2] 解释的标的是"承载"意义的法律文字,解释就是探求这项意义。[3] 因此,从内容来讲,刑法条文中的文字和标点符号才是刑法解释的对象。当然,刑法条文中多数标点符号并无刑法意义,部分单独的文字亦无刑法意义,其目的是增强刑法条文的语言逻辑。例如,刑法第238条、第245条中的"非法"并无实际意义,因为拘禁、搜查、侵入住宅行为是否非法,是由行为是否符合犯罪构成以及是否具有排除犯罪的事由共同决定的,而不是由独立的"非法"要素决定的。再如,刑法第133条第1款中的"发生重大事故",第154条、第174条第1款、第179条第1款、第190条、第230条、第329条第2款、第343条第1款中的"擅自",第399条第1款中的"枉法",第401条、第402条、第403条、第414条中"舞弊"都是多余的,并无实际意义,是完全可以删除的表述,[4]更不是刑法解释的对象。

因此,只有形成刑法中有意义的概念的文字组合或者文字和符号的组合(或者说是语词),才是刑法解释的对象。因此,从本质上讲,刑法解释的对象是刑法条文中的刑法概念,例如,刑法分则各本条的表述方式,均为"……的,处……"。"……的,"所表述的内容为罪状。[5] 因此,对罪状的解释,始于"……的,"文字、符号。

当然,文字和符号的组合(或者说是语词)必须经过若干人的共同实践,并在社会交往中达成一致。它一切的词意、内容联系和使用规则都是在某个语言群体的"集体

---

[1] 参见[美]安德雷·马默:《法律与解释》,张卓明译,法律出版社2006年版,第6、7页。
[2] [德]魏德士:《法理学》,丁晓春、吴越译,法律出版社2005年版,第288页。
[3] [德]卡尔·拉伦茨:《法学方法论》,陈爱娥译,商务印书馆2003年版,第194页。
[4] 参见张明楷:《论表面的构成要件要素》,载《中国法学》2009年第2期。
[5] 张明楷:《刑法分则解释原理》(上)(第2版),中国人民大学出版社2011年版,第168页。

意识”中逐渐积累起来的。[1] 对文字不能随意拆解进行解释,否则,可能导致刑法解释背离“集体意识”。例如,对刑法第263条之“冒充军警人员”中的“冒充”拆解为“冒”和“充”,认为“冒充”包含“假冒”与“充当”两层含义,进而主张对军警人员显示其真正身份抢劫的属于刑法第263条中的“冒充军警人员抢劫”。[2] 该观点因违背语言群体的“集体意识”而受到理论界的广泛质疑,[3]也为司法实务所否定。例如,最高人民法院《关于审理抢劫刑事案件适用法律若干问题的指导意见》指出,军警人员利用自身的真实身份实施抢劫的,不认定为“冒充军警人员抢劫”,应依法从重处罚。总之,毁损用语的解释是恶劣的解释。[4]

(二)刑法解释方法的界定

“方法”意指通往某一目标的路径。在科学上,方法是指这样一种路径,它以理性的,因而也是可检验和可控制的方向导向某一理论上或实践上的认识,导向对已有认识之界限的认识。[5] 因此,在刑法解释方法采取价值评价的手段,由于其不具有可检验性和可控制性因而不是方法论上的刑法解释方法。例如,刑法解释中是采用追求立法者立法意图的主观解释还是采用追求适应社会发展需要的客观解释,主要取决于刑法的确定性与刑法的适应性的价值选择。主观解释与客观解释本身并不具有可检验性(或者说可证伪性)和可控制性,其主要取决于一个国家或地区的法律观,甚至是一种政治观。“法须稳定,但毋僵直。”我们似乎遇到了一个难题,如何在保持稳定与寻求改变之间合理配置资源,寻找、维系二者的某种平衡。这个疑问似乎应当由政治学者而非法律人加以回答。[6] 例如,英国法律理论要求法院按照字面或通常含义对制定法进行解释,而无需考虑政策或原理,除非制定法本身就是不清晰的。而大多数法官在最初判断言词是否清晰时,就会去考虑目的方面的证据。英国法官考虑目的证据时,几乎无一例外地把范围限定在制定法自身、同一制定法的其他部分、先前普通法或制定法的言词所构成的界限内,别无其他。而美国的大多数法官会深入研究立法史,以便找到表面背后的有关立法意图的证据,他们还会探求其他目的和政策,看看能不能找到有关立法意图的任何证据。[7] 简而言之,相较于英国,美国法学理论和司法实务更强调追求立法意图的主观解释。这些差异与各自国家制度的、历史的和文化的因

[1] [德]魏德士:《法理学》,丁晓春、吴越译,法律出版社2005年版,第72页。

[2] 张明楷:《刑法学》(第5版),法律出版社2016年版,第994页。

[3] 参见李运才:《形式解释论与实质解释论的关系》,载《国家检察官学院学报》2015年第5期。

[4] 张明楷:《刑法格言的展开》(第2版),法律出版社2003年版,第10页。

[5] [德]莱因荷德·齐佩利乌斯:《法学方法论》,金振豹译,法律出版社2009年版,第1页。

[6] 参见[美]罗斯科·庞德:《法的新路径》,李立丰译,北京大学出版社2016年版,第1、2页。

[7] [美]P. S. 阿蒂亚、R. S. 萨默斯:《英美法中的形式与实质:法律推理、法律理论和法律制度的比较》,金敏等译,中国政法大学出版社2005年版,第85~86页。

素相互关联,也与各自国家占主导的传统法律理论契合。[1] 质言之,刑法解释方法应当具有可检验性和可控制性,类似主观解释与客观解释需要价值选择(不可检验和控制)的解释因素并非刑法解释方法,例如,形式解释、实质解释、目的(论)解释。刑法解释方法可检验性(或者说可证伪性)和可控制性的检验标准是刑法条文中具有刑法意义的文字、符号,也就是刑法解释的对象。

当然,笔者否定价值判断性解释因素作为刑法的解释方法,但并不否认刑法解释中存在价值判断。相反,法律解释要依赖生活经验。不尊重生活经验所作出的解释,会违背人民的法律情感,这可能造成社会不安。但尊重经验以外,法律解释还不可避免地作出价值判断。[2] 例如,刑法中的主犯、从犯、犯罪中止、正当防卫的限度、死亡、携带凶器盗窃或抢夺中的"凶器"、故意毁坏财物罪中的"毁坏"、"强奸"等概念的界定,无不依赖生活经验与价值判断。如果完全否认刑法解释中价值判断要素,刑法解释就会沦为一种纯技术活动,这会背离刑法的规范属性。有学者直接指出,制定法的解释与正义有关。在待解释之规则所使用之语词的可能解释当中选择最为适当的解释。这一活动需要按照理性决策的规则进行,以为人们选择某一解释提供正当化基础并使之可被验证。[3] 否则,刑法解释就会被斥为一个妓女,可以为任何人服务,也可以被任何人使用。[4]

综上,根据可检验性(或者说可证伪性)和可控制性的方法论原理和刑法解释对象的类型,结合刑法条文中文字、符号的使用情况,刑法解释方法分为文理解释、补正解释和当然解释。文理解释是对刑法条文中表达刑法概念的文字、符号的解释方法,包括平义解释、限制解释和扩张解释;补正解释是刑法条文中表达刑法概念的错误文字、符号以及对刑法条文中缺少文字表述的刑法概念的解释方法。由于主观解释、客观解释、体系解释、历史解释、比较解释、目的(论)解释等是为刑法解释方法的选择提供价值标准或实质依据,因此不是刑法解释方法。宣言解释是以文理解释为前提的,其本身不是解释方法。反对解释是根据刑法条文的正面表述推导其反面含义或相反结论,以正面含义或结论为前提;正面含义或结论的确定即可推导其反面含义或相反结论;因此,反对解释也不是刑法解释方法。[5]

为了避免传统刑法理论中文理解释与论理解释之刑法解释方法区分的局限性,有

---

〔1〕 [美]P. S. 阿蒂亚、R. S. 萨默斯:《英美法中的形式与实质:法律推理、法律理论和法律制度的比较》,金敏等译,中国政法大学出版社2005年版,第344页。

〔2〕 林东茂:《一个知识论上的刑法学思考》,中国人民大学出版社2009年版,第48页。

〔3〕 [德]莱因荷德·齐佩利乌斯:《法哲学》(第6版),金振豹译,北京大学出版社2013年版,第166页。

〔4〕 参见[德]莱因荷德·齐佩利乌斯:《法哲学》(第6版),金振豹译,北京大学出版社2013年版,第294页。

〔5〕 关于宣言解释、反对解释的论述,可参见张明楷:《刑法学》(第5版),法律出版社2016年版,第39、41页。

学者将解释方法分为解释技巧与解释理由。其中,解释技巧包括平义解释、宣言解释、扩大解释、缩小解释、当然解释、反对解释、类推解释、比附、补正解释等;解释理由包括文理解释、体系解释、历史解释、比较解释、目的(论)解释等。该观点还主张,对一个刑法条文中的某个概念的解释,只能采用一种解释技巧,但采用哪一种解释技巧,取决于解释理由,而解释的理由是多种多样的,如"法律安定性、正义、结果评价、是非感、应用性、法律一致性"等均可作为解释的理由。[1] 这种区分是值得赞赏的,但是,亦容有质疑。

首先,该观点将解释技巧与解释理由统称为"解释方法",不符合方法论中"方法"的属性。其次,该观点将"文理解释"作为解释理由实属不当,因为文理解释是平义解释、扩张解释、限制解释等的统称,其本质上属于解释方法而非解释理由。最后,所谓的"当然解释",既不是刑法解释方法,亦不是刑法解释理由,而是法条适用的当然推理。当然解释(当然推理),是指在所面临的案件缺乏可以适用的法条时,通过参照各种事项,从既有的法条获得指针,对案件适用既有法条。[2] 如前所述,检验得到认定的案件事实是否满足刑法规范的事实构成的过程,是刑法适用的过程。刑法解释的任务是确定刑法规范的内容或标准。

四、刑法解释对象的类型与刑法解释方法的选择

如前所述,刑法解释是对透过刑法条文中的文字、符号表述的刑法概念。多数刑法概念是刑法条文中明文规定的;但出于刑法简洁性的需要,有的刑法概念刑法并未明文规定。在个别情况下,由于立法的粗疏,表达刑法概念的文字存在错漏的现象。根据刑法条文中的文字、符号表达刑法概念的不同情形,解释者应当选择不同的刑法解释方法。

首先,在刑法条文用文字、符号明文规定的情况下,刑法解释的结论只能从条文的词义中找到。"条文的词义是解释的要素,因此在任何情况下必须将'可能的词义'视为最宽的界限。该界限的另一端是什么意思,已经是法适用问题,已不能从方法上再称之为解释。从法治国家理由出发,可能的词义标准是不可缺少的,因为他提供了唯一的在客观上可检验的特征,而该特征可从能达到的可靠性上加以认识。"[3] 包括刑法在内的法律规范的任务是调整人们的行为,因此必须以一般人能够获得最低限度的理解的方式表达出来,这是法治国家的立法、司法和法学发挥作用的先决条件。否则,

---

〔1〕 参见张明楷:《刑法分则解释原理》(上)(第2版),中国人民大学出版社2011年版,第42、43页;张明楷:《刑法学》(第5版),法律出版社2016年版,第34、35页。

〔2〕 参见张明楷:《刑法学中的当然解释》,载《现代法学》2012年第4期。

〔3〕 [德]汉斯·海因里希·耶塞克、托马斯·魏根特:《德国刑法教科书》,徐久生译,中国法制出版社2001年版,第197页。

法律用语容易沦为将事实和谎言、法与恶法编织在一起的法律工作者以外无人能懂的行话。长期以来,法学家很难与普通老百姓谈论法与法学,也很难向他们解释清楚现实的利益冲突在法律上的解决办法。[1] 因此,刑事法治的基本要求是:在通常情况下,表达刑法概念的刑法条文用语能够获得一般人的基本认识。对于此类约定俗成的刑法文字用语采取平义解释即可。例如,故意杀人罪中的“人”、过失致人死亡罪中的“死亡”、强奸罪中的“强奸”和“妇女”等概念的涵义,不能任意解释。另外,如果某些用语在法律语言中已有特定涵义(例如,刑法第196条中的“信用卡”),通常即以此特定涵义进行解释。

其次,由于文字作为人类创造结晶具有与生俱来的艺术特征,同时,使用丰富多彩的世界中的事物的概念文字来表达或指称的有限性,所以,即使在刑法条文中的刑法用语使用日常用语,也难以避免其具有多义性、不确定性和变化性。因此,在解释刑法概念时,需要在刑法条文中的用语“可能的词义”的范围内,对其进行限制解释或扩张解释。对于选择采用限制解释还是扩张解释,取决于前述的解释理由。例如,刑法第20条、第50条、第81条、第120条之五、第121条、第122条、第123条、第157条、第202条、第226条、第236条、第237条、第238条、第240条、第242条、第244条、第246条、第247条、第256条、第257条、第262条之一、第263条、第269条、第277条、第278条、第294条、第307条、第318条、第321条、第333条、第347条、第368条、第426条、第451条等均使用了“暴力”一词。但是,“暴力”在不同的场合具有不同的含义。最广义的暴力,包括不法行使有形力的一切情况,其对象不仅可以是人(对人暴力),而且可以是物(对物暴力)。广义的暴力,是指不法对人行使有形力的行为,但不要求直接对人的身体行使,只要对人的身体施以强烈的物理影响即可。狭义的暴力,是指对人的身体不法行使有形力,但不要求达到足以抑制对方反抗的程度。最狭义的暴力,是指对人行使有形力,并达到足以抑制对方反抗的程度。[2] 如果日常用语的“暴力”是指最广义的暴力,那么,前述多数条文中的“暴力”均应采取限制解释,限制的程度则取决于相关罪名保护的法益,或者说取决于目的性考量。需要再次重申的是,这种目的性考量是刑法解释方法的根据,而不是刑法解释方法本身。

另外,立法者如同常人一样,也有犯错的时候,即在立法时对刑法条文的文字错误使用。毋庸置疑,由于刑法用语本身存在错误,就不能在“可能的词义”的范围选择解释方法,即不能采取平义解释、限制解释或扩张解释。正如德国刑法学者指出,只有在法律条文中存在编辑错误,刑法解释才可能不拘泥于可能的字义。[3] 在此情形下,应

---

〔1〕[德]魏德士:《法理学》,丁晓春、吴越译,法律出版社2005年版,第72、93页。

〔2〕张明楷:《刑法学》(第5版),法律出版社2016年版,第707页。

〔3〕[德]汉斯·海因里希·耶塞克、托马斯·魏根特:《德国刑法教科书》,徐久生译,中国法制出版社2001年版,第198页。

当采用补正解释的方法对刑法条文中错误文字进行纠正;至于纠正的标准则不是刑法解释方法能够解决的问题。例如,《刑法》第 191 条规定的洗钱罪中"没收犯罪所得"的表述即是如此。根据法律的一般原理和《刑法》第 64 条的规定,对于贪污犯罪、金融诈骗犯罪的所得,应当及时返还被害人,而不是没收上缴国库。[1]

有必要指出的是,刑法制定时刑法条文使用的文字指称概念与刑法施行以后由于社会生活变化引起的事实不一致,不属于前述的文字使用错误或编辑错误。例如,修正之前的《刑法》第 264 条中的"金融机构"是否包括"自动取款机"就不属于此种错误。对此类问题的处理超出刑法解释的任务,刑法解释也走到了尽头。"法律条文之所以与立法者的意图不相吻合,是因为被调整的生活情况得到了进一步发展,新的情况代替了过时的情况。谁允许对此等'次要的编辑错误'进行校正,就离本教科书所否认的观点不远了,该观点根本不愿意将法律条文作为解释的界限看待。"[2]

最后,出于文本简洁性等需要,立法者不可能将所有的刑法概念,尤其是犯罪的构成要件要素,全部用文字表述于刑法条文之中。"虽然大多数构成要件要素都是由刑法明文规定的,但是,也有不少构成要件要素不是由刑法明文规定的,而是由解释形成的。"[3]对此情形的解释方法,应当采用补正解释或补充解释的方法。

五、结语

虽然刑法解释学不是低层次的学问,但也不能高估刑法解释学的地位,更不能取代刑法哲学、刑法立法学、刑法司法学。大约二十年前,我国刑法学者就指出,刑法学按照研究内容的层次细分为注释刑法学、概念刑法学和理论刑法学,注释刑法学只是面向司法实际而运用注释方法专门研究实在条文的学问。[4] 而在当下,刑法理论界对刑法教义学与刑法解释学是否存在区别也存在龃龉。刑法解释也不能取代刑法立法和刑法适用。因为,法律适用本身就是一件不容易的工作,法律适用是没有精确的方法可以依循的。不管是在法律解释方面,还是在事实认定方面,其一定程度的模糊性是无法完全消除的。而且,将认定的事实归属于法律规范适用范围的过程的归纳能力,需要教导,更需要训练才能造就。刑法解释仅仅是刑法适用的前提。

高估刑法解释学的地位导致的后果之一:对刑法解释的对象究竟是刑法事实还是刑法条文中的语词(或者刑法概念)不加甄别,而将刑法解释的方法漫无边际地拓宽。最终的结果是刑法立法完善被刑法解释或刑法适用所代替。例如,有学者指出,当解

---

〔1〕 参见张明楷:《刑法学》(第 5 版),法律出版社 2016 年版,第 42 页。

〔2〕 [德] 汉斯·海因里希·耶塞克、托马斯·魏根特:《德国刑法教科书》,徐久生译,中国法制出版社 2001 年版,第 198 ~ 199 页。

〔3〕 张明楷:《犯罪构成体系与构成要件要素》,北京大学出版社 2010 年版,第 137 页。

〔4〕 参见冯亚东:《理性主义与刑法模式》,中国政法大学出版社 1999 年版,第 196 页。

释者对法条难以得出某种解释结论时,不必攻击刑法规范不明确,而应反省自己是否缺乏明确、具体的正义理念。[1] 就死刑废止和限制而言,即使现行刑法规定了死刑,也可能不适用死刑。即使对现行刑法不作任何修改,法官也可以做到不判处一例死刑。[2] 然而,刑法颁行20年以来,已经过九次修正和一个单行刑法对刑法予以完善,并在立法上对死刑进行限制和部分废止。这足以说明刑法事实上存在不明确等瑕疵和刑法立法完善的必要性。

总之,刑法解释的任务应仅限于刑法条文用文字、符号表达的刑法概念涵义的界定;刑法解释的对象是刑法条文中的文字、符号表达的有意义的刑法概念;刑法解释方法及其选择应当由刑法解释的对象决定。

---

〔1〕 参见张明楷:《刑法分则解释原理》(上)(第2版),中国人民大学出版社2011年版,序说第3页。

〔2〕 参见张明楷:《刑法学者如何为削减死刑作贡献》,载《当代法学》2005年第1期。

西方国家刑法解释(学)的学术考察[*]

魏　东[**]

【内容摘要】西方国家刑法解释实践经历了严格解释与灵活解释的交替反复之后,最终在当今时代走向了反对机械的严格解释而主张适当的灵活解释、适当的客观解释和适当的实质解释,尤其在20世纪以来直到当下灵活解释主义作为一种刑法解释立场已经越来越被普遍接受。相应地,西方国家刑法解释的学术史在经历了古代西方国家刑法解释思想的萌芽与刑法解释学的产生之后,近现代和当代西方国家刑法解释学呈现出方法论传统、客观说转向与本体论转型的发展脉络。对照西方国家刑法解释实践及其学术发展,可以发现当前中国刑法解释实践在发展方向上具有亲近适当的客观解释和适当的实质解释的趋同性,中国刑法解释学完全可以借鉴吸纳西方国家的刑法解释理论。

【关键词】刑法解释　刑法解释学　学术史

为研讨刑法解释的本体论诸问题,需仔细斟酌刑法解释源流与学术史,厘清刑法解释知行意义上的既有诸见解,梳理刑法解释学的既有诸理论体系,分析权衡其利弊得失,取乎更佳更美之刑法解释学体系,展开更具理论解释力和逻辑妥当性的刑法解释学术研讨。

有一种比较通行的观点认为,"一部西方法学史,就是一部法律解释史"〔1〕,依此论断也可以说人类刑法学史就是一部刑法解释史。这种观点格外强调刑法解释的重要性,在已经生成刑法规范文本或者刑法习惯法的大前提下是能够成立的,因为人类刑法实践的终端就是对刑法的解释适用。当然,在刑法实践的整体意义上,刑法实践应当包括刑法立法(含刑法典文本和刑法习惯法的形成与确认)和刑法解释两个有机组成部分,从而,不但刑法解释仅属于刑法实践的一个有机组成部分而非刑法实践整体,而且刑法解释无法替代或者否定刑法立法的特殊意义。因而,仅仅在强调刑法实

---

* 本文系作者所承担的2012年度国家社科基金项目重点课题"刑法解释原理与实证问题研究"(12AFX009)的阶段性成果。

** 魏东,法学博士,四川大学法学院教授、博士生导师。

〔1〕 陈金钊等:《法律解释学》,中国政法大学出版社2006年版,第54页。

践的终端意义上,方可以成立人类刑法学史就是刑法解释史之命题。

人类刑法史上之刑法解释,其两大疑问必须追问:“何为”与“为何”? 关于“何为”刑法解释之追问,主要是通过刑法解释源流之考察,阐明刑法解释在本源意义上“是什么”的问题。关于“为何”刑法解释之追问,主要是通过刑法解释学术史之考察,诠释刑法解释学如何阐明刑法解释之本源意义(为什么说其“是什么”、如何说明其“是什么”)、刑法解释之基本原理、原则与方法。

为了突出考察问题的典型性,以及考虑到学术研讨的策略性、技术性,本文选取西方大陆法系国家和英美法系国家作为研究中国刑法解释(“中国问题”)的重要参照对象,展开刑法解释的历史考察与学术史分析,以期得出某种合理的论断。至于西方两大法系国家以外的其他“外国”和地区的刑法解释及其学术史,[1]本文在论述中也可能偶有涉及并以此作为佐证性素材,后文对此不再作专门说明。

一、西方国家刑法解释的源流

(一)大陆法系国家刑法解释的历史与现状

按照比较成熟的看法,大陆法系国家刑法解释的历史沿革,大致可以分为古代与近现代(广义上包括当下)两个宏观的历史阶段。[2] 大陆法系国家刑法解释的历史与现状考察,按照既定思路,主要是通过考察历史上乃至当下既存的刑法解释现象,从历史实证的维度“例证”刑法解释的本源意义。

1. 古代大陆法系国家的刑法解释

古代大陆法系国家的刑法解释主要体现在古罗马的刑法解释和中世纪大陆法系国家的刑法解释。一般认为,古罗马的法律解释(包括刑法解释)是大陆法系国家的法律解释的开端。古罗马自公元前454年颁布其历史上第一部成文法《十二铜表法》开始,即开启并经历了“从严格解释到自由解释再到严格解释”的法律解释活动:[3]最初,在《十二铜表法》颁布初期,解释者只能就法条做严格的字面意义上的说明与注释,如该法第8表第11条规定“不法砍伐他人树木的,每棵处25盎司的罚金”,对其中“树木”的解释就十分严格,如不得将“葡萄蔓”解释为本法条中的“树木”;自公元前

---

〔1〕 例如,苏俄刑法解释及其学术见解,有的论著中也有较为系统的介绍。参见苏联科学院法学研究所编:《马克思列宁主义关于国家与法权理论教程》,中国人民大学出版社1955年版,第511~517页;朱景文:《比较法导论》,中国检察出版社1992年版,第253~254页;李希慧:《刑法解释论》,中国人民公安大学出版社1995年版,第36~38页。

〔2〕 例如,严存生教授主张西方大陆法系国家法律解释可以“分古代、近现代二个阶段来介绍”。参见严存生:《西方法哲学问题史研究》,中国法制出版社2013年版,第563页。再如,李希慧教授和董皞法官对西方大陆法系国家的法律解释的历史考察也是依次按照古代的法律解释(包括古罗马的法律解释和中世纪大陆法系的法律解释)、现代大陆法系的法律解释来具体展开的。参见李希慧:《刑法解释论》,中国人民公安大学出版社1995年版,第25~32页;董皞:《司法解释论》,中国政法大学出版社2007年版,第76~84页。

〔3〕 参见李希慧:《刑法解释论》,中国人民公安大学出版社1995年版,第25~29页。

242 年开始,古罗马裁判官利用"告令"这种途径逐步出现了对法律进行超越字面意义的解释,罗马法学家也从原先仅对《十二铜表法》进行字面意义上的注释逐步进行着创制新的法律内容的解释,因此"裁判官和法学家的共同努力,促进了古罗马法从严格解释到灵活解释的过渡";中后期,随着《查士丁尼法典》、《学说汇编》和《法学阶梯》的编撰完成,古罗马统治者即严令司法活动只能以这三部法律文件的规定为准并禁止对它们的规定做任何评议和改变原意的解释,从而古罗马的法律解释又从灵活解释再回归到严格解释。

而中世纪对古罗马法的法律解释则表现为"从严格解释到灵活解释的历程",其突出表征是公元 12 世纪至 16 世纪意大利研究罗马法的注释法学派和后注释法学派的相继形成,[1]前者以意大利法学家伊尔内留斯为鼻祖,其着眼于对古罗马法文字的考证与释义、所采取的是严格拘泥于字面含义的方法;后者在对罗马法进行文字上的注释的同时还对罗马法的规定进行评议(故而又称为评论法学派),采用逻辑和论理的方法探求罗马法的原则和规则,使古老的罗马法条文能够面向社会实际并为处理社会现实问题服务,因此后注释法学派时期堪称中世纪大陆法系法律的灵活解释时期。

2. 近现代乃至当下大陆法系国家的刑法解释

按照李希慧教授的归纳,大陆法系国家的刑法解释在 19 世纪早期和中期奉行严格解释主义,而在 19 世纪晚期开始直到 20 世纪以后逐渐转向了灵活解释主义。自 19 世纪早期开始直到中期,欧洲资产阶级革命派和启蒙主义者逐步成功地走上历史舞台,大陆法系国家在三权分立制衡思想和罪刑法定主义指导下开展了(成文)法典编撰运动,制定颁布了法条数量较多、体系较完备的刑法典,如 1810 年法国刑法典和 1871 年德国刑法典即为典型代表。这一时期特别强调立法与司法的界限分明和各行其道,制定法律是立法机关行使立法权的结果,适用法律则是司法机关行使司法权的活动,对法律的解释只能限制在阐明法条字面含义的范围之内,体现出鲜明的严格解释主义立场。但是,"19 世纪晚期以后,随着目的法学和利益法学的先后问世,法律的严格解释主义受到了严厉的批判,实践中对法律严格解释的做法也逐渐为对法律的灵活解释的做法所取代。"[2]应当说,在 20 世纪以来直到当下,随着犯罪防控方面众多新课题和新挑战的不断涌现,灵活解释主义作为一种刑法解释立场已经越来越被普遍接受。例如,针对网络时代出现的新型犯罪,大陆法系国家刑法解释表现出一种明显的实质化扩张解释的倾向,采取的解决办法"诸如扩大传统盗窃、诈骗、敲诈勒索等犯罪的内涵,把这些新型犯罪包括进去,或者扩大对刑法上'财产'的解释,使其最大限

---

〔1〕 参见李希慧:《刑法解释论》,中国人民公安大学出版社 1995 年版,第 29 ~ 30 页;杨仁寿:《法学方法论》,台北,文太印刷有限公司 1987 年版,第 21 ~ 22 页。

〔2〕 参见李希慧:《刑法解释论》,中国人民公安大学出版社 1995 年版,第 30 ~ 32 页。

度地包括新的无形财产”,再如“日本法院的判例把窃电解释为构成盗窃罪,把伪造信用卡解释为符合伪造文书罪的构成要件”,[1]无不体现了灵活解释主义的刑法解释立场。

(二)英美法系国家刑法解释的历史与现状

英美法系国家制定法产生之后即出现了制定法解释(而英美法系国家的法律解释包括普通法和制定法解释),其中英国制定法产生于1215年英国自由大宪章,“由此拉开了制定法解释的帷幕”。[2] 其时大陆法系国家已有1600余年的成文法解释历史并且正处于“从严格解释到灵活解释的历程”(其时后注释法学派与评论法学派占据主导地位),受此影响以及普通法实践中法官所实际拥有的较为自由解释法律的传统特点所致,英国制定法解释起初即呈现出法律的灵活解释的历史面貌。其时直至18世纪的英国,“法规频繁地被扩大适用于它们不曾明确规定的情形。……14世纪初叶,普通法法官在对待法规方面具有很大的自由,这种自由之大,乃至由司法机关对成文法进行实质性的修改,已成家常便饭”,并且“法官也可以体面地得出结论说,议会在当时并未预见到那种结果,从而法官们有权按公平原则来解释该法规”[3]。19世纪的英国制定法解释受大陆法系国家奉行法律严格解释的影响则呈现出法律的严格解释的倾向,“法官的目标乃是以法规所运用的语词中搜觅立法机关的意图,即使这种解释的后果是具有危害的”[4];法官也不得进行法律的自由解释;“法官的职责仅仅在于确定议会在其法规中所表述的内容是什么并将法规语词适用于他所受理的案件。在疑难案件中,法官给法规补充遗漏要点(除非不作这种补充,该法规就会变得毫无意义)或附加衡平法上的例外,都被认为是越权行为”[5],由此可见法律严格解释之一斑。20世纪以来,英国法律解释同样受大陆法系国家奉行法律灵活解释的影响以及其自身普通法传统的影响而逐渐回归转向了法律的灵活解释主义。

美国立国于西方法律较为发达、法律解释较为活跃的历史时期,其本身较多地承继了英国法传统并体现了普通法自由灵活解释法律的传统特点。在制定法解释上,早些时期“每当一条法规包含有一种背离普通法的立法性改革时,法院不仅可以拒绝将它作为类推推论的依据,而且还可以用最为狭义的和最具限制的方式解释该法规的术语”;而现在“美国法院,特别是美国最高法院,在对待那些赋予为普通法所不知的权利的补救性法规(如最低限度工资法规,社会治安法规或劳工赔偿法规等)时,往往持

---

[1] 何勤华、夏菲主编:《西方刑法史》,北京大学出版社2006年版,第527~530页。

[2] 李希慧:《刑法解释论》,中国人民公安大学出版社1995年版,第32页。

[3] [美]E. 博登海默:《法理学——法哲学及其方法》,邓正来、姬敬武译,华夏出版社1987年版,第508~509页。

[4] [英]丹宁勋爵:《法律的训诫》,杨百揆等译,群众出版社1985年版,第11页。

[5] [美]E. 博登海默:《法理学——法哲学及其方法》,邓正来、姬敬武译,华夏出版社1987年版,第510页。

有一种慷慨豁达的态度",并且"当今最高法院判例中的趋势时倾向于朝侧重目的的法规解释政策的方向发展"。[1] 这表明,美国制定法解释也经历了早些时期的法律的严格解释到后来乃至当今的法律的灵活解释的变化。[2]

二、古代西方国家刑法解释思想的萌芽与刑法解释学的产生

尽管西方国家刑法解释的历史源远流长,其在古代也有一些有关刑法解释的思想观点,但是刑法解释学术史却主要发端于古罗马帝国时期,刑法解释的方法论传统形成于近代,刑法解释的"客观说"转向于现代,刑法解释的"本体论"转型于当代。不过理论界对法律解释学术史的源起时间有一定分歧。严存生教授认为,"西方的法律解释思想的发展可分为二个大阶段,以萨维尼为界,之前只使用而没有从理论上进行阐述;之后开始研究并由许多人从理论上进行论述";而萨维尼之后"又可分二个小阶段,以现代解释哲学的产生为标志,之前其理论坚持传统的解释哲学的基本观点,之后则广泛吸收现代解释哲学的观点"。[3] 而焦宝乾教授认为,西方法律解释学术史可以分为以下六个历史时期:一是古希腊时期法律解释思想的萌芽,二是古罗马时期法律解释学的产生,三是中世纪的法律解释思想,四是近代法律解释之方法论传统,五是现代法律解释思想,六是当代法律解释理论;而"从解释的技艺发展到关于理解的一门科学或理论,乃至与哲学的结合,无论如何是近代以来的事"。[4] 对此,笔者认为,从既有史料分析,焦宝乾教授关于西方法律解释学术史的判断可能更为精准合理。本文出于研究重点的需要,这里在简要介绍西方古代的刑法解释思想的基础上,重点归纳介绍西方近现代和当代的刑法解释学术发展史。

古希腊已有刑法解释思想的萌芽,逐步形成了一些影响深远的法律解释观点。其主要思想成果可以概括为以下三点:[5]其一,"在法的起源初期,法主要是通过解释得以呈现的。当时法律话语的最初垄断者——牧师、祭师、僧侣、占卜官等,在一定意义上也是最初的立法者与阐释者",因此"法律解释一开始是与宗教解释、语文解释、历史解释等共同构成解释学前史";其二,在词源上,解释学来源于作为古希腊神话中上帝的信使赫尔默斯(Hermes),是"作为一种实践技艺"并"带着理解进入解释的",并且"与古希腊的修辞学渊源甚深","不能忽略希腊修辞术包含了法律解释的文化基因","从亚里士多德《修辞学》中所保存的法庭语录也显示出,当时对纯粹的法律问题

---

〔1〕 [美]E. 博登海默:《法理学——法哲学及其方法》,邓正来、姬敬武译,华夏出版社 1987 年版,第506 ~ 513 页。

〔2〕 参见李希慧:《刑法解释论》,中国人民公安大学出版社 1995 年版,第 35 ~ 36 页。

〔3〕 严存生:《西方法哲学问题史研究》,中国法制出版社 2013 年版,第 563 页。

〔4〕 陈金钊等:《法律解释学》,中国政法大学出版社 2006 年版,第 54 ~ 133 页。

〔5〕 参见陈金钊等:《法律解释学》,中国政法大学出版社 2006 年版,第 55 ~ 57 页。

往往是采用可能影响法官心理的各种理由进行辩论的”,解释学曾经被隶属作为古代三种技术学科之一的逻辑学(另两门技术学科是修辞学和语法学),“西方法律解释传统即依赖于古希腊逻辑学的知识支援”;其三,法律解释思想中有关自由裁量观念和公平正义观念也滥觞于古希腊,柏拉图主张法官应当拥有很大的自由裁量权并且不希望法官受法典中所规定的固定且呆板的规则的约束,亚里士多德主张裁判者是“矫正正义”和“公正合理”的化身,亚里士多德在论述法律解释问题时提到“衡平法”,提出法官本着公平精神解决特殊问题、“用弥补成文法的特别法的缺陷”使纠纷得到合理解决,在已有法律中没有相关规定的时候法官只能依据内心对正义的理解来判定纠纷的性质和寻找解决的办法,〔1〕并且“这种观点在西方法律解释传统中的影响主要在于:一是公平、正义的高级法观念在法律解释中具有核心地位,法律解释合法性的观念即源于此。二是法学家所用的解释方法,无不受到‘衡平法’或多或少的影响”,乃至在英美法系,文本与目的解释的问题在历史上一直困扰着制定法解释,其最早亦可追溯及亚里士多德的这种理论。

法律解释学则早已“肇始于古罗马帝国时期”,其时已形成法学家阶层并成为刑法解释学产生的重要标志,最杰出的法学家还被赋予司法解答权,并且“由法学家垄断法律解释,这种情形一直持续到近代”。〔2〕古罗马盖尤斯、乌尔比安、保罗、莫德斯蒂努斯、巴比尼安等“五大法学家”,古希腊亚里士多德、中世纪意大利注释法学派和后注释法学派的法学家,均归纳或者提出了一些有关刑法解释方面的思想、观点与论断。自古罗马五大法学家形成以来,古罗马的法律解释已经由初期严格拘泥于成文法字面含义的注释发展为“通过推测”和通过归纳或者引申的“解释原则”对成文法条文进行创造性的注解和法律解答。英国历史法学家梅因对此的观察结论是,古罗马法学家对《十二铜表法》的解释“不断地变更、扩大、限制或在实际上废弃‘十二铜表法’的规定”,“通过把原文凑在一起,通过把法律加以调整使适应于确实发生的事实状态以及通过推测其可能适用于或许要发生的其他事实状态,通过介绍他们从其他文件中看到的解释原则,他们引申出来大量的多种多样的法律准则,为‘十二铜表法’的编撰者所梦想不到的,并且在实际上是很难或者不能在其中找到的”。〔3〕这里,古罗马法学家强调法律解释的拟制和衡平的方法,强调“通过推测其可能适用于或许要发生的其他事实状态,通过介绍他们从其他文件中看到的解释原则,他们引申出来大量的多种多样的法律准则”的思想,已经具有近现代法律解释学之客观解释论的雏形。梅因指出,法律拟制的方法是“用于表示掩盖、或目的在掩盖一条法律规定已经发生变化这

〔1〕[古希腊]亚里士多德:《修辞学》,罗念生译,三联书店1991年版,第58~60页。

〔2〕陈金钊等:《法律解释学》,中国政法大学出版社2006年版,第57页。

〔3〕[英]梅因:《古代法》,沈景一译,商务印书馆1984年版,第20页。

事实的任何假定,其时法律的文字并没有被改变,但其运用已经发生了变化"并且"藏在其外衣里面的则是新的规定";衡平的方法是指"由于这些原则所固有的一种无上神圣,他们竟然可以代替民法",[1]即离开法律规定径直依据法的精神处理社会纠纷的技术,其与法律拟制方法的不同在于其抛开法律文本,参照更高的权威和内心对正义观念的理解,来解决法律规则无法解决的法律问题。[2] 对此,焦宝乾教授总结强调:"罗马法学对法律解释学的重要贡献在于具体方法层面。罗马法明显带有决疑论(kasuistik)的性质与特征。因为罗马人从不偏离具体的案件,而同具体的法律生活保持永恒的联系。他们拥有并完善着精湛的法学技艺。现代西方法律解释与个案的关联性,自罗马时期开始被引入。罗马法中,真正的解释,是根据法学理论进行的学理解释,而由立法者自己发布的解释不是真正的解释。[3] 就解释方法而言,古代罗马侧重于文字解释而轻论理解释。……自罗马帝政以来,逐渐采用以论理解释为主。用塞尔苏士的话说:'罗马法学最盛时代,凡解释法律者,不拘文字,而侧重法律之精神。'[4]这样,原来对少数情形有效的成文法规,通过法学家的扩大解释就能够适用于那些司法中不断出现的新情况。"[5]

欧洲中世纪中叶以来的法学家强调法律解释的目的在于归真和弄清法律的本来面目,其基本方法是语义学的方法如考证、注释、概括、推断等;中世纪后期的法学家则强调法律解释从更多地尊重文本转向尊重实践,从实际出发并加进解释者自己的理解的因素,即从单纯的注释转向加进自己的理解的注解。[6] 尤其是意大利后注释法学派(又名评论法学派)进一步强调法律解释要面向社会的实际和为处理社会现实问题而服务的思想,并主张采用逻辑和论理的方法探求罗马法的原则和规则,[7]应当说这也是与古罗马法学家法律解释之客观解释论思想一脉相承的并予以了进一步彰显。焦宝乾教授指出:尽管中世纪欧洲"法律解释学也大体上依附于神学解释学",但是"自11世纪晚期,法律开始被作为一门独立的科学予以讲授和研究",其中"罗马皇帝查士丁尼治下所编纂的法律作品的发现,对之加以分析与综合的经院主义方法以及欧洲大学中对于法律的讲授——都属于西方法律传统的根本成因"并且经院主义方法"使一种在整个西方占优势的法律思维模式存留至今"[8],中世纪注释法学家将法律制度概念化,将法律系统化,使其成为一融合的知识体系,基于一种分析和综合的经院

---

〔1〕[英]梅因:《古代法》,沈景一译,商务印书馆1984年版,第15~17页。
〔2〕严存生:《西方法哲学问题史研究》,中国法制出版社2013年版,第564页。
〔3〕[意]彼德罗·彭梵得:《罗马法教科书》,黄风译,中国政法大学出版社1998年版,第19页。
〔4〕陈允、应时:《罗马法》,商务印书馆1931年版,第38页。
〔5〕陈金钊等:《法律解释学》,中国政法大学出版社2006年版,第57~58页。
〔6〕严存生:《西方法哲学问题史研究》,中国法制出版社2013年版,第565页。
〔7〕参见杨仁寿:《法学方法论》,台北,文太印刷有限公司1987年版,第21~22页。
〔8〕[美]伯尔曼:《法律与革命》,贺卫方等译,中国大百科全书出版社1993年版,第147页。

主义方法使得西方法学历史的解释品格由此形成,从而中世纪对塑造西方法律解释传统是一个非常重要的历史阶段。[1]

相较于古代大陆法系国家关于刑法解释的较为丰富的思想(萌芽),古代英国制定法解释实践中也萌生出有关刑法解释的思想端倪,诸如"毋须遵循该法规的语词含义"、"法规的公平释义原则"、"准许在适度的限制范围内运用类推方法"[2]等,带有浓厚的普通法传统倾向于自由解释和灵活解释的突出特点。

三、近现代和当代西方国家刑法解释学的方法论传统、客观说转向与本体论转型

近现代西方国家刑法解释理论的学术发展蔚为壮观。可能仅按照李希慧教授的归纳,将大陆法系国家的刑法解释学术史发展轨迹概括为在19世纪早期和中期奉行严格解释主义、在19世纪晚期开始直到20世纪以后逐渐转向了灵活解释主义,[3]此种学术概括显得过于简单粗疏,而需要进行更为细致的学术史梳理。应当说,近代西方国家法律解释的方法论传统于19世纪正式形成,法律解释方法论乃至法律方法和技术的理论由此成为西方法学的显学;现代西方国家法律解释论的"客观说"主流转向(由"主观说"转向"客观说")于19世纪后期开始并延续至今;及至20世纪以来,西方国家法律解释学又出现了本体论转型,由此形成了方法论意义上的法律解释与本体论意义上的法律解释之法律论证理论双重"探究型解释"立场(从"独断型解释"走向"探究型解释"[4])。

(一)近代西方国家法律解释的方法论传统

近代西方国家法律解释粗略的学术史轨迹可以概括为:首先是诠释学转向,即从特殊诠释学转向普遍诠释学,其显著特点是诠释学的对象从《圣经》和罗马法这样的神圣卓越的文本转而为一般世俗文本;[5]其次是这种诠释学转向随着法律的世俗化、理性化尤其是法典化发展,法律解释也开始同传统的人文与神学解释传统相分离,而日渐成为一门独立和专门的学科,[6]由此于19世纪正式形成西方法律解释的方法论传统,法律解释方法论乃至法律方法和技术由此成为西方法学的显学。

近代西方法律解释的方法论传统,与近代哲学采取理性主义与科学主义的认识论并扬弃中世纪注释法学所依赖的经院辩证法密切相关。理性主义传统的关键在于精神与肉体、主体与客体的分离,世界被区分为主观世界与客观世界,由此"在现象与本

[1] 参见陈金钊等:《法律解释学》,中国政法大学出版社2006年版,第58~60页。

[2] [美]E.博登海默:《法理学——法哲学及其方法》,邓正来、姬敬武译,华夏出版社1987年版,第508页。

[3] 参见李希慧:《刑法解释论》,中国人民公安大学出版社1995年版,第30~32页。

[4] 陈金钊等:《法律解释学》,中国政法大学出版社2006年版,第92页。

[5] 参见洪汉鼎:《诠释学——它的历史和当代发展》,人民出版社2001年版,第27页。

[6] 陈金钊等:《法律解释学》,中国政法大学出版社2006年版,第60页。

体、现象界与物自体、思维与存在、主体与客体、理想与现实、应然与实然之间截然二分";而"规范与事实相分离"的原则成为近代西方法学在理论证成的关键一环,事实是客观的、是以是否"真"作为判断标准,规范是主观的、是以是否"善恶"作为判断标准,这种思维模式建立于主体与客体、主观与客观严格区分的认识论和世界观基础上;理性主义的自然法学派绝对地认为,主要通过理性的努力,法学家便能够塑造出一部作为最高立法智慧而由法官机械加以应用的完美的法典;实证主义法学(法律实证主义)将主观价值判断因素排除于客观法的体系之外,主张追求类似于自然科学意义上的客观性的法律的客观性和科学性以及法律解释的客观性、确定性和稳定性。〔1〕

相比于英美法系国家法官具有当然的法律解释权传统共识而言,大陆法系国家法官的法律解释权却经历了坎坷曲折,尤其是在近代国家主义、理性主义、民族主义、三权分立的观念影响下,大陆法系国家法官释法的合法性曾经被严格限制在"逐字遵守"的形式主义层面,更有甚者,法官释法的合法性甚至被断然否定。在18世纪中后期,贝卡利亚出于反对欧洲中世纪罪刑擅断和保障人权的立场即主张严格罪刑法定主义,主张"刑事法官根本没有解释刑事法律的权利,因为他们不是立法者",认为"当一部法典业已厘定,就应逐字遵守,法官唯一的使命就是判定公民的行为是否符合成文法律",强调"法官对任何案件都应进行三段论式的逻辑推理。大前提是一般法律,小前提是行为是否符合法律,结论是自由或者刑罚"〔2〕。此外,霍布斯、孟德斯鸠、罗伯斯比尔等也持有排斥法官释法的见解,霍布斯主张"法律的解释便取决于主权当局"并且只能是"立法者的看法"〔3〕,孟德斯鸠主张法官仅仅是"宣布法律语词的喉舌,仅仅是被动的存在"〔4〕,罗伯斯比尔主张"法律的解释权属于创制法律者"〔5〕。直到后来法国"上诉制"和德国"复审制"的出现才逐步确立了法官释法的合法性并且使得法律解释具有与个案之关联性,〔6〕并且随着近代法官解释法律传统的形成,以及法律现代性知识的发展,法律的职业化、专业化与技术化水平日益加深,由此导致了一种社会生活的不断被"司法主宰化",展示了学者所谓的法律解释中的"大众话语"和"精英话语"对立的逻辑隐喻。〔7〕

法律解释的对象,主要是立法机关制定的法典文本。但是,"随着17、18世纪古典自然法学派的兴起,以《国法全书》作为法律解释对象的权威地位逐渐被自然法所取代。换言之,自然法成了法学解释的对象。所不同于《国法全书》者,自然法没有一个

〔1〕 参见陈金钊等:《法律解释学》,中国政法大学出版社2006年版,第60~63页。
〔2〕 [意]贝卡利亚:《论犯罪与刑罚》,黄风译,中国大百科全书出版社1993年版,第12~13页。
〔3〕 [英]霍布斯:《利维坦》,黎思复、黎廷弼译,商务印书馆1985年版,第214~217页。
〔4〕 [英]M. J. C. 维尔:《宪政与分权》,苏力译,三联书店1997年版,第82页。
〔5〕 [法]罗伯斯比尔:《革命法制与审判》,赵涵舆译,商务印书馆1986年版,第28页。
〔6〕 参见陈金钊等:《法律解释学》,中国政法大学出版社2006年版,第65~66页。
〔7〕 刘星:《法律解释中的大众话语与精英话语》,载梁治平编:《法律解释问题》,法律出版社1998年版。

统一的、书面化的固定文本……作为西方渊源最深的自然法学毕竟有一些超越时空的共同的要素,如抽象的理性、正义、自由等",可以说,自然法在司法裁判中充当了补充性法源的角色,显然有助于克服国家制定法一元的缺陷,由此可见,自然法已经从抽象的理论原则转化为各国法律制度的具体实践,在西方法律文化中法官成为法律和正义的化身。而"到19世纪后期,各国大体上建立起体系完备、结构严谨、和谐统一、具有形式合理性的法律体系",其结果是"无形中,司法适用的法律渊源被一元化了。法律与立法的界限被模糊了"。近代法律解释对象问题的反思检讨,有助于我们明白的道理在于:个案中法律解释的对象除了作为"文本"的法律以外,还应该有经过解释主体选择并与成文法相关的事实,这与法律解释之个案关联性相一致;法律解释的文本不唯国家制定法,而应该是多元的、开放的,而非单一的、封闭的。[1]

19世纪的法律解释学试图从司法中排除人的因素和所有的个体化因素,呈现出一种严格解释并且追求法律解释客观性的独断型解释特点。这种解释学在作者、文本和解释者之间突出了作者的核心地位,认为作者的意义即作者的意图,解释作品的意义只能发现作者的意图,作品的意义是一意性的,解释的工作无非是通过"文本"努力去体会作者的原意,理解就是从思想上、心理上和时间上设身处地地体验作者的意思。施莱尔马赫认为解释学是一门避免误解的学问,寻求重建作者原意的合法途径主要是语义解释和心理解释(心理转换),强调读者"能够比作者理解他自己理解得更好"。狄尔泰把理解视为人的心灵生活的重建,并且注重"移情"对解释学的意义。施莱尔马赫和狄尔泰共同的思想基础是客观主义,都力图使解释者摆脱自己的偏见和时代的拘束,由此达到像自然科学那样的客观性。法律解释的客观性成为法律解释的最高理想,因而法律解释的目标是探求历史上立法者的意图、想法和价值观(主观说),解释结论的正确与否的标准在于是否正确表达了立法者的主观意图。[2]

为了达到探求"立法者的意图"的法律解释目标,法律解释方法受到特别重视,其中以立法者为中心的法律解释方法论在大陆法系国家产生了决定性的持久影响,奠定了近代法律解释方法论的基本格局。因此,法理学认为,法律解释的方法史开始于近代,最早可以追溯到萨维尼在其《当代罗马法体系》中所提出的被奉为经典的法律解释四要素说,即语法的、逻辑的、历史的和体系的解释;英国法官也形成了一种保守的限制性的解释制定法的传统,美国也继受了英国的这一法律传统。[3] 而在此历史时期,法典法强调遵循先例与普通法注重形式化程序都具有强调某种形式理性法和形式理性化的共同特点。

---

〔1〕 参见陈金钊等:《法律解释学》,中国政法大学出版社2006年版,第66~67页。

〔2〕 参见陈金钊等:《法律解释学》,中国政法大学出版社2006年版,第68~70页。

〔3〕 参见陈金钊等:《法律解释学》,中国政法大学出版社2006年版,第70~71页。

(二)现代西方国家法律解释论的“客观说”主流转向

现代西方大陆法系国家法律解释论的“客观说”主流转向始于19世纪后期并延续至今,而此前长期占主流地位的是法律解释目标的主观说。法律解释的“客观说”立场,主张法律解释的目标是为满足法律解释时的正义要求而诠释法律规范的客观意思。法律的客观解释,“亦即在法律解释时,不考虑其历史渊源,不问原立法者的意图,而是赋予今天显得满足正义要求的意义”,如拉德布鲁赫认为“是对被思的透彻思考”,科勒认为是“择取”最合理最有利的意思,耶林认为是依照现存的目的和利益进行解释(目的论解释)。[1]我国有学者指出,现代西方法律解释学“更多是对前期法律解释理论的批判性的修补和完善”,社会学与司法视角的法律观以及功能性的研究方法取代了传统的概念分析方法,司法上“容许法院不仅仅适用法律条文,而且可以根据社会上的各种利益要求和国家的实质性判断从现实中归纳和创造出法律规范来”[2],法律解释的对象业已超越了制定法一元论的局限而认为其包括习惯、传统、司法判决与学说探究、规范与事实,法律解释方法上引入了利益衡量(价值权衡)和社会学的解释方法,强调自由裁量、具有合理的实质内容和价值判断的司法观念,这些内容成为这一时期法学在知识论上的重要贡献。[3]

相应地,美国自20世纪以来占主导地位的法律解释论观点是目的论解释(现代目的论解释)和读者决定论,如庞德的假借诠释论(法院之可以原有法律为根据而自立新例),霍布斯和格雷的读者决定论(法律的意义存在于并且决定于读者的解读),卡多佐的社会福利观念和法官诠释论(法官是社会观念的诠释者)。[4] 英国制定法解释的灵活解释传统在经历“否定之否定”之后完成了某种具有衡平法性质的折中嬗变,其带有客观解释立场特点的目的论解释形成了如下制定法解释之“语言规则”:(1)同类规则。如果概括词只是在把某一种或类的人或物归类,而不是概括所有种类而得的,它们的解释应限制在事物的那种类上。除非立法的上下文或立法的总范围与权限清楚表明,国会有意要扩大它的含义。(2)从上下文求字义规则。立法用语,即使不是像有特指词在先的“诸如此类”或“其他”的概括词,也易于受与它们想联系的其他词的影响,因此解释法律时必须适当地关注词语的上下文。(3)明示其一规则。即如果在某一法规中明示某一特定种类的一种或多种成分,便认为默示地排除其他成分。例如,“土地”一词通常把全部矿山包括在内,但是如果法律采用了“土地、房屋和煤矿”的表述时,则意味着“矿山”被排斥在“土地”之外。(4)级别规则。即规定下一

---

〔1〕 参见陈金钊等:《法律解释学》,中国政法大学出版社2006年版,第77页。

〔2〕 季卫东:《法治秩序的建构》,中国政法大学出版社1999年版,第93页。

〔3〕 参见陈金钊等:《法律解释学》,中国政法大学出版社2006年版,第71~79页。

〔4〕 参见陈金钊等:《法律解释学》,中国政法大学出版社2006年版,第77页。

级事或人的法规,不同通过概括词而扩充到上一级。[1]

现代法律解释论的客观说主流转向中业已初露本体论法律解释学的细微端倪。19世纪后期以来西方社会学、心理学、生命哲学、精神分析学、实用主义哲学、新康德主义哲学逐步深刻影响了法学研究,传统自由主义和国家观念、立法和司法权力界限观念受到新的思想观念的冲击,法学认识论和方法论出现了许多新的观点。如庞德把法理学当作一门社会工程科学,"社会工程被认为是一个过程,一种活动,而不只是被认为是一种知识体系,或是一种固定的建筑秩序"[2],断言整部西方法学史就是在宽松的自由裁量和严格的具体规则、无法司法和严格司法之间不断循环反复的过程;再如,韦伯突破法学固有的局限性,将法律纳入社会理论的分析框架,并且由于像韦伯这样的思想家的不懈努力,社会科学终于没有被自然科学完全吞噬,而是发展出了一套以"理解"和"解释"为核心的独特研究方法。[3]

(三)当代西方国家刑法解释学的本体论转型

20世纪中叶以来,西方国家法律解释学又出现了本体论转型,即从方法论意义上的法律解释转向本体论意义上的法律解释,影响至今。

焦宝乾教授对当代西方国家法律解释学的本体论转型进行了较为系统的归纳总结。他指出,在新的哲学和社会思想背景下,当代西方法律解释理论逐渐摆脱传统理论框架与西方思维模式的局限,在"解释的转向"基础上实现"本体回归"。[4] 哲学在20世纪初发生了继古代本体论、近代认识论之后的第三次转向即"语言的转向"(语言哲学),在20世纪中叶哲学解释学的盛行,尤其是1960年伽达默尔《真理与方法》的出版,法律解释学将语言哲学、分析哲学和哲学解释学运用于法律解释研究之中,直接导致西方法理学和法解释学的"语言的转向"(以及"法律的语言运动")、"法学的哲学转向"、"法学的解释学转向"、从方法论到本体论的转换,这是"当今西方法律解释理论区别于传统解释理论的一个重要方面。但总的说来,基于哲学解释学和语言哲学的本体论上的法律解释大有超越传统科学方法论上的法律解释的趋势";"解释学的转向"深深地改变着法哲学研究的范式和研究路向,本体论意义上的法律解释即立足于哲学领域的这种转向及其所依托的范围更广泛的"语言的转向",认为解释并非认知者不带任何主观成分去认识客观的对象,而毋宁借着前理解才成为可能,人总是带着既有的经验和知识或"合法的偏见"进行理解和解释;解释就是解释者进入解释对象,通过辩证和对话的过程,通过在部分与整体之间循环往复的"解释学循环",从而

---

[1] 详见[英]鲁伯特·克鲁斯:《法律解释》,孔小红等译,西南政法学院1986年版,第148~154页;李希慧:《刑法解释论》,中国人民公安大学出版社1995年版,第34~35页。

[2] [美]罗斯科·庞德:《法律史解释》,曹玉堂、杨知译,华夏出版社1989年版,第149页。

[3] 参见陈金钊等:《法律解释学》,中国政法大学出版社2006年版,第71~72页。

[4] 陈金钊等:《法律解释学》,中国政法大学出版社2006年版,第81页。

在解释者和解释对象之间达致一种"视域融合";哲学解释学将理解、解释和应用三者合一,理解同时就是解释和应用,理解、解释和应用同是这一存在过程的各个时刻;立足于本体论的法律解释学,法律解释的文本或对象即不再是那种封闭、固定的,而是存在于人和人、人和物的相互关系当中,是一个开放的体系,否定规范性文本的独立性和客观性,而肯定其体现的毋宁是主体间性;主张法律解释的目标"毋宁是,理解一直同时是客观与主观的,理解者总是带着客观与主观进入'理解视界',他不是单纯消极地反映要被理解的现象,而是构建被理解的现象"[1],通过法律论证即在各方主体(包括法律精英和一般大众)的对话和论辩过程中达致各方均可接受的裁判结果,裁判的过程毋宁是案件事实与法律规范的调适和对应;解释结果不再是"非此即彼",而是"不仅……而且……也是"[2],并且认为这是法律论证理论的重要理论前提。[3]

不过值得注意的现象是,当代西方国家法律解释学的本体论转型在20世纪60年代基本完成且影响至今,但自20世纪70年代开始即随着反思批评并延续至今。焦宝乾教授指出,"但是自20世纪70年代以来,法解释学的思考方式开始受到一些学者的批判。颜厥安将其归纳为如下几点:第一,一个好的法学见解或裁判,它的标准不再是某种自然法的秩序或总体的法的内在价值体系,关键在于它是不是一个合理论证过程的结果。第二,基于此理论转向,学者重新肯定了逻辑分析的重要性。如凯尔森对埃塞尔的批判意见。第三,在逐步脱离了总体性法秩序的预设后,新的理论发展便逐步转向于规范论的解析……20世纪70年代中期以后继受伽达默尔解释学的法学方法论学派开始受到新的理论挑战,其中重要的一支即以分析哲学和商谈理论为方法基础,侧重于对法学商谈结构进行理论分析的法律论证理论。颜厥安揭示的后两点实际上显示了哲学解释学和英美分析哲学融合的趋势。"[4]焦宝乾不但指出"西方法治遭遇现代哲学解释学时,确曾面临诸多理论上的困惑",认为"就此对本体论的法律解释取代了方法论上的法律解释做一个完全肯定的判断,恐怕亦为不妥",因为"在此仍需追问的是,本体论上的法律解释观的正当性价值何在?"提出了"就方法论法律解释与本体论法律解释的关系而论,二者固然属于不同层面的知识谱系,毋宁说更应当是和谐共存、彼此包容的。法律解释将由此从'独断型解释'走向'探究型解释'"的学术见解。[5] 姜福东博士也指出,"哲学诠释学的前理解、效果历史、诠释学循环、事物的本质、视域融合、对话以及解释的普遍主义、读者中心论、反对方法等基本概念、特征和原

---

〔1〕 [德]阿图尔·考夫曼、温弗里德·哈斯默尔主编:《当代法哲学和法律理论导论》,郑永流译,法律出版社2002年版,第145页。

〔2〕 郑永流:《出释入造——法律诠释学及其与法律解释的关系》,载《法学研究》2002年第3期。

〔3〕 陈金钊等:《法律解释学》,中国政法大学出版社2006年版,第81~89页。

〔4〕 陈金钊等:《法律解释学》,中国政法大学出版社2006年版,第81~82页。

〔5〕 陈金钊等:《法律解释学》,中国政法大学出版社2006年版,第82~92页。

理,自身存在诸多问题,并不适合进入法律解释的教义学范式。我们必须高度警惕哲学诠释学向法学及法律解释范式的不当渗透。"〔1〕

四、结语:当前中国刑法解释(学)发展方向的基本判断

中国古代社会由于较早地大量出现了刑法规范文本(其整体内容相当于刑法典、单行刑法和附属刑法之文本总和),因而在刑法实践活动中逐渐出现了较为普遍的刑法解释现象,包括针对个案的刑法解释适用活动、针对文本的刑法解释文本制作,并形成了作为中国古代刑法解释理论的律学。〔2〕而中国古代蔚为壮观的律学,其运用的刑法解释方法包括了文理解释与论理解释,且论理解释中较多地运用了扩张解释、缩小解释、比较解释、历史解释与类推解释等。〔3〕中国近现代的刑法解释实践,大致可以分为清末、北洋政府时期、国民党政府统治时期三个阶段〔4〕,中国当代的刑法解释活动沿袭了近现代中国刑法解释传统,当代中国在1979年刑法典颁行之前的刑法解释活动比较活跃,而在1979年刑法典和1997年刑法典颁行之后的刑法解释文本则非常活跃。中国近现代和当代的刑法解释学理论研究也随着刑法解释实践而发展,其间借鉴吸纳了西方刑法解释学原理的相关成果,如刑法的主观解释与客观解释、文义解释与论理解释、历史解释、体系解释、目的解释等获得了较为广泛深入的研究与运用。尤其重要的是,对照西方国家刑法解释实践及其学术发展,可以发现当前中国刑法解释实践在发展方向上具有亲近适当的客观解释和适当的实质解释的趋同性,中国刑法解释学完全可以并且已经借鉴吸纳西方国家的刑法解释理论,客观上获得了长足发展。

还值得注意的是中国刑法解释学的学术之争。尽管中国刑法解释学的学术之争的具体内容较为丰富而难以作出简单概括,但是其中关于刑法的形式解释与实质解释之争〔5〕却无可争议地成为具有"中国特色"的典型范例。通过这一学术之争,当代中国逐步形成了较具有折中色彩的刑法解释学的有限教义化:刑法的形式解释论者声称

---

〔1〕 姜福东:《法律解释的范式批判》,山东人民出版社2010年版,第49页。

〔2〕 魏东主编:《中国当下刑法解释论问题研究》,法律出版社2014年版,第12~13页。

〔3〕 参见李希慧:《刑法解释论》,中国人民公安大学出版社1995年版,第1~11页。

〔4〕 基于历史原因,这里所述中国近现代的刑法解释仅为1949年10月1日之前中国的刑法解释,而中华人民共和国的刑法解释则纳入"中国当代的刑法解释"进行阐述。同时,本自然段所引用文献除特别注明出处的以外,均引自李希慧:《刑法解释论》,中国人民公安大学出版社1995年版,第11~15页。

〔5〕 典型表现是《中国法学》2010年第4期同时发表了著名刑法学家陈兴良教授和张明楷教授的争鸣文章:陈兴良:《形式解释论的再宣示》,载《中国法学》2010年第4期;张明楷:《实质解释论的再提倡》,载《中国法学》2010年第4期。此外还参见刘艳红:《走向实质的刑法解释》,北京大学出版社2009年版,前言第2页;刘艳红:《实质刑法观》,中国人民大学出版社2009年版,第254页;劳东燕:《刑法解释中的形式论与实质论之争》,载《法学研究》2013年第3期;魏东:《刑法解释保守性命题的学术价值检讨——以当下中国刑法解释论之争为切入点》,载《法律方法》2015年第2期;魏东主编:《中国当下刑法解释论问题研究——以论证刑法解释的保守性为中心》,法律出版社2014年版,第122~123页。

其在先审查刑法规范条文的字面与形式含义的前提下并不反对实质化审查,刑法的实质解释论者则声明其在实质地审查刑法规范条文的规范目的和行为的实质应罚性的条件下应限定刑法规范条文的字面意思的射程范围,[1]从而在刑法的"保守的实质解释"与"开放的形式解释"之间形成了某种共识性的刑法解释结论,由此形成了中国刑法解释学的大体一致的有限教义化,其效果历史显现出刑法的形式解释论者和实质解释论者有条件地合并成为"我们"并且认同"我们对中国大陆当下司法样态的判断基本一致,给出的解决方案也大体一致"。[2] 同时也可以说,刑法的主观解释与客观解释之争[3]由于具有相当规模,通过学术争鸣,中国刑法解释学逐渐统一认识并走向刑法的"适当的客观解释"[4],应当说这也是我国逐步形成了较具有中国特色的刑法解释学的有限教义化的例证。这一学术争议与刑法解释学共识的形成过程,同西方国家法律解释学出现的本体论转型(从方法论意义上的法律解释转向本体论意义上的法律解释)及其反思批评的学术景象是大体上相一致的,中国学者在此基础上所提出的"就方法论法律解释与本体论法律解释的关系而论,二者固然属于不同层面的知识谱系,毋宁说更应当是和谐共存、彼此包容的"[5]反思同样具有深刻性和启发性,可以说为未来中国刑法解释学的向前发展指明了方向。

---

〔1〕 魏东:《刑法解释保守性命题的学术价值检讨——以当下中国刑法解释论之争为切入点》,载《法律方法》2015年第2期。

〔2〕 邓子滨:《中国实质刑法观批判》(第2版),法律出版社2017年版,第15页;陈兴良主编:《刑事法评论》(第28卷),主编絮语第2~3页。

〔3〕 参见许发民:《论刑法客观解释论应当缓行》,载赵秉志主编:《刑法论丛》(总第23卷),法律出版社2010年版,第165~191页;魏东:《刑法解释保守性命题的学术价值检讨——以当下中国刑法解释论之争为切入点》,载《法律方法》2015年第2期。

〔4〕 陈兴良教授称:"在刑法解释的立场上,我是主张客观解释论的。但在刑法解释的限度上,我又是主张形式解释论的,两者并行不悖。其实,主观解释论与客观解释论的问题,在我国基本上已经得到解决,即客观解释论几成通说。我国最高人民法院在有关的指导性案例中,也明显地倡导客观解释论。"参见陈兴良:《形式解释论的再宣示》,载《中国法学》2010年第4期。

〔5〕 陈金钊等:《法律解释学》,中国政法大学出版社2006年版,第82~92页。

罪刑法定价值与刑法解释的保守性

田　维*

【内容摘要】在当前我国依法治国与刑法知识转型的背景下，罪刑法定的坚守与刑法解释学的理论提升和理性回归是刑法研究不可回避的命题，罪刑法定的价值应当成为刑法解释理论正当性的试金石。刑法解释的保守性理论以人权保障为根本价值取向，主张吸收不同解释理论的合理内容，坚持入罪解释的形式化原则和出罪解释的常态化立场，谨慎地准许个别情况下数量极为限定的客观、实质化的入罪解释，要求刑法的漏洞必须由立法填补，旗帜鲜明地提出了刑法解释的保守性命题。其保守性的理论品格与罪刑法定的三大本源性价值，即形式理性、人权保障与权力制衡，完全一致。在当前刑事法治实践和刑法知识转型的理论研究中，刑法解释的保守性具有正当性与合理性。

【关键词】罪刑法定　刑法解释　形式理性　人权保障　权力制衡

罪刑法定最初以“没有法律就没有犯罪，没有法律就没有刑罚”（Nullum crimen sine lege，nulla poena sine lege）的拉丁文标语来表示，但其首次使用是在费尔巴哈1801年面世的刑法教科书中，因而其不是由来于罗马法，而是与近代自由主义思想一起成立的。[1] 我国现行《刑法》第3条将罪刑法定表述为：“法律明文规定为犯罪行为的，依照法律定罪处刑；法律没有明文规定为犯罪行为的，不得定罪处刑。”罪刑法定作为现代刑法的根本原则，不仅保持了长久的生命力和旺盛的成长活力，而且随着历史的演进，其自身也被赋予了更为丰富的内涵与历史使命，“罪刑法定”如今不再仅仅是一种刑法学术语或观念，而且成为了逾越时空界限和意识形态的基本价值，出于自由、人权的考量而将其作为宪法原则的国家不胜枚举。罪刑法定原则是刑法价值的静态体现，是社会价值对刑法性质在形式上的要求，刑法的价值就在于以其自身性质彰显罪刑法定等原则，以实现人们对社会价值的追求。[2] 资产阶级启蒙以降，罪刑法定主义从未脱离社会发展的浪潮，反而始终扬帆于风口浪尖，成为了满载自由、民主、

* 田维，法学博士，西南石油大学法学院讲师。

〔1〕 参见[日]大塚仁：《刑法概说》（总论），冯军译，中国人民大学出版社2003年版，第59、60页。

〔2〕 参见许成磊、黄晓亮：《刑法价值新论》，载《云南大学学报》（法学版）2001年第4期。

人权价值的法治方舟。正如李斯特所言:罪刑法定主义是刑事政策不可逾越的藩篱[1],罪刑法定的规制贯穿于刑法适用的始终,其价值与功能在刑法解释中得到了最为集中的体现。

我国学者普遍将“合法性”作为刑法解释的首要原则,[2]并多将其限定为形式的合法性,[3]要求刑法解释必须受到法规范的形式规制,抑或符合宪法和法律的要求,不能脱离文本而任意解释。罪刑法定的功能在刑法解释中突出表现为严格的形式规制,但形式合法性只是其价值体系的一部分,没有涵盖其全部意蕴,因而可将罪刑法定直接作为刑法解释的优位原则。[4] 虽然罪刑法定已由绝对进化为相对,[5]其含义已与绝对的法定主义相去甚远,但是其所蕴含的本源性价值却没有被历史前进的车轮碾入尘土,反而随着理论和实践的发展,不断散发出新的光芒。尤其是对我国而言,在“依法治国”成为时代主题和根本治国方略的背景之下,罪刑法定的价值更应在刑法的适用中时时彰显,为刑法解释奠定基调并指明方向,这是解除我国过往法治枷锁、开启刑事法治大门的钥匙。

一、问题的提出:刑法知识转型下的刑法解释困境

在我国刑法知识转型的大背景下,刑法解释的整体形象得到重塑,理论分野愈发受到重视。[6] 基于当前实践需要,学界多将目光聚焦于刑法解释方法的适用与具体

---

〔1〕 在德国、美国等国家,“罪刑法定”被表述为刑法中的法治(法制)原则,其含义、价值意蕴与内容与罪刑法定原则基本一致,在具体的表述上可能会存在不同。英美法系的罪刑法定主要体现在蕴含了法的安定性的判例制度中,同时也体现在其成文化程度越来越高的制定法中。参见[德]约翰内斯·韦塞尔斯:《德国刑法总论》,李昌珂译,法律出版社2008年版,第19页等。

〔2〕 合法性是法律解释的最基本原则,客观性与合理性都是为合法性进行论证的原则。广义上的合法性能涵盖这两个原则。当然这里的合法性之法不应包括那种“不法”之法,而是包括了法律规范、法律精神、法律价值和正当程序之法。陈金钊等:《法律解释学》,中国政法大学出版社2006年版,第13~15页。虽然当前刑法解释原则的界定并不统一,但“合法性”的优位性不容置疑,得到了一致认可。参见李希慧:《刑法解释论》,中国人民公安大学出版社1995年版,第82~85页;齐文远、周详:《论刑法解释的基本原则》,载《中国法学》2004年第2期。

〔3〕 也有学者将合法性表述为形式合理性,认为刑法解释在实现形式合理性时应当在等于成文法文义范围或者小于其文义范围的限度内进行解释,但不可超越成文法范围,这是刑法解释尊重、遵循罪刑法定原则最好的体现。参见徐岱:《刑法解释学基础理论建构》,法律出版社2010年版,第115页。

〔4〕 德日学者虽鲜有集中论述和总结刑法解释的原则,但却一致要求以罪刑法定来规制刑法解释,限制其结论边界,严禁类推解释,因而相关专著多直接将罪刑法定与刑法解释在同一章节下进行论述,同时也仅在罪刑法定的意蕴之下讨论刑法解释的理论问题。参见[日]曾根威彦:《刑法学基础》,黎宏译,法律出版社2005年版,第8~25页;[德]约翰内斯·韦塞尔斯:《德国刑法总论》,李昌珂译,法律出版社2008年版,第19~38页等。

〔5〕 相对的罪刑法定由刑事实证学派所倡导,对刑事古典学派的绝对罪刑法定进行了修正,使其派生出新的内涵,尤其是由完全禁止司法裁量到允许有限的司法裁量、从完全否定类推到容许有利于被告人的类推等派生内容,为刑法解释提供了契机。参见陈兴良:《罪刑法定的当代命运》,载《法学研究》1996年第2期。

〔6〕 “刑法知识转型”最早由陈兴良教授提出,一般指称我国刑法学知识从苏俄刑法学向德日刑法学的转向,并逐步确立我国刑法学主体地位与主体意识的过程,刑法教义学的建构是刑法知识转型的重要命题之一,刑法解释学依托于刑法自主话语系统,与刑法哲学是一种互动式的依存关系。当前,“刑法知识转型”已成为当前刑法学界的共识和主题。参见陈兴良:《刑法的知识转型》,中国人民大学出版社2012年版,第27~29页。

案件的论证。刑法是法律体系内正义维护的最后防线,而目前刑法方法论的关键问题在于发展精致的刑法解释论,刑法解释尤其依赖于精密的解释技巧与方法的构建。〔1〕鉴于刑法教义学与刑法哲学的互动性〔2〕、解释立场的价值博弈性与解释方法的复杂性,脱离价值而构建的刑法解释方法论必然缺乏逻辑周延性和实践可操作性,这会进一步导致问题语境的不统一,使刑法解释问题愈发复杂。正因实践中已经出现此类问题,才会有学者消极地提出刑法解释理论已经成为一个"伪命题"。20世纪末,依托于法哲学价值理论研究,刑法学中的价值研究成为刑法哲学研究的重点,确立了当代刑法基本价值作为刑法理论研究的正当性基础,明确了刑法研究的价值追求,实现了刑法知识的转型;后又在强调去苏俄化的同时,推动刑法知识的教义学化,使注释刑法学的理论提升和刑法解释学的理性回归成为我国当前刑法知识发展的焦点。〔3〕罪刑法定作为现代刑法文本的帝王条款,是为了保障公民的法自由与法安全而设立的安全机制,不仅具有排斥法官造法的限制机能,也使得现代刑法文本成为一个体现刑罚权制约与自我制约双重机制的封闭的规则体系,其限制机能根本上决定了刑法解释的理论生成与规则设计,决定了刑法解释区别于其他法律解释的特殊性。〔4〕因此,提炼罪刑法定本源性的价值蕴含,并以此指导刑法解释理论的构建,便成为刑法知识转型背景下"所罗门王冠上的明珠"。

刑法解释立场是刑法解释理论中的根本问题,主观解释与客观解释、形式解释与实质解释的争论一直甚嚣尘上。但鉴于法的安定性与滞后性、法的可预测性与模糊性、法解释的客观性与主体间性、自由与正义等本质矛盾,虽然学者们的观点各具特色,交锋愈发激烈,但本质而言多是在寻求一种相互融合和妥协的解释立场,并无鲜明的结论。〔5〕如何在罪刑法定的铁则之下兼顾不同解释立场的合理性,建构体系系统、

---

〔1〕参见刘艳红:《实质刑法观》,中国人民大学出版社2009年版,第231、238页。

〔2〕在知识转型中,刑法学知识转型后的最高形态是哲学,这使得刑法解释将目光流转于刑法规范与案件事实之前,首先应当作出价值取向的取舍,其中尤其以罪刑法定的价值蕴含为根本依据。

〔3〕参见王昭振:《刑法知识转型与实质刑法解释的反形式主义》,载《法学评论》2013年第5期。

〔4〕参见梁根林:《罪刑法定视域中的刑法适用解释》,载《中国法学》2004年第3期。

〔5〕目前,"主观解释论"与"形式解释论""客观解释论"与"实质解释论"的范畴使用还存在争议。梁根林教授认为,"法律解释论关于法律解释的目标向来就有主观解释论与客观解释论、形式解释论与实质解释论之争。主观解释论强调探询立法者的立法原意,这是一种强调尊重和忠实于立法者通过法律文本表达的立法原意的解释论,因而亦称形式解释论。而客观解释论则着重发现法律文本现在应有的客观意思。简言之,这是一种强调法律文本的独立性、试图挣脱立法者的立法原意,而根据变化了的情势与适用的目标,挖掘法律文本现在的合理意思的解释论,因而又称为实质的解释论。与此相适应,刑法解释论亦存在着关于解释目标的形式解释论与实质解释论。"同上注。陈兴良教授则认为,主观解释论不等同于形式解释论,客观解释论也不等同于实质解释论,上述两者并不是同一个问题。主观解释论和客观解释论之争主要解决的是刑法条文的含义应不应该随着时间、外部世界以及人们的价值观念的变化而流变的问题,而形式解释论与实质解释论之争主要解决的则是解释的限度问题,即解释是否只能严格遵循刑法条文的字面含义的问题。两组范畴之间虽有部分重合,但仍然是不同的范畴。参见陈兴良:《形式解释论的再宣示》,载《中国法学》2010年第4期。本文认为,陈兴良教授的观点更为妥当,当前而言,主观解释与客观解释之争已日渐衰退,而形式解释与实质解释的争论成为主流。

逻辑周平的解释立场,便成为刑法解释研究的当务之急,刑法解释的保守性理论便在此背景之下应运而生。[1]

刑法的保守性理论以保守主义的刑法解释立场为主体,其构建始于对刑法解释理论中主观解释与客观解释之争、形式解释与实质解释之争的梳理,进而反思实质主义刑法观的风险,主张保守的实质刑法观、民权主义刑法观,最终形成关涉整个刑法学的保守的刑法解释立场。[2] 具体而言,保守的实质刑法观强调坚守刚性化、形式化的入罪底线,即入罪上的刚性与实质立场;坚持刑法立法漏洞由立法填补的原则,反对司法填补;倡导包容性、开放性的刑法研究方法,主张探求立法原意、应然性研究、刑法修改完善研究。[3] 刑法解释的保守性理论在不断修正和发展,其内容主要包括三点:"一是入罪解释的原则立场与出罪解释的常态化立场;二是入罪解释的例外方法,即主张谨慎地准许例外的、个别的且可以限定数量的客观解释与实质解释对被告人入罪;三是刑法漏洞的立法填补原则立场。"[4]

刑法解释的保守性理论虽未完全摆脱传统理论争议,但从新的理论品格出发,构建了较为系统的理论体系,合理权衡了刑法实践中立法公正与司法公正、秩序维护和人权保障之间的紧张关系,为刑法知识转型作出了贡献。但是,不论是形式解释论的支持者还是实质解释论的支持者,均对该理论进行了一针见血的批判,如陈兴良教授与劳东燕教授均认为,其所言之"保守的实质解释论"与形式解释论并无本质区别,该理论标签的提出源于对形式解释论的误解。然而,刑法解释的保守性理论也在发展,其理论体系中的"入罪解释的例外方法"对这样的质疑进行了反驳,从而使之与形式

〔1〕 我国刑法学者在传统解释立场的争论难以妥善解答的形势下,开始转向对新的解释理论进行建构。本文论及的保守主义的刑法解释立场首先是由刑法学者魏东教授所提出的,并已形成了一定的学术影响力。除保守主义立场之外,其他学者还提出了人本主义、常识主义、交往理性的解释立场等,这些解释理论视角各异,这对我国刑法解释学的繁荣和发展大有裨益。

〔2〕 参见魏东:《保守的实质刑法观与现代刑事政策立场》,中国民主法制出版社 2011 年版,第 12 ~ 23 页。保守的刑法解释立场实际关涉坚持行为刑法精髓、坚持以结果无价值为基础、适当吸收行为无价值合理成分的违法性理论、严格限制抽象危险犯范围、反对类推解释和非法扩张解释、坚持犯罪构成理论创新(以中国传统犯罪构成为基础、适当吸收大陆法系犯罪论合理成分)、坚持刑罚公正观理论创新(重塑人道主义刑罚矫正观)等基础理论。

〔3〕 参见魏东:《保守的实质刑法观与现代刑事政策立场》,中国民主法制出版社 2011 年版,第 21、22 页。

〔4〕 魏东主编:《中国当下刑法解释论问题研究——以论证刑法解释的保守性为中心》,法律出版社 2014 年版,第 126 页。刑法解释的保守性内容在该理论的发展过程中得到了修正,其最大的变化在于加入了"入罪解释的例外方法"。其主张坚守刚性化、形式化的入罪底线的原则立场,准许有利于被告人出罪的客观解释、实质解释的常态化立场;以及在入罪的场域坚持立法漏洞立法填补,出罪场域允许司法上非犯罪化处理的观点仍然保持不变。参见魏东:《保守的实质刑法观与现代刑事政策立场》,中国民主法制出版社 2011 年版,第 23 页;魏东主编:《中国当下刑法解释论问题研究——以论证刑法解释的保守性为中心》,法律出版社 2014 年版,第 126 ~ 130 页。

解释论和实质解释论划清界限,具备了更为独立的学术价值。[1]

作为现代刑法之圭臬,罪刑法定是检验刑法解释理论正当性的根本依据,除其表象的派生原则之外,最根源的标准即是罪刑法定理论所蕴含的根本价值:形式理性、人权保障与权力制衡。[2] 不论罪刑法定原则如何进化,不论其派生原则如何演变,其自始便蕴含的根本价值都是明确且安定的。[3] 因此,刑法解释的保守性理论能否契合形式理性、人权保障与权力制衡价值,便成为其立论的首要问题。

二、形式理性与刑法解释的保守性

形式理性是罪刑法定原则的价值内核。自资产阶级启蒙运动以降,理性便成为人类发展的旗帜,人的一切活动都被要求遵循理性。法学语境下,理性被赋予了特定的意蕴,包含了正义、自由、平等等多种价值。理性可以分为形式理性与实质理性[4],两者在法治的语境中派生出形式法治与实质法治的面向,形式法治面向司法和权力运行,实质法治则更关注立法。[5] 立法活动是将实质法治的内容及其所体现的实质理性精神以客观的规范形式固定下来,进而抽象转化为形式法治及其所蕴含的形式理性。司法活动则是将体现了形式理性与形式法治的法律规范适用于具体的案件,司法

[1] 所谓入罪解释的例外方法,即在坚守刚性化、形式化的入罪底线的原则立场,准许有利于被告人出罪的实质解释、客观解释的常态化立场的前提下,谨慎地允许例外、个别且数量限定的客观解释、实质解释对被告人入罪,前提是限定一系列严格条件,如长时间的司法实践、人类世界的普遍做法、国际公约明确规定、理论界或社会共识等。目前,已有极少数罪名的例外解释获得了认同,如贪污罪、受贿罪、诈骗罪、盗窃罪和侵占罪,其入罪的例外性在于对"财产"的认定。参见魏东主编:《中国当下刑法解释论问题研究——以论证刑法解释的保守性为中心》,法律出版社2014年版,第128、129页。

[2] 参见陈兴良:《本体刑法学》,商务印书馆2005年版,第87~91页。虽然学界对罪刑法定的价值划分尚不统一,但是本文认为将其本源性价值提炼为形式理性、人权保障和权力制衡(或民主主义)最为妥当,这也与刑法自身公正、谦抑、人道的价值目标相呼应。参见陈兴良:《刑法价值序说》,载《法学》1996年第10期。

[3] 日本刑法学家牧野英一提出了自由法论和刑法进化论的观点,认为罪刑法定原则也是在进化、发展的,由古典的绝对罪刑法定进化为新古典主义的相对罪刑法定,其人权保障的主旨在逐渐加强。罪刑法定原则在不同时期可以被赋予新的内容,其发展可以划分为三个阶段,并且在限制机能的基础上提出了罪刑法定原则的促进机能,达到保障人权与保卫社会的统一。他的观点既得到了推崇又受到了激烈的批判,本文认为,罪刑法定的人权保障价值是绝对恒定的,罪刑法定的内容(派生原则)在其演变进程中相对灵活,但其本源性价值自其产生之时起即相对固定,经受了长期的历史考验,不能任意增添与修改,否则罪刑法定原则就不能称之为"罪刑法定",其意义将被主观主义所消解。

[4] "实质合理性是指遵循意识形态体系的原则,如道德、宗教、权力政治等,而不是法律本身;形式合理性是指外在的即根据感觉来归纳可观察的外部行为的意义,或逻辑的即根据法律思想创设的并被认为构成完全体系的抽象概念来表示规则。"[德]马克斯·韦伯:《论经济与社会中的法律》,张乃根译,中国大百科全书出版社1998年版,第25页。

[5] 法治国家是指公民之间、国家与公民之间、国家内部领域的关系均受法律调整的国家,其标志是所有国家权力及其形式均受法律约束。法治国家具有形式和实质之分,形式意义的法治国家以法律为中心,只要求国家活动形式合法;实质意义的法治国家不仅要求国家受法律约束,还要求法律本身具有正当性。实质意义的法治国家是形式意义的法治国家的补充和发展。可见实质法治以形式法治为基础,且实质法治更倾向于立法层面,在司法中应优先考量形式法治。参见[德]哈特穆特·毛雷尔:《行政法学总论》,高家伟译,法律出版社2000年版,第105页。

内在的逻辑模式是以形式法治与形式理性为出发点来追求最终蕴含于法律规范之中的实质法治与实质理性。否则，实质法治与实质理性无法通过程序理性实现，成为无源之水。形式理性与实质理性的冲突不可避免，这在法学知识中突出表现为法的安定性、明确性和法的滞后性、模糊性的矛盾。法律制度的此在比它的正义更为重要，正义是法的第二大使命，其第一项使命是法的安定性，即和平。[1]

近代以降，人类社会进入了空前的高速发展时期，法律的修正、发展在历史浪潮中风雨飘摇，再高明的立法者也会力不从心。法律的漏洞与解释的空间不可避免，[2]社会生活中的行为类型无穷无尽，随着新生事物和新型行为模式的不断涌现，新的犯罪形式总是会先于立法而出现。受限于特殊的历史环境与有限的主观认识能力，立法者根本无法将当下存在和未来可能发生的所有犯罪行为类型化地规定在刑法之中，如以此为由牺牲形式理性价值，必然会背离刑事法治的初衷，而使所谓的"实质法治"脱离了"法治"，成为空中楼阁。不可否认，实质法治是法治建设的最终目标，但是脱离了必要的形式规制，任何单纯指向"实质的"法治目标都会出现不同程度的变质，有如诉讼活动中未经合法程序而直接作出的裁判结果一样，即使其本身具有合理性，但也自始缺失了正当性。与其破坏理性的内在逻辑而过度追求已经变质的实质理性，形式理性更应得到恪守和尊重，在此基础上再尽量向实质理性靠近，实现个案的公平正义，这在罪刑法定的语境下理应达成共识。特别是从我国特殊的国情和历史背景来看，追求实质正义的传统常常会导致超出法律规范的规制范围而导致盲目且非理性的困境，或者将法律的标准与道德、习惯、舆论主流等相混淆，容易忽视法律所规定的犯罪构成和程序正义。由于我国没有经历正常的形式法治历程[3]，缺乏形式法治传统，当下更应严格坚守形式理性底线，如果仅仅将目光置于远眺尚不能及的实质法治目标，而忽略了脚踏实地的形式法治路径，则既违反了法治的内部逻辑，又偏离了社会发展规律，反而适得其反。偏离形式理性会产生难以估量的法治风险，在特定的历史环境下会造成人权灾难。比如纳粹统治时期的德国，恰恰是由强调守法的形式法治转向了强调"正义之治"的实质法治，而所谓的"正义"又由占有话语权的权力意志代表随意解释，结果不仅没有实现实质法治，连其曾经的形式法治也丧失殆尽，留下的只有法治口号

---

〔1〕 参见[德]古斯塔夫·拉德布鲁赫:《法律智慧警句集》，舒国滢译，中国法制出版社 2001 年版，第 16、17 页。

〔2〕 法律漏洞存在的现象大体有三种:立法当时应予规定，但由于社会公众和立法者没有认识到而没有规定;立法当时应予规定，而由于当时立法者认识能力不足而无法将其进行立法规定;立法当时某种社会关系还没有出现。参见刘士国:《法律漏洞及其补充方法》，载《人大法律评论》2010 年第 1 期。

〔3〕 经过"二战"的洗礼和 20 世纪社会的发展，经验主义自由观在与建构理性自由观的竞争中脱颖而出，被当作现代文明世界的自由理论，其基本见解包括理性是有限的、人性趋恶、权力限制和法律下的自由。罪刑法定原则被认为是经验主义自由观的产物。对比他国的法治实践，我国长期的历史进程正缺乏罪刑法定观念衍生的经验土壤。参见[英]弗里德利希·冯·哈耶克:《自由秩序原理》，邓正来译，生活·读书·新知三联书店 1997 年版，第 6～18 页。

下的法西斯专制和历史洪流永远也洗刷不掉的刻骨伤痕。正因如此,"二战"后德国转向从形式和实质两方面认识法治,并且有意识地强调形式法治的框架限定,德国法院对著名的"盐酸案"的态度转变即表现了这样一种态势。[1]

罪刑法定的司法化要求具备形式理性、人权保障和谦抑的司法理念,但是正如马克斯·韦伯所言,司法中存在"法逻辑的抽象的形式主义和通过法来满足实质要求的需要之间无法避免的矛盾",我国传统法律文化缺乏形式法的逻辑,对伦理道德的实质正义的冲动与追求导致了对形式的法的弃置,而法治却意味着形式理性导向的法制体系与司法理念,实质理性的判断应对形式理性起补充作用,只有通过形式理性来实现实质理性。[2] 学界目前已针对法律解释形成了较为统一的观点,即在坚持形式理性的基础上追求实质理性,争取两者的统一,解释者"必须在形式合理性和实质合理性之间谋求最大的交换值,必须在稳定与变动、保守与创新、原则与具体、整体与部分这些彼此矛盾的因素之间寻找一个恰当的均衡点"[3]。虽然有学者辩解称,英美法系的法律解释更加追求实质理性,其司法制度有利于作出符合实质理性的司法裁判。但是,现代的英美学者却也旗帜鲜明地在法律解释中举起了形式理性的大旗,这表现为司法中的文本主义立场。沃缪勒(Adrian Vermeule)教授认为,当法律文本清晰而又明白时,法官应当坚决地遵循它的字面含义,绝对不要诉诸法官个人认为的制定法目的、立法者或起草者的意图或理解、公共价值和准则或者一般的衡平,而赋予文本其他含义,法官应当坚决地抑制自己的解释欲望,把自己限定在一小部分解释材料上并遵循限定范围内相对机械地解释规则。[4] 形式理性要求刑事司法中的刑法解释倾向于相对保守的立场。法律解释的理性价值通常具体化为客观性、合法性与正当性。[5] 合法性可以划分为形式的合法性(强调解释应限于法规范形式之下)和实质的合法性(强调契合特定社会价值而获得公众普遍接受),正当性可分解为形式的正当性(主体、对象、方法、程序正当)和实质的正当性(结论正当),而客观性更是完全体现了形式价值,可见法律解释的理性价值均蕴含了形式理性的意蕴。

形式理性价值必然要求刑法解释具有保守性,虽然罪刑法定是形式理性与实质理性的统一,但其所蕴含的形式理性仍应优位于实质理性。具体而言,罪刑法定将实质

---

[1] 参见周永坤:《法理学——全球视野》,法律出版社2000年版,第527页。

[2] 参见陈兴良:《罪刑法定司法化研究》,载《法律科学》(西北政法学院学报)2005年第4期。

[3] 桑本谦:《法律解释的困境》,载《法学研究》2004年第5期。但也有学者强烈反对折中的解释立场,认为其不仅违反了初衷,没有解决价值冲突的具体问题,反而同时沾染了不同立场的固有弊端。

[4] 参见[美]阿德里安·沃缪勒:《不确定状态下的裁判:法律解释的制度理论》,梁迎修、孟庆友译,北京大学出版社2011年版,第4~6页。哈佛大学的沃缪勒教授在本书中对制定法解释中的形式主义理论提供了一种制度主义视角的论证,对实证主义、目的主义等法学理论进行了扬弃,宣扬了形式理性。

[5] 法解释学原理将法律解释的原则细化为很多具体原则,如维护法治、维护正义、宪法至上、合法性、合理性、客观性等,客观性与合法性具有根本法治意义,且相互易发生冲突,因而在法律解释中应特别强调客观性和合法性。参见陈金钊等:《法律解释学》,中国政法大学出版社2006年版,第13~15页。

理性的内容,即法律之目的及刑事政策的影响,严格限制在该刑事政策对于法律条文文字明示而确实表达的范围内,[1]这与刑法解释的保守性理论不谋而合。刑法解释的保守性在实践中要求坚持刚性的、形式的入罪底线,坚持刑法的立法漏洞由立法来填补,强调以刑法文本及其所蕴含的立法原意为基础,反对激进的、过分超越文本限制而挤压人权的解释。此外,刑法解释的保守性在方法论上坚持解释的有限性和方法适用的有序性,这又具体表现为对刑法文本的服从和文义解释方法的优位性。不论是服从客观的、成文的刑法文本还是严格按照刑法文本字面含义和语言逻辑进行文义解释,都是形式理性的具体表现,这也与罪刑法定原则中尊重成文法、排斥类推解释等派生内容相契合。然而,罪刑法定原则在不断发展,其形式理性与其他价值的关系也随之出现波动。罪刑法定原则已从产生之初绝对的形式理性演变为允许在保障人权的前提下对形式理性的适当突破。受其影响,刑法解释也遵循了这样的发展理路,保守的刑法解释立场侧重刑法的人权保障机能,在对法条和事实的解释中严守入罪的形式底线,坚持人权保障的价值优位性。因此,刑法解释的保守性与罪刑法定的形式理性价值完全契合。

三、人权保障与刑法解释的保守性

人权保障是罪刑法定的根本价值,也是其产生和发展的源动力。现代的罪刑法定以自由主义为核心的尊重人权原则为基础,从尊重人权的要求出发,国民必须被事先明示什么是犯罪,以科处适当的刑罚,同时不得适用事后法加以处罚。[2] 作为现代法治的首要价值,人权已经深入人心,罪刑法定原则在公民权利与国家权力之间划分了明确的界限——只有被刑法明文规定为犯罪的行为才能追究其行为人的刑事责任,除实施了刑法规定的犯罪行为之外,任何人不得被追究刑事责任,由此实现了刑法的人权保障机能。启蒙运动以来,个人价值被重新审视,以自由、人权为核心的价值体系成为时代主旋律。“自由主义刑法的根干就是罪刑法定主义,这是支撑法的安定性的思想……毫无疑问,罪刑法定主义的原则是法治国思想的表现。它意味着在市民社会中法律的支配,具有在刑事裁判中保障个人自由和权利的功能”[3]。罪刑法定的实质精神即是对人权的保障,刑事法律要遏制的对象不是犯罪人,而是国家,尽管刑法规范的是犯罪及其刑罚,但它针对的对象都是国家,这是罪刑法定主义的实质,也是其全

〔1〕 参见徐岱:《刑法解释学的独立品格》,载《法学研究》2009 年第 3 期。

〔2〕 参见[日]大谷实:《刑法讲义总论》(新编第 2 版),黎宏译,中国人民大学出版社 2008 年版,第 47 页。

〔3〕 [日]泷川春雄:《自由主义刑法の山脉と世界观》,载《泷川先生还历纪念(现代刑法学の课题)》(上),有斐阁 1955 年版,第 380～381 页。转引自王充:《罪刑法定原则论纲》,载《法制与社会发展》2005 年第 3 期。

部内容。[1]

将人权保障置于价值优位是现代法治最突出的特征,是现代刑罚观与专制主义刑罚观的本质区别。罪刑法定产生与发展的价值起点就是保障人权,"从实质上来说,罪刑法定原则的根据就是人的自由和尊重基本人权的思想,换言之,就是保障以人的尊严为基础的基本权利和自由不受国家刑罚权的恣意行使侵害的实质的人权保障原理"[2],这要求严格限定客观明确的入罪底线,充分保障公民的正当权利不受法外责难,使公民免于刑罚的过度威胁。保障人权既需要维护刑法的安定性、明确性和可预测性,也必须诉诸刑法解释的保守性。如果刑法解释不以服从刑法文本、提倡文义解释为原则,那么公民将难以预知自己的行为是否会因触犯刑法而受到刑事处罚,刑罚权将难以得到有力规制,刑法的谦抑性也将名存实亡。尤其是在当今风险社会的背景下,不坚持刑法解释保守性的要求,不保障刑法的安定性、明确性和可预测性,则更会因刑法对行为评价的不断提前和对社会生活覆盖范围的不断扩大而造成巨大的人权风险。历史上的专制行为并不遵循理性模式,且不受明文规定的规则或政策的调整,因而难以预见。现代社会中,大多数成年人一般都倾向于安全的、有序的、可预见的、合法的和有组织的世界,这个世界是具有可预测性的,在这个可依赖的世界里,出乎意料的、难以控制的、混乱的以及其他诸如此类的危险事情都不会发生。[3] 如果不坚持刑法解释的保守性,刑法的安定性、明确性和可预测性在实践中将成为一纸空谈,罪刑法定原则将难以在刑法适用中落实,根本无法保障人权。刑法解释的保守性由于在目标、限度、方法、结论等方面以保障人权为价值取向而获得了理论正当性;同时,坚持刑法解释的保守性也是实现刑法人权保障机能、贯彻罪刑法定原则最为可靠的实践路径。罪刑法定的人权保障价值是刑法解释保守性的根本理论依据和价值方向,也是解释结论正当性的重要评价标准,如确需突破法条文本的中心语义进行解释,是否有利于人权保障就成为了该解释结论正当性评价的基石。

罪刑法定的价值取向在20世纪出现了转向,由个人本位向社会本位嬗变,出现了刑事实证学派所倡导的相对的罪刑法定,强调社会秩序和社会利益的最大化。从绝对罪刑法定主义到相对罪刑法定主义的变化,主要指从完全取消司法裁量到限制司法裁量、从完全否定类推到容许有限类推、从完全禁止事后法到从旧兼从轻等,但是这些变化均未违背人权保障的宗旨,同时增加了刑法的灵活性与适应性。自由与秩序并不截然对立,而是相互依存和包容,刑法为了实现人权保障与社会保护机能,在尊重个人自

---

〔1〕 参见李海东:《刑法原理入门(犯罪论基础)》,法律出版社1998年版,第3、4页。

〔2〕 [日]曾根威彦:《刑法总论》(第3版),弘文堂2000年版,第15、16页。转引自王充:《罪刑法定原则论纲》,载《法制与社会发展》2005年第3期。

〔3〕 参见[美]E.博登海默:《法理学:法律哲学与法律方法》,邓正来译,中国政法大学出版社1999年版,第227~233页。

由和维护社会根本制度之间保持平衡,不仅需要妥善的立法,更强调理性的司法,尤其是在肯定罪刑法定人权保障的价值偏向的同时,肯定其内在的完善机制,实现自我完善。[1] 个人自由与社会秩序、人权保障与社会保护的均衡协调,需要在特殊情况下适当地突破对刑法条文绝对机械的理解,这并不会实质地妨害人权。比如刑法解释的保守性理论中,“入罪解释的例外方法”对贪污、受贿、诈骗、盗窃等犯罪中的“财物”作出了例外的要求,即可以通过客观、实质的解释将“财产性利益”也包含在“财物”内,从而使个别罪名入罪解释的范围扩大。由于这几种罪名在社会生活与司法实践中十分常见,这样的入罪解释已经成为司法常态,并得到了社会公众和国际社会的普遍认同,不论是犯罪嫌疑人还是一般社会公众,均不会对该解释产生质疑,从而影响其违法性认识和预测可能性,因此并不会实质地对人权产生侵害。因此,刑法解释的保守性与罪刑法定的人权保障价值实现了“无缝链接”,具有完全的契合性。

四、权力制衡与刑法解释的保守性

权力制衡是罪刑法定的题中之意,这也体现了罪刑法定主义产生时即蕴含的三权分立和民主主义精神。权力总是与权利相对,为了切实保障人权,防止公权力对民主的侵犯,不仅需要权力的外部监督,更需要公权力系统内部的相互牵制,在权力运行中实现制衡。

罪刑法定所蕴含的权力制衡价值,既表现为对立法权的限制也表现为对司法权的限制。具体而言,其形式侧面主要在于限制司法权的行使,而其实质侧面主要在于限制立法权的行使。[2] 罪刑法定的形式侧面与实质侧面应当统一,这也启示人们,形式法治与实质法治应当在协调互动中实现优势互补和弊害互克,而公权力的依法运行与相互制衡正是其两种法治的共同要求。[3] 刑法解释贯穿于刑法适用的始终,从权力制衡的角度出发,罪刑法定主要表现为对司法权的限制,亦即刑事立法权对刑事司法权的规制。现代刑事司法享有一定的自由裁量空间,由于刑法中存在大量的价值判断语词与概然性规定,司法机关可以根据实际案情作出相对自由的裁量,但是,其必须置于罪刑法定的规制下,不能逾越解释的界限而做出实质的“造法”行为。司法机关的过度解释和任意解释必然会破坏罪刑法定的形式理性价值,瓦解立法权与司法权之间的制衡关系,危及人权。

---

〔1〕 参见陈兴良:《罪刑法定的当代命运》,载《法学研究》1996 年第 2 期。

〔2〕 罪刑法定原则在产生之初具有以下含义:以制定法为依据,排斥习惯法;排斥类推解释;不得溯及既往;排斥绝对不定期刑。这四个派生内容被称为罪刑法定的形式侧面,主要在于限制司法权的行使。其后续发展所衍生的刑罚法规的明确性原则与刑罚法规内容的适正的原则(包含禁止处罚不当罚的行为和禁止残虐的、不均衡的刑罚两个内容)被称为罪刑法定的实质侧面,主要在于限制立法权的滥用。参见张明楷:《实质解释论的再提倡》,载《中国法学》2010 年第 4 期。

〔3〕 参见张明楷:《罪刑法定的两个侧面对法治的启示》,载《法学论坛》2003 年第 2 期。

刑法解释的保守性恰恰印证和维护了权力制衡价值。在具体操作中,刑法解释的保守性体现为坚持以形式解释为基础,鼓励探寻立法原意,并适当吸收客观解释和实质解释的合理成分,在保障人权的前提下对各种解释方法进行整合和运用。〔1〕 坚持形式解释与主观解释的优先性,能够充分实现对司法权的制约和权力制衡。"从民主主义的要求出发,就会推导出犯罪和刑罚必须由国民的代表机关即国会所制定的法律加以规定的法律主义"〔2〕,立法权来自于公民权利的让与,由人民通过社会契约所形成的人民共同体的"公意"具有天然的正当性和最高的权威性,"服从法律的人民应当是法律的创作者"。〔3〕 现代民主政治主张自由、平等、人权,认为每个人都有参与公共事务和自由主张个人意愿的权利,而法律就是"公意"的集中体现。但是由于客观条件的限制以及主观意愿的差异,公民并不都能切实参与国家的治理活动。在立法上,公民通过代议制度选举能够表达自己意愿的人作为代表,组成立法机关行使立法权,在立法活动中表达其所代表的公民意思,因而刑法规范所体现的是公民的意思。法律解释的最终目标是探求法律在今日法秩序的标准意义,只有同时考虑历史上的立法者的规定意向及其具体的规范想法,才能确定法律在法秩序上的标准意义。〔4〕 如果在司法中不尊重刑法文本及其背后的公民意志,不以形式解释为基础、不考量寻求立法原意的主观解释,则这样的刑事司法就是对"公意"的亵渎和对民主的侵犯,其结论不仅天然地缺乏了合法性与正当性,也根本偏离了刑法解释的目标。

只要存在政府,立法权就一定是最高权力,只有地位在他人之上的人才能制定法律,立法权因为能够为社会的一切部分和每个成员制定法律,并在法律被违反时授权执行,因而立法权是最高的权力,其他的权力都应当从属于立法权。〔5〕 权力应当分立和制衡,否则自由将不复存在。"如果司法权同立法权合而为一,则将对公民的生命和自由实行专断的权力,因为法官就是立法者。"〔6〕但是立法权优先于司法权,立法者有权监督其所制定的法律的实施情况。立法权是制定、公布法律的权力,是司法权的前提,只有立法权被行使,制定出了法律,司法权才有机会出动,对法律进行适用。〔7〕为了实现立法权与司法权的制衡,即使是在相对的罪刑法定之下,法官也应当尽量扮演"宣布法律之语词的喉舌"角色,只有在必要时才能对刑法进行技术性的解释〔8〕,

---

〔1〕 参见魏东主编:《刑法观与解释论立场》,中国民主法制出版社2011年版,第156页。

〔2〕 [日]大谷实:《刑法讲义总论》(新编第2版),黎宏译,中国人民大学出版社2008年版,第47页。

〔3〕 参见[法]卢梭:《社会契约论》,何兆武译,商务印书馆2003年版,第23页。

〔4〕 参见[德]卡尔·拉伦茨:《法学方法论》,陈爱娥译,商务印书馆2003年版,第199页。

〔5〕 参见[英]约翰·洛克:《政府论》(下篇),叶启芳、瞿菊农译,商务印书馆1996年版,第92页。

〔6〕 [法]孟德斯鸠:《论法的精神》(上册),张雁深译,商务印书馆1995年版,第156页。

〔7〕 [法]孟德斯鸠:《论法的精神》(上册),张雁深译,商务印书馆1995年版,第156~163页。

〔8〕 对刑法进行的技术性解释通常表现为人权保障底线之上的扩张解释、限缩解释、目的解释等,甚至在特殊情形下可以是有利于被告人的类推解释。

不能任意变动成文法效力，否则就成了造法。因此，法官在刑事司法活动中应当以形式解释为基础，以主观解释为原则，尤其是在入罪层面应坚持相对保守的刑法解释，严格限制司法人员解释的界限，坚持刑法立法漏洞由立法填补的原则，反对司法填补，避免变相造法，这样才能实现对司法权的合理规制，确保国家权力的制衡。因而，罪刑法定的权力制衡价值必然要求刑法解释具有保守性。

五、结语

虽然刑法解释的保守性理论与罪刑法定所蕴含的三大价值完全契合，具备了理论正当性，但鉴于刑法实践的复杂性，刑法解释的价值冲突仍不可避免。刑法的正义性目的要求刑法进行范式转型，作为所有部门法的保障法，刑法是法律体系内正义的最后防线，刑法的正义性作为刑法的核心命题，不仅暗含了刑法安定性的形式诉求，也暗含了处罚适当性、罪刑均衡性等实质价值，同时还暗含了实现社会正义的终极目的。[1] 刑法规范背后的价值往往并不清晰，存在多种解读的可能性，而且为使刑法的发展符合时代精神，需要对历史的规范目的和规范背后曾经固定的价值取向进行重新解读，更何况还须将刑法规范的价值判断在特定时空下具体的案件事实中加以检验。[2] 为了实现刑法机能，确保社会正义，建设刑事法治国家，刑法解释如果仅仅遵循罪刑法定原则和其所蕴含的基本价值，仍然无法全面实现刑法的机能。“我国的刑法解释应当立足于我国刑事立法与刑事司法的实践，在坚持罪刑法定原则，维护刑事立法的权威性的前提下，发挥司法解释的积极作用。因此，刑法解释不能拘泥于立法原意，而应在立法意蕴所允许的范围内，使刑法解释起到阐明立法精神，补足立法之不足的功效。”[3]特别是在犯罪构成呈现开放之势、社会和知识转型不可避免的当下，刑法解释的复杂性日益凸显，各种价值在案件处理中的激烈冲突让解释者陷入了不断循环的困境之中。如何正确认识罪刑法定的价值，合理处理其与实质正义、社会秩序等基本价值的冲突，在罪刑法定的规制下实现刑法解释应有之功能，构建体系完备、构造精细的刑法解释方法论，这是当代刑法学者所不得不面对的学术使命。

“法律解释学是一种带有保守主义倾向的学科。这种保守表现在政治上维护现有秩序；文化上保守传统思想；思维方式上倾向于日常思维模式，主张有序、稳健、渐进地进行社会的改良；行为目标上追求法制，捍卫传统的法律价值，主张和谐、中庸地处理人与人之间的关系。在法律解释的思维中，按照法治与法律职业的基本规范，解释

---

〔1〕 参见刘艳红：《实质刑法观》，中国人民大学出版社2009年版，第231页。

〔2〕 参见劳东燕：《刑事政策与刑法解释中的价值判断——兼论解释论上的“以刑制罪”现象》，载《政法论坛》2012年第4期。

〔3〕 陈兴良：《刑法的人性基础》(第2版)，中国方正出版社1999年版，第536页。

主体没有太大的创新空间,奉行的是典型的保守主义信念。"[1]刑法解释的保守性理论以人权保障作为核心价值面向,充分考量了刑法解释中的多种价值,以保守性作为基本精神,论证了刑法解释法治理性维度、对象理性维度和方法理性的保守性,并基于我国社会发展和司法实践现状,对入罪解释的绝对形式化进行了审慎的突破,这既是一种"创新的保守",也是对刑法解释理论"保守地创新"。

在当前我国社会高速发展的时期,新的社会关系不断涌现,人们的认识和价值观念有时不得不被动地随着时代的浪潮而剧烈起伏,刑法的安定性和谦抑性受到了前所未有的巨大冲击。"法的安定性要求在争论中总要得出一个最终结论,哪怕这一结论是不切实际的。"[2]"为使我国的法治建设避免更大的社会风险,现今的刑法解释应当更加重视方法、重视刑法的形式正义、重视权力分立与制衡下的立法原意。实质的刑法解释只有在形式的刑法解释结论与刑法的正义性存在根本性的冲突而无法获得妥当性结论之时,才能发挥其应有的作用,实质的刑法解释只是刑法中的个别命题而非一般命题。"[3]为真正实现依法治国,保守的刑法解释有时会面对更多的质疑与责难,这使得解释者更需要勇气来守卫罪刑法定的底线,即使在追求实质正当的案件裁判和规范环境演变的情况下,这样的抉择也理应得到理解和尊重。

---

〔1〕 陈金钊:《法律解释学——权利(权力)的张扬与方法的制约》,中国人民公安大学出版社2011年版,第1~6页。

〔2〕 [德]古斯塔夫·拉德布鲁赫:《法律智慧警句集》,舒国滢译,中国法制出版社2001年版,第17页。

〔3〕 王昭振:《刑法解释立场之疑问:知识谱系及其法治局限——一种法学方法论上的初步探讨》,载《环球法律评论》2010年第5期。

刑法判解

环境污染犯罪的刑法解释与司法适用

周加海　喻海松*

最高人民法院、最高人民检察院发布《关于办理环境污染刑事案件适用法律若干问题的解释》(法释〔2016〕29号,以下简称《解释》),自2017年1月1日起施行。这是1997年刑法施行以来最高司法机关就环境污染犯罪第三次出台专门司法解释,充分体现了最高司法机关对环境保护的高度重视,对于进一步提升依法惩治环境污染犯罪的成效,加大环境司法保护力度,有效保护生态环境,推进美丽中国建设,必将发挥重要作用。为便于司法实践中正确理解和适用,现就《解释》的制定背景、起草中的主要考虑和主要内容介绍如下。

一、《解释》的制定背景与经过

为依法惩治有关环境污染犯罪,2013年6月,最高人民法院会同最高人民检察院,联合发布了《关于办理环境污染刑事案件适用法律若干问题的解释》(法释〔2013〕15号,以下简称《2013年解释》),对环境污染犯罪的定罪量刑标准和有关法律适用问题作了明确。《2013年解释》施行以来,各级公检法机关和环保部门依法查处环境污染犯罪,加大惩治力度,取得了良好效果。2013年7月至2016年10月,全国法院新收污染环境、非法处置进口的固体废物、环境监管失职刑事案件4636件,审结4250件,生效判决人数6439人;年均收案1400余件,生效判决人数1900余人。相较于过去年均二三十件的案件量,污染环境刑事案件量增长十分明显。这对于强化环境司法保护,推进生态文明建设,发挥了十分重要的作用。

与此同时,近年来环境污染犯罪又出现了一些新的情况和问题,如危险废物犯罪呈现出产业化迹象,大气污染犯罪打击困难,篡改、伪造自动监测数据和破坏环境质量监测系统的刑事规制存在争议,等等。为有效解决实际问题,进一步加大对生态环境

* 周加海,法学博士,最高人民法院研究室副主任;喻海松,法学博士,最高人民法院研究室法官。

的司法保护力度,最高人民法院会同最高人民检察院,在公安部、环保部等有关部门大力支持下,经深入调查研究、广泛征求意见,起草了《解释》,对《2013年解释》作了全面修改和完善。2016年11月7日最高人民法院审判委员会第1698次会议、2016年12月8日最高人民检察院第十二届检察委员会第58次会议审议通过了《解释》。

二、《解释》的主要内容

《解释》结合当前环境污染犯罪的特点和司法实践反映的问题,依照刑法、刑事诉讼法的规定,对相关犯罪定罪量刑标准的具体把握等问题作了全面、系统的规定。《解释》共18个条文,大致可以归纳为如下十个方面的问题:

(一)污染环境罪的定罪量刑标准

污染环境罪是环境污染犯罪的基本罪名,入罪要件为“严重污染环境”。《2013年解释》规定了认定“严重污染环境”的14项具体情形。《解释》第1条予以吸收,并根据司法实践情况作出完善,形成了18项标准。限于篇幅,在此仅对新增标准和司法适用中有争议的问题加以阐释:

1. 危险废物污染环境构成“严重污染环境”的情形。

《解释》第1条第2项吸收《2013年解释》的规定,将“非法排放、倾倒、处置危险废物三吨以上”作为认定“严重污染环境”的情形之一。对于非法排放、倾倒危险废物的认定,实践中未见争议。但是,对于非法处置危险废物的认定,争议较大。非法处置危险废物以未取得经营许可证为前提,但是否以违法造成环境污染为要件,则存在不同认识。经研究认为,污染环境罪保护的是环境法益。如果未取得经营许可证处置危险废物,在处置过程中没有违法造成环境污染的,不应以污染环境罪论处。此外,对于无资质处置危险废物,没有违法造成环境污染,不构成污染环境罪的情形,是否可以非法经营罪论处,实践中亦存在不同认识。有些地方持肯定态度,但这会导致定罪量刑严重失衡:无资质处置危险废物,违法造成环境污染的,以污染环境罪最高只能处7年有期徒刑;未违法造成环境污染的,以非法经营罪最高可以处15年有期徒刑。鉴于此,为准确、统一适用法律,《解释》第6条专门规定:“无危险废物经营许可证从事收集、贮存、利用、处置危险废物经营活动,严重污染环境的,按照污染环境罪定罪处罚;同时构成非法经营罪的,依照处罚较重的规定定罪处罚。”“实施前款规定的行为,不具有超标排放污染物、非法倾倒污染物或者其他违法造成环境污染的情形的,可以认定为非法经营情节显著轻微危害不大,不认为是犯罪;构成生产、销售伪劣产品等其他犯罪的,以其他犯罪论处。”申言之,《解释》坚持环境法益的实质考量:一方面,确立无危险废物经营许可证从事收集、贮存、利用、处置危险废物经营活动的入罪以违法造成环境污染为实质要件,未违法造成环境污染的,可以认定为情节显著轻微危害不大,不认为是犯罪(当然,构成生产、销售伪劣产品等其他犯罪的,可以其他犯罪论处);另一方面,针对当前危险废物污染环境犯罪的严峻形势,加大对此类行为的刑事惩处力度,允许适用非法经营罪,对同时符合污染环境罪和非法经营罪的情形"择一重罪处断"。

需要注意的是,对于"违法造成环境污染"要件的判断应当采取相对宽泛的标准,即不要求一定达到《解释》第1条其他项规定的"严重污染环境"的具体情形。例如,未按照规定安装特定污染防治设施,处置过程中超过标准排放污染物(虽然未达到超过特定标准三倍以上),或者将处置剩余的污染物违反规定倾倒的,可以认定为具备"违法造成环境污染"的要件,以污染环境罪论处;相反,如果在处置危险废物的过程中采取了特定的污染防治措施,未违法造成环境污染的,通常情况下应当认定为情节显著轻微危害不大,不认为是犯罪。

司法实践中,对于非法处置危险废物的认定,特别是处置危险废物与利用危险废物之间的关系,存在较大认识分歧。经研究认为,利用本身也是一种处置行为,但核心在于判断是否违法造成环境污染。为统一认识,《解释》第16条专门规定:"无危险废物经营许可证,以营利为目的,从危险废物中提取物质作为原材料或者燃料,并具有超标排放污染物、非法倾倒污染物或者其他违法造成环境污染的情形的行为,应当认定为'非法处置危险废物'。"

对于行为人非法排放、倾倒、处置危险废物的数量,除了当场查获的外,还可以依据其他证据材料予以综合认定。为了加大对危险废物产生企业的规制力度,《解释》专门确立了对危险废物数量的认定规则,第13条第2款规定:"对于危险废物的数量,可以综合被告人供述,涉案企业的生产工艺、物耗、能耗情况,以及经批准或者备案的环境影响评价文件等证据作出认定。"

2. 排放重金属污染物超标构成"严重污染环境"的情形。

关于《2013年解释》第1条第3项规定,"非法排放含重金属、持久性有机污染物等严重危害环境、损害人体健康的污染物超过国家污染物排放标准或者省、自治区、直辖市人民政府根据法律授权制定的污染物排放标准三倍以上的"。适用中的主要问题是该项规定中重金属的范围具体如何把握。《解释》起草过程中,对这一问题作了反复论证。2011年2月,国务院正式批复《重金属污染综合防治"十二五"规划》,确定了"十二五"期间重点防控的重金属污染物是铅(Pb)、汞(Hg)、镉(Cd)、铬(Cr)和类金属砷(As)等,兼顾镍(Ni)、铜(Cu)、锌(Zn)、银(Ag)、钒(V)、锰(Mn)、钴(Co)、铊(Tl)、锑(Sb)等其他重金属污染物。《重金属污染综合防治"十二五"规划》主要是根据我国重金属污染的严重程度确定了重点防控的重金属污染物范围,同时,其他重金属污染物对环境和人体也能造成严重伤害,故需要兼顾防控。因此,将兼顾防控的重金属均纳入刑事规制范围,是必然选择。但是,上述重金属在毒害性程度方面存在明显差异,特别是铜、锌、银的危害性明显低于其他重金属。如对重点防范的重金属和兼顾防范的重金属在污染物超标标准上不做区分,明显不妥。经广泛听取意见,鉴于各类重金属在毒害性程度方面存在现实差异,经从环境学和环境医学角度综合考量,《解释》第1条第3项、第4项明确,“排放、倾倒、处置含铅、汞、镉、铬、砷、铊、锑的污染物,超过国家或者地方污染物排放标准三倍以上”,或者“排放、倾倒、处置含镍、铜、锌、银、钒、锰、钴的污染物,超过国家或者地方污染物排放标准十倍以上的”,应当认定为“严重污染环境”。

关于超过污染物排放标准的具体倍数认定,有不同看法。以超标三倍为例,究竟是指污染物浓度为排放标准的三倍还是四倍以上,存在不同认识。经研究认为,超标三倍是指污染物排放标准×3以上的浓度,如标准为1的,超过3即为超标。但是,对于处于临界点的案件宜慎重处理。其中,对于情节显著轻微社会危害不大的,可以适用刑法第13条“但书”的规定出罪。

3. 隐蔽排污构成“严重污染环境”的情形。

修改后《环境保护法》第42条第4款规定:“严禁通过暗管、渗井、渗坑、灌注或者篡改、伪造监测数据,或者不正常运行防治污染设施等逃避监管的方式违法排放污染物。”与此相衔接,《解释》第1条第5项吸收《2013年解释》的相关规定并作适当完善,将“通过暗管、渗井、渗坑、裂隙、溶洞、灌注等逃避监管的方式排放、倾倒、处置有放射性的废物、含传染病病原体的废物、有毒物质”规定为“严重污染环境”的情形之一。

4. 多次污染环境构成“严重污染环境”的情形。

《解释》第1条第6项沿用《2013年解释》的相关规定,将“二年内曾因违反国家规定,排放、倾倒、处置有放射性的废物、含传染病病原体的废物、有毒物质受过两次以上行政处罚,又实施前列行为”作为认定“严重污染环境”的情形之一。《解释》第17条第1款进一步规定:“本解释所称‘二年内’,以第一次违法行为受到行政处罚的生效之日与又实施相应行为之日的时间间隔计算确定。”需要注意的是,“两次以上行政处罚”包括但不限于环境保护主管部门的行政处罚,如水行政主管部门依据《水污染防治法》作出的行政处罚,甚至是公安机关作出的行政处罚,均可涵括在内。

5. 篡改、伪造自动监测数据排污构成“严重污染环境”的情形。

篡改、伪造自动监测数据或者干扰自动监测设施,通常是重点排污单位非法排污的常见手法。为有效防范规模以上企业的污染环境行为,实现行政处罚与刑事追究之间的有序衔接,《解释》第1条第7项规定,“重点排污单位篡改、伪造自动监测数据或者干扰自动监测设施,排放化学需氧量、氨氮、二氧化硫、氮氧化物等污染物的”,应当认定为“严重污染环境”。这一新增规定,对于有效防范和依法惩治大气污染犯罪这一社会各界高度关注的顽疾具有重要意义。需要注意的是,其一,当前自动监测设施主要监测化学需氧量、氨氮、二氧化硫、氮氧化物,而这些物质并不必然属于“有毒物质”,故该项并未要求排放有毒物质;其二,考虑到未来自动监测设施监测的污染物范围可能会拓展,故该项的表述为"化学需氧量、氨氮、二氧化硫、氮氧化物等污染物",以为未来的发展留有适当空间;其三,该项只是要求"篡改、伪造自动监测数据或者干扰自动监测设施"的同时"排放化学需氧量、氨氮、二氧化硫、氮氧化物等污染物",即行为人篡改、伪造自动监测数据或者干扰自动监测设施的同时还在排放上述污染物即可,但并未要求超标排放。

此外,为便于司法适用,《解释》第 17 条第 2 款专门规定:"本解释所称'重点排污单位',是指设区的市级以上人民政府环境保护主管部门依法确定的应当安装、使用污染物排放自动监测设备的重点监控企业及其他单位。"可见,重点监控企业属于重点排污单位的主要组成部分,具体包括国家重点监控企业、省级重点监控企业和市级重点监控企业。

6. 减少支出、违法所得构成"严重污染环境"的情形。

《解释》第 1 条将"违法减少防治污染设施运行支出一百万元以上""违法所得三十万元以上"增加规定为"严重污染环境"的情形。实施环境污染犯罪的单位和个人多是为了牟取不法利益,增设以上两项规定,让行为人得不偿失,可以更有针对性地惩治和预防犯罪。

为有效防范污染,《环境保护法》要求建设对环境有影响的一切建设项目须执行"三同时"制度,第 41 条规定:"建设项目中防治污染的设施,应当与主体工程同时设计、同时施工、同时投产使用。防治污染的设施应当符合经批准的环境影响评价文件的要求,不得擅自拆除或者闲置。"从实践来看,有些企业虽然建有污染防治设施,但为减少运行成本,闲置、拆除污染防治设施或者使污染防治设施不正常运行的情况时有发生。经研究认为,擅自拆除或者闲置防治污染设施,或者通过不正常运行防治污染设施等逃避监管的方式违法排放污染物,社会危害性严重,也反映出行为人的主观恶性较大,对于情节严重的确有刑事规制的必要。而从实践来看,此类行为虽然不能直接获取收入,但能减少相应支出,且在一些案件中相对可操作。基于此,与《环境保护法》的相关规定相衔接,《解释》第 1 条第 8 项将"违法减少防治污染设施运行支出一百万元以上"规定为"严重污染环境"的具体情形之一。司法适用中需要注意的是,此处特指"违法减少"的支出,如果排污单位提供技术革新等合法途径减少污染防治设施运行支出,符合清洁生产、循环经济的要求,应予鼓励。

为进一步增强司法适用可操作性,《解释》第 1 条第 9 项将"违法所得三十万元以上"增列为"严重污染环境"的情形之一。这主要是考虑到实践中实施污染环境行为,除了客观上造成公私财产损失外,行为人的主要目的是牟利,而这通常表现为违法所得,而且,违法所得的计算在某些案件中更具可操作性。此外,《解释》第 17 条第 3 款进一步规定:"本解释所称'违法所得',是指实施刑法第三百三十八条、第三百三十九条规定的行为所得和可得的全部违法收入。"

7. 造成生态环境损害构成"严重污染环境"的情形。

中共中央、国务院《生态文明体制改革总体方案》提出:"严格实行生态环境损害赔偿制度。强化生产者环境保护法律责任,大幅度提高违法成本。""对造成生态环境损害的,以损害程度等因素依法确定赔偿额度;对造成严重后果的,依法追究刑事责任。"根据这一要求,《解释》明确将"造成生态环境严重损害"规定为"严重污染环境"的情形之一。《解释》第17条第5款进一步规定:"本解释所称'生态环境损害',包括生态环境修复费用,生态环境修复期间服务功能的损失和生态环境功能永久性损害造成的损失,以及其他必要合理费用。"因此,实践中可以根据上述界定,准确判断污染环境行为造成生态环境损害的程度,对于达到严重损害程度的应当认定为"严重污染环境"。

在此基础上,《解释》第3条还对污染环境罪的结果加重情节"后果特别严重"的认定标准作了相应完善,增加规定"非法排放、倾倒、处置危险废物一百吨以上""造成生态环境特别严重损害"的,应当认定为"后果特别严重",处3年以上7年以下有期徒刑,并处罚金。

(二)其他环境污染犯罪的定罪量刑标准

除污染环境罪外,环境污染犯罪还涉及非法处置进口的固体废物罪、擅自进口固体废物罪、环境监管失职罪等罪名。为统一法律适用,《解释》第2条、第3条对上述罪名所涉及的"致使公私财产遭受重大损失或者严重危害人体健康""致使公私财产遭受重大损失或者造成人身伤亡的严重后果""后果特别严重"等定罪量刑标准作了明确。与《2013年解释》相比,相关标准更加明确具体,可操作性更强,体现了从严惩治环境污染犯罪的精神。

(三)环境污染犯罪惩治的宽严相济

根据宽严相济刑事政策的基本要求,《解释》在依法设定环境污染犯罪定罪量刑标准的同时,还根据宽严相济刑事政策的要求专门设置了从重处罚情节和从宽处罚情节,以最大限度地发挥刑法对于环境污染犯罪的惩罚、威慑、教育功能,有效减少和预防此类犯罪的发生,发挥刑法在推进生态文明建设方面的积极作用。

《解释》第4条规定,实施环境污染犯罪,具有下列情形之一的,应当从重处罚:(1)阻挠环境监督检查或者突发环境事件调查,尚不构成妨害公务等犯罪的。需要注意的是,对于环境保护工作负有监督管理职责的部门包括但不限于环境保护主管部门,其他行政管理部门也可能依法对特定领域的环境污染负有监督管理职责,如水污染的监督检查可以由水行政主管部门实施。(2)在医院、学校、居民区等人口集中地区及其附近,违反国家规定排放、倾倒、处置有放射性的废物、含传染病病原体的废物、有毒物质或者其他有害物质的。适用中需要注意的是,对于"在医院、学校、居民区等人口集中地区及其附近"的认定,宜根据具体情况把握,特别是对于人口集中地区附近的认定，应当根据人口集中地区的大小、人数以及距离等判断，以排放、倾倒、处置污染物能否直接影响人口集中地区作为标准。（3）在重污染天气预警期间、突发环境事件处置期间或者被责令限期整改期间，违反国家规定排放、倾倒、处置有放射性的废物、含传染病病原体的废物、有毒物质或者其他有害物质的。《大气污染防治法》第93条第1款规定“国家建立重污染天气监测预警体系”，并进一步规定了重污染天气预警期间的应急措施。在重污染天气预警期间，违反国家规定排放、倾倒、处置有放射性的废物、含传染病病原体的废物、有毒物质或者其他有害物质的，社会危害性更大。基于此，《解释》专门明确对上述情形应当从重处罚。（4）具有危险废物经营许可证的企业违反国家规定排放、倾倒、处置有放射性的废物、含传染病病原体的废物、有毒物质或者其他有害物质的。从实践来看，危险废物处置企业污染环境犯罪案件显现。当前，个别具有危险废物处置资质的企业唯利是图，为赚取正规处置和非正规处置间的巨额利差，将本应自行处置的危险废物转包给无处理资质的单位和个人，造成巨大环境安全隐患。较之于无资质企业和个人非法处置危险废物的行为，此类行为的社会危害性更为突出，应当从重处罚。

为贯彻落实“完善刑事诉讼中认罪认罚从宽制度”，考虑到司法实践中的复杂情况，《解释》第5条规定：“实施刑法第三百三十八条、第三百三十九条规定的行为，刚达到应当追究刑事责任的标准，但行为人及时采取措施，防止损失扩大、消除污染，全部赔偿损失，积极修复生态环境，且系初犯，确有悔罪表现的，可以认定为情节轻微，不起诉或者免予刑事处罚；确有必要判处刑罚的，应当从宽处罚。”应当指出的是，上述规定的目的在于促使行为人在实施环境污染犯罪后及时采取措施，减少、弥补损害，充分发挥刑法的威慑和教育功能。

（四）环境污染共同犯罪的处理规则

实践中，一些单位和个人非法排放、倾倒、处置危险废物，以降低生产成本、牟取不法利益。而且，行为人分工明确，相互配合，呈现出明显的产业化迹象，甚至形成了“一条龙”作业。对于此类犯罪，不仅要依法惩治直接污染环境的行为人，更要打源头、追幕后，依法追究危险废物提供者的刑事责任。为此，《解释》第7条重申了对环境污染犯罪的共同犯罪处理规则，规定：“明知他人无危险废物经营许可证，向其提供或者委托其收集、贮存、利用、处置危险废物，严重污染环境的，以共同犯罪论处。”需要注意的是，考虑到此种情形可能构成非法经营罪的共同犯罪，故未再限制为“以污染环境罪的共同犯罪论处”。

（五）环境污染犯罪竞合的处理原则

环境污染犯罪行为可能同时触犯多个罪名，如违规排放、倾倒、处置含有毒害性、放射性、传染病病原体等物质的污染物，可能同时触犯污染环境罪与投放危险物质罪。为进一步加大对环境污染相关犯罪的惩治力度，《解释》第8条明确规定了“从一重罪处断原则”,即排放、倾倒、处置含有毒害性、放射性、传染病病原体等物质的污染物,同时触犯数个罪名的,择一重罪处断。

(六)环境污染关联犯罪的法律适用

除环境污染犯罪外,《解释》还对环境影响评价领域可能涉及的提供虚假证明文件罪、出具证明文件重大失实罪,破坏国家环境质量监测系统可能涉及的破坏计算机信息系统罪等关联犯罪的法律适用问题作了规定。

1. 环境影响评价领域所涉犯罪的适用。

环境影响评价对于预防因规划和建设项目实施后对环境造成不良影响,促进经济、社会和环境的协调发展,具有关键作用。但是,实践中环评造假或者严重失实的现象时有发生。为从源头上有效预防环境污染犯罪,《解释》第9条规定:“环境影响评价机构或其人员,故意提供虚假环境影响评价文件,情节严重的,或者严重不负责任,出具的环境影响评价文件存在重大失实,造成严重后果的,应当依照刑法第二百二十九条、第二百三十一条的规定,以提供虚假证明文件罪或者出具证明文件重大失实罪定罪处罚。”需要注意的是,由于目前环境影响登记表审批改为备案,只有环境影响报告书和报告表需要审批,故此处的“环境影响评价文件”通常是指环境影响报告书、报告表。

2. 破坏国家环境质量监测系统所涉犯罪的适用。

环境监测数据是环境决策的重要基础。个别地方破坏环境质量监测系统,影响监测系统正常运行,欺骗公众,影响政府公信力,甚至误导环境决策,危害严重。根据最高人民法院、最高人民检察院《关于办理危害计算机信息系统安全刑事案件应用法律若干问题的解释》(以下简称《危害计算机信息系统安全犯罪解释》)第11条的规定,计算机信息系统是指具备自动处理数据功能的系统,包括计算机、网络设备、通信设备、自动化控制设备等。据此,国家环境质量监测系统亦属于计算机信息系统的范畴,对其进行破坏的行为可能构成破坏计算机信息系统罪。经研究认为,对于采用物理方式妨害自动监控系统采样、稀释采集的污染物样等行为,实际上是对计算机信息系统功能进行干扰,造成计算机不能正常运行,符合刑法第286条第1款的规定;而对于采用无形方式删除、修改、增加计算机信息系统中存储、处理或者传输的数据和应用程序的,符合刑法第286条第2款的规定。总之,对于上述两种行为,造成严重后果的,均可以破坏计算机信息系统罪论处。故而,《解释》第10条第1款规定:“违反国家规定,针对环境质量监测系统实施下列行为,或者强令、指使、授意他人实施下列行为的,应当依照刑法第二百八十六条的规定,以破坏计算机信息系统罪论处:(一)修改参数或者监测数据的;(二)干扰采样,致使监测数据严重失真的;(三)其他破坏环境质量监测系统的行为。”需要注意的是,《解释》对破坏环境质量监测系统的定罪量刑作了专门规定,按照司法解释适用时间效力的规定,对于此类行为原则上应当适用《解释》,而非适用《危害计算机信息系统安全犯罪解释》。

重点排污单位篡改、伪造自动监测数据，排放污染物的行为，可能同时构成污染环境罪和破坏计算机信息系统罪。因此，《解释》第 10 条第 2 款明确："重点排污单位篡改、伪造自动监测数据或者干扰自动监测设施，排放化学需氧量、氨氮、二氧化硫、氮氧化物等污染物，同时构成污染环境罪和破坏计算机信息系统罪的，依照处罚较重的规定定罪处罚。"

此外，根据《解释》第 10 条第 3 款的规定，从事环境监测设施维护、运营的人员实施或者参与实施篡改、伪造自动监测数据、干扰自动监测设施、破坏环境质量监测系统等行为的，应当从重处罚。

（七）单位实施环境污染相关犯罪的定罪量刑标准

单位实施环境污染相关犯罪，往往具有更大的社会危害性，应当从严惩治。《解释》第 11 条明确规定，对于单位实施环境污染相关犯罪的，适用与个人犯罪相同的定罪量刑标准。

（八）环境污染犯罪相关术语的界定

环境污染刑事案件专业性较强，涉及专门术语多。为统一相关案件的办理，《解释》对相关术语作了明确界定。

1. 关于"有毒物质"的界定。《2013 年解释》第 10 条对"有毒物质"专门作了界定。考虑到有关规范性文件的调整，《解释》对"有毒物质"的规定作出修改，删去"剧毒化学品、列入重点环境管理危险化学品名录的化学品，以及含有上述化学品的物质"的表述，第 15 条规定："下列物质应当认定为刑法第三百三十八条规定的'有毒物质'：（一）危险废物，是指列入国家危险废物名录，或者根据国家规定的危险废物鉴别标准和鉴别方法认定的，具有危险特性的废物；（二）《关于持久性有机污染物的斯德哥尔摩公约》附件所列物质；（三）含重金属的污染物；（四）其他具有毒性，可能污染环境的物质。"实际上，根据《国家危险废物名录（2016 版）》的规定，废弃危险化学品（包括剧毒化学品、重点环境管理危险化学品）均属于危险废物，可以直接根据《解释》第 15 条第 1 项认定为"有毒物质"。

2. 关于"公私财产损失"的计算。对于环境监测费用是否可以纳入"公私财产损失"的计算范围，存在较大争议。《2013 年解释》对此未作明确。而实践中已有对现场监测所产生的费用应否纳入"公私财产损失"计算范围存在争议的案件。《解释》起草过程中，经慎重研究认为，"公私财产损失"不包括日常环境监测费用，但因所涉行为导致的各类环境应急措施和应急处置费用（包括应急监测费用）可以列为"为防止污染扩大、消除污染而采取必要合理措施所产生的费用"。为消除司法实践中的争议，《解释》第 17 条第 4 款明确"公私财产损失"包括处置突发环境事件的应急监测费用。

（九）监测数据的证据资格

为确保相关监测数据的客观、准确，确保相关案件公正处理，《2013 年解释》第 11

条第2款专门规定:“县级以上环境保护部门及其所属监测机构出具的监测数据,经省级以上环境保护部门认可的,可以作为证据使用。”这实际上是在“经省级以上环境保护部门认可”的前提下赋予县级以上环境保护主管部门及其所属监测机构出具的监测数据的刑事证据资格。应当指出的是,《2013年解释》设定监测数据认可程序的现实情况是,当时办理环境污染刑事案件尚处于起步阶段,各地缺乏成熟经验。因此,“经省级以上环境保护部门认可”的程序设置,对于确保监测数据的准确,提升环境污染刑事案件的质量,确保此类案件办理的“不偏不倚”,发挥了重要的作用。当然,随着环境污染刑事案件办理的逐渐增多,监测数据认可程序不能完全适应办案实际需求的现象也开始显现。实践中,省级环境保护主管部门的认可通常只能进行形式审查,还可能导致程序冗杂、效率低下,不利于环境污染刑事案件的及时办理。基于此,根据《刑事诉讼法》第52条第2款“行政机关在行政执法和查办案件过程中收集的物证、书证、视听资料、电子数据等证据材料,在刑事诉讼中可以作为证据使用”的规定,《解释》第12条第1款取消了环境监测数据的认可程序,明确规定:“环境保护主管部门及其所属监测机构在行政执法过程中收集的监测数据,在刑事诉讼中可以作为证据使用。”据此,环境保护主管部门及其所属监测机构在行政执法和查办案件过程中收集的监测数据具有刑事证据资格,不需要再经过省级以上环境保护主管部门的认可。实践中需要注意的是,第三方监测机构虽然不属于环境保护主管部门所属的监测机构,但只要是在环境保护主管部门或者所属监测机构的主持下从事相关监测活动或者提供技术支持,以环境保护主管部门或者所属监测机构名义作出的监测报告,也应当认为符合《解释》第12条第1款的规定,在刑事诉讼中可以作为证据使用。

《2013年解释》施行期间,对于公安机关在刑事立案后或者初查过程中提取污染物样品进行检测获取的数据,是否需要经过省级以上环境保护主管部门认可,才能作为刑事证据使用,实践中争议较大。经研究认为,根据《刑事诉讼法》和相关规定,公安机关作为刑事侦查机关,享有当然的刑事证据收集权力,其收集的证据作为刑事证据使用无须经过行政认可等其他程序。而且,近年来,公安机关办理环境污染刑事案件的取证能力大幅提升,能够满足有关技术规范的要求。基于此,《解释》第12条第2款规定:“公安机关单独或者会同环境保护主管部门,提取污染物样品进行检测获取的数据,在刑事诉讼中可以作为证据使用。”有必要强调的是,与环境保护主管部门获取监测数据适用行政执法的相关规定不同,无论是刑事立案后,还是初查过程中,公安机关获取检测数据都属于刑事侦查活动,应当适用刑事诉讼法的相关规范。当下较为适宜的方式是公安机关与环境保护主管部门执法联动,以充分利用公安机关控制现场的能力和环境保护主管部门的技术优势,确保相关证据的准确性。

(十)环境污染专门性问题的认定

鉴定难是困扰环境污染刑事案件办理的突出难题。《2013年解释》确立了鉴定与检验“两条腿走路”的原则，第 11 条第 1 款规定：“对案件所涉的环境污染专门性问题难以确定的，由司法鉴定机构出具鉴定意见，或者由国务院环境保护部门指定的机构出具检验报告。”从《2013 年解释》实施情况来看，鉴定机构和环境保护部指定的检验机构仍然偏少，难以满足实际办案所需。为此，《解释》第 14 条增加规定公安部亦可指定出具检验报告的机构，即规定：“对案件所涉的环境污染专门性问题难以确定的，依据司法鉴定机构出具的鉴定意见，或者国务院环境保护主管部门、公安部门指定的机构出具的报告，结合其他证据作出认定。”

以交通肇事逃逸为例看作为犯与不作为犯的区分

陈洪兵*

【内容摘要】成立不作为犯需要具有保证人地位和作为可能性,作为犯的着手认定时间往往早于不作为犯,不作为犯的处罚通常应轻于作为犯,因而区分不作为犯与作为犯具有现实意义。区分二者,应根据法益状态说、风险说与介入说,同时考量罪刑法定、责任主义、人权保障、法益保护等要求进行综合判断。虽然原则上不作为可以符合所有由作为实现的构成要件,但处罚不作为是对国民自由的限制,故应将不真正不作为犯限定于杀人、放火、诈骗等侵害重大法益、发案率较高、一般预防必要性较大的犯罪。非法侵入住宅罪不包括"经要求退出而不退出"的情形。犯人探亲逾期不归的不成立脱逃罪。如果没有证据表明将交通事故被害人留在现场有被救助的可能性,则"移置逃逸"实质上等同于不作为的单纯逃逸,至多成立"因逃逸致人死亡",而非作为的故意杀人罪。

【关键词】不作为犯　作为犯　区分　交通肇事逃逸

一、问题的提出

案例1:杨某深夜因疲劳驾驶致被害人赵某重伤后,将赵某搬上车载至一偏僻处抛弃,赵某最终因流血过多而死亡。对于本案,理论与实务均认为成立作为的故意杀人罪。问题是,如果不能证明将已受重伤的被害人留在现场就能得到他人救助,如现场监控表明,在被害人死亡之前并无其他人车通过,是否还能肯定成立作为的故意杀人罪,而非"因逃逸致人死亡"?若碰巧赵某的仇人李某从肇事现场经过,为致赵某于死地,将赵某移至离现场数百米的草丛中,赵某因无人发现和救助而最终死亡,李某的行为是作为还是不作为,是否一定构成犯罪?

案例2:张某不慎落入大海,陈某发现后从悬崖边丢下一根绳索,在张某即将抓住绳索时,陈某发现张某是其不共戴天的仇人,于是迅速收回绳索,张某最终溺水而亡。

* 陈洪兵,湖北荆门人,法学博士,南京师范大学法学院教授,从事刑法解释学研究。

陈某的行为是作为还是不作为？如果陈某在张某刚刚抓住绳索即发现是其仇人而迅速松手，致张某最终被淹死，陈某的行为是作为还是不作为？假定陈某正将张某往上拉时，张某的仇人王某正巧经过，趁陈某不注意斩断绳索，张某最终被淹死，王某的行为是作为还是不作为？

案例3：癌症晚期病人钱某的主治医生孙某认为钱某在医学上已无救治的必要，于是关闭人工呼吸机，致钱某因缺氧而很快死亡。孙某的行为是作为还是不作为？如果是钱某的为了尽早获得遗产的贪婪的儿子，趁人不注意而强行关闭呼吸机致其父迅速死亡的，儿子的行为是作为还是不作为？如果是钱某的仇人关闭呼吸机呢？

案例4：汤某主动邀请严某到家中打牌，直至深夜严某还无意离开，汤某只好下逐客令，但严某拒绝从汤某家退出。其他国家和地区刑法中规定的非法侵入住宅罪的行为均为“无正当理由侵入他人的住宅或者经要求退出而不退出”，而我国刑法中规定非法侵入住宅罪的行为方式仅为“非法侵入他人住宅”，可长期以来，刑法理论通说教科书想当然地将非法侵入住宅罪解释为“未经允许非法进入他人住宅或经要求退出无故拒不退出的行为”，这种解释是否不当扩大了处罚范围而有违罪刑法定原则？如果这种解释成立，那能否认为非法吸收公众存款罪包括“公众有权提取存款时不允许公众提取存款”的情形？

案例5：林某因改造较好，监狱部门准许其回家探亲10天，但林某逾期无故不返回监狱。有教科书指出“受到监狱（包括劳改农场等监管机构）奖励，节假日受准回家的罪犯，故意不在规定时间返回监狱，采取逃往外地等方式逃避入狱的，也应以脱逃罪论处”〔1〕，认为脱逃罪可以由不作为的方式构成的观点，是否也因不当扩大处罚范围而违反了罪刑法定原则？

众所周知，在现代社会，如果广泛处罚不作为，无疑会过于限制国民的自由。〔2〕易言之，“要求法共同体的成员通过个人投入来救助受到危险的法益，原则上不是刑罚制裁的任务”〔3〕。故而，刑法理论普遍认为，只有当行为人处于保证人地位，具有作为义务和作为可能性，不作为在与作为方式实现构成要件上具有等价性时，才能认为不作为该当通常以作为方式实现的构成要件，成立不真正不作为犯。可以说，行为方式是作为还是不作为，直接关系到刑法的处罚范围与罪刑法定原则的真正实现。然而，关于作为与不作为的区分，以及不真正不作为犯处罚范围的厘定，刑法理论与实务

〔1〕 张明楷：《刑法学》（第4版），法律出版社2011年版，第975页。另参见周光权：《刑法各论》（第2版），中国人民大学出版社2011年版，第349页。

〔2〕 参见［日］前田雅英：《刑法总论讲义》（第5版），东京大学出版会2011年版，第127页。

〔3〕 Hans-heinrich Jescheck/Thomas Weigend, Lehrbuch des Strafrecht Allgemeiner Teil, 5. Aufl., Duncker & Humblot, 1996, S. 602.

至今还未圆满地解决。[1]

二、区分的意义

首先,如果认为行为性质是不作为,则必须认定行为人处于保证人地位,具有作为义务和作为可能性,方成立犯罪。换言之,如果不作为的行为方式与通常以作为的行为方式实现构成要件不具有等价性时,就不能适用作为犯构成要件定罪处罚,否则违反罪刑法定原则。[2] 例如,如果认为合法进入他人住宅后经要求退出而不退出的,与积极侵入的作为方式不具有等价性,则不能认为非法侵入住宅罪的客观要件,包括了允许进入他人住宅后经要求退出而不退出这种不作为行为方式。同样,假如认为犯人准假回家探亲后逾期不归,与从监狱场所积极脱逃的行为方式在违法性和有责性上不具有等价性,就不能认为逾期不归这种不作为方式也该当脱逃罪的构成要件。若认为"公众有权提取存款时不允许公众提取存款"的不作为与作为方式的非法吸收存款不具有等价性,就不能认为上述不作为也符合非法吸收公众存款罪的构成要件。

其次,作为与不作为在着手时间的认定上往往不一致,若将作为方式认定为不作为,可能导致认定着手乃至既遂的时间过于迟延。例如,在狱警故意放走犯人的案件中,采取递送钥匙的作为方式的,着手时间开始于递送钥匙时,而如果采取故意不锁门的不作为方式,则着手的时间应是犯人准备逃跑却不阻止时,而不是该锁门而不锁门时。[3] 又如,如果因侵占罪条文中存在"拒不退还"的表述而据此认为侵占罪属于不作为犯,[4]则行为人只有在所有权人要求返还而拒不返还时才开始本罪的着手和成立本罪的既遂。然而,侵占罪的本质是"易占有为所有",刑法理论与判例公认,"只要表明其据为所有的行为,或只要有变更持有为所有的意图时,即为本罪的既遂。例如行为人将其据为己有的庙产,私自标卖,虽未卖出,即为本罪的既遂"[5]。

再次,如果将本来的作为犯认定为不作为犯,则在行为人因丧失行为能力而缺乏作为可能性时,只能宣告无罪,导致不当缩小刑法的处罚范围。不仅如此,还可能因为行为人未履行所谓的作为义务构成犯罪,从而不当扩大处罚范围。例如,如果认为继续犯是当初的作为犯与之后的不作为犯的结合形态,若在行为持续过程中丧失了作为

---

[1] Claus Roxin, Strafrecht Allgemeiner Teil, Besondere Erscheinungsformen der Straftat, Band Ⅱ, C. H. Beck, 2003, S. 651.

[2] 参见林钰雄:《新刑法总则》,中国人民大学出版社2009年版,第398页。

[3] Claus Roxin, Strafrecht Allgemeiner Teil, Besondere Erscheinungsformen der Straftat, Band Ⅱ, C. H. Beck, 2003, S. 652.

[4] 参见白建军:《论不作为犯的法定性与相似性》,载《中国法学》2012年第2期。

[5] 林山田:《刑法各罪论》(上册)(修订5版),北京大学出版社2012年版,第299页;参见周光权:《刑法各论》(第2版),中国人民大学出版社2011年版,第115页;[日]西田典之:《刑法各论》(第6版),弘文堂2012年版,第246~247页。

可能性(如因车祸变成了植物人),则即便出现了处罚更重的刑法,也不能适用重法。[1] 又如,如果认为巨额财产来源不明罪的客观行为是不能说明来源的不作为,[2]则当行为人由于年代久远等因素而不能说明来源时,因没有作为的可能性而只能作无罪处理,这显然会不当缩小本罪的处罚范围。[3] 应当认为,本罪的实行行为系拥有来源不明的巨额财产,属于一种持有型犯罪,是作为犯。[4] 再如,如果认为持有的行为性质是不作为,则即使行为人将捡拾的毒品当场销毁,仍然可能成立非法持有毒品罪,因为他没有履行所谓上缴毒品的义务。这显然不妥当。[5]

最后,国外刑事立法通例和刑法理论普遍认为,由于不作为相对于作为而言期待可能性较低(要求人不作恶容易,而让人行善难),因而不作为犯罪通常应相对于作为犯减轻处罚。[6] 事实上,我国刑法中也体现了对不作为犯减轻处罚的精神。例如,我国立法者明知交通肇事者逃逸致人死亡的,符合不作为的故意杀人罪构成要件,仍然规定"因逃逸致人死亡的,处七年以上有期徒刑",而明显低于故意杀人罪的法定刑。如果我们不能证明将交通事故重伤者留在现场是否可能得到他人救助,而简单地认为移置逃逸(将伤者运至偏僻处抛弃)成立作为的故意杀人罪,就可能将实质上的不作为杀人以作为的杀人罪处理,而有违立法者特意将因逃逸致人死亡规定低于故意杀人罪法定刑的初衷,导致罪刑失衡。

三、区分的标准

关于区分作为与不作为的标准,有规范说、身体动静说、能量说、因果关系说、社会意义说、最终原因说、非难重点说、法益状态说、风险说、介入说等各种学说。[7]

---

〔1〕 参见[日]松原芳博:《继续犯における作为・不作为——保管・所持を中心として——》,载《神山敏雄先生古稀祝贺论文集》(第1卷),成文堂2006年版,第288~289页。

〔2〕 参见王作富主编:《刑法分则实务研究》(下)(第5版),中国方正出版社2013年版,第1717页;周光权:《刑法各论》(第2版),中国人民大学出版社2011年版,第413页;王海军:《关于界定巨额财产来源不明罪实行行为的新思考》,载《湖北社会科学》2009年第9期。

〔3〕 参见李文峰:《贪污贿赂犯罪认定实务与案例解析》,中国检察出版社2011年版,第576页;赵震:《职务犯罪重点疑难精解》,法律出版社2013年版,第330页;于冲:《关于巨额财产来源不明罪客观要件的反思与重构》,载《法学论坛》2013年第3期。

〔4〕 参见沈志先主编:《职务犯罪审判实务》,法律出版社2013年版,第268页;李文峰:《贪污贿赂犯罪认定实务与案例解析》,中国检察出版社2011年版,第576页;杨兴国:《贪污贿赂犯罪认定精解精析》,中国检察出版社2011年版,第321页。

〔5〕 张明楷:《刑法学》(第4版),法律出版社2011年版,第162页。

〔6〕 参见[韩]金日秀、徐辅鹤:《韩国刑法总论》,郑军男译,武汉大学出版社2008年版,第489页。德国刑法第13条明文规定,对于不作为犯应减轻处罚。

〔7〕 参见张明楷:《外国刑法纲要》(第2版),清华大学出版社2007年版,第94页;李运才:《交通肇事后隐匿、遗弃被害人的罪名分析:对"交通肇事罪司法解释"第六条的质疑》,载《中国刑事法杂志》2009年第5期;[日]大山徹:《论监管过失中的作为与不作为——围绕德国火灾事故判例展开的研讨》,余秋莉译,载《中国刑事法杂志》2015年第1期;刘斯凡:《论作为犯与不作为犯区分的两重性——以真正不作为犯与不真正不作为犯的不对应性为切入点》,载《复旦学报》(社会科学版)2014年第1期。

规范说认为,违反禁止规范的是作为,而违反命令规范的是不作为。问题是,我们并不能对刑法规范简单地进行禁止规范与命令规范的划分。例如,如果认为我国关于故意杀人罪的罪刑规范为禁止性规范,则没有不作为故意杀人罪成立的余地。这显然不利于保护法益。〔1〕

身体动静说认为,具有积极的身体动作的是作为,否则就是不作为。然而,能否离开具体的构成要件讨论身体的动与静的意义?例如,行为人忙着跟女友约会而不按时扳道岔的,跟人约会可谓积极的身体动作,但因行为人未为法律所期待的扳道岔的作为,法律上所评价的还是不作为。故脱离具体的构成要件,仅根据身体的动与静区分作为与不作为,并无意义。〔2〕

能量说认为,向一定方向投入能量的是作为,不向一定方向投入能量的是不作为。但是,医生为放弃抢救危重病人而主动撤除维持生命装置的行为,似乎向一定方向投入了能量,而实际上与停止继续用药并没有本质区别,因而本质上还是不作为。可见,该说"导致作为与不作为区分的复杂性与恣意性,而且实际的区分结论也不妥当"〔3〕。

因果关系说认为,引起了结果的是作为,没有引起任何现象的是不作为。该说的明显缺陷在于:由于刑法理论公认,即便是不作为犯,也应以不作为与构成要件结果之间存在因果关系为前提,如果否定不作为犯的因果关系,则对于不作为的结果犯只能以未遂犯论处,这显然不合适。〔4〕

社会意义说根据行为的社会意义是引起结果还是不防止结果来区分作为与不作为。但问题是,这里"社会意义"的概念极不明确,导致区分标准流于恣意。〔5〕例如,阻止他人救助的行为的"社会意义"是引起结果还是没有防止结果,就难以得出结论。

最终原因说认为,与结果最接近的原因是不作为的,犯罪就是不作为,反之,与结果最接近的原因是作为的,犯罪性质就是作为。可是,与结果最接近的原因在刑法上未必就是具有重要意义的。〔6〕例如,行为人出车前未检查刹车装置,驾驶刹车失灵的卡车上路后,遇到行人横穿马路时因刹不住车而撞死行人的,与结果最接近的原因显然是撞人的作为,但未能刹住车的根本原因还是在于上路前未检查刹车性能是否良好的不作为。

---

〔1〕参见李运才:《交通肇事后隐匿、遗弃被害人的罪名分析:对"交通肇事罪司法解释"第六条的质疑》,载《中国刑事法杂志》2009年第5期。

〔2〕参见[日]大山徹:《论监管过失中的作为与不作为——围绕德国火灾事故判例展开的研讨》,余秋莉译,载《中国刑事法杂志》2015年第1期。

〔3〕张明楷:《刑法原理》,商务印书馆2011年版,第138页。

〔4〕参见[日]大谷实:《刑法讲义总论》(新版第4版),成文堂2012年版,第128~129页;张明楷:《刑法学》(第4版),法律出版社2011年版,第149页。

〔5〕参见张明楷:《外国刑法纲要》(第2版),清华大学出版社2007年版,第94页。

〔6〕参见李运才:《交通肇事后隐匿、遗弃被害人的罪名分析:对"交通肇事罪司法解释"第六条的质疑》,载《中国刑事法杂志》2009年第5期。

非难重点说是德国理论与判例的主流观点,认为在具体案件中如果非难的重点是作为,就评价为作为犯,反之,如果非难的重点在于不作为,就应评价为不作为犯。[1]非难重点说受到的质疑在于,这可谓一种循环论证,以致作为与不作为的区分陷入非理性的凭感觉判断之中,而且有可能将所有的过失犯都看做不作为犯。[2]

法益状态说认为,使法益状态恶化的是作为,没有使法益状态好转的便是不作为。风险说认为,不作为是对已经存在法益侵害的风险不予以降低的行为,而作为是积极增加法益侵害的风险,即提高法益侵害的风险的行为。介入说认为,法益向好的方向发展时,行为人介入的,如阻止他人救助的行为,是作为;相反,法益向恶的方向发展时,行为人不介入的,如父亲不救助不慎落水的儿子,则是不作为。应该说,这三种学说均具有一定的合理性,都认为制造风险、恶化法益的,是作为,而没有消除既有风险、未使法益状态好转的,属于不作为。

综上,区分作为与作为,以及判断不作为是否该当作为犯的构成要件,进行抽象地讨论并不足以解决问题。说到底,还是取决于对刑法分则中具体构成要件的解释,同时考虑罪刑法定与责任主义的要求,注意人权保障与法益保护之间的平衡,进行综合判断,方能得出妥当的结论。[3]

四、具体区分

(一)中断救助

域外刑法理论普遍认为,如果救助尚未到达被害人的支配领域,中断救助的,等同于一开始就没有采取救助行动,属于不作为;在救助手段到达被害人支配领域、法益状态在向好的方向转变时,中断救助的,是作为;第三人阻止他人救助的,属于作为。[4]如案例2中,陈某在张某抓住绳索之前收回绳索的,属于不作为,如果具有保证人地位的,则成立不作为犯罪,否则不成立任何犯罪;陈某在张某抓住绳索后又松手的,无论是否具有保证人地位,均成立作为犯罪;第三人王某阻止陈某救助的,成立作为犯罪。

应该说,认为在救助手段到达被害人支配领域之前中断救助的,视为自始未救助,而属于不作为,是妥当的;认为无关第三人无论是阻止他人救助,还是阻止被害人自救

〔1〕 参见[德]乌尔斯·金德霍伊泽尔:《刑法总论教科书》(第6版),蔡桂生译,北京大学出版社2015年版,第358页;[德]约翰内斯·韦塞尔斯:《德国刑法总论》,李昌珂译,法律出版社2008年版,第425页。

〔2〕 Claus Roxin, Strafrecht Allgemeiner Teil, Besondere Erscheinungsformen der Straftat, Band Ⅱ, C. H. Beck, 2003, S. 654f.

〔3〕 Claus Roxin, Strafrecht Allgemeiner Teil, Besondere Erscheinungsformen der Straftat, Band Ⅱ, C. H. Beck, 2003, S. 659;[德]乌尔斯·金德霍伊泽尔:《刑法总论教科书》(第6版),蔡桂生译,北京大学出版社2015年版,第358页;[日]大谷实:《刑法讲义总论》(新版第4版),成文堂2012年版,第131页。

〔4〕 参见[德]冈特·施特拉腾韦特、洛塔尔·库伦:《刑法总论-Ⅰ-犯罪论》,杨萌译,法律出版社2006年版,第358~359页;[日]山中敬一:《刑法总论》(第2版),成文堂2008年版,第221页;林山田:《刑法通论》(下册)(增订10版),北京大学出版社2012年版,第150~151页。

(如斩断被害人在悬崖边上抓住的唯一可能赖以求生的荆条),均系使被害人的法益状态恶化,因而属于作为,也是合理的。但是,对于救助手段已经到达被害人支配领域后,即便法益状态在好转,但只要中断救助的行为没有比救助之前更糟糕(如将被害人就要拉出枯井时突然松手致被害人急坠井底摔死),实质上还是等同于自始未救助,应属于不作为,不具有保证人地位的,不构成任何犯罪。当然,如果因为被害人依赖于行为人的救助而放弃了其他可能求生的机会,或者延误了有限的求生时间的,则可能构成作为犯罪。如案例2中,如果陈某刚将张某拉出海面,发现是仇人而松手的,并未恶化张某原有的法益状态(只是恢复到当初无人救助的状态),因而应视为自始未救助而属于不作为,如果陈某不具有保证人地位,其中断救助的行为不成立任何犯罪。之所以德国理论通说认为,救助手段到达被害人支配领域后又中断救助的属于作为,可能与其刑法第323条c规定了针对任何人的见危不救罪有关。我国刑法并未科予一般性的救助义务,因而中断救助的,原则上还是应视为不作为,不具有保证人地位的,以不成立犯罪为宜。这一问题的讨论,与后述的交通肇事逃逸(尤其是移置逃逸)行为性质的确定有关。

(二)终止治疗

域外刑法理论通说认为,对于重病患者,医生无论是停止继续用药,还是主动关闭呼吸机等维持生命的装置,均为不履行救助义务而属于不作为;如果病人的病情在医学上已无继续治疗的必要,或者是经病人本人或其家属要求而终止治疗,则因缺乏作为的义务而不成立任何犯罪,否则可能成立不作为犯罪;如果是他人,如儿子为了及早继承遗产而违背病人意愿关闭生命维持装置的,则成立作为犯。当然,他人在具有保证人地位(如儿子)时也成立不作为犯,只是因为不作为犯属于作为犯的补充形态,能成立作为犯罪时,没有单独考虑不作为犯的必要。[1]

笔者赞成上述通说立场。如果将医生终止治疗的行为(如撤除患者的维持生命装置),认定为作为,就可能不当扩大处罚范围;只有认为系不作为,进而能以医生缺乏作为义务或作为可能性为由而排除犯罪的成立。这在一定意义上也是满足现代社会的晚期癌症患者的尊严死及对其进行临终关怀的需要。

(三)继续犯、持有型犯罪

如果认为非法拘禁罪等继续犯是所谓当初的作为与之后的不作为的结合形态,会导致非法拘禁他人后因丧失作为可能性,不能继续计算非法拘禁的时间而导致放纵犯罪。例如,行为人甲将被害人乙非法关押在自己家里几小时后,出门办事时被他人车

---

〔1〕 Hans – heinrich Jescheck/Thomas Weigend, Lehrbuch des Strafrecht Allgemeiner Teil, 5. Aufl., Duncker & Humblot, 1996, S. 604.;[日]井田良:《讲义刑法学·总论》,有斐阁2008年版,第139~140页;林钰雄:《新刑法总则》,中国人民大学出版社2009年版,第400页;[韩]金日秀、徐辅鹤:《韩国刑法总论》,郑军男译,武汉大学出版社2008年版,第464页。

辆撞伤致连续三天昏迷不醒。如果根据相关司法解释[1],由于甲在具有作为可能性之前,仅非法拘禁了乙几个小时而未达非法拘禁罪立案标准(24 小时),在其昏迷的三天时间内,虽然乙的人身自由法益持续性地受到侵害,却因为甲缺乏释放被害人即作为的可能性,而不能持续计算非法拘禁时间,最终只能宣告无罪。这显然不合适。至于过失将他人锁起来后,只要在意识到误关了他人后有释放的可能性,即便后来丧失作为可能性,根据原因自由的不作为理论(Die omissio libera in causa),[2]行为人仍应对意识到误关他人之后的非法拘禁行为承担责任。例如,图书馆门卫将周五晚在图书馆苦读圣贤书而忘记时间的学生误锁在图书馆,门卫周六早晨醒来后想起昨晚可能误将学生锁在图书馆里,但因为急着飞赴美利坚合众国与女友约会,而顾不上开门放出学生。固然,在门卫登上赴美飞机后不具有作为的可能性,但在其出发前意识到误关学生且具有作为的可能性时,没有马上释放被害人,因而不影响非法拘禁罪的成立。

对于持有的行为性质,我国刑法理论上有作为说、不作为说以及独立行为说三种不同的观点。[3] 如果认为持有的行为性质是不作为,则意味着捡拾毒品的行为人第一时间销毁毒品的(如将海洛因撒在河中),也会因为违反了应当上缴毒品的义务而成立非法持有毒品罪。这显然不合适。倘若认为持有行为包括了作为与不作为的双重性质,则意味着,司法机关在查处持有型犯罪,不仅要考虑作为的方面,还要考虑保证人地位及作为义务的问题。这显然违背了所公认的不作为犯的补充性原理。[4]

关于持有型犯罪行为性质的理解,直接关系到犯罪的处罚范围。如果认为持有型犯罪属于不作为犯或者作为与不作为的结合形态,会导致持有时虽然具有故意,但在持有后因丧失作为可能性,而不能认为构成要件符合性在持续,进而不能适用持有过程中刑罚变更后的重法;[5]持有后丧失意识或者没有意识到持有状态在持续的(没有不作为的故意),只能从存在不作为故意时开始计算追诉时效(而不是从结束持有状态之日起开始计算追诉时效),且不能持续计算持有的时间。这样处理,恐会放纵犯罪。此外,如果认为巨额财产来源不明罪属于所谓作为与不作为的复合行为犯,[6]则在行为人失去继续非法敛财的能力后(如退休),因车祸成为植物人,就会因为行为人缺乏作为的可能性,而不成立巨额财产来源不明罪。这明显有违立法者设置兜底性构

〔1〕 参见 2006 年 7 月 26 日最高人民检察院《关于渎职侵权犯罪案件立案标准的规定》。

〔2〕 Claus Roxin, Strafrecht Allgemeiner Teil, Besondere Erscheinungsformen der Straftat, Band Ⅱ, C. H. Beck, 2003, S. 660f.

〔3〕 参见张明楷:《刑法原理》,商务印书馆 2011 年版,第 147 页。

〔4〕 参见张明楷:《刑法原理》,商务印书馆 2011 年版,第 148 页。

〔5〕 参见松原芳博:《继续犯における作为・不作为——保管・所持を中心として——》,载《神山敏雄先生古稀祝贺论文集》(第 1 卷),成文堂 2006 年版,第 301 页。

〔6〕 参见孙国祥:《贪污贿赂犯罪疑难问题学理与判解》,中国检察出版社 2003 年版,第 484 页;孟庆华:《巨额财产来源不明罪研究新动向》,北京大学出版社 2002 年版,第 92 ~ 93 页。

成要件以严密反腐刑事法网的初衷。

(四)非法侵入住宅罪

域外刑法相关条文均是将“非法侵入他人住宅”与“经要求退出而拒不退出”并列表述。例如,德国刑法第123条规定:“非法侵入他人住宅、经营场所或土地,或用于公共事务或交通的封闭的场所,或未经允许在该处停留,经主人要求仍不离去的,处1年以下自由刑或罚金刑。”日本刑法第130条、意大利刑法第614条、瑞士联邦刑法典第186条以及我国台湾地区“刑法”第306条,均存在类似的规定。笔者注意到,1935年《中华民国刑法》关于妨害居住自由罪,也是明确规定了经要求退出而不退出的情形。[1] 俄罗斯现行刑法关于侵犯住宅的不受侵犯权罪的规定与我国类似,仅规定“违背居住人的意志非法进入住宅”。俄罗斯官方的解释是“任何非法进入他人住宅的行为都是对住宅不受侵犯权的侵犯”,并未解释为除非法进入外还包括经要求退出而不退出。[2]

笔者感到困惑的是,我国现行刑法关于非法侵入住宅罪的罪状仅表述为“非法侵入他人住宅”,何以理论与实务不假思索地认为,我国非法侵入住宅罪的客观方面表现为“其一,没有合法根据未经允许进入他人住宅。其二,虽经许可或者有正当理由进入他人住宅后,当经要求退出无故拒不退出”[3]呢?一个可能的解释是,中华人民共和国成立后的学者沿袭了民国时期学者对于1935年《中华民国刑法》中非法侵入住宅犯罪的释义教科书。殊不知,后者关于非法侵入住宅罪是明确规定了经要求退出而不退出的不作为形式的。

张明楷教授也是百思不得其解:“我国的新旧刑法均只有‘非法侵入他人住宅’的表述,但刑法理论千篇一律地将本罪定义为‘未经允许非法进入他人住宅或者经要求退出无故拒不退出的行为’,人们却习以为常而没有异议。但当笔者提出,非法吸收公众存款,包括‘公众有权提取存款时不允许公众提取存款’时,人们却提出了疑问。”事实上,“两者的解释原理完全相同。如果说将不支付存款解释为‘非法吸收’存在疑问,那么,将不退出解释为‘侵入’也存在问题。反之,如果将不退出解释为‘侵入’是合理的,那么,将不支付存款解释为‘非法吸收’也是合理的。”张明楷教授自我解嘲道:“由此看来,一种解释结论被人们接受的程度是一个重要问题。”[4]

---

〔1〕 参见蔡墩铭:《刑法分则论文选辑》(下),台北,台湾五南图书出版公司1984年版,第447页。

〔2〕 参见俄罗斯联邦总检察院编:《俄罗斯联邦刑法典释义》(上册),黄道秀译,中国政法大学出版社2000年版,第369~370页。

〔3〕 高铭暄、马克昌主编:《刑法学》(第6版),北京大学出版社、高等教育出版社2014年版,第476页。另参见王作富主编:《刑法》(第5版),中国人民大学出版社2011年版,第386页;周道鸾、张军主编:《刑法罪名精释》(上)(第4版),人民法院出版社2013年版,第570页。

〔4〕 张明楷:《罪刑法定与刑法解释》,北京大学出版社2009年版,第128、129页。

“将熟悉与必须相混淆”是人们常犯的错误。[1] 笔者认为，错的就是错的。倘若无论从文义还是论理都得不出的解释结论，即便人们“普遍接受”，也不能承认这种解释结论的合理性。1935 年《中华民国刑法》及域外刑法通例足以说明，除非刑法条文明文规定了“经要求退出而不退出”，否则，不能认为以“经要求退出而不退出”的不作为方式实施的，也符合非法侵入住宅罪的构成要件。诚然，从理论上讲，凡是可以由作为构成的犯罪，都可由不作为实施。但是，毕竟要求国民实施积极的作为以保护法益，是对国民科予的不必要的负担，因而刑法只能以处罚作为犯为原则，以处罚不作为犯为例外。正因为如此，虽然国外刑法理论一方面承认不作为可能符合所有由作为所实现的构成要件，但事实上，不真正不作为犯的成立仅限于杀人、放火、诈骗等有限的几个罪名。[2] 可以说，即便认为处罚不真正不作为犯不违反罪刑法定原则，国外对不真正不作为犯的处罚也是非常“克制”的，将对不真正不作为犯的处罚严格限定为法益侵害重大、发案率较高、一般预防必要性较大的杀人、放火、诈骗等个别犯罪，而没有如我国刑法理论将不真正不作为犯的处罚范围扩大到非法侵入住宅罪这种法定最高刑仅为 3 年有期徒刑的罪名。同样，将本来期待可能性不大的脱逃罪的客观行为方式，扩大到包括准许回家探亲而逾期不归的不作为形式，[3] 也殊为不当。因为逾期不归的不作为，与罪犯从监管场所积极脱逃的作为，无论在违法性还是在有责性上，都存在明显差异，不可能具有刑法上的等价性，因而不具有作为不真正不作为犯处罚的实质根据，处罚这种不作为，明显有违罪刑法定原则。

（五）评析白建军教授关于不作为犯的归类

白建军教授在 2012 年第 2 期《中国法学》上撰文，将侵占罪、非法持有国家绝密、机密文件、资料、物品罪、巨额财产来源不明罪、非法集会、游行、示威罪、信用卡诈骗罪、非法种植毒品原植物罪、挪用公款罪等归为不作为犯。[4] 应该说，将非法集会、游行、示威罪归入不作为犯具有合理性。因为集会、游行、示威是公民的宪法性权利，即便存在程序性违法，但只要不存在“拒不服从解散命令”的不作为，就没有必要作为犯罪处罚。此外，将非法种植毒品原植物罪归入不作为犯范畴，也具有合理性。因为非法种植毒品原植物对于公众健康的威胁还非常遥远，只要经要求铲除而铲除，就不值得科处刑罚。

但是，白建军教授将上述其他犯罪也归入不作为犯范畴，还值得商榷。例如，仅根据侵占罪条文中存在“拒不退还”“拒不交出”的表述，就得出本罪为不作为犯的结论，

〔1〕 See David Nelken, *Contrasting Criminal Justice*, England, Ashgate Publishing Ltd., 2002, p. 241.

〔2〕 参见［日］前田雅英：《刑法总论讲义》（第 5 版），东京大学出版会 2011 年版，第 128 页；［日］松宫孝明：《刑法总论讲义》（第 4 版），成文堂 2013 年版，第 94 ~ 96 页。

〔3〕 参见张明楷：《刑法学》（第 4 版），法律出版社 2011 年版，第 975 页。

〔4〕 参见白建军：《论不作为犯的法定性与相似性》，载《中国法学》2012 年第 2 期。

明显过于草率。域外刑法理论毫无争议地认为,只要行为人外在的客观行为足以表明行为人具有“易占有为所有”的非法占有目的,就已经成立侵占罪的既遂。而按照不作为犯说,出于非法占有的目的将委托其看管的耕牛杀死吃光,只要委托人还未向其索还,就还未开始侵占的着手。这无疑导致侵占罪的着手和既遂的认定时间过于迟延,而不利于保护法益。质言之,“拒不退还、拒不交出不是侵占罪中构成要件客观方面的内容,而只是对非法占为己有的强调和进一步说明,是为确认、固定持有人非法占为己有的意图提供充足的依据。”故而,“从占有人将自己暂时占有的他人财物不法转变为自己所有之时,拒不退还、拒不交出的意思已经昭然若揭,没有必要再在司法上证明‘拒不退还’、‘拒不交出’情形的存在与否”[1]。

又如,仅仅因为刑法条文中存在“拒不说明来源与用途”或“不能说明来源”的表述,就认为非法持有国家绝密、机密文件、资料、物品罪与巨额财产来源不明罪属于不作为犯,也存在疑问。其实所有的持有型犯罪,如非法持有枪支罪,无论条文中是否存在上述表述,司法机关都会责令犯罪嫌疑人说明枪支等违禁品的来源,犯罪嫌疑人自己也会进行来源合法的积极辩解。所谓“拒不说明来源与用途”以及“不能说明来源”,不过是司法上推定非法持有的一种资料,旨在提醒司法人员注意给予被告进行自我辩解的机会。如果认为上述两个罪名属于所谓不作为犯,则不得不认为所有持有型犯罪都属于不作为犯。很显然,白建军教授是被上述条文中的“拒不说明来源与用途”以及“不能说明来源”的表述迷惑了。之所以不能认为持有型犯罪属于不作为犯,除前述将捡拾的毒品及时销毁也可能因为未履行上缴毒品的义务而可能成立非法持有毒品罪之外,还有一个重要的原因:如果认为是不作为犯,在行为人无法说明来源时,如贪官因长年累月收受贿赂而家财万贯,完全可能无法一一说明财产的来源,若认为属于不作为犯,则因不具有作为的可能性而只能宣告无罪。这显然有悖立法者的初衷。

再如,根据《刑法》第196条第2款“前款所称恶意透支,是指持卡人以非法占有为目的,超过规定限额或者规定期限透支,并且经发卡银行催收后仍不归还的行为”的表述,就认为恶意透支型信用卡诈骗罪属于不作为犯,也不妥当。因为,立法者之所以如此强调,是考虑到信用卡本来就允许透支,如果合法持卡人进行透支,没有其他证据表明行为人具有非法占有的目的,只有通过银行的催收,才能证明合法持卡人具有非法占有的目的。而不是说,恶意透支型信用卡诈骗罪的可罚性就在于经发卡行催收仍不归还的不作为。易言之,如果有其他证据足以表明行为人透支时就具有非法占有目的,例如行为人明知自己因经营严重亏损而没有偿还能力,还用信用卡进行巨额透支,之后立即变卖家产、店面准备逃亡国外的,行为人的非法占有目的昭然若揭,此时

---

〔1〕 周光权:《刑法各论》(第2版),中国人民大学出版社2011年版,第115页。

不待银行催收,就可以在行为人跨越国境前对其予以逮捕,作为信用卡诈骗罪的既遂定罪处罚。事实上,之所以《刑法》第196条第1款明文规定“使用虚假的身份证明骗领信用卡的”就能成立信用卡诈骗罪既遂,是因为,既然是“骗领”,就足以推定行为人使用骗领的信用卡进行透支时具有非法占有的目的。所以,恶意透支型信用卡诈骗罪中经发卡行催收不还的规定,只是一种注意性规定,是推定行为人具有非法占有目的的一种资料而已。包括恶意透支型信用卡诈骗在内的信用卡诈骗罪,只能是作为犯。

还如,仅因挪用公款罪条文中存在“挪用公款数额较大、超过三个月未还”的表述,就将一般活动型挪用公款罪归入不作为犯范畴,也过于简单化。立法者之所以对一般活动型挪用公款罪设置不同于违法型和营利型挪用公款罪的成立条件,是因为在立法者看来,挪用公款进行一般活动致使公款不能归还的风险最小(事实上未必如此,实在看不出挪用公款包二奶比挪用公款炒股的归还公款的风险小),只有使用时间超过三个月才值得科处刑罚,并非意味着本罪的可罚性在于不归还的不作为,而不是违法挪出公款的作为。可以说,超过三个月未还,相当于国外的客观处罚条件,也与丢失枪支不报罪中的“造成严重后果”以及滥用职权罪中的“致使公共财产、国家和人民利益遭受重大损失”要素的功能相类似。因此,应认为挪用公款罪属于作为犯,而不是不作为犯。

五、交通肇事“逃逸”的行为性质

《刑法》第133条交通肇事罪规定,交通运输肇事后“逃逸”的,处3年以上7年以下有期徒刑;因“逃逸”致人死亡的,处7年以上有期徒刑。前者可谓“肇事逃逸”,后者可谓“逃逸致死”。“逃逸致死”又可进一步分为单纯从现场逃离的“单纯逃逸”,以及将被害人带离事故现场进而抛弃的“移置逃逸”。我国司法解释规定,所谓“交通运输肇事后逃逸”,是指行为人在发生交通事故后,为逃避法律追究而逃跑的行为;所谓“因逃逸致人死亡”,是指行为人在交通肇事后为逃避法律追究而逃跑,致使被害人因得不到救助而死亡的情形;行为人在交通肇事后为逃避法律追究,将被害人带离事故现场后隐藏或者遗弃,致使被害人无法得到救助而死亡的,以故意杀人罪定罪处罚。[1]

目前刑法理论界对上述司法解释进行攻击的火力点集中于所谓“为逃避法律追究”上,[2]而对“移置逃逸”成立故意杀人罪的规定却鲜有人质疑。本文要探究的是,

---

〔1〕 参见2000年11月10日最高人民法院《关于审理交通肇事刑事案件具体应用法律若干问题的解释》第3、5、6条。

〔2〕 参见劳东燕:《交通肇事逃逸的相关问题研究》,载《法学》2013年第6期;姚诗:《交通肇事“逃逸”的规范目的与内涵》,载《中国法学》2010年第3期;李会彬:《“因逃逸致人死亡”情节的独立性解读》,载《政治与法律》2014年第8期。

“逃逸”到底是作为还是不作为,“移置逃逸”是应成立作为的故意杀人罪,还是可能实质上属于不作为的故意杀人而仅成立“因逃逸致人死亡”?

关于“逃逸”的行为性质,刑法理论上多数学者认为是不作为,〔1〕但也有人认为是作为,〔2〕还有人主张包括作为与不作为。〔3〕 至于“移置逃逸”的行为性质,刑法理论上毫无争议地认为属于作为。〔4〕

关于交通肇事“逃逸”的含义,学界主要有“逃避法律追究说”“逃避救助被害人说”“逃避法律追究或逃避救助被害人说”“逃避法律追究和逃避救助被害人说”四种学说。〔5〕 而对“逃逸”含义的解读,直接与对“逃逸”的规范保护目的的理解有关。关于逃逸的规范保护目的,主要存在“逃避法律追究说”与“逃避救助义务说”之争。〔6〕司法解释关于“肇事逃逸”的规范保护目的显然是持“逃避法律追究说”立场,而对“逃逸致死”持一种综合的立场。学界多数认为,“逃逸”的规范保护目的在于救助伤者(“逃避救助义务说”),〔7〕少数认为应包括逃避法律追究与逃避救助伤者两方面的目的。〔8〕

笔者认为,对交通肇事罪中的两个“逃逸”的规范保护目的和含义,应做相对性解读。对于“逃逸致死”加重处罚的根据或者规范保护目的,应当理解为救助伤者和虽未受伤但昏迷在道路中间的被害人(以下仅称“伤者”),以及设置警示标志以避免后续事故致人死亡。但对于“肇事逃逸”则必须结合道路交通法的规定和交通事故的特殊性加以理解。《中华人民共和国道路交通安全法》第70条第1款规定:“在道路上发生交通事故,车辆驾驶人应当立即停车,保护现场;造成人身伤亡的,车辆驾驶人应当立即抢救受伤人员,并迅速报告执勤的交通警察或者公安机关交通管理部门。因抢救受伤人员变动现场的,应当标明位置。乘车人、过往车辆驾驶人、过往行人应当予以协助。”由于交通事故发生在正在运行的交通道路上,车流密集,发生交通事故后,必

〔1〕 参见姚诗:《交通肇事“逃逸”的规范目的与内涵》,载《中国法学》2010年第3期;姜敏:《交通肇事逃逸罪可行性研究》,载《西南民族大学学报》(人文社会科学版)2012年第10期;劳东燕:《交通肇事逃逸的相关问题研究》,载《法学》2013年第6期。

〔2〕 参见黄伟明:《“交通肇事后逃逸”的行为性解释:以质疑规范目的的解释为切入点》,载《法学》2015年第5期;冯亚东、李侠:《对交通肇事罪“逃逸”条款的解析》,载《中国刑事法杂志》2010年第2期。

〔3〕 参见李波:《交通肇事“逃逸”的含义:以作为义务的位阶性为视角》,载《政治与法律》2014年第7期。

〔4〕 参见李运才:《交通肇事后隐匿、遗弃被害人的罪名分析——对“交通肇事罪司法解释”第六条的质疑》,载《中国刑事法杂志》2009年第5期。

〔5〕 参见李波:《交通肇事“逃逸”的含义:以作为义务的位阶性为视角》,载《政治与法律》2014年第7期。

〔6〕 参见姚诗:《交通肇事“逃逸”的规范目的与内涵》,载《中国法学》2010年第3期。

〔7〕 参见姚诗:《交通肇事“逃逸”的规范目的与内涵》,载《中国法学》2010年第3期;张明楷:《刑法学》(第4版),法律出版社2011年版;劳东燕:《交通肇事逃逸的相关问题研究》,载《法学》2013年第6期;李会彬:《“因逃逸致人死亡”情节的独立性解读》,载《政治与法律》2014年第8期。

〔8〕 参见黄伟明:《“交通肇事后逃逸”的行为性解释:以质疑规范目的的解释为切入点》,载《法学》2015年第5期;李波:《交通肇事“逃逸”的含义:以作为义务的位阶性为视角》,载《政治与法律》2014年第7期。

须迅速分清责任、及时疏通道路，以保障交通的顺畅。这明显有别于发生在日常生活中非公共交通领域的、发案率相对较低的过失致人重伤、死亡案件。正因如此，域外刑法或行政法中通常规定有擅离事故现场罪（如德国）、违反报告义务罪、违反救护义务罪（如日本）、肇事逃逸罪（如我国台湾地区）等犯罪。我国交通肇事逃逸的规定其实涵盖了上述多个罪名。

笔者认为，我国“交通运输肇事后逃逸”的规范保护目的，除救助伤者外，还包括保护现场、报警的义务；“因逃逸致人死亡”的规范保护目的在于救助伤者及避免后续事故致人死亡。或许有人质疑，为何只有在交通肇事罪中要求保护现场和报警呢？其实这并不难理解。除上述提到的交通事故具有特殊性外，还因为无论从刑法规定、司法解释还是实际量刑，我国司法实践中对于不逃逸的交通肇事案以及逃逸后又自首的交通肇事案处刑都很轻。虽然我国刑法规定和实际量刑总体上远远重于其他国家，但对交通肇事罪的处罚却特别“宽容”。这说明，我国是鼓励行为人交通肇事后保护现场、报警的。科予肇事者上述义务，实际上是出于一般预防的需要，并未增加肇事者不必要的负担。

既然“肇事逃逸”的规范保护目的是救助伤者、保护现场及报警，则行为人肇事后逃离现场的，属于不履行义务的不作为。如果行为人能够同时履行多个义务而不同时履行的，或者能够履行重要义务而仅履行次要义务的，仍然构成不作为犯罪。例如，行为人放弃救助急需抢救的重伤者，而第一时间赶到百里开外的交警大队报案，或者行为人虽等候在现场，但不救助需要抢救的伤者，仍能构成不作为犯罪，能够认定为“肇事逃逸”甚至“逃逸致死”。如果行为人报警后委托他人保护现场、救助伤者，自己因害怕承担责任而逃离的，由于已经履行了保护现场、抢救伤者、报警的义务，而行为人并不负有将自己交给司法机关处理的义务（否则刑法就不应规定自首从宽的制度），因此不构成“肇事逃逸”。

由于“逃逸致死”的规范保护目的在于救助伤者，以及设置警示标志以避免后续事故致人死亡，则即便行为人等候在事故现场，甚至第一时间报警，但如果没有尽其所能抢救伤者导致伤者因得不到救助而死亡，或者未将已昏迷的被害人从道路中间移开以致被后面的车辆碾压致死，仍然属于“逃逸致死”。

值得讨论的是“移置逃逸”致人死亡的行为性质。众所周知，如果行为人只是单纯的逃逸，致使被害人因得不到救助而死亡的，仅成立“逃逸致死”。我国司法实践中，对于因没有及时将不能自救的被害人从道路中间移开而被后续车辆碾压致死的案件，也只是认定为“逃逸致死”。[1] 这表明，交通肇事后如果只是消极地不救助受伤的被害人，虽然属于不作为的故意杀人，也只需以“因逃逸致人死亡的，处七年有期徒

〔1〕 参见四川省宜宾市中级人民法院(2014)宜中刑一终字第168号刑事裁定书。

刑”进行评价。[1] 司法解释和刑法理论之所以认为“移置逃逸”的成立作为的故意杀人罪,可能是误以为将伤者留在现场就一定有人救助。然而,在如今人情冷漠的社会,路人顶多打个报警电话,实难指望其施以援手。再说,如果事故是深夜发生在偏僻的路段,有充分的证据表明(如有现场监控证明),在被害人死亡之前并无其他人车经过(不考虑就算有人车经过未必就会施救),则肇事者将伤者搬到车上而延误抢救时机,与将被害人留在现场(让被害人继续躺在道路中间更危险)相比,并没有增加危险,何以认为成立作为的故意杀人罪呢?所以,刑法理论通说与司法解释,是将复杂问题简单化了。况且,将“移置逃逸”一概认定为作为的故意杀人罪,也与留在事故现场被后续车辆碾压致死仅论以“因逃逸致人死亡”的处罚极不平衡。

综上,只要没有证据证明(存疑时根据有利于被告人原则处理),如果将被害人留在事故现场就有被救助而避免死亡的可能性,就应将“移置逃逸”的情形作为单纯逃逸(不作为)处理,根据具体情形认定为“肇事逃逸”或者“逃逸致死”。本文开头案例1中,只要没有证据证明,肇事者杨某将被害人赵某留在事故现场有得到他人救助的可能性,就应认为杨某的所谓“移置逃逸”的行为,实质上等同于不作为的单纯逃逸,至多成立“因逃逸致人死亡”。被害人赵某的仇人李某移置赵某的行为,表面上看属于作为的故意杀人,但只要不能证明不移置就存在被他人救助的可能性,就应认为李某的行为并未增加被害人赵某死亡的风险(赵某系死于车祸和肇事者的不救助行为),因而不成立任何犯罪。当然,如果有证据证明赵某留在事故现场有被他人救助的可能性,则杨某和李某可能成立作为的故意杀人罪。

---

[1] 诚如黎宏教授所言:“《刑法》第133条避开了争议巨大的交通肇事后逃逸是不是构成不真正不作为犯的争议,而笼统地规定为处‘七年以上有期徒刑’的交通肇事罪,是一个明智的做法。但这并不意味着,现行《刑法》不认可交通肇事后逃逸的可能成立不作为杀人的见解。”(黎宏:《排他支配设定:不真正不作为犯论的困境与出路》,载《中外法学》2014年第6期。)

毒品犯罪的解释性疑难再检讨*

魏　东**

【内容摘要】毒品罪案的司法疑难问题需要充分运用刑法解释原理予以“依法”化解。对于有吸毒情节的贩毒人员，一般应当按照其购买的毒品数量认定其贩卖毒品的数量，但在量刑时酌情考虑其吸食毒品的情节予以谨慎的从轻处罚。行为人为吸毒者代购毒品，在运输过程中被查获，没有证据证明托购者、代购者是为了实施贩卖毒品等其他犯罪，毒品数量达到较大以上的，对托购者、代购者以运输毒品罪的共犯论处。居间介绍者实施为毒品交易主体提供交易信息、介绍交易对象等帮助行为，对促成交易起次要、辅助作用的，应当认定为贩卖毒品罪从犯。走私、贩卖、运输、制造毒品罪作为选择性罪名和过程行为犯，其犯罪既遂形态的认定，必须遵从过程行为犯的完成形态与未完成形态原理予以认定。了解毒品犯罪案件的刑事辩护，可能有利于毒品犯罪案件公诉工作的顺利进行。公诉毒品犯罪案件，公诉人举证是关键环节、重要策略（方法），必须特别重视证据结构把控、证据分类审查、证据“二力”辩论等三个证据原理的审查运用。

【关键词】毒品犯罪　刑法解释　代购毒品　居间介绍　既遂标准

针对毒品罪案司法实践中较为常见的三类解释性疑难问题，即吸毒者实施涉毒行为的定性处理，代购毒品与居间介绍毒品交易行为的定性处理，走私、贩卖、运输、制造毒品罪的既遂标准界定等问题，此前笔者在《毒品犯罪的解释性疑难问题》[1]一文中已进行过研讨，其中提出的解释结论的基本内容是正确的，但是也有个别解释结论的周全性和法理论证需要再审查，因此本文再次针对这些司法疑难问题进行更加系统的研讨论述，以期获得更加公正合理的解决方案。同时，笔者还顺带讨论一下毒品罪案的诉讼策略问题。

---

* 本文系作者所承担的2012年度国家社科基金项目重点课题“刑法解释原理与实证问题研究”（12AFX009）的阶段性成果之一。

** 魏东，法学博士，四川大学法学院教授、博士生导师。

〔1〕 参见魏东：《毒品犯罪的解释性疑难问题》，载《政法论丛》2017年第2期。

一、吸毒者实施涉毒行为的定性处理

吸毒者实施走私、贩卖、运输、制造毒品及其他相关联的行为可能构成走私、贩卖、运输、制造毒品罪及其他关联犯罪,但是其中存在一些特别情形需要进行刑法解释论审查,在具体定性处理时必须结合刑法规定、司法解释和相关法理进行精准研判。

吸毒者实施涉毒行为通常分为五种情况来讨论:一是吸毒者以贩养吸的行为;二是吸毒者购买、储存、运输毒品的行为;三是吸毒者接收毒品或者委托他人代收毒品的行为;四是吸毒者委托代购毒品的行为;五是吸毒者请求或者接受他人居间介绍购买毒品的行为。其中后两种行为情况更为复杂,除了吸毒者委托代购、请求或者接受他人居间介绍购买毒品的情形外,还牵涉到非吸毒者委托代购、请求或者接受他人居间介绍购买毒品的情形,因而可以将其合并在后面"代购毒品与居间介绍毒品交易行为的定性处理"之中进行讨论。因此在这一部分里就重点谈一下前三种情况的定性处理问题。

(一)吸毒者以贩养吸的行为

吸毒者以贩养吸的行为通常应当构成贩卖毒品罪。这一表述换个说法就是:吸毒者如果实施了贩卖毒品的行为,依法应当构成贩卖毒品罪。这个结论应该是没有任何争议和疑难问题的。

但是,问题可能就出在这样一种情况:吸毒者在购买毒品时被抓获,而在被抓获时吸毒者却声称其购买毒品的动机和目的是仅供自己吸食,那么,吸毒者购买毒品的行为如何定性处理?对此,2015年《全国法院毒品犯罪审判工作座谈会纪要》和2008年《全国部分法院审理毒品犯罪案件工作座谈会纪要》都作出了明确规定。

2015年《全国法院毒品犯罪审判工作座谈会纪要》(以下简称《武汉会议纪要》)规定:"对于有吸毒情节的贩毒人员,一般应当按照其购买的毒品数量认定其贩卖毒品的数量,量刑时酌情考虑其吸食毒品的情节;购买的毒品数量无法查明的,按照能够证明的贩卖数量及查获的毒品数量认定其贩毒数量;确有证据证明其购买的部分毒品并非用于贩卖的,不应计入其贩毒数量。"

值得注意的是,2008年《全国部分法院审理毒品犯罪案件工作座谈会纪要》(以下简称《大连会议纪要》)的下列规定与《武汉会议纪要》有所不同:"对于以贩养吸的被告人,其被查获的毒品数量应认定为其犯罪的数量,但是量刑时应考虑被告人吸食毒品的情节,酌情处理;被告人购买了一定数量的毒品后,部分已被其吸食的,应当按照能够证明的贩卖数量及查获的毒品数量认定其贩毒的数量,已被吸食部分不计入在内。"

两相对比,吸毒者以贩养吸行为的定性处理可以明确两点:

其一,基本司法规则:贩毒定罪,酌情量刑。即:对于有吸毒情节的贩毒人员,一般应当按照其购买的毒品数量认定其贩卖毒品的数量,量刑时酌情考虑其吸食毒品的情节。

其二,补充司法规则:吸毒扣减,分别定性。即"确有证据证明其购买的部分毒品并非用于贩卖的,不应计入其贩毒数量"。两个纪要中有两种表述,即"确有证据证明其购买的部分毒品并非用于贩卖的,不应计入其贩毒数量"(2015 年《武汉会议纪要》)、"已被吸食部分不计入在内"(2008 年《大连会议纪要》)。

笔者认为:2008 年《大连会议纪要》"已被吸食部分不计入在内",无争议;但 2015 年《武汉会议纪要》"确有证据证明其购买的部分毒品并非用于贩卖的,不应计入其贩毒数量",应严格审查其中"确有证据"的问题。

如何理解适用"确有证据"证明其购买的部分毒品并非用于贩卖的?笔者认为,以下四种情形可以认定为"确有证据"证明其购买的部分毒品并非用于贩卖的:

第一种情形,毒品数量较小、单独存放的情形,即将声称自用的尚未达到"毒品数量较大"的毒品单独存放,确有证据证明其并非用于贩卖的毒品,可以认定为"不应计入其贩毒数量"。

第二种情形,毒品数量较大、单独存放的情形,即将声称自用的达到"毒品数量较大"以上但尚未达到"毒品数量巨大"的毒品单独存放,确有证人证言及其他相关证据证实其并非用于贩卖的毒品,可以认定为"不应计入其贩毒数量"。对于"不应计入其贩毒数量",应依法作出非法持有毒品罪的定性处理,而不能出现处罚漏洞,放纵犯罪分子。如我国有学者指出:在认定以贩养吸贩毒者贩卖毒品后留有一定数量毒品,达到《刑法》第 348 条规定数量最低标准,并有证据证明确实是为自己吸食毒品而留下,不会再将这部分毒品贩卖的,对该部分毒品应以非法持有毒品罪论处,与贩卖毒品罪实行并罚。[1] 这种见解是正确的,公诉人和法官都必须注意。

但是,笔者认为这里还是必须强调:如果仅有吸毒者自己声称自用的达到"毒品数量较大"以上但尚未达到"毒品数量巨大"的毒品(并且单独存放)、但没有证人证言及其他相关证据证实其并非用于贩卖的毒品,应认定为其贩毒数量。

第三种情形,"毒品数量巨大"以上的情形,即将声称自用的达到"毒品数量巨大"以上的毒品,无论是否单独存放、是否有证人证言证明其自用,均应认定为其贩毒数量。总体理由是:指控其贩毒的证据达到了"证据确实、充分"并且能够"排除合理怀疑"的法定标准。具体理由是:(1)从证据法原理上看,以贩养吸者的身份本身、"毒品数量巨大"本身就是十分重要的指控证据。即其购买毒品行为不宜简单地认定为无罪或者非法持有毒品罪,而应尽量周全地审查其购买毒品的前因后果、毒品数量大小以及在案证据等情况进行谨慎判断,对那些购买毒品的数量明显超出个人吸食范围、

〔1〕 参见梅传强、胡江、赵亮编著:《走私、贩卖、运输、制造毒品罪立案追诉标准与司法认定实务》,中国人民公安大学出版社 2010 年版,第 88 页。

有证据证实其有贩卖毒品动机和条件的以贩养吸者应尽量依法认定其行为构成贩卖毒品罪(或者走私毒品罪与运输毒品罪等)。(2)从严厉禁毒刑事政策上看,可以防止以贩养吸人员寻找借口逃脱法律严惩,因为狡猾的以贩养吸人员均可能声称被发现的毒品"准备用于吸食"或者"准备无偿用于亲友吸食",如果不计入贩毒数量就可能导致无法严厉打击贩毒。(3)从司法解释规定上看,两个纪要均已对此特殊情况做出了考虑和规定,即"一般应当按照其购买的毒品数量认定其贩卖毒品的数量,量刑时酌情考虑其吸食毒品的情节",将其认定为贩毒数量具有合法性。

第四种情形,毒品合并存放或者混同一起的情形,即将声称自用的毒品没有单独存放,而是同其他贩卖毒品合并存放或者混同一起,无论达到"毒品数量较大"或者"毒品数量巨大",也无论是否有证人证言及其他相关证据证实其并非用于贩卖的毒品,均应认定为其贩毒数量。理由在于:毒品合并存放或者混同一起的情形本身,就已经排除了"确有证据"证明其购买的部分毒品并非用于贩卖的条件。

【案例1】 宋国华购买毒品案。被告人宋国华因贩卖毒品罪被判刑,于1998年10月刑满释放,于2003年9月14日在重庆长城宾馆407房间向江涛、徐惠莉购买高纯度海洛因900克并当场取走其中586克藏匿于自己家中,当日下午宋国华在长城宾馆附近公路上从徐惠莉手中拿到海洛因314克时二人同时被公安机关当场抓获。宋国华归案后自称购买毒品是用于自己和儿子吸食,公安机关按照其主动交代又到其家中查获海洛因586克,并从其住处搜查出千斤顶、天平秤、搅拌器和铁器具等物品。一审、二审法院均判决认定宋国华贩卖毒品海洛因900克构成贩卖毒品罪,判处其死刑;最高法院采信宋国华自称购买毒品是为了自己吸食自用的辩解理由,"最高人民法院经复核认为,鉴于被告人及其子均系吸毒成瘾者,且查获的其藏匿铁器具已锈蚀严重,现有证据尚不足以争鸣其购买毒品的目的是为了贩卖。宋国华购买大量海洛因并非法持有的行为,已构成非法持有毒品罪",即"判决被告人宋国华犯非法持有毒品罪,判处无期徒刑"。[1]

宋国华购买毒品案的判决认定情况值得分析:

宋国华作为具有贩毒判刑经历的吸毒者(以贩养毒者),最高人民法院并没有将所查获的全部毒品数量作为贩卖毒品罪的量刑数量(而改判罪名为非法持有毒品罪),其适用依据表面上符合了2015年《武汉会议纪要》规定的"确有证据证明其购买的部分毒品并非用于贩卖的,不应计入其贩毒数量"。这里可能还涉及证据问题。但是笔者认为,在已有证据情况下,这种案件到底应该如何认定贩卖毒品数量,值得思考。

笔者的意见是:本案中,根据吸毒者购买毒品行为定性处理的上述情形进行法律

---

〔1〕 陈兴良主编:《判例刑法教程》,北京大学出版社2015年版,第166~167页。

审查,作为以贩养吸的吸毒成瘾者宋国华,其购买毒品海洛因900克已达到毒品数量“特别巨大”(第四种情形),而远远超出其自己吸食的合理范围(远远超出了“毒品数量大”的范围),其自称是自己吸食的辩解理由因为达不到“确有证据证明其购买的部分毒品并非用于贩卖的”证据标准而不能成立,尤其是“从其住处搜查出千斤顶、天平秤、搅拌器和铁器具等物品”的证据和案情事实足以证明其具有贩卖毒品的客观事实和主观意思,依法应认定其行为构成贩卖毒品罪,应将现场查获的全部毒品数量依法认定为贩卖毒品数量,按照“量刑时酌情考虑其吸食毒品的情节”,对其判处死刑,可不立即执行。

（二）吸毒者购买、储存、运输毒品的行为

吸毒者购买、储存、运输毒品的行为(其预设前提是“没有证据证明其是为了实施贩卖毒品等其他犯罪”),两个会议纪要都有规定,但是有些特殊问题值得进一步研究。

2015年《武汉会议纪要》规定:“吸毒者在购买、存储毒品过程中被查获,没有证据证明其是为了实施贩卖毒品等其他犯罪,毒品数量达到刑法第三百四十八条规定的最低数量标准的,以非法持有毒品罪定罪处罚。吸毒者在运输毒品过程中被查获,没有证据证明其是为了实施贩卖毒品等其他犯罪,毒品数量达到较大以上的,以运输毒品罪定罪处罚。”

而2008年《大连会议纪要》规定:“吸毒者在购买、运输、储存毒品过程中被查获的,如没有证据证明其是为了实施贩卖等其他毒品犯罪行为,毒品数量未超过刑法第三百四十八条规定的最低数量标准的,一般不定罪处罚;查获毒品数量达到较大以上的,应以其实际实施的毒品犯罪行为定罪处罚。”

对比两个纪要的规定,吸毒者购买、储存、运输毒品行为在刑法解释论上有以下几个问题值得研究:

其一,如果毒品数量未超过《刑法》第348条规定的最低数量标准的(毒品数量没有达到较大以上的),如何定性处理?

对此问题,2015年《武汉会议纪要》中没有明确规定,而2008年《大连会议纪要》中规定“一般不定罪处罚”。

笔者认为,吸毒者在运输毒品过程中被查获,没有证据证明其是为了实施贩卖毒品等其他犯罪,毒品数量没有达到较大以上的,原则上应当依照2008年《大连会议纪要》“一般不定罪处罚”的规定进行处理,因为吸毒者这种行为具有供自己吸食毒品而非法持有毒品的可信度和合理性,并且由于达不到非法持有毒品数量较大以上的标准,依法可以不定罪(包括不定运输毒品罪)。这种处理意见完全符合2008年《大连会议纪要》的规定,同时也没有明显违反2015年《武汉会议纪要》的明确规定,具有合法性。

需要说明的是,如果按照运输毒品罪的司法逻辑,《刑法》第347条明确规定了“走私、贩卖、运输、制造毒品,无论数量多少,都应当追究刑事责任,予以刑事处罚”,那么,运输毒品即使是毒品数量未超过《刑法》第348条规定的最低数量标准的,似乎也应该定罪处罚(以运输毒品罪处罚)。但是,应当承认“吸毒者在运输毒品过程中被查获”的情况比较特殊,当其“没有证据证明其是为了实施贩卖毒品等其他犯罪,毒品数量没有达到较大以上的”之时,吸毒者的“运输”毒品行为同其“购买、储存”毒品行为客观上是大致相当的,并且均具有供自己吸食毒品而非法持有毒品的可信度和合理性,在其达不到非法持有毒品数量较大以上的标准时均应当作出相同处理,即均应按照“一般不定罪处罚”原则进行处理。

其二,关于2015年《武汉会议纪要》规定“吸毒者在购买、存储毒品过程中被查获,没有证据证明其是为了实施贩卖毒品等其他犯罪,毒品数量达到刑法第三百四十八条规定的最低数量标准的,以非法持有毒品罪定罪处罚”,应当如何理解适用?

笔者认为,这一条规定本身是十分明确的,即对于“吸毒者在购买、存储毒品过程中被查获,没有证据证明其是为了实施贩卖毒品等其他犯罪,毒品数量达到刑法第三百四十八条规定的最低数量标准的,以非法持有毒品罪定罪处罚”;但是,对于有证据证明其是为了实施贩卖毒品等其他犯罪的,无论毒品数量大小,均应定性为贩卖毒品罪等其他犯罪。

其三,关于2015年《武汉会议纪要》规定“吸毒者在运输毒品过程中被查获,没有证据证明其是为了实施贩卖毒品等其他犯罪,毒品数量达到较大以上的,以运输毒品罪定罪处罚”,以及2008年《大连会议纪要》规定“查获毒品数量达到较大以上的,应以其实际实施的毒品犯罪行为定罪处罚”,应当如何理解适用?

应当说,2015年《武汉会议纪要》对此情形已有明确规定,而2008年《大连会议纪要》对此规定并不明确,因而现在办案时必须依照2015年《武汉会议纪要》的明确规定进行定性处理。

即对于“吸毒者在运输毒品过程中被查获,没有证据证明其是为了实施贩卖毒品等其他犯罪,毒品数量达到较大以上的”行为,依法应定性为运输毒品罪、酌情从轻处罚,并且原则上没有构成非法持有毒品罪的空间。

【案例2】 佟波携带毒品案。被告人佟波2003年10月27日乘坐合肥至北京西的1410次旅客列车,因其携带3包塑料袋里装有可疑物品被抓获。经鉴定:其蓝色塑料袋内装有褐色粉末状物品66.8克,检测含有海洛因;其黄色塑料袋里装有棕色粉末状物品115克,检测含有咖啡因和巴比妥;其白色塑料袋里装有褐色粉末状物品1.3克,检测含有海洛因、咖啡因和巴比妥。佟波归案后所进行的尿样检验呈阳性,且有戒断反应。本案公诉机关指控:佟波犯运输毒品罪。本案一、二审法院判决:佟波作为吸毒人员在列车上携带毒品的行为“不能证明佟波具有牟利的目的和有贩卖、运输毒品的故意”,判决其犯非法持有毒品罪,有期徒刑7年,并处罚金人民币2万元。[1]

本案审判发生在2015年之前,定性为非法持有毒品罪,从当时的法律规定和司法解释规定来看是正确的。但是,若按照2015年《武汉会议纪要》的明确规定,本案定性可能就只能定为运输毒品罪。这种定性处理的“时间差”,具有法律效力,值得公诉人和法官在办案时注意。

这里需要说明的是,此前笔者曾经提出以下定性处理意见:对于“吸毒者在运输毒品过程中被查获,没有证据证明其是为了实施贩卖毒品等其他犯罪,毒品数量达到较大以上的”行为,例如吸毒者非法持有毒品并处于运送回家的途中被抓获的,如同购买、储存毒品一样,可能应认定为非法持有毒品罪更为合适。因为有较为充分的证据证实其不是为他人走私、贩卖毒品而“运输”毒品的行为,其违法性质与“走私、贩卖、运输、制造毒品罪”之间不具有等值性,其危害程度和主观罪过都不同于运输毒品罪,故而依法不应定性为运输毒品罪;但作为补救性规定,可以将吸毒者运送毒品到回家以外的其他地方去的行为解释为(认定为)运输毒品罪,即使运毒者借口“绕道运输”运送回家也可以不予采纳,这里不予采纳的理由可以根据具体路径和毒品数量等综合因素来判断。得出此种刑法解释结论的根本理由在于:运输毒品罪是作为“走私、贩卖、运输、制作毒品罪”的选择性罪名,其相互之间应当具有违法性等值性、罪过(责任性)等值性,比如运输毒品罪必须同走私毒品罪、贩卖毒品罪和制造毒品罪在违法与罪责上具有等值性,因而吸毒者不是出于走私、贩卖、运输等目的而“运送毒品回家”的行为显然不宜被评价为运输毒品罪(同贩卖毒品罪一样严重的罪名)。吸毒者非法持有毒品并处于运送回家的途中被抓获的行为,应当与涉嫌为贩卖而自行运输毒品、单纯的受指使为他人运输毒品的行为相区别,对于前者(即吸毒者非法持有毒品并处于运送回家的途中被抓获的行为)通常应当认定为非法持有毒品罪(而不认定为运输毒品罪),而对于后者(涉嫌为贩卖而自行运输毒品、单纯的受指使为他人运输毒品的行为)应当依法认定为运输毒品罪(其中“涉嫌为贩卖而自行运输毒品”的证据确实充分时应当认定为贩卖毒品罪)。吸毒者运送毒品到回家以外的其他地方去的行为,以及运送毒品数量远远超出“数量较大”的范围(远远超出个人吸食毒品的数量)的行为,应解释为(认定为)运输毒品罪。当然,这个问题应当针对具体案件的具体情形进行周全分析,尤其是要注意在案证据的严格审查。[2] 但是经过一段时间思考,笔者认为原先的定性处理意见存在较为明显的欠妥性,尤其是违背了刑法解释的融贯性要求,也违反了司法解释规定的权威性和明确性要求,应予以适当修正,即依法不应认定为非法持有毒品罪,而应依法认定为运输毒品罪。

---

〔1〕 参见陈兴良主编:《判例刑法教程分则篇》,北京大学出版社2015年版,第168~169页。

〔2〕 参见魏东:《毒品犯罪的解释性疑难问题》,载《政法论丛》2017年第2期。

(三)吸毒者接收毒品或者委托他人代收毒品的行为

这个问题2015年《武汉会议纪要》有明确规定:“购毒者接收贩毒者通过物流寄递方式交付的毒品,没有证据证明其是为了实施贩卖毒品等其他犯罪,毒品数量达到刑法第三百四十八条规定的最低数量标准的,一般以非法持有毒品罪定罪处罚。代收者明知是物流寄递的毒品而代购毒者接收,没有证据证明其与购毒者有实施贩卖、运输毒品等犯罪的共同故意,毒品数量达到刑法第三百四十八条规定的最低数量标准的,对代收者以非法持有毒品罪定罪处罚。”对此,在刑法解释论上应注意明确以下两点:

其一,购毒者及其代收者,如果“没有证据证明其是为了实施贩卖毒品等其他犯罪”,毒品数量上没有达到《刑法》第348条规定的最低数量标准的,一般不作为犯罪论处(不构成非法持有毒品罪)。

吸毒者单纯出于自己吸毒的动机和目的通常需要购买毒品、其中包括接收贩毒者通过物流寄递方式交付的毒品,这时吸毒者就是单纯的购毒者,亦即并非出于走私、贩卖、运输、制造毒品等其他犯罪动机和主观故意的购毒者,从证据上审查其就属于“没有证据证明其是为了实施贩卖毒品等其他犯罪”的情况,如果毒品数量上没有达到《刑法》第348条规定的最低数量标准的,一般不作为犯罪论处(不构成非法持有毒品罪),如果毒品数量上达到《刑法》第348条规定的最低数量标准的则依法构成非法持有毒品罪。同理,代收者出于单纯的代为他人接受毒品的动机和目的,亦即代收者并非出于走私、贩卖、运输、制造毒品等其他犯罪动机和主观故意,从证据上审查其属于“没有证据证明其是为了实施贩卖毒品等其他犯罪”的情况,如果毒品数量上没有达到《刑法》第348条规定的最低数量标准的,一般不作为犯罪论处(不构成非法持有毒品罪),如果毒品数量上达到《刑法》第348条规定的最低数量标准的则依法构成非法持有毒品罪。可见,在刑法解释论上,作为吸毒者的购毒者及其代收者,如果从主观故意内容上审查其不是出于走私、贩卖、运输、制造毒品等其他犯罪动机和主观故意的,从证据上审查其属于“没有证据证明其是为了实施贩卖毒品等其他犯罪”的,如果毒品数量上没有达到《刑法》第348条规定的最低数量标准的,一般不作为犯罪论处(不构成非法持有毒品罪);如果毒品数量上达到《刑法》第348条规定的最低数量标准的则依法构成非法持有毒品罪(但不构成走私、贩卖、运输、制造毒品罪等其他犯罪)。

其二,购毒者及其代收者,如果“有证据证明其是为了实施贩卖毒品等其他犯罪”的,无论是否达到毒品数量较大,均应按照贩卖毒品罪等其他犯罪定罪处理。

这一解释结论的形成机理与前述第一点解释结论的形成机理是一脉相承的,即购毒者(无论是作为吸毒者的购毒者或者其他类型的购毒者)及其代收者,如果从主观故意内容上审查其是出于走私、贩卖、运输、制造毒品等其他犯罪动机和主观故意的,从证据上审查其属于具有确实、充分的证据“证明其是为了实施贩卖毒品等其他犯罪”的,则无论是否达到毒品数量较大,均应依法按照贩卖毒品罪等其他犯罪定罪处罚。

二、代购毒品与居间介绍毒品交易行为的定性处理

行为人为贩毒者等代购毒品与居间介绍毒品交易的行为通常可以认定为(解释为)走私、贩卖、运输、制造毒品罪或者其他相关联的毒品犯罪,但是为吸毒者代购毒品与居间介绍毒品交易的具体情况还存在较大差异,在具体解释适用法律时应当进一步作出分门别类的分析处理。此外,与代购毒品和居间介绍毒品交易行为相关联,陪同贩毒行为的定性处理也值得研究。

(一)代购毒品行为的定性处理

这个问题在两个会议纪要中均有规定。

一是2015年《武汉会议纪要》规定:“行为人为吸毒者代购毒品,在运输过程中被查获,没有证据证明托购者、代购者是为了实施贩卖毒品等其他犯罪,毒品数量达到较大以上的,对托购者、代购者以运输毒品罪的共犯论处。行为人为他人代购仅用于吸食的毒品,在交通、食宿等必要开销之外收取‘介绍费’‘劳务费’,或者以贩卖为目的收取部分毒品作为酬劳的,应视为从中牟利,属于变相加价贩卖毒品,以贩卖毒品罪定罪处罚。”

二是2008年《大连会议纪要》规定:“有证据证明行为人不以牟利为目的,为他人代购仅用于吸食的毒品,毒品数量超过刑法第三百四十八条规定的最低数量标准的,对托购者、代购者应以非法持有毒品罪定罪。代购者从中牟利,变相加价贩卖毒品的,对代购者应以贩卖毒品罪定罪。明知他人实施毒品犯罪而为其居间介绍、代购代卖的,无论是否牟利,都应以相关毒品犯罪的共犯论处。”

对照两个会议纪要,司法实践中到底应当如何理解适用?笔者认为,代购毒品行为在刑法解释论上应当区分为以下四种情况进行定性处理:

其一,行为人为吸毒者代购毒品,在运输过程中被查获,没有证据证明托购者、代购者是为了实施贩卖毒品等其他犯罪,毒品数量尚未达到较大以上的,对托购者(吸毒者)和代购者不以犯罪论处(因为其尚未达到非法持有毒品罪的数量标准、同类处理规则)。

其理由在于:代购者与吸毒者(托购者)在实施相同行为时应作出相同处理,因为吸毒者实施相同行为“一般不定罪处罚”(2008年《大连会议纪要》规定),所以代购者实施相同行为也应当“一般不定罪处罚”。

这里需要说明的是,此前笔者曾经主张:对代购者(代购运输者)而言,即使毒品数量尚未达到较大以上的,也应以运输毒品罪对代购者(代购运输者)定罪处罚,并且无论是否查证属实“托购者”(吸毒者)是否真正存在均应对代购者(代购运输者)以

运输毒品罪定性处罚(同时应适当考虑其代购情节予以从宽处罚)。对代购者(代购运输者)应以运输毒品罪定罪处罚的重要原因,在于防范其他运输毒品的行为人均可能以“代购运输者”作为借口以逃脱法律制裁,亦即这种解释结论的得出,部分原因就是出于犯罪防控政策上的考虑。[1] 对于笔者过去提出的这一解释结论,经过笔者后来的斟酌考虑,笔者现在发现其欠缺妥当性,应予以纠正。

其二,行为人为吸毒者代购毒品,在运输过程中被查获,没有证据证明托购者、代购者是为了实施贩卖毒品等其他犯罪,毒品数量达到较大以上的,对托购者、代购者以运输毒品罪的共犯论处(同时应当适当考虑“为吸毒者代购毒品”的情节予以酌情从轻处罚)。

这里需要强调指出的问题是:实务中应当注意区分“为吸毒者代购毒品”而运输毒品的情况与不是“为吸毒者代购毒品”而运输毒品的情况(如为毒枭运输毒品等情况),后者的违法性和责任性均严重大于前者,应当在量刑时予以适当考虑(应注意2008年《大连会议纪要》明确规定了“涉嫌为贩卖而自行运输毒品,由于认定贩卖毒品罪的证据不足,因而认定为运输毒品罪的,不同于单纯的受指使为他人运输毒品行为,其量刑标准应当与单纯的运输毒品行为有所区别”)。

这里还需要指出的是,此前笔者认为还要注意区分吸毒者(托购者)自己购买少量毒品后运送回家与吸毒者运送毒品到回家以外的其他地方去的行为以及运送毒品数量远远超出“数量较大”的范围(远远超出个人吸食毒品的数量)的行为,对于吸毒者自己购买少量毒品后运送回家的行为应定性为非法持有毒品罪更为合适,而对于吸毒者运送毒品到回家以外的其他地方去的行为以及运送毒品数量远远超出“数量较大”的范围(远远超出个人吸食毒品的数量)的行为应认定为运输毒品罪。[2] 应当说笔者过去提出的这一解释结论欠缺妥当性,应予以纠正,即应当对托购者、代购者以运输毒品罪的共犯论处,而不应对吸毒者(托购者)单独区分情形作出其他定性处理。

其三,行为人为他人代购仅用于吸食的毒品,在交通、食宿等必要开销之外收取“介绍费”或者“劳务费”,或者以贩卖为目的收取部分毒品作为酬劳的,应视为行为人从中牟利,属于变相加价贩卖毒品,应以贩卖毒品罪定罪处罚。

其四,代购毒品者明知他人实施毒品犯罪(如走私、贩卖、运输、制造毒品等犯罪)而为其代购代卖的,无论是否牟利,都应以相关毒品犯罪的共犯论处。

(二)居间介绍买卖毒品行为的定性处理

居间介绍买卖毒品行为如何定性处理这个问题,在两个会议纪要中均有规定:

一是2015年《武汉会议纪要》规定:“居间介绍者在毒品交易中处于中间人地位,

〔1〕 参见魏东:《毒品犯罪的解释性疑难问题》,载《政法论丛》2017年第2期。

〔2〕 参见魏东:《毒品犯罪的解释性疑难问题》,载《政法论丛》2017年第2期。

发挥介绍联络作用,通常与交易一方构成共同犯罪,但不以牟利为要件;……居间介绍者受贩毒者委托,为其介绍联络购毒者的,与贩毒者构成贩卖毒品罪的共同犯罪;明知购毒者以贩卖为目的购买毒品,受委托为其介绍联络贩毒者的,与购毒者构成贩卖毒品罪的共同犯罪;受以吸食为目的的购毒者委托,为其介绍联络贩毒者,毒品数量达到刑法第三百四十八条规定的最低数量标准的,一般与购毒者构成非法持有毒品罪的共同犯罪;同时与贩毒者、购毒者共谋,联络促成双方交易的,通常认定与贩毒者构成贩卖毒品罪的共同犯罪。居间介绍者实施为毒品交易主体提供交易信息、介绍交易对象等帮助行为,对促成交易起次要、辅助作用的,应当认定为从犯;对于以居间介绍者的身份介入毒品交易,但在交易中超出居间介绍者的地位,对交易的发起和达成起重要作用的被告人,可以认定为主犯。"

二是2008年《大连会议纪要》规定:"明知他人实施毒品犯罪而为其居间介绍、代购代卖的,无论是否牟利,都应以相关毒品犯罪的共犯论处。"

对于上述两个会议纪要的规定如何理解适用?

有学者指出,居间介绍买卖毒品的情况比较复杂,可将其依据不同的标准划分为以下三组六种:贩毒居间介绍行为与贩毒居间实行行为、购毒居间行为与卖毒居间行为、获利的贩毒居间行为与不获利的贩毒居间行为。[1] 这种理论分类,可能具有一定理论意义,但是严格审查却没有太多实用价值。

笔者认为,居间介绍买卖毒品行为在刑法解释论上可以区分为以下四种情况进行定性处理:

其一,受以吸食毒品为目的的购毒者委托,为其介绍联络贩毒者,毒品数量达到刑法第348条规定的最低数量标准的,一般与购毒者构成非法持有毒品罪的共同犯罪。

这是2015年《武汉会议纪要》的明确规定,即"受以吸食为目的的购毒者委托,为其介绍联络贩毒者,毒品数量达到刑法第三百四十八条规定的最低数量标准的,一般与购毒者构成非法持有毒品罪的共同犯罪"。

但是这里将"介绍联络"合在一起规定可能存在问题:如果居间介绍者实施了"联络"贩毒者的行为(仅限于"受以吸食为目的的购毒者委托"),依据2015年《武汉会议纪要》规定仍然只能对居间介绍者定性为非法持有毒品罪,其可能的理由是,因为吸毒者(购毒者)只构成非法持有毒品罪,居间介绍者与购毒者应当采取相同行为相同处理,所以对居间介绍者也只能定性为非法持有毒品罪。

但是,"联络"贩毒者的行为到底应当定性为非法持有毒品罪还是贩卖毒品罪的共同犯罪(从犯)?这是一个值得研究的问题。

---

〔1〕 参见黄伟、周银坤:《浅谈贩毒居间行为的法律定性问题》,载《新疆警官高等专科学校学报》2008年第3期。

所谓“联络”贩毒者的行为,应当说最低限度意指向贩毒者传递购毒者及其购买毒品等信息,这种“联络”贩毒者的行为依法、依理均应当认定为贩毒行为的帮助犯,从而应当对实施了“联络”行为的居间介绍者定性为贩卖毒品罪的帮助犯(从犯)。这种解释结论应当说完全符合共同犯罪的立法规定和基本原理,并且也有利于从严惩处居间介绍买卖毒品行为(以及行为者)。但是,这种解释结论可能存在以下一些矛盾:(1)从法理上讲,居间介绍者直接向贩毒者代为购买毒品的行为(代购毒品行为),可能只构成非法持有毒品罪(与托购者构成非法持有毒品罪共犯),为何性质更轻的“联络”贩毒者的行为反而构成了贩卖毒品罪(共犯),这似乎是一种逻辑悖论。(2)从司法解释规定来看,2015 年《武汉会议纪要》规定“同时与贩毒者、购毒者共谋,联络促成双方交易的,通常认定与贩毒者构成贩卖毒品罪的共同犯罪。居间介绍者实施为毒品交易主体提供交易信息、介绍交易对象等帮助行为,对促成交易起次要、辅助作用的,应当认定为从犯”,这个规定中又明确将“联络”并“促成双方交易的”行为、“居间介绍者实施为毒品交易主体提供交易信息、介绍交易对象等帮助行为,对促成交易起次要、辅助作用的”行为均认定为贩卖毒品罪的共同犯罪(从犯),这一规定显然又与前段规定“受以吸食为目的的购毒者委托,为其介绍联络贩毒者,毒品数量达到刑法第三百四十八条规定的最低数量标准的,一般与购毒者构成非法持有毒品罪的共同犯罪”自相矛盾,这种矛盾规定应当说也是一种逻辑悖论。

那么,司法实践中如何处理居间介绍者“联络”贩毒者的行为?笔者的意见是:(1)当前由于 2015 年《武汉会议纪要》的明确规定是“受以吸食为目的的购毒者委托,为其介绍联络贩毒者,毒品数量达到刑法第三百四十八条规定的最低数量标准的,一般与购毒者构成非法持有毒品罪的共同犯罪”,因此,从有利于被告人的角度出发,依法对居间介绍者“联络”贩毒者的行为(仅限于“受以吸食为目的的购毒者委托”)定性为非法持有毒品罪。(2)应当承认 2015 年《武汉会议纪要》关于“居间介绍”与“居间介绍联络”的定性规定中存在明显矛盾,必须予以适当修改和解决。(3)从长远来看,应当将居间介绍者“联络”贩毒者的行为明确规定为贩卖毒品罪的共同犯罪(从犯);同时,应当修改“受以吸食为目的的购毒者委托,为其介绍联络贩毒者,毒品数量达到刑法第三百四十八条规定的最低数量标准的,一般与购毒者构成非法持有毒品罪的共同犯罪”这一规定,将其中“介绍联络贩毒者”修改为“介绍贩毒者”。亦即应当将“联络贩毒者”的行为一律规定为构成贩卖毒品罪的共同犯罪(从犯)。

其二,居间介绍者受贩毒者委托,为其介绍联络购毒者的,与贩毒者构成贩卖毒品罪的共同犯罪;明知购毒者以贩卖为目的购买毒品,受委托为其介绍联络贩毒者的,与购毒者构成贩卖毒品罪的共同犯罪;同时与贩毒者、购毒者共谋,联络促成双方交易的,通常认定与贩毒者构成贩卖毒品罪的共同犯罪。

这一规定很明确,应当说没有歧义。需要补充说明的问题是,这些情况下,居间介绍者通常处于帮助犯、从犯的地位,应作为贩卖毒品罪共同犯罪中的从犯对待。

其三,居间介绍者在毒品共同犯罪中的地位和作用通常是从犯。

但是,对于以居间介绍者的身份介入毒品交易,并且在交易中超出居间介绍者的地位,对交易的发起和达成起重要作用的被告人,应当依法认定其为毒品共同犯罪的主犯。

其四,居间介绍者与购毒者、贩毒者的行为与责任需要具体审查,要注意特别谨慎地审查居间介绍者与购毒者、贩毒者之间的行为关系与责任关系。

对于构成毒品犯罪共犯关系的居间介绍者应当依法予以定性处理,但对于不构成毒品犯罪共犯关系的居间介绍者依法不得作为毒品共犯论处。对此,可以陆某居间介绍购毒案为例进行说明。

【案例3】 陆某居间介绍购毒案。2005年1月初,被告人章某与唐某商量购买海洛因用于个人吸食,二人商定由唐某出资1万元、章某负责联系购买,章某找到被告人陆某并让其帮助购买海洛因。陆某则找到刘某(另案处理)购买了海洛因40克,并将海洛因送到章某家中交给章某、唐某供二人吸食。同年3月的一天,王某打传呼找章某欲购买海洛因,章某、唐某经商议之后同意将吸食剩余的海洛因卖给王某,当章某、唐某携带海洛因与王某交易毒品时,被公安人员当场抓获并缴获海洛因13克。[1]

本案定性处理时有两个问题值得研讨:(1)居间介绍者陆某的行为定性,是非法持有毒品罪还是贩卖毒品罪(共犯)?陆某居间介绍购买毒品的行为,由于其属于"受以吸食为目的的购毒者委托",且其居间介绍购毒行为属于"毒品数量达到刑法第348条规定的最低数量标准的,一般与购毒者构成非法持有毒品罪的共同犯罪"的情形,因而陆某的行为应依法定性为非法持有毒品罪。但是另一方面,陆某的居间介绍购毒行为与其后购毒者章某和唐某所实施的贩卖毒品行为之间没有主观联系(共犯脱离),且陆某主观上也没有贩卖毒品的主观故意(责任性要件缺乏)、没有贩卖毒品的客观行为(违法性要件缺乏),因而,陆某依法不构成贩卖毒品罪(共犯)。(2)章某与唐某贩卖毒品罪的毒品数量如何确定?从案情介绍来看,章某与唐某贩卖毒品数量仅有13克(现场缴获毒品数量),由于其他27克已被二人吸食(换句话说,没有证据证明不是已被二人吸食),依法应当只认定贩卖毒品的数量为13克(而不是40克)。

(三)陪同贩毒行为的定性处理

陪同贩毒行为在生活中确实发生过,有些当事人也以"陪同贩毒"为借口进行辩解,需要认真审查、准确定性处理。从法律定性上看,陪同贩毒行为通常应当以贩卖毒品罪的共犯处理,而不可能以非法持有毒品罪定性处理。例如:如果陪同人帮助持有

〔1〕 参见王明、王运声主编:《以案说法丛书(第三辑):危害公共安全妨害社会管理秩序犯罪案例》,人民法院出版社2006年版,第397页。

毒品、帮助购票、联络、用其身份证帮助开房住宿、帮助照看毒品、帮助接收钱款、通风报信等,当然是贩卖毒品罪的帮助犯;如果陪同人获得少量毒品或者其他物质性利益作为陪同报酬的,应当认定陪同人因陪同贩毒并获得了报酬,均应定性为贩卖毒品罪。但是个别特殊情况下,陪同人可能无罪。

【案例4】 王某陪同贩毒案。2007年9月20日,李某以500元作酬资,雇王某(女)陪同贩毒。9月24日,在王某的陪同下,李某从云南大理将毒品运回南京和下家交易时,被南京警方当场抓获,缴获K粉1500余克、麻古800余粒。〔1〕

分歧:该案中,对李某的行为构成贩卖毒品罪没有异议,但是对王某是否构成犯罪存在分歧。

第一种意见认为,王某陪同贩毒实为帮助或者为毒贩充当掩护,已经具备了刑事归责的主观基础,加之客观上与毒贩形成事实上的利益共同体,所以,应当构成贩卖毒品罪的共犯。

第二种意见认为,王某陪伴李某只是贪图免费的吃喝玩乐,虽然明知李某是毒贩,但是没有实施任何与贩毒有关联的行为,为纯粹的"陪同贩毒",不构成犯罪。

江苏省高级人民法院评析认为:王某的行为是否构成犯罪,应当坚持主客观相统一原则。主观上,要看王某是否明知李某在实施贩毒;客观上,要看王某是否实施了贩卖毒品的帮助行为,或者与贩卖毒品有牵连而使贩毒行为容易实现的关联行为,如帮助购票、联络、用其身份证开房住宿、照看毒品、接收钱款、通风报信等。只要有证据证实王某的主观故意和客观上实施的关联行为,王某就应当承担贩卖毒品罪共犯的刑事责任。但如果王某偶尔陪伴毒贩,即使得到少许收益,也应将那些与毒贩长期同居,以毒资或者毒赃作为生活主要来源的情形区别开来,因为认定王某构成贩卖毒品罪的共犯还缺乏客观事实依据(法院倾向于做无罪处理)。

还有人提出,即使认定王某构成贩卖毒品罪的共犯证据不足,但符合非法持有毒品罪共犯的构成要件。但是,郇习顶法官认为,陪同者虽然明知毒贩在非法持有毒品,然而陪同者对该毒品不存在事实上的控制和支配关系,因此,王某的行为不构成非法持有毒品罪。那么,从郇习顶法官的分析意见来看,陪同贩毒案的证据审查中应注意以下问题:

其一,必须正面讯问(询问)王某的主观意思。一是讯问王某:是否对李某贩毒知情?具体的想法是什么、为什么要陪同李某?二是讯问李某:其同王某沟通交谈的具体细节?三是获取其他证人证言:王某和李某沟通交流的具体细节?

---

〔1〕 本案例及其分析意见,参见郇习顶:《陪同贩毒的司法认定》,原载《人民法院报》。转引自京师刑事法治网:http://www.criminallawbnu.cn/criminal/info/showpage.asp?ProgramID=&pkID=22116&keyword=%C5%E3%CD%AC%B7%B7%B6%BE,最后访问日期:2009年3月6日。

其二,必须正面讯问王某、李某及其他证人关于陪同行为的具体细节。重点内容是:王某是否实施了贩卖毒品的帮助行为,或者与贩卖毒品有牵连而使贩毒行为容易实现的关联行为,如帮助购票、联络、用其身份证开房住宿、照看毒品、接收钱款、通风报信等?

只有在查清了陪同者的主管意思和客观行为均符合贩卖毒品罪或者非法持有毒品罪的法定条件之后,才可以对陪同贩毒者依法定罪。

三、走私、贩卖、运输、制造毒品罪的既遂形态认定

在罪名原理上,走私、贩卖、运输、制造毒品罪是一个选择性罪名,可以细分为四个“单一罪名”,即走私毒品罪、贩卖毒品罪、运输毒品罪、制造毒品罪,而且每个单一罪名均有其对应的单一行为类型,每种单一行为类型应当说各有其特殊性,因此,为便于阐述这个选择性罪名的停止形态问题,理论逻辑上可以分四个单一罪名分别阐述其各自的既遂形态。[1] 因而在具体案例中,若行为人实施了两个或者两个以上行为并触犯相应的选择性罪名时,可以依照单一罪名的既遂形态原理进行综合性的分析认定。

在犯罪的理论分类上,本罪属于行为犯(过程行为犯)。[2] 因此,刑法解释论在讨论本罪的既遂形态认定问题时,还必须讨论一些共通性与前提性的基础理论问题,如过程行为犯的既遂原理等问题,然后再具体讨论本罪的既遂形态问题。

(一)过程行为犯的既遂原理

行为犯之既遂标准,必须符合犯罪既遂标准理论的体系性安排。关于犯罪既遂标准问题,我国理论界有既遂的结果说、既遂的目的说、既遂的构成要件说等多种学说,其中通说是既遂的构成要件说。我们认为,犯罪既遂的通说标准基本上是正确的,应以行为人所实施的行为具备了刑法分则所规定的某一犯罪的构成要件意义上的“完整行为”“实然危害”并成立完整犯罪的典型形态为标准。结果犯的犯罪既遂,必须是行为人所实施的行为具备了刑法分则所规定的某一犯罪的构成要件意义上的“完整行为”并具备了相应的物质性危害结果这一“实然危害”而成立完整犯罪的典型形态。如故意杀人罪的既遂标准,要求行为人所实施的故意杀人行为这一“完整行为”并具备了被害人生命被剥夺这一“实然危害”而成立完整的故意杀人罪的典型形态,否则即不成立故意杀人罪的既遂。行为犯的犯罪既遂,必须是行为人所实施的行为具备了刑法分则所规定的某一犯罪的构成要件意义上的“完整行为”并具备了相应的精神上的或者制度上的危害结果(非物质性危害结果)这一“实然危害”而成立完整犯罪的典

---

〔1〕 本文所采用的此种分析方法借鉴了下列论著的相关分析思路:梅传强、胡江、赵亮编著:《走私、贩卖、运输、制造毒品罪立案追诉标准与司法认定实务》,中国人民公安大学出版社 2010 年版,第 91 ~95 页。

〔2〕 行为犯的具体类型可以分为以下五类:预备行为犯、举动行为犯、过程行为犯、持有行为犯、危险状态犯。参见魏东:《行为犯原理的新诠释》,载《人民检察》2015 年第 5 期。

型形态。

过程行为犯的犯罪既遂形态,应准确把握该过程行为"完整行为"所达到的特定的精神上的或者制度上的危害结果(相应的非物质性危害结果)这一"实然危害"的基本内容。如果过程行为尚未达到刑法分则规定的犯罪构成客观方面要件意义上的"完整行为",或者相应行为过程尚未达到特定的精神上的或者制度上的危害结果(相应的非物质性危害结果)这一"实然危害",则仍然不能构成犯罪既遂。以强奸罪既遂为例,在阐释强奸之性侵入行为这一"完整行为"及其所达到的充分侵害被害女性之性权利这一"实然危害"时,应将"性侵入行为"这一过程实施完整从而达到"充分侵害被害女性之性权利"的特点作为基本内容。因此,若强奸行为尚未将性侵入行为这一过程实施完整(而只是刚刚达到性器官之表面接触),从而并未达到"充分侵害被害女性之性权利"这一特定的非物质性危害结果(但是并非没有任何非物质性危害结果),因缺乏行为完整性和精神上实然危害的充分性则仍然不能成立强奸罪的犯罪既遂。至于我国传统刑法理论认为,奸淫幼女型强奸罪的既遂标准采"性接触说",实质上是基于特别保护未成年女性性权利之刑事政策立场而进行的某种理论上的犯罪既遂"拟制",并非犯罪既遂标准的"真相"的阐释;而从更为周全的刑事政策立场看,奸淫幼女型强奸罪的既遂标准根本上不宜采"性接触说",而应统一采用强奸罪既遂标准的"性侵入说"。[1] 可见,过程行为"性侵入行为"这一过程是否实施完整、"实然危害"是否达到"充分侵害被害女性之性权利"的特点是相互联系在一起的,对于那种"性侵入行为"过程没有实施完整、从而没有达到"充分侵害被害女性之性权利"之情形,尽管仍然存在非物质性危害结果(被害女性之性权利客观上已有一定程度的侵害),就仍然不能构成强奸罪既遂。走私、贩卖、运输、制造毒品罪作为过程行为犯,其既遂形态的认定,同强奸罪(过程行为犯)一样,必须遵守过程行为犯的既遂形态原理,后面详细讨论。

(二)走私毒品罪的既遂形态认定

走私毒品罪,是指违反海关法规,逃避海关监管,非法运输、携带、邮寄毒品进出国(边)境的行为。走私毒品具体包括三种情况:一是绕关走私,即不通过海关、边卡检查站非法运输、携带毒品进出国(边)境;二是通关走私,即虽经海关、边卡检查站,但通过藏匿、伪装、伪报等方法逃避海关监管,运输、携带、邮寄毒品进出国(边)境;三是闯关走私,即使用暴力冲闯并逃避海关监管。此外,根据《刑法》第155条之规定,直接向走私人非法收购走私进口的毒品,或者在我国内海、领海、界河、界湖运输、收购、贩卖毒品的,也应以走私毒品罪论处。[2] 这是走私毒品罪的基本法理。

---

〔1〕 参见魏东、蒋春林:《论奸淫幼女犯罪既遂的认定标准》,载《政法论丛》(山东)2007年第4期。

〔2〕 参见魏东主编:《刑法各论》,法律出版社2015年版,第285页。

从理论上讲,作为过程行为犯的走私毒品罪的既遂标准,应当是行为人所实施的走私毒品行为具备了刑法分则所规定的本罪的构成要件意义上的"完整行为"并具备了相应的精神上的或者制度上的危害结果(非物质性危害结果)这一"实然危害"而成立完整犯罪的典型形态;否则,不能构成走私毒品罪的既遂(而只能未完成形态或者无罪)。但是这种描述仅仅是一种简单判断,还需要详细研讨。理论上,走私毒品罪还需要根据其具体情形来判断既遂标准。比如,有学者认为,走私毒品必须区分陆路输入与海空路输入两种情形来审查犯罪既遂标准,陆路输入毒品应当以偷越国边境线作为判断标准(成功逾越国边境线时为既遂),而海空路输入毒品应当以"到达说"为标准(装载毒品的船舶到达本国港口或者航空器到达本国领土内时为既遂);国外刑法理论上还有进入领海领空说(过于超前)、登陆说、关税线说、搬出可能说(过于滞后)等见解。[1]

笔者认为,从理论逻辑上讲,按照走私毒品罪的"走私方向",我国的走私毒品罪可以分为输入毒品、输出毒品、"准走私"毒品三种情形,其犯罪既遂的标准可以作如下界定和解释:

其一,输入/输出毒品型的走私毒品罪的既遂标准。总体上,输入/输出毒品型的走私毒品罪应当以毒品进出国边境的行为是否已经完成为其既遂与否的判断标准。在设立海关或者边卡的地点,以通关验关或者毒品越过国边境线为既遂;在未设立海关或者边卡的陆地边境或者以海路运输方式偷运毒品的,以毒品进出国边境线或者领海为既遂;以空中运输方式走私毒品的,以飞机着陆为既遂;[2]以谎报、藏匿、伪装等手段逃避邮检和海关查验非法邮寄毒品进出境的,毒品一旦交寄成功并通过邮寄地所在国家/地区的海关查验即为既遂。否则,可能构成犯罪的未遂、预备、中止。

【案例5】 董某、孟某走私毒品案。董某于2002年12月赴日本打工,于2003年5月打电话要求其丈夫孟某从国内邮寄毒品到日本供其吸食,并提供了其在日本的地址及虚构的姓名。孟某分别于2003年6月2日、8日、21日分三次到邮电所分别将16.4克、9.2克、6.04克海洛因夹藏在国际特快专递邮包内寄往日本,后均被海关查获。[3]

本案中,孟某三次到邮电所将海洛因夹藏在国际特快专递邮包内寄往日本的行为,是已经着手实施走私毒品行为,但是因被邮寄地所在国家海关查获而未能顺利通

---

〔1〕 参见赵秉志、于志刚:《毒品犯罪》,中国人民公安大学出版社2003年版,第186~187页。

〔2〕 参见梅传强、胡江、赵亮编著:《走私、贩卖、运输、制造毒品罪立案追诉标准与司法认定实务》,中国人民公安大学出版社2010年版,第92页。本书指出,以谎报、藏匿、伪装等手段逃避邮检和海关查验非法邮寄毒品进出境的,毒品一旦交寄即为既遂。对此,我们认为"毒品一旦交寄即为既遂"有所不当,而应当进一步限定为"毒品一旦交寄成功并通过邮寄地所在国家/地区的海关查验即为既遂"。

〔3〕 案例来源参见陈忠林主编:《刑事案例诉辩审——贩卖制造毒品罪》,中国检察出版社2005年版,第63~64页。

关,属于由于行为人意志以外的原因而未能完成走私毒品的情形(未能顺利寄出到达境外),因而构成走私毒品罪的未遂。

其二,“准走私”毒品型的走私毒品罪的既遂标准。基于“准走私”毒品型的走私毒品罪的特殊性,其既遂标准应为:直接向走私人非法收购走私进口的毒品,或者在我国内海、领海、界河、界湖运输、收购、贩卖毒品的,一经完成毒品交接的行为即为既遂;否则可能构成犯罪的未遂、预备、中止。

(三)贩卖毒品罪的既遂形态认定

贩卖毒品罪,是指在境内非法转手倒卖毒品,销售毒品或者以贩卖为目的的非法购买毒品的行为。在贩卖毒品罪的既遂与未遂的认定标准问题上,理论上有三种不同的观点:(1)契约说。认为当贩卖毒品的买卖双方意思达成一致,也即双方达成毒品买卖契约的,就应当认为构成既遂。〔1〕(2)实际交付说与转移占有说。“实际交付说”主张以毒品实际上转移给买方为既遂,如果行为人没有实际交付毒品,而仅与他人达成协议,不能认为贩卖毒品行为人构成贩卖毒品罪的既遂;〔2〕“转移占有说”主张只能对那些已经进入交易并且完成转移占有毒品的行为认定为既遂。〔3〕(3)进入交易说。认为贩卖毒品罪的既遂与否,应以毒品是否进入交易环节为准,该罪是行为犯,只要贩卖的合意达成,即构成既遂。〔4〕司法实践中往往以第三种观点“进入交易说”为既遂标准,因此以下几种情况均认定为贩卖毒品罪既遂:第一,以贩卖为目的实施了购买毒品的行为;第二,有证据证明以贩卖目的而持有毒品的行为;第三,有证据证明以贩卖为目的购进或持有毒品的行为人与购毒者已达成毒品交易意见,并正在交易而尚未转移毒品的行为或者已经转移了毒品的行为。但是,司法实践中采用“进入交易说”这种认定标准可能并不妥当,〔5〕不符合过程行为犯原理与犯罪既遂未遂原理,值得研究。

【案例6】 苏永清贩卖毒品案〔6〕。2001年4月29日,为贩卖毒品牟利,被告人苏永清找到公安机关特情人员许某,要求许代其联系购买毒品甲基苯丙胺。许向公安机关汇报这一情况后,经公安机关研究,决定由公安人员以“卖主”身份与苏永清接触。随后许某带上由公安机关提供的少量甲基苯丙胺作为样品交给苏永清验货。苏永清看过样品后,决定以每公斤人民币2.35万元的价格购买甲基苯丙胺35公斤,一次性支付“货”款,并约定于同年5月11日进行交易。5月10日晚,苏永清带被告人

〔1〕参见于志刚:《毒品犯罪及相关犯罪认定处理》,中国方正出版社1999年版,第130页。

〔2〕参见王作富主编:《刑法分则实务研究》(下),中国方正出版社2010年版,第1575页。

〔3〕魏东主编:《毒品犯罪与律师刑事辩护技巧》,法律出版社2017年版,第91页。

〔4〕参见张穹主编:《刑法各罪司法精要》(修订版),中国检察出版社2002年版,第751页。

〔5〕参见张建、俞小海:《贩卖毒品罪未遂标准的正本清源》,载《法学》2011年第3期。

〔6〕王洪斌:《苏永清贩卖毒品案——为贩卖毒品向公安特情人员购买毒品的应如何处理》,载最高人民法院刑事审判第一庭、第二庭编:《刑事审判参考》(总第28辑),法律出版社2003年版,第70页。

黄斯斌到晋江市帝豪酒店与许某会面，告知许某届时将由黄斯斌代表其携款前来与“卖主”进行毒品交易。5月11日中午12时许，黄斯斌携带人民币818 400元到晋江市帝豪酒店702室与“卖主”交易。期间，苏永清为交易事项与黄斯斌多次电话联系，并于下午3时许赶到交易地点催促尽快交易。随后，公安机关将苏永清、黄斯斌当场抓获。泉州市中级人民法院经审理后认为，被告人苏永清、黄斯斌为出售毒品牟利，而积极联系购买甲基苯丙胺，其行为均已构成贩卖毒品罪。二被告人为贩卖而积极购买毒品，数量特别巨大，本应从严惩处，但因意志以外的原因未能得逞，系犯罪未遂，可比照既遂犯从轻处罚。其中，被告人苏永清是主犯；被告人黄斯斌是从犯。判处苏永清无期徒刑，剥夺政治权利终身，并处没收个人全部财产；判处黄斯斌有期徒刑12年，并处罚金人民币7万元。一审判决后，二被告人不服上诉，福建省高级人民法院经二审后裁定驳回上诉，维持原判。

本案的核心问题在于，被告人是在毒品交易过程中被当场抓获，如果按照司法实践中对于贩卖毒品罪既遂标准的“进入交易说”，本案应当认定为既遂，所以，本案被告人“被当场抓获”不是导致未遂的“意志以外的原因”；本案之所以认定为未遂，原因在于许某系公安机关特情人员，本案在公安机关控制下发生，许某不可能真正将毒品销售给被告人，毒品交易实际无法完成，毒品交易对方系特情人员这一因素才是被告人“意志以外的原因”。[1] 但是，笔者认为，若按照贩卖毒品罪既遂标准的“实际交付说”与“转移占有说”，本案无论是否有公安机关特情人员介入，均只能认定为贩卖毒品罪未遂。

因此笔者认为，贩卖毒品罪是过程行为犯，根据过程行为犯的既遂原理，应当以贩卖毒品行为的完整完成为标准，即以“行为人依贩卖毒品的意思将毒品转移占有”为标准（“实际交付说”与“转移占有说”），只要贩毒者与购毒者基于买卖的一致意思完成了毒品转移占有的行为，才应认定为犯罪既遂。转移占有，包括将毒品转移给购毒者本人及其指定的代理人，即购毒者既可以是直接占有、也可以是间接占有。因此，对于行为人已经基于贩卖毒品的意思实际收取了购毒款、但是尚未实际交付毒品给购毒者即被查处的情形，应当认定为贩卖毒品罪的未遂；行为人将其非法持有的毒品（包括继承、受赠、盗窃等方式获得的毒品），基于贩卖毒品的意思进行贩卖、但是尚未实际卖出时被查处的情形，应当认定为贩卖毒品罪的未遂；行为人基于贩卖毒品的意思，向他人购买毒品并完成了交易毒品的转移占有时即被查处的情形，应当认定为毒品交易双方（上、下家）均构成了贩卖毒品罪的既遂（这是一种比较特殊的情形，可以运用共犯原理进行解释）。

对于最后一种既遂情形，2015年《武汉会议纪要》明确规定：“对于贩卖毒品案件

---

〔1〕 参见魏东主编：《毒品犯罪与律师刑事辩护技巧》，法律出版社2017年版，第91～92页。

中的上下家,要结合其贩毒数量、次数及对象范围,犯罪的主动性,对促成交易所发挥的作用,犯罪行为的危害后果等因素,综合考虑其主观恶性和人身危险性,慎重、稳妥地决定死刑适用。对于买卖同宗毒品的上下家,涉案毒品数量刚超过实际掌握的死刑数量标准的,一般不能同时判处死刑;上家主动联络销售毒品,积极促成毒品交易的,通常可以判处上家死刑;下家积极筹资,主动向上家约购毒品,对促成毒品交易起更大作用的,可以考虑判处下家死刑。涉案毒品数量达到巨大以上的,也要综合上述因素决定死刑适用,同时判处上下家死刑符合罪刑相适应原则,并有利于全案量刑平衡的,可以依法判处。"这一段话,尽管是针对毒品共同犯罪、上下家犯罪的死刑适用问题而做出的规定,但是,其"隐含"的贩卖毒品罪既遂原理可以明确解释为:毒品交易的上下家在本质上构成了贩卖毒品罪的共同犯罪,只要毒品交易的上下家基于买卖的一致意思完成了毒品转移占有的行为即应认定为犯罪既遂,即应依照共同犯罪原理同时认定毒品交易的上下家均构成贩卖毒品罪的既遂。

(四)运输毒品罪的既遂形态认定

运输毒品罪,是指利用交通工具、自身或者他人携带,或者伪装后交给邮政、交通单位邮寄、托运毒品的行为。关于运输毒品罪的既遂标准,理论上有"起运说"(举动犯)、"到达目的地说"(过程行为犯)的争论。[1] 应当说,起运说在犯罪既遂标准的认定上过于提前(基于举动犯原理),不符合过程行为犯的既遂原理(因为其错误地基于举动犯原理);到达目的地说在犯罪既遂标准的认定上过于滞后,尤其是到达目的地说可能会导致司法实践中大量的运输毒品罪既遂被"解释为"犯罪未遂处理,不完全符合过程行为犯既遂原理。

因此,笔者认为,运输毒品罪的既遂标准,应当按照过程行为犯既遂原理并根据具体的运输方式进行适当折中:如果是行为人以自己身体运输、自己使用交通运输工具运输、亲自押运运输等方式进行运输毒品的行为,则应以已经实际启动运输行为并到达终点或者途中某个站点(如毒品检查站点)为既遂标准;如果通过他人携带、邮寄、托运等方式进行运输毒品的行为,则以行为人实际交付他人、办理完毕邮寄与托运手续,并且他人已经实际启动运输行为、邮寄与托运已经起运并到达终点或者途中某个站点(如毒品检查站点)为既遂标准。

【案例7】 周某运输毒品案。2001年7月6日,被告人周某、白某(因犯罪中止作酌定不起诉处理)采用吞服毒品与体内的方式乘坐汽车运输毒品,本想从云南畹町携带毒品运往广州市,但是当二人乘车行至云南省龙陵县黑山门时被畹町边防检查站

---

〔1〕 参见梅传强、胡江、赵亮编著:《走私、贩卖、运输、制造毒品罪立案追诉标准与司法认定实务》,中国人民公安大学出版社2010年版,第93页。

工作人员抓获,从周某的体内排出海洛因 290 克。[1]

本案中,周某运输毒品的终极目的地是广州,其从云南省畹町出发起运毒品至黑门山被查获,尽管其尚未到达预定的终极目的地广州,但是应当依法认定其已经实施完毕了运输毒品行为,依法应当认定为运输毒品罪既遂。

(五)制造毒品罪的既遂形态认定

制造毒品罪,是指非法从毒品原植物中提炼毒品,或者用化学合成方法加工、配制毒品的行为。制造毒品罪的既遂标准,两个会议纪要中有比较明确的规定。例如,2008 年《大连会议纪要》规定:"已经制造出粗制毒品或者半成品的,以制造毒品罪的既遂论处。购进制造毒品的设备和原材料,开始着手制造毒品,但尚未制造出粗制毒品或者半成品的,以制造毒品罪的未遂论处。"再如,2015 年《武汉会议纪要》也有相类似的规定:"制造毒品案件中,毒品成品、半成品的数量应当全部认定为制造毒品的数量,对于无法再加工出成品、半成品的废液、废料则不应计入制造毒品的数量。对于废液、废料的认定,可以根据其毒品成分的含量、外观形态,结合被告人对制毒过程的供述等证据进行分析判断,必要时可以听取鉴定机构的意见。"对比两个会议纪要的相关规定,根据过程行为犯既遂原理,在具体解释认定制造毒品罪的既遂形态时需要明确以下几点:

其一,行为人已经制造出粗制毒品或者半成品的,应解释认定为制造毒品罪的既遂,毒品成品、半成品的数量应当全部认定为制造毒品的数量。但是应注意审查和认定的问题是:(1)"对于无法再加工出成品、半成品的废液、废料则不应计入制造毒品的数量"(2015 年《武汉会议纪要》);(2)"为便于隐蔽运输、销售、使用、欺骗购买者,或者为了增重,对毒品掺杂使假,添加或者去除其他非毒品物质,不属于制造毒品的行为"(2008 年《大连会议纪要》)。

其二,行为人以为自己所使用的原料与配料能够制造出毒品,但是事实上未能制造出毒品的行为,理论上需要审查具体行为的客观归责性(客观归责原理)、法益保护原则、迷信不能犯原理,分别情况做出如下解释认定:(1)如果行为人是因为愚昧无知而实施上述行为,客观上根本就没有制造出毒品的可能性的,依法不能以犯罪论处(迷信犯);(2)如果行为人的行为客观上有制造出毒品的现实可能性,但是因为行为人方法不当、技术不过关、被提前抓获等意志以外的原因而没有制造出毒品成品或者半成品的,则应依法解释认定为不构成制造毒品罪的既遂(仅构成制造毒品罪的未遂)。

【案例 8】 周某制造毒品案。2013 年 8 月,被告人邱某、邓某共谋制造毒品冰毒,邱某准备了制毒工具和辅料,并通过邓某以 28 000 余元人民币价格从他人处购买

---

〔1〕 参见陈忠林主编:《刑事案例诉辩审——贩卖制造毒品罪》,中国检察出版社 2005 年版,第 48 页。

制毒原料麻黄素1千余克;被告人邱某指使被告人王某、张某、周某在其居住的成都市龙泉驿区某小区房间制造毒品,其中邱某负责具体操作,王某、张某、周某则按照邱某安排负责搬运制毒工具、熬制制毒液体,以及清洗制毒工具等辅助性工作。后公安机关在邱某住处查获大量制毒工具,以及含甲基苯丙胺成分的固体晶体364.3克(其中361.6克甲基苯丙胺含量为40%~41%),以及含甲基苯丙胺成分的液体61.683千克(经鉴定甲基苯丙胺含量为0.07%~15.63%,其中周某承认直接参与的含甲基苯丙胺成分的液体54.492千克中甲基苯丙胺含量仅为0.07%~0.08%)。《起诉书》指控被告人周某违反国家对毒品的管理规定,制造含甲基苯丙胺成分毒品的行为,已触犯《中华人民共和国刑法》第347条之规定,构成制造毒品罪,且数量特别巨大。[1]

本案中,争议点主要集中于:周某承认直接参与的含甲基苯丙胺成分含量仅为0.07%~0.08%的液体54.492千克是否认定为毒品的"成品或者半成品",从而将是否将该液体54.492千克认定为制造毒品罪(既遂)的毒品数量?

对此问题,辩护人提出:认为案涉54.492千克液体中甲基苯丙胺的含量极低(0.07%~0.08%),结合液体系用大塑料桶盛装且摆放在清洗制毒工具的卫生间等细节,应依法认定为废水,不应计入毒品数量;该液体54.492千克在功用上,并非用于人吸食,并非被告人邱某、周某等制造毒品的目标物;客观上,也不能从中再提炼出毒品,因此根本无法扩散并对社会造成危害,如果本案没有被公安机关发现,其最终的情况应该是被倒掉;本案亦缺乏相关鉴定机构关于这批制毒废水系毒品成品、半成品或粗制品的科学鉴定结论;因此,律师认为54.492千克液体不应认定为制造毒品罪中的"毒品",不能作为对被告人量刑的依据。

最终,成都市中级人民法院完全采纳了辩护人提出的辩护意见,认为案涉54.492千克液体中甲基苯丙胺的含量极低(0.07%~0.08%),结合液体系用大塑料桶盛装且摆放在清洗制毒工具的卫生间等细节,认为其系废水,不应计入制毒数量;本案于2015年2月判决被告人邱某犯制造毒品罪,处无期徒刑,剥夺政治权利终身,并处没收个人全部财产;判决被告人周某犯制造毒品罪,处有期徒刑8年,并处罚金人民币5万元。

尤其值得充分肯定和令人欣慰的是:本案于2015年2月宣判后不久,2015年5月《全国法院毒品犯罪审判工作座谈会纪要》就司法实践中废液、废料的认定问题作出了明确规定:"对于无法再加工出成品、半成品的废液、废料则不应计入制造毒品的数量。对于废液、废料的认定,可以根据其毒品成分的含量、外观形态,结合被告人对制毒过程的供述等证据进行分析判断,必要时可以听取鉴定机构的意见。"可以说,本案辩护律师对制毒"废液"的把握和辩护以及成都市中级人民法院法官的依法认定均具

〔1〕 魏东主编:《毒品犯罪与律师刑事辩护技巧》,法律出版社2017年版,第131~132页。

有一定的前瞻性,尤其是法官的依法公正判决令人钦佩。

四、毒品罪案的诉讼策略

知己知彼才能百战百胜,因此,了解毒品犯罪案件的刑事辩护,可能有利于毒品犯罪案件公诉工作的顺利进行。这方面,我们的许多公诉人身经百战,可能已经对毒品犯罪案件的刑事辩护有了较为深入的认识,也有了较好的应对经验。但是,据笔者观察和了解,尤其是笔者亲历见证数十件毒品犯罪案件的刑事辩护之后发现,可能有一些"内幕性"的刑事辩护策略,值得公诉人了解、借鉴和采取有针对性的公诉策略予以化解。

(一)毒品犯罪案件的刑事辩护策略

关于毒品犯罪案件的刑事辩护策略,笔者认为可以用六个字来概括:目标、策略、辩点。

1. 目标:无罪、罪轻、免死。(实际上,不少毒品犯罪案件的辩护"目标"就是免死!)

2. 策略(方法):证据辩护与实体定罪量刑辩护。关于辩护策略(方法),其中有一个现象,除非无罪辩护与免死辩护,成熟的刑辩律师一般不会太多进行"程序性辩护"(除非这个程序性辩护能够完全颠覆全案指控,或者有助于争取"免死"或者"无罪"判决结果);而不紧紧抓住证据辩护和实体性辩护的刑辩律师通常不是"刑辩高手"。(个别刑辩律师老是在程序瑕疵上"找茬",但是忽略了证据辩护和实体性辩护,那是当事人的灾难!因为根据法律规定,"程序瑕疵"是可以依法补救的、且通常是不会影响定罪量刑的,而且一旦被告人也跟着"瞎起哄"并进行无罪辩解,则被告人因为认罪态度不好、因为法官厌恶而通常会被判重刑。)因此,刑事辩护的根本策略通常集中于两个问题:证据辩护与实体性定罪量刑辩护(其中证据辩护中通常要关照全部程序内容的审查辩护)。

3. 辩点:证据(证据结构与证据链条,突破口可能出在司法鉴定意见);程序(非法证据排除与证据采信);定罪;犯罪形态;共犯地位和作用;量刑。

(二)毒品犯罪案件的公诉策略

针对毒品犯罪案件的刑事辩护策略,公诉工作应当如何应对?笔者认为仍然可以用相同的六个字来概括:目标、策略、诉点。

1. 目标:依法定罪(重中之重)、公正量刑。

2. 策略(方法):举证与法律解释。

3. 诉点:证据结构与证据链条(完善证据结构,严密证据链条,坐实司法鉴定);程序把关;侧重依法定罪、兼顾公正量刑,切忌被辩护人"扰乱方阵、攻破底线"(尤其是对于辩护人强力进行无罪辩护和"免死"辩护时,公诉人要切实抓住"依法定罪"这一底线、在必要时“挑明”辩护人意图并提示合议庭注意)。

公诉毒品犯罪案件,公诉人举证是关键环节、重要策略(方法),必须特别重视证据结构把控、证据分类审查、证据二力辩论等三个证据原理的审查运用:

其一,证据结构的基本原理。[1] 理论上,证据结构类型可以分为星型结构、链型结构与混合型结构三类:星形结构,适合用于被告人有有罪供述的情况(以被告人稳定的认罪供述为中心证据);链形结构,适合用于以间接证据确定被告人有罪的场合(一般的证据链条应当包含的内容至少应当由犯罪过程和犯罪结果两部分组成,至少要达到证明某人在某地实施了某行为的程度);混合型结构,混合型结构是指既具备了链形结构的某种特征,也具备了星形结构的某种特征的证据结构(具体细分为:以星形结构为主的链式结构、树形结构、串式结构)。

其二,证据分类的基本原理。[2] 较新的证据分类,是主张按照证据内容和证明力大小而将证据分为两类(二分法)或者三类(三分法):基本证据(又可分为主要证据和重要证据)、辅助证据。主要证据,是指只要一个证据能够证明“何人”“何时”“在何地”“用何手段”“为何行为”“因何原因”“造成何结果”这7个要素中的何人、何为、何结果这三个要素的即为主要证据。重要证据,处于证据结构中的重要位置,一般来说是指证明何时、在何地、因何原因、用何手段这四类证据。辅助证据,即所谓的“证据的证据”,处于证据结构中的外围位置,主要是证明主要证据和重要证据合法性、关联性、客观性的证据。

其三,“证据二力”原理。即由传统证据原理的“证据三性”(真实性、合法性、关联性),转换为“证据二力”(证据能力、证明力)。现在的举证、质证、证据采信及其法庭辩论环节,一般来说都应当紧紧围绕着“证据二力”来展开。

死刑案件的证据审查中,公诉人(以及法官)对于证据体系的构造和把握必须遵循的最基本原则是:主要证据重要证据等位原则。即公诉人在对刑事案件(尤其是对于死刑案件)的证据审查、构造证据体系的过程中,均必须将上述的事实七要素全部查实予以证明,而不是如同审查起诉阶段只要达到基本事实清楚、基本证据确实充分就满足了。尤其是死刑是针对“罪行极其严重”(“罪大恶极”)的犯罪分子而判处的刑罚,在我们搜集和审查证据的过程中,证明被告人犯罪行为的社会危害性的“罪大”证据和证明其主观恶性的“恶极”证据与定罪证据同等重要,有所欠缺时就依法不得判处死刑(含死刑缓期执行和死刑立即执行)。

笔者举几个实例供大家分析、参考:

---

[1] 参见于学飞、赵鸣镝:《浅析证据结构》,载中国论文网:http://www.xzbu.com/2/view-3881772.htm,最后访问日期:2016年2月15日。

[2] 参见于学飞、赵鸣镝:《浅析证据结构》,载中国论文网,http://www.xzbu.com/2/view-3881772.htm,最后访问日期:2016年2月15日。

【案例 9】 陈某制造含有甲基苯丙胺的毒品 14 285.6 克案(成都市)。[1] 2013 年 2 月 3 日 3 时许,被告人陈某在金堂县某服务区取走张某某(另案处理)从厦门托运至成都、用纸箱包装的麻黄素,随后将该麻黄素运至二人出租屋地点即本市武侯区某小区 4 栋 2 单元 1102 号房间。同日民警分别在本市金牛区某火锅店内、新都区某学院门前将被告人陈某、黄某某抓获归案。后根据二人交代,民警在某小区 4 栋 2 单元 1102 号房间内查获大量制毒工具及甲基苯丙胺成分的固体 1860.8 克,其中 1103.2 克黄色晶体的甲基苯丙胺含量为 53.1% 和 56.8%;在该房厨房、洗衣间、右手房间阳台等处查获含甲基苯丙胺的褐色液体、固液混合物 11 717.3 克,其中 10 232.1 克褐色液体的甲基苯丙胺含量分别为 12.07%、34.86%、35.08%;在该房洗衣间查获含甲基苯丙胺、麻黄碱成分的褐色固体 707.5 克,其甲基苯丙胺含量为 12.3%;在该房右手房间地面一纸箱内查获麻黄碱成分的白色粉末 24 932 克。

《起诉书》指控被告人陈某、黄某某制造毒品的行为,已触犯《中华人民共和国刑法》第 347 条之规定,应当以制造毒品罪追究被告人刑事责任。

争议焦点:陈某是否构成制造毒品罪?陈某是否判处死刑立即执行?

法院判决:成都市中级人民法院部分采纳了辩护人的观点,判决被告人陈某犯制造毒品罪,判处死刑,缓期 2 年执行,剥夺政治权利终身,并处没收个人全部财产。

针对此案,辩方和控方的策略值得重视:

首先看辩方策略与辩点:证据辩护,寻找证据结构链条上的断裂要素,加以"依法放大",促使人民法院"依法不敢"判处死刑立即执行。

其次看公诉策略与诉点:针对辩护策略和辩点,公诉人紧紧扣住"陈某'主导性参与'了制造毒品的全过程,陈某是主要的主犯"这个中心(底线),系统组织证据链条和指控意见。

其一,证据结构类型的运用:由于陈某稳定供述中始终没有认罪笔录,因而公诉策略中的证据原理就只能选择链性结构(陈某案)。即以间接证据确定被告人陈某有罪,证据链条上要尽量细密、周全(至少达到了证明某人在某地实施了某行为并造成了某结果的程度)。显然,陈某案的举证和证据结构类型不能选择星形结构,因为陈某自始至终都不认罪。(而聂树斌案由于存在被告人"认罪"的较多证据,因而聂树斌案在证据结构类型上选择了星形结构,只是聂树斌案的证据结构显得十分脆弱——龙宗智)

其二,诉点与辩点恰当地注意策略性"避让":证据达到证明某人在某地实施了某行为并造成了某结果的程度(陈某案)。由于辩点主要在于"免死"、否定死刑案件的证据标准,公诉人必须进行策略性避让,即不将死刑案件的证据标准作为重点,而将证

---

〔1〕 参见魏东主编:《毒品犯罪与律师刑事辩护技巧》,法律出版社 2017 年版,第 115~119 页。

明被告人主导性参与了“犯罪过程和犯罪结果两部分”的证据链条作为重点,即主要指控证据周全列举:(1)公安机关在×××小区4栋2单元1102号房间查获疑似毒品(14 285.6克),经检测含甲基苯丙胺;(2)公安机关在该房查获装有褐色液体编号1、2的黄色搪瓷容器上提取四枚指纹,经鉴定系黄某某所留;(3)房间内查获纸箱两个,其中一个纸箱装有25公斤麻黄素,该纸箱系陈某和黄某某从淮口某长途汽车上取来;(4)证人凌某某证实该房屋是其承租,其后由陈某、凌某某、黄某某偶尔居住;(5)陈某与黄某某银行卡账户中有转账给张某某的记录,陈某和黄某某等人之间有多次通话记录。

针对上列指控证据,明眼人一看就知道陈某难以脱罪,法官更是不敢宣判被告人无罪:因为公诉人举证应当说较为确实充分地证明了“何人”“何时”“在何地”“用何手段”“为何行为”“因何原因”“造成何结果”这7个要素。

至于辩护人强调指出:综合归纳全案证据,本案存在五个“硬伤”:第一是物证上无陈某的指纹;第二是无张某某的证言;第三是无在案5名证人的直接指控;第四是两名到案被告人均否认有制造毒品的行为;第五是无任何证据证实陈某掌握制毒方法和技术。可能导致法院不会宣判被告人陈某死刑立即执行(陈某被宣判为犯制造毒品罪、是主要的主犯、判处死刑缓期两年执行),公诉人只能进行策略性避让;但是,公诉人恰当选择证据链性结构(陈某案)和策略性避让,应当说取得了公诉成功。

其三,公诉人恰当掌握、选择运用证据结构,诉点与辩点恰当地保持策略性避让,具有重要意义。突出有两点:(1)只有对于证据结构有了熟悉和把握,才能够利用目前的证据可以构造什么样的证据结构,这种证据结构需要何种证据来对自身进行完善,才能够及时地提出补充侦查的意见,甚至在提前介入侦查的阶段,我们心中必须有一个理想的证据结构,这样才能够对于公安机关如何取证去进行指导。(2)只有通过对于证据结构的把握和恰当运用,才能及时地发现法院、公安的事实认定方面的错误予以纠正和监督。并且这对于我们提高认识,完善刑事诉讼中的各个环节,提高司法效率有重要的意义。[1]

【案例10】 李刚、李飞涉嫌贩卖毒品案。[2] 2012年4月1日,韦可发(另案处理)打电话给被告人李刚,要求购买200克海洛因,李刚表示同意,并和韦可发商定交易毒品的价格和地点。李刚在家中用黑色塑料袋把海洛因包好后,把被告人李飞喊来,让李飞把装有海洛因的黑色塑料袋送到临泉县瓦店东侧路边一大棚子处,交给韦

---

〔1〕 参见于学飞、赵鸣镝:《浅析证据结构》,载中国论文网:http://www.xzbu.com/2/view-3881772.htm,最后访问日期:2016年2月15日。

〔2〕 案情简介与裁判理由均参见白春子:《李刚、李飞贩卖毒品案——如何审查未查获毒品实物的指控事实,以及在毒品案件中如何运用非法证据排除规则》,载最高人民法院刑事审判第一至第五庭主办:《刑事审判参考》(总第97辑),法律出版社2014年版,第90页。

可发。李飞按李刚要求，将装有毒品的黑色塑料袋送到指定地点时，被公安人员抓获，毒品被当场查获。经鉴定，毒品检验出海洛因成分，海洛因含量为51.37%，重量为199.7克。

韦可发还供称：2012年3月20日左右，他从李刚处购买20克海洛因；同月28日，他从李刚处购买219.94克海洛因，毒品卖给王秀起了。

李刚对其贩卖199.7克海洛因的事实不持异议，对韦可发指供其还贩卖219.94海洛因的事实予以否认。其辩护人还提出，李刚贩卖199.7克海洛因系侦查机关控制下实施，建议对李刚从轻处罚。

李飞及其辩护人提出，李刚安排其把塑料袋交给韦可发时，其不知道袋子里是毒品，其审判前所作有罪供述系侦查人员刑讯逼供所致，其行为不构成贩卖毒品罪。

裁判结果：阜阳市中级人民法院于2013年4月1日作出（2013）阜刑初字第00021号刑事判决，认定李刚贩卖419.64克海洛因，以贩卖毒品罪判处被告人李刚死刑，缓期2年执行，剥夺政治权利终身，并处没收个人全部财产；被告人李飞无罪；查获的毒品海洛因199.7克依法予以没收。宣判后，阜阳市人民检察院对判决李飞无罪提出抗诉；李刚不服，提出上诉。二审期间，安徽省人民检察院认为阜阳市人民检察院抗诉不当，向安徽省高级人民法院撤回抗诉，安徽省高级人民法院同意安徽省人民检察院撤回抗诉。安徽省高级人民法院于2013年10月8日作出（2013）皖刑终字第00297号刑事裁定，认定上诉人李刚贩卖毒品199.7克海洛因，驳回上诉，维持原判，并核准一审以贩卖毒品罪判处被告人李刚死刑，缓期2年执行，剥夺政治权利终身，并处没收个人全部财产的刑事判决。

关于本案的法理与诉讼策略问题，有以下两点值得重视：

其一，李刚贩卖毒品199.7克海洛因的行为，依法应当认定为贩卖毒品罪未遂（“实际交付说”或者“转移占有说”）。

人民法院在“裁判理由”中没有认定其犯罪未遂有所欠当，但是强调以下内容有理：“李刚曾因犯贩卖毒品罪被判处有期徒刑15年，刑满释放后5年之内，再犯应当判处有期徒刑以上刑罚的毒品犯罪，系累犯和毒品再犯，依法应从重处罚。李刚贩卖毒品虽然是在公安机关控制下实施，毒品未流入社会，但鉴于其主观恶性深，社会危害性大，对其不予从宽处罚。”换句话讲，即使认定李刚构成贩卖毒品罪未遂，依法仍然可以“对其不予从宽处罚”，这种说理才更符合案情真相和法理。

其二，李飞无罪判决的合理性，在于本案证据可能系非法取证、公安侦查人员不出庭作证所致，因为证明证据合法性的法定标准仍然是“证据确实、充分”并且“排除合理怀疑”。

人民法院在“裁判理由”中强调指出了以下三方面理由：（1）关于被告人李飞及其辩护人提出申请排除非法证据的辩护意见。经查，李飞在一、二审期间，始终称其在侦查机关的有罪供述是遭受刑讯逼供下作出。对李飞提出排除其审判前有罪供述的申请,人民法院召开庭前会议,听取控辩双方对非法证据排除的意见,归纳双方争议焦点。开庭审理时,检察机关通过宣读李飞在侦查机关的供述,出示看守所收押登记表及侦查机关依法办案的情况说明等材料,以证明侦查人员没有对李飞刑讯逼供,但是对侦查人员讯问结束后,于4月2日凌晨带李飞到医院检查身体的原因没有作出说明。根据公安部关于加强看守所在押人员管理的有关规定,公安机关将犯罪嫌疑人送看守所羁押前,例行健康检查。法庭审理查明:侦查机关于2012年4月1日下午将李飞抓获,当日20时3分至22时19分对李飞第一次讯问;4月2日凌晨1时,办案人员带李飞到临泉县人民医院,进行B超、心电图、血液、双下肢外伤等检查,但是健康检查后,侦查人员并未将李飞送看守所羁押;4月3日,李飞被送看守所羁押后,看守所对李飞再次健康检查,体检结果为李飞身体健康,无外伤。为查明侦查人员在临泉县人民医院对李飞健康检查的原因,法庭要求侦查机关对李飞在临泉县人民医院的检查情况进行说明,侦查机关没有回应;法庭依法通知办案人员出庭说明情况,但办案人员无合适理由拒绝出庭。(2)最高人民法院、最高人民检察院、公安部、国家安全部、司法部《关于办理刑事案件排除非法证据若干问题的规定》第7条规定:"经审查,法庭对被告人审判前供述取得的合法性有疑问的,公诉人应当向法庭提供讯问笔录、原始的讯问过程的录音录像或者其他证据,提请法庭通知讯问时其他在场人员或者其他证人出庭作证;仍不能排除刑讯逼供嫌疑的,提请法庭通知讯问人员出庭作证,对该供述取得的合法性予以证明。"本案中,检察机关在开庭审理时虽然出示李飞的有罪供述笔录、在押人员体检登记表以及侦查机关依法办案的情况说明,但是对李飞两次健康检查没有作出合理解释,侦查机关对可能判处无期徒刑以上刑罚的李飞在讯问时也没有按照法律规定进行同步录音或录像,在现有证据材料尚不能排除李飞审判前有罪供述系非法取得的情况下,法庭通知侦查办案人员出庭说明情况,办案人员无合适理由拒绝出庭。法庭经调查认为,李飞的审判前有罪供述不能排除系采取非法方法收集的合理怀疑,依照《中华人民共和国刑事诉讼法》第58条的规定,李飞在审判前的有罪供述不能作为定案的根据,应当予以排除。(3)关于被告人李飞及其辩护人提出李飞行为不构成犯罪的辩护意见。经查,检察机关指控李飞犯贩卖毒品罪,主要根据侦查人员在李飞携带的塑料袋里查获毒品,以及李飞在侦查阶段关于事前知道袋子里可能是毒品的有罪供述;经法庭调查,李飞审判前有罪供述因不能排除系侦查机关采取非法方法收集的合理怀疑,被依法排除;李刚供称,他安排李飞把塑料袋送交给韦可发时,没有告诉李飞塑料袋里装的是毒品;李飞在开庭审理时辩称,李刚让他把塑料袋送交韦可发时没有告诉他袋子里是什么东西,他也不知道塑料袋里装的是什么东西。根据现有在卷证据,检察机关指控李飞犯贩卖毒品罪的证据不足,一审判决李飞无罪正确。

从上述“裁判理由”可以看出，公诉人必须审查排除非法证据，必须要求侦查人员出庭作证，因为“排非”审查中，证明证据合法性的法定标准仍然是“证据确实、充分”并且“排除合理怀疑”，这是值得公诉人高度重视和保持清醒认识的。

【案例11】 吸毒者某甲曾经持有冰毒300克案（基层法院法官向S省高院法官咨询案件）。吸毒者某甲供称其数次向某乙购买冰毒300克用于贩毒（以贩养吸），并已卖给某丙、某丁等数人，在案证据有某甲的供述、某乙的证言相印证证明某甲曾购买冰毒300克，但是某丙、某丁等人一个都未找到，并未查获毒品（冰毒）和毒资，因此检察机关拟以非法持有毒品罪指控某甲。[1]

S省高院法官介绍说，基层法官有三种意见：一是可以宣判某甲犯贩卖毒品罪，理由是2008年《大连会议纪要》规定：“有些毒品犯罪案件，往往由于毒品、毒资等证据已不存在，导致审查证据和认定事实困难。在处理这类案件时，只有被告人的口供与同案其他被告人供述吻合，并且完全排除诱供、逼供、串供等情形，被告人的口供与同案被告人的供述才可以作为定案的证据。仅有被告人口供与同案被告人供述作为定案证据的，对被告人判处死刑立即执行要特别慎重”。二是可以宣判某甲犯非法持有毒品罪（因为定贩卖毒品罪证据不足）。三是应宣判某甲无罪（因为证据不足）。

笔者认为（在S省高院法官征求我的意见时提出）：本案某甲定罪的证据不足，依法不应定罪。理由在于：一是从证据结构类型分析，无论是星型结构、链型结构与混合型结构中的哪一种，本案证据都无法分析下去，因为本案尤其缺乏基本证据（毒品、毒资、关联行为的证人证言），某甲购买的东西是不是冰毒本身就缺乏基本证据；二是《大连会议纪要》的原话值得仔细斟酌，其不但不符合《刑事诉讼法》规定的“证据确实、充分”的法定标准，而且其规定“才可以作为定案的证据”的含义并非是“才可以定罪”。

因此，像本案一样的证据状况的案子，指控证据明显不足的案件，哪怕吸毒者/贩毒者供述十分明确，仍然应依法作出无罪处理，检察机关不宜提起公诉，人民法院依法也不能判决有罪。

---

〔1〕 这是S省高级人民法院刑二庭法官通过电话和邮件进行法律咨询的案件，特此说明。

帮助信息网络犯罪活动罪的刑法解释

曾成峰*

【内容摘要】帮助信息网络犯罪活动罪的犯罪客体为复杂客体，包括网络管理秩序和其他法益；客观方面表现为为他人利用信息网络实施犯罪提供互联网接入、服务器托管、网络存储、通讯传输等技术支持，或者提供广告推广、支付结算等帮助，情节严重的行为；犯罪主体是单位或个人，类型上应包括平台服务提供者、网络接入服务提供者和访问软件提供者等；主观方面是"明知"的故意。应从帮助者对主犯的帮助程度、帮助行为的影响程度、帮助行为的获利数额方面综合考虑，判断是否成立本罪；从"行为性质"的角度区分本罪与它罪的界限；在共同犯罪问题上，本罪是一部分其他犯罪的帮助行为的独立罪名化，即不再考虑正犯行为轻重，不按照共同犯罪原理进行处罚，一律按照独立罪名论处；在罪数与竞合问题上，存在数个行为，一行为符合《刑法》第287条之二第1款，其他行为符合其他犯罪构成要件，应当数罪并罚；一个行为既符合《刑法》第287条之二第1款的规定，又符合另一犯罪构成要件，属于法条竞合中的交叉关系，比较两罪名处罚的轻重，按照处罚重的罪名进行处罚。帮助信息网络犯罪活动罪的刑罚配置适当，部分学者提出的"资格刑"的适用意见在实践中还存在一定的困难。

【关键词】帮助信息网络犯罪活动罪　刑法解释　竞合论

当下的中国社会，已经大踏步地进入了互联网时代。信息网络的触角深入到社会的各个角落，遍地可搜寻到的无线网络，表明了现如今网络社会的范围已远超十年之前。法治社会的建设不仅仅及于现实社会，网络社会同样并非法外之地。然而层出不穷、日益翻新的网络犯罪却呈现出迅猛上涨之势。网络诈骗、网络招嫖、网络赌博等犯罪的出现并且不断演化发展，成为网络社会秩序治理亟需解决的顽疾。而网络犯罪有其所独有的特征，其主客观方面并不完全与我国《刑法》所规定的传统型犯罪相同。因此，《刑法修正案（九）》通过修改原有罪名、增加新罪名的方式，强调依照网络犯罪的新特点进行精确打击，维护互联网领域的安全与秩序。近年来，"互联网＋"发展方

* 曾成峰，法学硕士，重庆市江北区人民法院法官。

式的提出与推进,成为了目前互联网发展的新业态,"互联网+"的网络发展方式,成为我国产业经济升级,经济形态不断演化的创新驱动力,但同时,由于其将互联网与各项传统领域深度结合,由此带来的网络犯罪问题,也不容忽视。如互联网与金融领域的融合,创造出二维码支付的新方式,成为推动乃至颠覆传统金融行业的新兴力量,但同样因电商小额贷款、P2P贷款等方式催生出的网络诈骗案件也日益增多,甚至目前爆出的利用借贷宝进行的"裸条"借贷,行为人涉嫌触犯多项刑法罪名。又如,互联网与信息产业的深度融合,即时通信得到大大发展,对于传统运营商形成倒逼机制,开始推动相关业务的变革升级,4G网络信息技术获得巨大发展。但也正是由于即时通讯的发展,由此产生的网络传播淫秽物品行为、招嫖行为、诽谤行为等等,屡禁不止。如网络上传播淫秽物品、发布招嫖信息的行为,有关部门往往针对某一信息发布平台、信息储存平台进行打击后,行为人改头换面,在其他渠道继续传播淫秽物品、发布招嫖广告。可以看出,随着网络技术的发展,在网络犯罪中,更强调对于互联网技术手段的运用,其往往具有隐蔽性。而我国司法部门之前对于网络犯罪的治理,侧重于打击实施犯罪行为的直接行为人。而目前,这些行为人一般身处境外,难以对其实施刑事强制措施。此次《刑法修正案(九)》的颁布,强调对于拒不履行信息网络安全管理义务、对信息网络犯罪活动提供帮助行为的主体的打击,具有十分重要的意义。它反映了我国对于网络犯罪治理思路的改变,有学者将其称为"网络犯罪刑法立法思路从回应式到前瞻式的转变"[1]。那么,对于此种转变,对于这种通过新设罪名打击网络犯罪的方式,这种方式从刑法学角度观察是否具有必要性?是否应当将网络犯罪的帮助者均纳入刑法规制犯罪?如何来理解帮助信息网络犯罪活动罪这一项新设罪名的主客观方面及其刑罚配置?有必要予以深入研究,对于该罪名中争议之处与疑难之处,也应当从刑法解释论的角度予以反思和检讨。

一、帮助信息网络犯罪活动罪概述

(一)帮助信息网络犯罪活动罪的立法背景

我国自1994年以64K国际专线,全功能接入国际互联网后,经过二十余年发展,已经跨越第一代和第二代网络技术,全面进入第三代网络技术时期。网络安全成为了各国安全领域的重要一环。不仅仅对于社会民生,对国家安全稳定也具有重要意义。要了解帮助信息网络犯罪活动罪的增设背景,有必要对于我国二十多年来网络安全发展及网络安全治理进行梳理。对于一个罪名的增加或者删除,如果仅仅从其本身着眼,未免难以具有全面性。只有通过回顾网络犯罪整个发展过程,把握其演变规律,掌握共性,才能对全面审视帮助信息网络犯罪活动罪有所裨益。

---

〔1〕 王肃之:《从回应式到前瞻式:网络犯罪刑法立法思路的应然转向》,载《河北法学》2016年第8期。

1. 正犯责任模式

初代网络技术,还仅仅是以一种局域网的形态示人。在数据传输和资源共享方面的优势逐渐显现,但其主要是以软件技术为核心。由于具有软件为其核心的特征,此时的互联网还仅仅是局域网,表现为政府机关部门、科研机构以及大中型企业的内部局域网系统。这些系统具有内部性特征,网络安全的边界十分清晰,即防止黑客侵入、攻击这一局域网系统。因此,当时的网络只是将若干终端设备联结,还远远无法实现即时互动,只能进行信息的交换。基于初代网络技术的这一特征,当时的网络犯罪,则主要以侵入、破坏局域网系统,窃取局域网内信息资料为主要表现形式,这个时代的网络犯罪者,则被冠以黑客之名。这些网络犯罪者,以点对点的形式,以若干局域网系统作为攻击目标,通过各种技术方式进行攻击入侵。这一时期的网络犯罪,还未明确区分网络服务提供者和网络犯罪直接实施者。网络犯罪往往通过行为人即黑客单独完成。因此,我国在这一时期的网络犯罪应对方式,主要是在我国《刑法》上设立了第285条第1款、第286条和第287条,以此构建起我国最初的互联网犯罪治理体系。查阅《刑法》三条罪名可以看出,我国当时的网络犯罪治理方式,主要将入侵计算机信息系统等行为直接规定为正犯进行打击治理。这也被学者称为"采用了对典型系统攻击行为的正犯立法范式。"[1]当时对于网络技术犯罪的规制体系还不完善,鉴于立法的滞后性,也未能准确预测网络犯罪发展的动向。因此刑法第287条采用了以"本法有关规定定罪处罚"来治理网络犯罪中存在及今后可能存在的各种变化情状。虽被学者认为不甚完善,但基本也实现了对于网络犯罪治理的有法可依。

2. 正犯为主导,共犯为辅助的责任模式

在第二代网络技术实现更新换代之际。各种网络互动平台应运而生,如BBS、百度贴吧、博客等。这些新平台新技术的出现,使得网络从局部范围的局域网走向了全国乃至世界范围内真正意义上的互联网。此时的互联网,其主要功能已不仅仅是信息的传播与共享。而实现了从"传播"到"交互"的转变。在这种网络背景下,网络犯罪也悄然发生变化,黑客们往往居于幕后,为犯罪提供网络技术、智力帮助的网络犯罪帮助行为开始出现且势头愈演愈烈。显而易见的是,我国之前所建立的正犯责任模式已难以全面打击网络犯罪帮助行为。当时的犯罪已经呈现出帮助者与正犯行为人相分离的特点,各种木马盗号工具如"QQ信封""魔兽信封"等("信封":一种早期的木马盗号工具,通过将木马病毒置于网站,登录者一旦访问该网站,其终端PC自动被植入木马系统,QQ账号、游戏账号等个人信息,如信件般自动被发到木马使用者的信箱中)在网络交易市场中大行其道。对于这种情况,我国网络犯罪治理体系也做出相应

[1] 王霖:《网络犯罪参与行为刑事责任模式的教义学塑造——共犯规则模式的回归》,载《政治与法律》2016年第9期。

调整:在《刑法修正案(七)》中,《刑法》第285条非法侵入计算机信息系统罪中增设了两款作为第2款、第3款。[1] 此外,最高人民法院、最高人民检察院(以下简称"两高")也及时做出回应,对于治理漏洞进行填补。在2004年公布的《关于办理侵犯知识产权刑事案件具体应用法律若干问题的解释》中第16条的规定和《关于办理利用互联网、移动通讯终端、声讯台制作、复制、出版、贩卖、传播淫秽电子信息刑事案件具体应用法律若干问题的解释》(以下简称《淫秽电子信息解释》)中第7条的规定,以及在2005年公布的《关于办理赌博刑事案件具体应用法律若干问题的解释》(以下简称《赌博解释》)第4条的规定,均是对之前网络犯罪治理漏洞的填补,这一时期的网络犯罪治理模式,被称为以正犯为主导的,共犯为辅助的网络犯罪责任模式。

3. 共犯行为正犯化责任模式

第三代网络技术带来的变革远远超越了前两代的革新。通过网络社会与现实社会的多方面叠加覆盖,使得网络空间的虚拟性已经日益淡化。特别是"互联网+""大数据时代""物联网""云端技术"等新技术新理念的普及运用,网络主体之间已经不仅仅是互动沟通。第三代的网络环境,已经从数字化的信息网络迈向现实的社会关系网络。由于网络社会与现实社会的重叠,在网络中的一举一动都会对现实造成直接的影响,而且这种影响往往会因为网络帮助行为而无限扩大。有学者认为,如果第二代互联网时期的网络犯罪主要以内容侵害为主,那么第三代互联网时期的网络犯罪,则开始针对数据进行直接侵害。如目前对于公民个人信息犯罪就是对于数据进行犯罪的一种情形。[2] 目前的网络犯罪,罪名覆盖已经远超以往,几乎在《刑法》各章中均有涉及,典型的侵犯人身权利型犯罪如网络诽谤,侵犯财产型犯罪如层出不穷的网络诈骗,侵犯公共秩序型犯罪如网络开设赌场、网络组织卖淫、网络传播淫秽物品等等,而目前危害国家安全型网络犯罪、涉恐类型网络犯罪也大量发生。网络间谍、网络恐怖主义的出现,使得网络犯罪的复杂程度加深,这也加大了国家对于网络的治理难度。此时的网络犯罪的参与行为也出现了两个向度的转变。第一是正犯实施了情节显著轻微危害不大的行为,但是经过网络中其他主体的参与行为,使之被无限扩大。例如,2015年的某甲出于报复心理在QQ空间中发布其前女友某乙的隐私部位照片,后被网友转载转发至多个网站。本身QQ空间设置仅对好友开放的访问权限后,可浏览照片的人数不足几十人,经过网络活动参与者的转载行为之后,将该正犯行为的危害后果放大

---

[1] 在刑法第285条中增加两款作为第2款、第3款:"违反国家规定,侵入前款规定以外的计算机信息系统或者采用其他技术手段,获取该计算机信息系统中存储、处理或者传输的数据,或者对该计算机信息系统实施非法控制,情节严重的,处三年以下有期徒刑或者拘役,并处或者单处罚金;情节特别严重的,处三年以上七年以下有期徒刑,并处罚金。提供专门用于侵入、非法控制计算机信息系统的程序、工具,或者明知他人实施侵入、非法控制计算机信息系统的违法犯罪行为而为其提供程序、工具,情节严重的,依照前款的规定处罚。"

[2] 李怀胜:《三代网络环境下网络犯罪的时代演变及其立法展望》,载《法学论坛》2015年第4期。

数十乃至数百倍,从而涉嫌成立犯罪。第二是片面帮助行为的出现及其数量的增多。由于网络空间的虚拟性质,网络参与者在提供帮助行为时,往往都未与网络犯罪的正犯达成犯罪意思联络,有的网络参与者具有提供帮助行为的直接故意,但有的网络参与者却仅仅具有未必的故意,且大多数情况下,恐怕是以这种模糊的未必故意心态为主。在这种情况下,面对网络共犯行为的出现和变化,理论界与实务界也积极作出回应。理论界一部分学者强调对于我国传统共犯理论进行改造,极力淡化网络共同犯罪的主观色彩,大力提倡共犯的限制从属性说乃至最小从属性说,提倡片面共犯理论的运用。另一部分学者则是提出了共犯行为正犯化的立法建议。实务界在这一方面则主要通过共犯行为正犯化的立法方式,解决传统共犯理论难以破解网络犯罪参与行为的问题。如《刑法修正案(七)》增设285条第3款"提供侵入、非法控制计算机信息系统程序、工具罪",将为正犯提供工具、技术支持的行为单独纳入新设的一罪进行处理,这被认为是我国网络犯罪共犯正犯化立法范式的首次尝试。[1] 在《刑法修正案(九)》中,也将之前一部分作为共同犯罪帮助犯处理的罪名通过正犯化的立法方式予以规制。如新增"非法利用信息网络罪""帮助信息网络犯罪活动罪"。在"帮助信息网络犯罪活动罪"这一新罪名中,实际上是将网络服务者的若干种帮助行为单独进行判断考察,而不再以正犯的实行行为全为判断考察的中心点。该罪名的新设,被全国人民代表大会常务委员会法制工作委员会认为"完成了信息网络服务者帮助犯正犯化的规范构建,从而有效地超越了在传统共犯结构下分析业务行为刑事归责的局限性。"[2] 两高在2010年发布的《关于办理利用互联网、移动通讯终端、声讯台制作、复制、出版、贩卖、传播淫秽电子信息刑事案件具体应用法律若干问题的解释(二)》(以下简称《淫秽电子信息解释(二)》)中,第2条到第6条就是典型的共犯行为正犯化的运用。将网络群组建立者、管理者、网站建立者、管理者等主体的帮助行为,直接纳入传播淫秽物品罪或传播淫秽物品牟利罪的正犯进行处理。在2013年公布的《关于办理利用信息网络实施诽谤等刑事案件适用法律若干问题的解释》中,其第1条、第5条、第7条都规定了网络信息服务提供者的责任,在一些情形下,仍然可能成立诽谤罪、寻衅滋事罪、非法经营罪的正犯。

可见,我国网络犯罪刑事规范体系的完善过程,是循序渐进的,并在完善的过程中呈现出两种路径。一是重视对于信息网络犯罪帮助行为的刑法规制,二是强调信息网络服务的监管者的监督责任。因此,帮助信息网络犯罪活动罪的设立,也是遵循这一思路,在我国网络发展的大背景下,网络犯罪呈现出新样态的情况下我国刑法对其作

---

〔1〕 王霖:《网络犯罪参与行为刑事责任模式的教义学塑造——共犯规则模式的回归》,载《政治与法律》2016年第9期。

〔2〕 参见《法工委解读〈刑法修正案(九)〉涉网络条款》,载中国人大网:http://www.npc.gov.cn/npc/fzgzwyh/2015-11/18/content_1952070.htm,最后访问日期:2016年11月20日。

出的回应。是否有像部分学者所言的“将本来还存在理论争议的中立帮助行为,一下子提升为正犯处罚了。”[1]如此仓促武断,笔者认为还有待于进一步探讨。

(二)帮助信息网络犯罪活动罪的立法意义

随着《刑法修正案(九)》的出台,增加了对于网络犯罪的刑法条文,在新罪名的设立方面,主要增设拒不履行信息网络安全管理义务罪、非法利用信息网络罪以及帮助信息网络犯罪活动罪。针对本文所主要涉及的帮助信息网络犯罪活动罪这一新罪名的设立,刑法学界对此褒贬不一。在《刑法修正案(九)草案向社会公众征求意见的情况》中提到,有意见认为,这种帮助信息网络犯罪的行为可以理解为共同犯罪的“帮助行为”。按照相关犯罪的共犯或者传授犯罪方法罪来处理即可,无需独立成一罪。[2]赵秉志教授提到,新设帮助信息网络犯罪活动罪这一罪名是合理的。虽在客观上将网络犯罪的实行行为阶段提前,但是可以解决现实中的问题。一是证据收集问题。收集他人非法利用网络后的目的行为构成犯罪的证据较为困难,但收集他人非法利用网络的证据相对容易。在实践中,如果无法收集到前一项证据,则对于共同犯罪的认定存在较大障碍。二是非法利用网络行为本身具有极大社会危害性,因此有单独成立一罪的必要性。[3] 也有学者认为,此次修法中帮助信息网络犯罪活动罪的新设,逐步确立和完善了帮助行为正犯化的立法模式。通过对于帮助介绍行为、一般协作行为等帮助行为的入罪化,实现了罪名体系的严密化,解决了共犯体系无法涵盖的定罪难题。使得帮助犯的正犯化和非共犯帮助行为的入罪化成为今后立法关注的重点和理论亟待思考的时代命题。[4] 时至今日,虽然亦有不少学者对于帮助行为正犯化的正当性具有不同看法,但对于其强化评价功能之意义,仍然持认可态度。

(三)帮助信息网络犯罪活动罪的内涵界定

帮助信息网络犯罪活动罪,是指明知他人利用信息网络实施一项或多项犯罪,仍然为其犯罪提供互联网接入、服务器托管、网络存储、通讯传输等技术支持,或者提供广告推广、支付结算等帮助,情节严重的行为。

针对帮助信息网络犯罪活动罪的性质问题。刑法学界首先存在的较大争议是该罪是否属于帮助行为正犯化这一种立法模式。其次,在对于帮助行为正犯化得出否定结论后,又重点讨论该行为是否属于中立的帮助行为以及中立的帮助行为是否应当纳入刑法处罚。

---

〔1〕 车浩:《刑法立法的法教义学反思——基于〈刑法修正案(九)〉的分析》,载《法学》2015 年第 10 期。

〔2〕 参见全国人大常委会法工委刑法室编:《刑法修正案(九)草案向社会公众征求意见的情况》(法工刑字〔2015〕2 号。

〔3〕 赵秉志:《〈刑法修正案(九)〉修法争议问题研讨》,载北京师范大学刑事法律科学研究院编:《刑法论丛》,法律出版社 2015 年版,第 76 ~ 77 页。

〔4〕 于冲:《帮助行为正犯化的类型研究与入罪化思路》,载《政法论坛》(中国政法大学学报)2016 年第 4 期。

1. 帮助行为正犯化之思考

首先要说明的是,我国刑法上,实际上大量存在着"帮助行为正犯化"(也称"共犯正犯化")的立法,对于这种立法模式是否妥当,刑法学界尚存在着激烈的争论,基本形成了肯定说与否定说对立的格局。

(1)肯定说

肯定说主要基于三方面展开论证:第一,罪刑均衡原则。独立成罪的帮助行为往往具有较为严重的社会危害性,如果不将其独立成罪,而是按照总则中关于共同犯罪的规定,则会造成罪刑不均衡。因为总则规定的从犯处罚原则是从轻、减轻或者免除处罚。第二,共同犯罪犯罪理论的限制。我国的共同犯罪理论在主观上以共同犯罪行为人具有意思联络为成立要件之一。因此对于没有意思联络、意思沟通的帮助犯是不作为共犯处理的。虽然学界近年来强调引入片面共犯的概念,但是一则仍然难以突破共同犯罪中对于帮助犯主观方面要求的限制,二则学说本身仍存争议。因此最好的解决方式仍然是要么在总则中补充规定对于非共犯的帮助犯,比照其帮助的实行犯论处;要么在分则中规定专门的帮助他人犯罪罪,适用于非共犯的帮助犯,但分则另有规定除外。[1] 可以说目前的立法趋势是支持这种分则中单独增设罪名的方式的。第三,帮助行为正犯化趋势。共同犯罪具有复杂性,基于刑法总则与分则的关系,在一些场合,共同犯罪可能会出现一些特殊情况。第一种特殊情况是一方定罪,而另一方不定罪;第二种特殊情况即是因为身份特殊或者行为细化的关系,分别定不同罪名。[2] 将教唆犯、帮助犯正犯化,在刑法上独立构成要件处罚性质上属于教唆犯、帮助犯的行为符合目前刑法上发展的趋势。[3]

(2)否定说

否定说论者反对将帮助行为规定为独立犯罪,主要有几点理由:第一,违反罪刑均衡原则。帮助行为是从行为,实行行为是主行为。帮助行为的社会危害性应当不大于实行行为。第二,造成总则与分则之间不协调。有学者认为,将主犯与从犯分别设立罪名是极不合理的,导致划分共同犯罪失去意义,而且罪名也会增加。总则对于分则的指导意义将大为削弱,刑事立法的科学性也将降低。"易言之,主从犯分设罪名的立法模式是不科学的,也是不可取的。"[4] 第三,违反社会危害性理论。有论者认为,如果独立成罪是因为某些帮助行为具有极其严重的社会危害性,那么诸如资助黑社会性质组织犯罪、资助毒品犯罪也具有极其严重的社会危害性,为何只对部分帮助行为

---

〔1〕 夏勇、罗立新:《论非共犯的帮助犯》,载《法学杂志》2000年第3期。

〔2〕 龚培华、肖中华:《刑法疑难争议问题与司法对策》,中国检察出版社2002年版,第203页。

〔3〕 徐牧驰:《帮助型犯罪基本问题探讨》,载《鞍山师范学院学报》2005年第10期。

〔4〕 刘鹏:《共犯异罪的立法研究——谈刑法中的独立从犯与独立教唆犯》,载《贵州大学学报》(社会科学版)2001年第4期。

规定了正犯罪名。这种立法被认为有失偏颇。

2. 帮助信息网络犯罪活动罪设立正当性之考量

考察帮助信息网络犯罪活动罪的正当性问题。学界争议的焦点主要有两大问题：其一，中立的网络帮助行为是否构成犯罪；其二，网络帮助行为的正犯化是否具有刑法意义上的正当性。

(1)中立的网络帮助行为是否构成犯罪

帮助信息网络犯罪活动罪的设立被认为与“快播案”的发生与进展存在着相当大的联系。而综观“快播案”之全过程，很多学者认为其与日本曾经发生的“Winny 案”具有相似性。“Winny 案”的基本案情为：被告人开发出一种具有文件夹共有性质的电脑软件，并且发布于互联网之上，通过互联网向网民提供下载。而有两位正犯利用该软件，将他人拥有著作权的游戏软件向网民提供，侵犯了著作权人所享有的作品公开传播权(日本著作权法 23 条第 1 项)。被告人由于正犯的行为而被提起公诉。[1]

中立的帮助行为一直被德、日学者所讨论，直到近年来才为人们所了解熟悉。中立的帮助行为的可罚性也一直存有疑问，学术界标准不一。简单来说，中立帮助行为相较于传统的帮助行为而言，有以下特征：第一，帮助行为具有日常性。即是平时生活中较为常见的帮助行为。第二，帮助人主观心态的模糊性。即中立帮助行为人对于正犯所实施的犯罪目的，被日本学者松原芳博认为仅有“推测的知道”[2]这样一种模糊状态。无疑网络帮助行为在客观上符合中立帮助行为的概念，因为网络帮助行为即是为用户提供互联网接入、网络技术存储等技术支持和平台结算等帮助。本身是极为常见的互联网技术服务，因此具有日常行为性。但从主管而言，则存在争议。按照松原芳博教授的观点，主观上“推测的知道”的心态并不符合《刑法修正案(九)》中新设的帮助信息网络犯罪活动罪中要求的“明知”。但是中立帮助行为的主观心态并不仅仅存在这一种见解，刘艳红教授认为中立帮助行为人的主观心态是涵括“未必的故意”和“确知的故意”的。“未必的故意”不符合帮助的故意，而“确知的故意”为未必符合帮助的故意，因此网络帮助行为也可能是不具有可罚性的中立帮助行为。[3] 因为实际上，帮助的故意被大多数学者论及要求行为人具有双重故意。一重故意是指帮助他人从事特定犯罪行为的故意，二重故意是指帮助他人实现犯罪构成要件的故意。即知悉他人犯罪并有意助力。[4] 双重的帮助故意在我国台湾地区刑法学者的著作中多有论述。因此，网络帮助行为由于其主观心态是认为自己所从事或者实施的行为活动属于正常的交易服务行为，并未有促进正犯行为既遂的意思。因此这部分网络帮助行

〔1〕 刘艳红：《网络犯罪帮助行为正犯化之批判》，载《法商研究》2016 年第 3 期。

〔2〕 [日]松原芳博：《刑法总论》，日本评论社 2013 年版，第 424 页。

〔3〕 刘艳红：《网络犯罪帮助行为正犯化之批判》，载《法商研究》2016 年第 3 期。

〔4〕 王皇玉：《刑法总则》，台北，新学林出版社股份有限公司 2014 年版，第 469 ~ 470 页。

为,可以被认为是中立的帮助行为。

德国与日本对于中立帮助行为入罪基本持一种限制的态度。就我国新设的罪名帮助信息网络犯罪活动罪而言,其构成要件可以被归纳为两种类型:一是明知并促进型。二是明知非促进型。明知促进型即是明知正犯的犯罪意图和行为并有促进犯罪行为实现的意思。这种情况自不待言,即便无新设罪名,也会按照传统共犯理论进行入罪处理。问题在于明知非促进型,这种立法实际上是肯定了此种情况也应当入罪。但是根据日本“Winny案”的判决结果以及德日刑法学理论来判断,均不应将此种情况入罪。对于学者关于互联网中的中立的帮助行为探讨往往较为笼统,没有区分网络帮助行为的各种类型,而是大而化之的将其统一进行论述,对于以往讨论网络中的中立的帮助行为所存在的问题,笔者将在后文详细论述。

(2)网络帮助行为正犯化是否具备正当性

帮助行为的正犯化立法思路,并不始于网络帮助行为的正犯化。早在我国《刑法修正案(三)》就已有之,如其增设资助恐怖活动罪。在网络信息技术犯罪方面,《刑法修正案(七)》增设了提供侵入、非法控制计算机信息系统程序、工具罪。在此后的《刑法修正案(九)》更是增设了多个“帮助行为正犯化”的罪名。对于网络帮助行为正犯化的立法模式,刑法学界褒贬不一。

反对网络帮助行为正犯化的学者认为,网络帮助行为有一部分还属于中立的帮助行为。网络帮助行为不同于一般的帮助行为。为网民提供互联网接入、服务器托管、网络存储等技术支持,甚至是提供支付结算、广告推广,也本是互联网中最为基本的服务功能。这些功能与技术本身都是中立的,服务商面对海量数据,不可能仔细甄别每一笔支付结算业务,每一个网路存储空间里的内容信息,是否涉及犯罪,遑论大多数网络犯罪都具有极强的隐蔽性。针对于中立帮助行为的这种特点,在以前的刑法立法化的探索中,一直较为谨慎地处理。比如车浩博士提到的,成立走私罪的共犯必须为“通谋”,成立制造毒品罪的共犯仅要求“明知”。因为前者所规定的行为,包括提供贷款、资金、账号、发票、证明等等,都属于现代社会十分普遍的日常行为。但后者制造毒品或者配料的行为,就不是一种日常行为。制毒原料和配料与普通货物截然不同,持有者不可能像日用商品一样随意提供给他人。可以看出,两种行为,虽然客观上虽然都提供了帮助,但是刑法对于不同情况的帮助行为做出了精细化的区分,所以,入罪时对于行为人的主观方面要求是不同的。[1] 而这种精细化的区分,却因司法解释和帮助信息网络犯罪活动罪的新设而抹杀。类似的立法会不会给予网络服务商过重的审核和甄别责任,要求网络服务商承担网警和网监的义务,是否有利于互联网的长远发展。这是学者对于网络帮助行为正犯化后对于互联网社会影响的担忧。另外,从刑法

〔1〕 车浩:《刑事立法的法教义学反思——基于〈刑法修正案(九)〉的分析》,载《法学》2015年第10期。

理论而言，有学者论及帮助行为一旦正犯化，难以解决原本为间接帮助行为的可罚性问题。因为帮助行为正犯化后，意味着原本属于帮助行为的行为被认定为正犯行为，而原本间接的帮助行为则会被认定为直接帮助行为。根据共同犯罪原理，直接帮助行为的可罚性自不必赘述。但原本是间接的帮助行为是否具有可罚性，刑法学界还未达成共识。同样地，对于再间接帮助行为的可罚性也值得探讨。此外，对于对不特定的主体提供帮助是否成立犯罪也被认为具有争议。如日本学者大谷实教授反对对不特定者提供帮助构成犯罪，他认为帮助的对方应当是特定化的人。〔1〕日本学者田园寿也认为，肯定间接帮助行为成立帮助犯会让已经失去明确轮廓的帮助犯的成立范围变得越来越没有界限。因此，在没有解决这些争议问题前，盲目将网络帮助行为纳入正犯化适用范围，显得过于草率。〔2〕

当然，对于帮助行为正犯化的立法模式，也不乏赞扬之声。比如有论者认为，首先，我们要实现对于共犯的处罚，则必将陷入共犯处罚根据的争论中，而特别的独立立法，则通过立法消解了这个问题，因为共犯已经被正犯化，从而可以在正犯的框架内直接处罚。论者还提及我国台湾地区为否认共谋共同正犯，在分则中规定了“同谋罪”特别条件，如通谋强盗罪等。〔3〕可见以立法方式消解帮助性质、预备性质的行为处罚问题，并非只有我国大陆刑法的个例。其次，对于共犯性质的帮助犯单独立法，成为共犯从属性的反向证明。基于共犯存在从属性，共犯的可罚性依赖于正犯的不法，因此对于共犯的处罚是受到限制的。所以可以说这种立法正好恪守了共犯从属性。最后，对于一些严重犯罪的帮助、资助行为加以例外性质的处罚，主要是“考虑到对于特别法益的特殊保护和构建一个应急备用又疏而不漏的法网的需求”。〔4〕

此外，有学者认为帮助信息网络犯罪活动罪，并非是帮助犯的正犯化，也无法就这一条新罪名而言讨论网络帮助行为正犯化的正当性问题。因为并不是只要刑法分则将某一类行为的帮助犯设定了独立刑罚，就属于帮助犯的正犯化。存在帮助行为的绝对正犯化、帮助行为的相对正犯化以及帮助犯的量刑规则三种情形。〔5〕帮助犯的绝对正当化是说帮助犯被正犯化后，不再以正犯实施符合构成要件的不法行为为前提，与其他正犯没有任何区别。而帮助犯的相对正犯化，是指帮助犯是否值得处罚，需要独立判断，在没有其他正犯的场合下，需要考量帮助行为本身是否侵害法益以及侵害法益的程度。例如，张明楷教授所举出的例子是《刑法》中的协助组织卖淫罪。一方

---

〔1〕［日］大谷实：《刑法讲义総论》，成文堂 2009 年版，第 447 页。

〔2〕刘艳红：《网络犯罪帮助行为正犯化之批判》，载《法商研究》2016 年第 3 期。

〔3〕陈毅坚、孟莉莉：《“共犯正犯化”立法模式正当性评析》，载《中山大学法律评论》2010 年第 2 期。

〔4〕同上。

〔5〕张明楷：《〈刑法修正案（九）〉若干条款的理解与适用——论帮助信息网络犯罪活动罪》，载《政治与法律》2016 年第 2 期。

面取决于正犯是否实施了组织卖淫的行为,另一方面在正犯没有实施组织卖淫行为时,取决于协助行为本身是否严重侵害了社会管理秩序。[1] 帮助犯的量刑规则是指帮助犯没有被提升为正犯,仍然是帮助犯,只是分则为其设立了单独的法定刑,也就不再按照刑法总则对于帮助犯的规定进行处罚。而帮助信息网络犯罪活动罪,根据共犯从属性的原理、相关保护法益、法益侵害程度进行实质性判断,则属于帮助犯的量刑规则。[2] 帮助信息网络犯罪活动罪的成立,以正犯实施了符合构成要件的不法行为为前提。对于实施帮助信息网络犯罪活动罪的帮助行为的,不得依照《刑法》第27条的规定从轻、减轻或者免除处罚,只能按照《刑法》第287条之二第1款的法定刑处罚。当然将在分则设置独立罪名和法定刑的情形做出上述分类,也遭到了部分学者的批判。有学者认为:其一,"帮助犯的量刑规则"会淡化刑法分则的罪名设置功能而突出刑罚设置功能。其二,刑法总则的共犯理论被虚置,总则的犯罪一般原理被分则逐渐架空,丧失指导意义。其三,人为地把分则中帮助行为单独入罪的情形划分成帮助犯的绝对正犯化、相对正犯化和量刑规则这种解释过于"强硬"。在分则中规定的具有帮助行为性质的诸多罪名中,正犯未实施符合构成要件的不法行为,这些分则中具有帮助行为性质的罪名是否成立,本身还存在很大争议。而帮助信息网络犯罪活动罪中,如果"正犯"没有实施网络犯罪活动,那么行为人不构成该罪并非是因为属于帮助犯的量刑规则,而是因为这种帮助行为没有实质的可罚性。[3]

对于上述之争议,笔者倾向于认为,尽管存在所谓"消解共犯理论"之危险,将本来属于帮助犯的行为一下子提升到正犯进行处理,但是笔者结合判决实践,发现该罪的适用各地法院虽然存在一定偏差,但确实可以将一些行为性质较为"模糊",难以确定其性质的网络帮助行为进行认定。具体叙述本文将在犯罪构成一章中结合司法实践案例具体展开。

---

〔1〕 张明楷:《〈刑法修正案(九)〉若干条款的理解与适用——论帮助信息网络犯罪活动罪》,载《政治与法律》2016年第2期。

〔2〕 张明楷教授通过例证进行解释:首先要判断的是,A明知B将要或者正在实施网络诈骗时,A为B提供互联网技术帮助,如果A利用该技术,实施了犯罪行为,造成法益侵害结果,对于A的行为应当以犯罪论处无需多言。但是如果B根本没有实施网络犯罪行为,是否对于A还要处罚,论者持否定态度。(张教授认为也属于不能犯)。如果B不利用A所提供的技术,是否对于A还要处罚,论者也持否定态度。因为A对于B的犯罪行为没有起任何作用,犯罪结果与A的帮助行为无因果性。A的行为也不符合《刑法》第287条之二第1款中提到的"为其犯罪提供互联网……技术支持"。此外,A本身也不可能独立的侵害法益。基于此,张明楷教授认为帮助信息网络犯罪活动罪性质上属于帮助犯的量刑规则。

〔3〕 刘艳红:《网络犯罪帮助行为正犯化之批判》,载《法商研究》2016年第3期。

二、帮助信息网络犯罪活动罪的犯罪构成

（一）犯罪客体和客观方面违法性要件

1. 犯罪客体

犯罪客体，是指被犯罪行为所侵害的、由我国刑法所保护的法益。而法益是指法律所确认和保护的利益和价值。[1] 就刑法立法和理论而言，往往根据犯罪客体的性质来决定该具体犯罪的归类。帮助信息网络犯罪活动罪被归入第六章妨害社会管理秩序罪中，表明了立法机关认为帮助信息网络犯罪活动罪侵犯的主要法益是信息网络管理秩序。但是就本罪而言，除了侵犯信息网络管理秩序外，还可能侵犯其他法益。如帮助他人实施网络诈骗、网络盗窃，侵犯他人财产权法益。帮助他人在网络中实施生产、销售伪劣产品，则侵犯国家产品质量管理制度和消费者的合法权益。帮助他人在网络中实施宣扬恐怖主义，则侵犯了公共安全法益。可以说，该罪名犯罪客体的特殊性就在于客体复杂且不确定，但是根据该罪被规定在刑法分则第六章来看，其必然直接侵犯的共同客体仍然是侵犯网络管理秩序。

2. 犯罪客观方面

犯罪客观方面的内容，包含了危害行为、危害结果、因果关系，某些犯罪中还包含特定的时间、地点等要素，例如《刑法》第 340 条非法捕捞水产品罪，有特定的时间或方法要求。

帮助信息网络犯罪活动罪的客观方面，表现为为他人利用信息网络实施犯罪提供互联网接入、服务器托管、网络存储、通讯传输等技术支持，或者提供广告推广、支付结算等帮助，情节严重的行为。针对本罪客观方面的性质特征，本文在这一部分主要讨论《刑法》第 287 条之二规定的"互联网接入""服务器托管""网络存储""通讯传输""广告推广""支付结算"这六种具体行为以及"等""情节严重"的含义，刑法上的因果关系。

（1）互联网接入

互联网接入是指通过特定的信息采集和传输通道，利用传输技术完成用户与广域网的物理连接。以接入方式而言分类，主要有电话线拨号接入（PSTN）、一线通（ISDN）、ADSL 接入、有限电视网络接入（HFC）、光纤宽带接入、无光源网络接入（PON）、无线网络接入等。从这个定义而言，为用户提供互联网接入的主体范围相当广阔，尤其是最后一种无线网络接入。仅无线网络接入，就包括我国移动通讯市场有常见的 2G、3G、4G、WIFI 网络等。在现实生活中，除了市场大众性网络接入服务，还包括专用的互联网专线接入服务。

由此可见，"互联网接入"这一概念的范围极其广泛。从法律意义而言，根据我国

[1] 魏东主编：《刑法——原理·图解·案例·司考》，中国民主法制出版社 2016 年版，第 65 页。

《互联网接入服务规范》和《中华人民共和国电信条例》,我国目前所使用的"互联网接入服务"的概念,主要是指电信业务经营者与公众用户之间的接入服务。简言之,互联网接入服务,就是电信营业者将用户计算机接入互联网的服务。这种行为概念的范围,显然不如我们日常所理解的,只要是提供连接互联网通道的服务,包括网吧、商场、咖啡厅的 WIFI 服务都是互联网接入服务。我国公安部于 2005 年出台的《互联网安全保护技术措施规定》将互联网服务提供者分为互联网接入服务、互联网数据中心服务、互联网信息服务、互联网上网服务。明显将网吧、商场等主体提供的上网服务与电信营业者提供的互联网接入服务相区别。那么笔者根据公安部相关规定,以及《互联网接入管理规范》《中华人民共和国电信条例》可推断出,互联网接入服务仅仅包括电信经营者提供的互联网接入服务。而根据工业和信息化部发布《电信业务分类的目录》(2015 年版),电信经营者的网络接入服务业务主要是蜂窝移动通讯技术、互联网数据传输业务,网络接入设施服务业务以及一些专用的互联网接入增值业务,包括互联网虚拟专用网业务,域名解析服务业务等。

笔者认为,对于网络服务提供者提供互联网接入服务与其他如提供存储服务相比,其技术的中立性更为明显。我国《信息网络传播权保护条例》对互联网接入服务提供者的免责条件进行了较为详细的规定。[1] 在大多数情况下,互联网接入服务都是根据服务对象的指令自动接入网络的。例如开打手机蜂窝移动网络,登录微信,编辑消息发送朋友圈。这一系列操作中,互联网是根据用户指令自动被接入,整个数据的即时传输过程都是自动的。根据 2016 年中国移动运营数据报告,截至 2016 年 9 月 30 日,移动用户已达到 8.44 亿人,4G 基站已经超过 132 万个。要对如此大规模的网络数据流量进行全方位的监管,显然是不现实的。目前电信运营商普遍采取的违法违规信息监测方式主要是通过机器对于数据关键字词进行识别和日常的人为抽检,实现对恶意信息的拦截。但是面对如此海量的传输信息和数据的各种加密方式,这种监管也无法达到完全杜绝网络犯罪信息的传播。举例来说,电信营业商对于诸如"淫秽""色情""SEQING"等关键词进行屏蔽,使得通过网络传播淫秽物品的行为人难以发送关键字词,但是由于人工智能受限于技术手段的发展,智能化监测手段还不能够像人脑一样巧妙。行为人在反监测方面,甚至不需要采用复杂的加密手段,只需要通过更改几个关键词如将传播淫秽物品改称"开车",即可继续进行犯罪行为。面对铺天盖地的互联网诈骗案件报道,提供互联网接入服务的电信运营商不可能不知道其提供的互联网接入服务会被犯罪分子作为犯罪手段实施诈骗,但是对于帮助信息网络犯罪活

[1] 《信息网络传播权保护条例》第 20 条:网络服务提供者根据服务对象的指令提供网络自动接入服务,或者对服务对象提供的作品、表演、录音录像制品提供自动传输服务,并具备下列条件的,不承担赔偿责任:

(一)未选择并且未改变所传输的作品、表演、录音录像制品;

(二)向指定的服务对象提供该作品、表演、录音录像制品,并防止指定的服务对象以外的其他人获得。

动罪而言,互联网接入服务的自动化智能化程度高,中立性明显,服务提供者管控难度也更大,所以可以认为提供这种服务的机构对于互联网违法内容的监控义务比较低。我国在《信息网络传播权保护条例中》对于互联网接入服务、自动储存服务、搜索和链接服务提供者的免责事由进行了不同的规定,区分了其承担责任的严格程度。但是我国《刑法修正案(九)》以及相关司法解释如《关于办理诈骗刑事案件具体应用法律若干问题的解释》(以下简称《诈骗解释》)等对于互联网接入与其他帮助行为并没有进行区分。

因此,笔者认为,根据上述各部门的规定,作为本罪的"互联网接入服务"应当仅仅包括电信经营者提供的互联网接入服务。同时,限于技术手段、用户群体的庞大和网络即时性功能的保障。互联网接入服务提供者除非明知行为人利用接入的互联网实施犯罪,且所提供互联网接入服务并非高度智能化、自动化的,否则不应承担该罪的刑事责任。

(2)服务器托管

服务器托管是指为了提高网站的访问速度,将自己所有的服务器、相关设备托管到专业机房中以实现用户目的。简言之即用户自己购买服务器将其放置到 IDC 机房中。在互联网商业活动中,服务器是提供网络服务的必备设备。服务器不是一般而言的电脑,必须全天 24 小时无间断工作,如果服务器出现问题,则运营商将无法提供相应的网络服务,其网站、网络软件等也无法工作响应。因此服务器需要放在相对稳定适宜的环境当中,满足其需要的温度、湿度、供电需求以及其他运行条件,更重要的是保证稳定、高速的网络连接。服务器所需要的这种严苛条件是普通人自用住房和办公场所难以达到的。因此,从事互联网商业活动,进行服务器托管是必不可少的。

对于服务器托管服务提供者而言,与客户进行托管合作需要签订合同,客户在很多情况下也会对托管服务者的机房状况进行现场考察。在这种情况下,服务器托管服务就不像互联网接入服务提供的那样,后者往往是自动性的。服务器托管商所提供的是对于用户服务器的管理、维护服务,这种服务往往是外部性的。而针对服务器内部的托管服务,如服务器的系统托管、软件的安装和管理等服务,考虑到商业保密性,则需要用户的授权。

因此,对于提供服务器托管服务这种行为而言,虽然没有互联网接入服务那种高度自动化,但是考虑到用户信息的保密性,往往服务器托管商也不易知道用户进行互联网活动的合法性。因此这种行为的中立性也比较明显。这种为用户提供服务器托管行为就类似于房东将房屋出租给租客,只要双方经过身份验证确认主体身份和行为合法,至于租客之后在出租屋内从事何种行为,考虑到对于隐私权的保护,房东也难以获知。即便房东怀疑房客可能在屋内进行吸毒行为、或者聚众赌博,法律也难以要求房东对于房客行为随时进行监控,遑论成立容留他人吸毒罪或赌博罪的帮助犯。因此,笔者认为服务器托管服务这种行为也具有较为明显的中立性。此外,针对服务器托管相类似的行为,如提供服务器租用、云主机等,其行为特征与托管相似,虽然《刑法修正案(九)》没有明确将其纳入,但笔者认为鉴于其行为的相似性,服务器托管服务应当将服务器租用和云主机等包含在内。

(3)网络存储

网络存储是一种特殊的专用数据储存服务器,它包括存储器件(磁盘、光盘驱动器、移动存储介质等)和内嵌系统软件。它提供的是跨平台文件共享功能,用户可以在网络中存取文件等数据。网络存储本身的技术性比较复杂,就分类而言,2000年欧盟《电子商务指令》中,将网络存储分成了缓存服务和宿主服务。缓存服务是一种自动性的、暂时性的对于用户网络信息进行存储的方式。因为缓存所采用的往往是RAM(断电即掉的非永久存储)。而宿主服务是服务提供者固定性长期性地将服务接受者的信息进行存储。根据《电子商务指令》的相关规定,这两种存储的免责事由不尽相同。就提供缓存服务而言,由于缓存服务的高度自动性,责任限制的条件更为严苛。而关于宿主服务,免责条件是对于违法活动、违法信息并不知情或者一旦获知相关信息,就立马移除信息。[1] 2007年德国《电信媒体法》也作出了基本相类似的分类,将存储服务分为临时性、自动性缓存服务提供者以及存储服务提供者。

我国对于提供网络存储服务这一行为方式,法律法规及司法解释中存在不同表述,2000年国务院《互联网信息服务管理办法》中,将网络服务提供分为经营性服务和非经营性服务,并没有对网络存储服务做出明确规定。2005年公安部《互联网安全保护技术措施规定》中,也没有对网络存储服务这一行为方式作出明确规定。但笔者认为网络存储服务可以被归纳入《措施规定》中的互联网数据中心服务或互联网信息服务中。在两高规定的若干司法解释中,对于存储服务的表述也存在区别。《诈骗解释》第7条没有直接规定提供储存服务,只是笼统地规定了提供"网络技术支持"等帮助。《赌博解释》第4条也未直接规定,而是表述为提供"计算机网络"等"直接帮助"。《淫秽电子信息解释》第7条将网络存储服务表述为提供"网络存储空间"。较为明确地在司法解释中规定了这一行为方式。《淫秽电子信息解释(二)》沿袭了《淫秽电子信息解释》的规定,也表述为提供"网络存储空间"服务。但是在《刑法修正案(九)》中,关于这一行为范式,删去了"空间"二字。只表述为提供"网络存储"服务。就这一删改,笔者认为是扩大"提供网络存储服务"这一行为方式的范围,将提供网络缓存服务也纳入到这一行为方式当中。

在2016年受到强烈关注的快播案中,快播播放器用户之所以超过三亿并不断扩大的原因,不仅仅在于其先进的P2P播放技术,还在于其缓存功能的强大。缓存的速

[1] 王华伟:《网络服务提供者的刑法责任比较研究》,载《环球法律评论》2016年第4期。

度由用户的下载量控制。简言之,用户对于某一个视频文件观看量越大,缓存速度越快,甚至可以达到自身终端宽带流量的上限,其他用户因此而受益。快播的缓存设置类似于机动车运输,而没有缓存的播放器类似于畜力运输,速度极慢。虽然对于传播淫秽视频而言,真正起作用的是用户的上传和下载,缓存服务单以技术而言只是用户传播数据的延伸,但不可否认的是,缓存技术的运用使得这一传播速度大大提升。P2P 技术,对于互联网用户而言大大拓展了获取网络信息的范围,在这一技术运用推广之前,用户要获取资源必须从提供资源的互联网网站进行下载,而这一技术的采用,使得用户可以从任何一个同样使用该技术的网络用户的电脑终端中获取,因此我们下载的对象同样可以成为其他用户获取的对象。如果将获取信息的用户比喻成水桶,提供资源的用户比喻成水龙头,那么缓存技术就是一根极大地增加了宽度的水管,并且这根水管的宽度可能随着水龙头使用频率的增加而越来越大。但是由于 P2P 这种技术绕开了提供资源的网站这一中介,也由于缺乏网络监管而存在极大侵权风险,因此众多的互联网技术公司对此都采取较为审慎的态度,如百度公司为版权问题而关闭百度播放器的 P2P 点播。

(4)通讯传输

通讯传输,概言之就是异地间信息传输与交换。通讯是指利用电讯设备传递消息,通讯设备包含种类广泛,广义上包括电报、电话、移动电话、短信、VOIP、FreeEIM 等。后两种主要是针对互联网的即时通讯工具。

互联网技术的进步也带动了网络通讯行业的发展,随着人们对于信息即时性的要求越来越高,各种网络即时通讯技术软件强烈地冲击着传统的电话、传真等通讯方式。我国自 2014 年开放民间资本进入电信行业后,民间资本可以通过租借三大运营商的基础网络服务器进行各种电信增值业务,其中包括提供通讯传输服务。提供通讯传输服务主要是通过提供网络电话服务的形式来实现。而对于网络电话这种新的通讯服务形式,我国并未对其在法律层面作出明确规定。国务院及工信部也只有几个鼓励引导民间投资进入电信行业的指导意见。目前 VOIP 网络电话领域产值保持 300% 以上的速度增长。[1] 然而近年来频发的网络电话、短信诈骗案件中,由于网络电话的监管漏洞,诈骗集团越来越多地利用网络电话进行诈骗。除了常见的网络电话诈骗、短信诈骗,行为人还通过提供“伪基站”服务随机对于周围人群大规模发送短信,获得不当利益。伪基站是一种由主机和移动电脑组成,通过短信群发器、短信发送机等相关设备可以搜索到指定范围内的手机卡信息,并利用 2G 网络移动通信的固有缺陷(GSM 通讯协议设计的漏洞,老式 SIM 卡无法识别短信发送方是否是真实号码),伪装成运

〔1〕《网络电话合法,看国家的政策如何说》,载网话中国:http://www.voipchina51.com/hyzx/606.html,最后访问日期:2016 年 12 月 7 日。

营商的基站,强行向用户发送诈骗、广告推销等短消息。通过改号软件、伪基站等手段,这些发送的号码来源往往可以被更改为“10086”“9559”等正规公司企业的电话号码,使得人们难以识别网络电话的来源,从而上当受骗。在360互联网安全中心发布的《全国首份伪基站短信治理报告》显示,2014年仅第二季度,360手机安全卫士为全国用户拦截到各类伪基站短信就多达12.38亿条,平均每天拦截伪基站短信1360万条。可见全国伪基站之多已经成为中国特别的通讯安全问题。而根据360互联网安全中心数据显示,在所有伪基站发送的短信中,广告类短信占51.1%,诈骗类短信占15.6%。[1]

因此,笔者认为,对于提供通讯传输这一行为而言,不仅应当包括提供网络电话服务的提供者,还包括为其提供“短信群发器”“短信发信机”等硬件设备和提供伪基站硬件设施、信息服务的行为。我国《信息网络传播权保护条例》中第20条规定了“对服务对象提供作品、表演、录音录像制品提供自动传输服务”的网络服务提供者的免责事由。这里的传输服务范围显然不及《刑法修正案(九)》当中规定的提供传输服务的范围广。《诈骗解释》中,表述为“提供通讯传输通道”和“网络技术支持”。这种规定较为笼统,笔者前文所言出售出租伪基站、群发器的行为,其实既可以被归纳为“提供网络技术支持”,也符合“提供通讯传输通道”的行为特征。《赌博解释》中的表述就更为简单,直接表述为提供“通讯”等直接帮助。《淫秽电子信息解释》和《淫秽电子信息解释(二)》中都直接将其表述为“通讯传输通道”的服务。笔者看来,“通讯”一词过于简单泛化,比如将自用手机借给犯罪行为人拨打、给行为人冲话费实际上也是提供了“通讯”帮助。如此一来针对该类行为的打击面未免过大。而“通讯传输通道”则相反,这一概念过于狭窄,难以认为提供伪基站、短信发射器这一类行为是提供了一种“通道”,更恰当的表述应该是基于运营商的通讯传输通道而为这种通道传输提供了一种信息的传播方式。因此笔者认为“通讯传输”这一概念表述更为恰当。

(5)广告推广

广告推广实际上是一个营销学术语。简言之就是把自己的产品、服务、技术等通过媒体广告让更多的人和组织机构了解。互联网中的广告推广具有其特殊之处,它本身不能独立存在,必须和其他网络工具相结合。例如,横幅广告必须依托网页作为媒体,关键词广告需依托搜索引擎。E-mail广告需依靠电子邮箱。因此,在互联网领域中的广告推广服务,具有范围广泛,形式多样、适用性极强的特点。在《刑法修正案(九)》的表述中,广告推广服务是一种“帮助”,而不是前文提到的四种“技术支持”。广告推广服务在最高人民法院、最高人民检察院、公安部《关于办理网络赌博犯罪案

---

〔1〕《首份伪基站报告:超7成伪基站短信伪装运营商》,载人民网:http://mobile.people.com.cn/n/2014/0822/c183175-25517248.html,最后访问日期:2017年12月7日。

件适用法律若干问题的意见》（以下简称《网络赌博解释》）中表述为“投放广告”服务。而就目前的广告发展趋势而言，“投放广告”这一表述已经无法涵盖日新月异的广告业务。例如，目前流行的软文推广、百度知道、SEO（搜索引擎优化）都是时兴的推广产品服务的广告方式。特别是针对SEO的推广方式。SEO是针对搜索引擎收录排名而为用户提供的网站结构优化、网站代码优化等服务。搜索引擎是一种全新的营销信息传播方式，它的特点是竞价排名、按点击付费。点击付费就是让广告主不根据广告本身的投放时间、投放数量还进行付费，而是根据广告投放后带来的实际效果来付费。这种新的营销模式就使得“广告投放”这一表述过于滞后陈旧。因为通过广告投放数量和时间来衡量帮助行为的严重性已经不符合目前广告业务的发展现状，现在的网络广告的特点是展示不收费，点击不收费，有效果才收费。因此，单纯用广告的数量、时间已经无法全面判断网络服务商帮助行为的社会危害性。《刑法修正案（九）》没有使用《网络赌博解释》的“投放广告”，而是使用“广告推广”一词，笔者认为更契合目前广告行业尤其是互联网广告行业的发展现状。而针对“搜索引擎点击付费”是否属于广告，2016年我国工商总局出台的《互联网广告管理暂行办法》对其进行了界定，明确付费搜索属于广告范畴，这也表明，目前时兴的付费搜索这一推广服务，也应当被纳入《刑法修正案（九）》中的“广告推广”行为中。

（6）支付结算

“支付结算”这一概念本身是经济学术语，根据《银行结算办法》，主要是指单位、个人在经济活动中使用票据、银行卡和汇兑、托收承付等结算方式进行货币给付及资金结算的行为。在帮助信息网络犯罪活动罪当中的“支付结算”行为概念应当更为狭义，主要是指网络服务提供者所提供的基于互联网平台，通过网络进行的为交易中的客户间提供货币支付或现金流转等现代化支付结算手段。常见的支付结算服务主要包括通存通兑、代收代付、个人汇款、转账，POS机消费结算等。

目前，除了电子银行、电子信用卡等早期互联网时代的支付方式外，还存在着一种正迅猛发展起来的支付结算方式——第三方支付。这种支付方式的便利性在于：第一，第三方支付平台把一系列应用接口程序，多种银行卡支付方式都整合到一个界面上，通过平台的结算中心直接和银行对接，使得用户不需要在不同银行开设不同账户，可以帮助消费者降低网上购物成本，也帮助商家降低了运营成本。第二，第三方支付平台的结算业务相比SSL、SET（一种支付协议，需要验证身份，程序复杂，手续繁多且速度慢）的操作更为简单。第三，第三方支付平台依托大型门户网站，如支付宝依托淘宝网，财付通依托腾讯网，因此可以解决网络交易中存在的信用问题。但是第三方支付也存在明显的风险，如账户实名制未完全落实、客户信息安全风险，挪用客户备付金等。对于第三方支付机构，也存在着刑事犯罪的法律风险。一般而言，提供支付结算服务的机构涉嫌犯罪主要有两种情况：一种是第三方支付机构或其工作人员主动与犯罪分子勾结,为其犯罪提供资金结算服务;另一种是被犯罪分子利用,而为其从事犯罪提供资金流转服务。

在《刑法修正案(九)》中规定的关于帮助信息网络犯罪活动罪的"支付结算",在之前出台的两高司法解释中,也存在着不同表述。《诈骗解释》《赌博解释》《淫秽电子信息解释》《淫秽电子信息解释(二)》中均将其表述为"费用结算"。而《网络赌博解释》中则表述为"资金支付结算"。笔者认为,"支付结算"的表述更加简洁,且可包含"费用结算""资金支付结算"。通过查询相关案例,笔者发现,在刑事审判中,认定行为符合提供"支付结算"服务因而成立帮助信息网络犯罪活动罪的范围不仅仅局限于银行、第三方支付平台方本身具有支付结算功能的主体,还包括其本身不具备支付结算功能的自然人主体。例如在刘某甲、苏某甲诈骗案中〔1〕,网络服务提供者刘某乙并非直接向诈骗行为实施主体刘某甲提供支付结算服务,刘某乙在案件中的主要行为是通过建立和管理网上银行、支付宝、环迅付款等支付方式的接口。在陈铁中、蒋明智等诈骗罪案〔2〕中,被认定为诈骗罪共犯(未构成帮助信息网络犯罪活动罪的理由是根据第287条之二第3款的规定,诈骗罪的处罚重于帮助信息网络犯罪活动罪)的行为人刘兵所实施的行为主要是帮助直接实施诈骗的行为人陈铁中、蒋明智联系第三方支付平台(天津融宝、重庆易极付)签订支付结算合同,并将融宝和易极付的支付接口与用以实施诈骗的网站进行捆绑,并从中抽取佣金。

可见,根据司法实践中的案例分析,不难看出,提供"支付结算"的行为不仅仅是自身具有支付结算功能的机构主体,也包括为网络犯罪行为人和具有支付结算功能的主体之间"搭桥铺路"或对网站的支付平台借口界面进行维护管理的自然人或机构主体。

(7)"等"的理解

在帮助信息网络犯罪活动罪的客观行为要件当中,"等"字的表述是一项兜底条款,是为了避免列举不尽而造成法律无法适用于对发生的危害行为而设置的条款。根据笔者上文的分析可以看出,互联网日新月异的发展使得传统概念的含义不断扩大甚至被突破。如今的"支付结算""广告推广"已经早不是以使用商业承兑汇票、信用证为主要方式的"支付结算"和以广告投放范围和投放时间计价的"广告推广"。因此,法律的稳定性必然会与网络发展的变动性产生矛盾。因此,尽管根据笔者对于6种客观行为的分析,笔者趋向于认为就目前而言,帮助信息网络犯罪活动罪的6种客观行为表述已经几乎涵盖了所有网络帮助行为,但"等"字的存在仍然是必要的。否则,随着网络日趋进步,新兴技术不断涌现,出现了更多全新的网络帮助行为,且这些帮助行

〔1〕 江西省吉安县人民法院刑事判决书(2015)吉刑初字第204号。

〔2〕 新疆生产建设兵团第六师中级人民法院刑事裁定书(2016)兵刑06刑终字22号。

为明显区别于传统的6种帮助行为,能否将其纳入6种行为之内而予以定罪？答案应当是肯定的。

对比《刑法修正案(九)》颁布之前的司法解释,在关于这一网络帮助行为的行为类型方面,似乎还存在一些司法解释规定为网络帮助行为的行为而没有被纳入帮助网络犯罪活动罪的行为类型中。比如《赌博解释》第4条中的为其提供"资金"等直接帮助;《网络赌博解释》第2条中为赌博网站"发展会员""软件开发""技术支持"等服务;《淫秽电子信息解释(二)》第7条中"通过投放广告等方式向其直接或者间接提供资金";《诈骗解释》中提供"信用卡、手机卡、通讯工具"等帮助。

对于上述未被明确规定为帮助信息网络犯罪活动罪的客观行为,但现实中已经存在行为方式。根据相关案例和学者论述,笔者的观点是,帮助信息网络犯罪活动罪中的帮助行为划分为了明显相区别的两个方面,明确性较强。一类是提供互联网技术性帮助。这类帮助更偏重互联网的基础技术性,这一类技术的提供是行为人实施网络犯罪的必要条件,倘若无人为其提供互联网接入、服务器托管等技术支持,行为人根本不具备实施网络犯罪的条件。另一类则是提供互联网商业性帮助。这类帮助强调利用互联网高效快捷的商业传播方式,将行为人行为进行放大。因此只要是为其提供实施网络犯罪必要条件的技术支持的,如"软件开发""信用卡、手机卡、通讯工具"等都可以归入技术支持类,而"发展会员""提供资金"等则可以归入帮助类,主要在于放大行为的社会危害性。

其实如果按照对于帮助信息网络犯罪活动罪的"等"字的上述理解,即便对于未来还没有出现的犯罪,我们也大致可以将其归为这两类中。例如随着物联网技术泛滥,生活中越来越多的物品都可以通过互联网进行连接,犯罪分子可以通过破解物联网技术,以被害人所正在使用的新型的物联网医疗设备比如心脏起搏器,胰岛素控制器来掌控一个人的生命。又如,随着互联网监管措施的加强,犯罪分子为实现网络犯罪,必然采取更多规避监管措施的手段。而为犯罪提供破解并进入他人中控系统和规避监管措施的技术手段的,仍然可以归纳到该罪的行为方式之中。当然,是否最终成立帮助信息网络犯罪活动罪,还应当进行综合考量,此处仅指出以上行为可以归纳入帮助信息网络犯罪活动罪的行为方式中。

综上所述,本罪中的"等"的具体含义应当包括以下两类:第一类,提供互联网技术性帮助。第二类,提供互联网商业性帮助。前者为网络犯罪实施提供必要条件,后者放大网络犯罪的社会危害性。

(8)因果关系

帮助信息网络犯罪活动罪中,网络服务提供者的网络帮助行为与他人的犯罪行为之间的因果关系,在很多场合下是相对比较明确的。例如,对于帮助者提供的互联网接入服务、服务器托管服务而言,犯罪行为人要实施网络犯罪必然需要依赖于服务者提供上述技术支持。一旦行为人利用这些网络服务者提供的网络帮助行为实施犯罪,就可能被认定网络服务者的网络服务与犯罪损害结果之间存在因果关系。

但是网络技术服务与一般帮助行为的不同之处就在于由于其较高的技术性和复杂性,因果关系的判断并不总是明确的。以实践中争议比较大的深度链接〔1〕技术为例。网站经营者以营利或其他目的(不必然与服务器提供者有意思联络)完成与上传有各类未经他人授权的影视作品网站的链接,在自己网站上设置站长推荐、搜索指引、关键词提示等方式向用户推荐作品,并通过捆绑播放软件等方法供用户浏览、下载。〔2〕而关于深度链接是否成立犯罪,最大的争议就在于其因果关系机制上。因为在深度链接设置以前,他人服务器上传的侵权作品就已经构成了知识产权犯罪,可见深度链接的作用在于助力犯罪社会危害性扩大,而并不是促使犯罪行为的直接实施和社会危害性的发生。换言之,知识产权犯罪与损害结果之间的因果关系,不因深度链接的介入和抽离而受到改变。

笔者较为赞同采用客观归责理论来判断网络帮助行为与损害结果是否具有刑法上的因果关系的观点。客观归责即是行为制造法所不允许的风险,并且使得法律所保护的社会利益出现危险或者实际损害。〔3〕如果信息网络技术支持和帮助在犯罪实行行为和损害结果的推进中属于可以很容易被替代、被抽离的技术支持和帮助,或者其他市场参与者都能提供相同类型的网络技术支持和帮助,那么说明这一类的网络技术支持和帮助行为具有典型的社会意义和经济价值,这类市场经营主体所提供的信息网络服务并不追求从他人的犯罪行为中获利,尽管客观上可能从他人犯罪行为中获得了利益(如短信诈骗中,运营商至少自动地收取了短信服务费),这种风险是为法所允许的。但是倘若网络服务者的帮助行为制造了法所不允许的风险,那么应当认定为存在因果关系。举例来说,针对帮助信息网络犯罪活动罪的六种客观行为之一的提供"通讯传输"的技术支持。一种情况是,网络电话公司根据犯罪行为人的申请,履行形式审查义务以后,便为犯罪行为人安装网络电话,行为人设置网络电话自动语音随机拨号进行网络电话诈骗。显然网络电话公司客观上为行为人的犯罪行为提供了"通讯传输"服务。但是安装电话这种行为具备高度的可替代性特征,具有典型的社会意

---

〔1〕 深度链接:即绕过被链网站首页直接链接到该网站分页的链接方式。用户点击深度链接标志时,计算机会自动绕过被链接网站的首页,而跳入具体内容页。这种技术在实践中可以造成用户误解,认为所浏览的内容是在设链网站内,会对使用者对网站内容所有者产生误判,引起侵权纠纷。以乐视诉电视猫侵权案为例。要观看乐视网所提供的影视作品,用户必须以安装乐视网播放软件、进入乐视网网站为前提,非VIP会员还需要观看乐视前置广告。但是用户通过电视猫软件本身,就可以实现乐视公司网站上所有视频内容的全部正常观看,无需借助乐视网提供的软件,并且还无需观看乐视公司的前置广告。这被法院认定为是对乐视公司涉案作品信息网络传播权的直接侵害。

〔2〕 孙超:《全国首例"深度链接"侵犯影视著作权案判决生效》,载《新普陀报》2014年6月10日,A2版。

〔3〕 Gunther Jakbos, Strafrecht, De Gruyter, 1993, S. 15. 转引自刘宪权:《论信息网络技术滥用行为的刑事责任——〈刑法修正案(九)〉相关条款的理解和适用》,载《政法论坛》2015年第6期。

义、经济价值，电话可能被用来实施诈骗犯罪活动，是法律所允许的固有风险。另一种情况则是，网络服务提供者根据犯罪行为人的申请，出售其“移动伪基站”，并派遣专门人员为犯罪行为人提供对伪基站的使用服务。在人流密集处架设伪基站，对以伪基站为中心的一定范围内人群发送诈骗短信。这种出售伪基站并提供伪基站服务就不具有社会意义和经济价值，因为制作安装伪基站本身就是违法行为。并且，没有这种伪基站，行为人难以实施短信诈骗活动，这种服务行为具有高度的不可替代性。在这种情况下，就可以认定这种帮助行为制造了法所不允许的风险，与诈骗行为所产生的危险或者损害结果存在因果关系。

（二）犯罪主体与主观方面责任性要件

1. 犯罪主体

《刑法修正案（九）》新增设的帮助信息网络犯罪活动罪的规定中，实际上对于该罪的犯罪主体的规定，是“提供技术支持或广告推广、支付结算等帮助的行为”的人或单位，也就是我们通常理解的网络服务提供者。网络服务提供者的外延范围比较广，包括了一切为保证用户网络使用正常的所有人与机构。根据网络提供者所提供的服务或其在网络中的功能不同，还存在多种分类。比较常见的分类是网络接入服务提供者、网络平台服务提供者、缓存服务提供者、网络内容服务提供者、访问软件提供者等。[1] 按照此分类方法，可将我国《刑法》第287条之二中采用了以客观行为作为分类标准的主体都包含在内。《刑法》第287条之二中的犯罪主体，主要包括提供技术支持服务者和提供推广结算业务服务者。而提供技术支持服务者又包括了访问软件提供者、平台提供者以及网络接入服务提供者。我国目前《刑法修正案（九）》通过的两个关于网络服务提供者的刑事责任的规定，初步形成了我国网络服务提供者的主体责任体系，为我国打击信息网络帮助类犯罪明确了犯罪对象。但是我国刑事立法中，对于网络服务提供者这一概念比较模糊，在规定这一主体的刑事责任时，并没有具体的功能类型加以支撑。《刑法》第287条之二，虽然试图以六种客观行为来阐释网络服务提供者的类型，但是没有对这些不同的客观行为规定轻重不同的具体构成条件，而是对于6种类型规定了相同的刑罚处罚后果。

事实上，这种“一刀切”的分类方式和刑罚处罚方式是存在问题的。一方面过于抽象，导致认定标准的模糊；另一方面可能会违反比例原则。这种应当深层次讨论网络服务提供者类型的思路，实际上并没有得到许多刑法学者的重视。大多数刑法学者在讨论网络服务提供者的犯罪帮助行为时，直接从网络服务提供者这一个“大”的概念入手，去讨论相应的刑事责任，引入中立的帮助行为这一概念来解释网络帮助行为。例如有学者认为，网络接入行为、网络平台提供行为，以及P2P软件提供行为，都属于

---

〔1〕 涂龙科：《网络服务提供者的刑事责任模式及其关系辨析》，载《政治与法律》2016年第4期。

中立的业务行为,不应当承担帮助犯的刑事责任。[1] 这种大而化之的讨论方式笔者认为是存在一定问题的。

网络服务提供者,是一个非常宽泛的概念,可以说只是一个顶层的概念通称,如果以此为基础来讨论其刑事责任的有无或大小,必然有偏颇之嫌。例如,网络服务提供者包括了网络接入服务提供者和网络存储服务提供者。网络接入服务提供者的范围较广,只要提供互联网接入服务包括所提供的 WiFi 的商场商店,提供信息流量传输渠道的中国移动、电信等,都可以称为网络接入服务提供者。而网络储存服务提供者可以包括网络缓存服务提供者、网络硬盘存储服务提供者甚至是平台服务提供者(网络平台也具有储存功能),但是这二者之间对于其所提供服务的技术支配力、管控力是有区别的。网络接入服务提供者在技术上便难以对自己传输的各类信息加以监控。Sieber 教授指出,“原则上,网络提供者和网络接入服务提供者不可能控制和封锁在互联网传输的内容。就技术的角度而言,其原因首先在于互联网传输信息的海量性,数据加密以及对传输内容进行及时控制的不可能性。”[2] 而目前,数据的加密技术的发展更是日新月异,仅仅通过算法就可以让网络接入服务者一时难以监控,遑论各种解压缩技术、P2P、BT 技术更是让监控难上加难。要求网络接入提供者提供如此严苛的义务和责任不啻为强人所难,还可能造成网络服务提供者与国家机关的对立。此外,还要考虑过于深入的技术手段可能会侵犯公民隐私的问题,引起公民与网络服务提供者甚至于国家机关的对立。但是对于网络储存服务提供者(包括平台服务提供者),情况则不一样。这种主体对于其所管理的存储空间具有较强的支配能力,当其发现违法内容存在于其所管控的存储空间、平台中,可以及时删除和封锁,如果没有采取措施,则构成相应犯罪。举例而言,百度、360 等网盘对于其管控的存储空间内信息的监控,是通过 MD5 数值(提供消息完整性保护的一种互联网计算机散列函数,通俗而言是指区分各种视频、文本的特征信息)自动监控系统实现。将其管控领域内视频、文本文件抽取 MD5 码进行识别,一般情况下可快速判断该文件是否存在相关违法、犯罪信息。由此可见,在判断不同功能类型的网络服务者是否应当构成犯罪时,应当按照其功能不同而有所区别。

德国和欧盟法律考虑了这种情况,德国 2007 年出台的《电信媒体法》中明确规定了四种类型的网络服务提供者。即网络内容服务提供者、信息传输服务提供者、缓存

---

〔1〕 陈洪兵:《网络中立行为的可罚性研究——以 P2P 服务提供商的行为评价为中心》,载《东北大学学报》(社会科学版)2009 年第 3 期。参见陈洪兵:《中立的帮助行为论》,载《中外法学》2008 年第 6 期。

〔2〕 Sieber, Responsibility of Internet - Providers - A Comparative Legal Study with Recommendation for Future Legal Policy, The Computer Law and Security Report, Vol. 15, No. 5, 1999, p. 292; Sieber, Control Possibilities for the Prevention of Criminal Content in Computer Networks, The Computer law and Security Report, Vol. 15, No. 3, 1999, 171ff, p. 168. 转引自王华伟:《网络服务提供者的刑法责任比较研究》,载《环球法律评论》2016 年第 4 期。

服务提供者和存储服务提供者。欧盟 2000 年出台的《电子商务指令》将网络服务提供者区分为纯粹传输服务、缓存服务和宿主服务三种不同类型的网络服务提供形式。对于几种情况的责任限制做出了不同的规定。对于网络内容服务提供者、信息传输服务提供者、缓存服务提供者都规定在严格限定的情况下才承担责任。[1]

因此，笔者认为，依据不同的网络服务提供者的特征，其刑事责任构成条件应当有所区别。

针对访问软件提供者而言。访问软件的范围十分广泛，针对访问软件提供者是否应当承担责任，司法实践中有不同见解。如近期发生的快播案，显然司法机关将快播公司放任大量淫秽视频在互联网上传播的行为认定为传播淫秽物品牟利罪的帮助犯。而也有学者认为，除非访问软件提供者确与他人通谋实施犯罪，否则访问软件提供者无需承担共犯责任，也无需承担《刑法修正案（九）》规定的拒不履行法定义务的刑事责任。[2]

针对平台服务提供者而言。平台提供者主要是为用户提供信息发布载体的机构或者个人，常见的平台如 BBS、商品交易平台等。一般而言，平台服务提供者对于用户发布的内容没有发表自己观点或者意见，单纯提供平台服务的行为，不宜作为犯罪处理，除非确有证据证明平台服务提供者明知用户在其平台上发布的内容涉嫌犯罪。

针对网络接入服务提供者。此种情况应当与前二者有所区分。因为网络接入服务者范围十分广泛。一切提供与用户互联网接入有关的软硬件基础设施的机构或个人都可以被归入网络接入服务提供者的范畴，甚至包括日常生活中的网吧、咖啡厅、茶馆等等。而目前 WiFi 的普及运用，更是令这一主体的范围扩展。接入服务提供者对于用户的网络使用所起的服务是基础性的，且网络服务提供者主体范围过大，不应当由其承担过重责任。虽然《刑法修正案（九）》并没有将这一主体排除，但是笔者认为对于这一主体的刑法适用范围应当予以严格限制。否则为其施加过重义务与责任，将严重阻碍网络技术的发展与运用。例如如果要求每一个 WiFi 提供主体都承担合法性审查义务，要求如中国移动、电信对于用户发布的信息进行逐一审查，显然会严重影响互联网的即时性，对于这些提供者而言也是不现实的。

2. 犯罪主观方面

根据《刑法》第 287 条之二的罪状描述，该罪主观方面的表述“明知他人……”，即该罪要求网络服务提供者在主观上必须是“明知”。

对于“明知”的含义，大致学界有三种解释。第一种是明知即确知，完全确定的知晓，如果有一定怀疑或者模糊地知道，都不是明知。第二种是“明知”包括确知，也包

〔1〕 王华伟：《网络服务提供者的刑法责任比较研究》，载《环球法律评论》2016 年第 4 期。
〔2〕 涂龙科：《网络服务提供者的刑事责任模式及其关系辨析》，载《政治与法律》2016 年第 4 期。

括可能知道。其中的可能知道是行为人对于他人的犯罪具有一种概括地了解,可能知道但不能肯定。第三种是“明知”包括确知或者应当知道。

目前根据司法解释和学者观点,显然司法实务和大多数学者所采纳的观点是第三种。但网络犯罪立法中,网络帮助行为本身区别于现实中传统帮助行为特点就是帮助人主观上的不确定性。如果“明知”可以包括应当知道,那么其深层含义就是“应当知道,但是不知道”,这可能会造成对于网络犯罪打击面过大。例如,目前很多诈骗信息都是通过电信服务商的短信业务发送并传播,面对互联网中各种电信诈骗信息的报道,电信服务商不可能不知道其提供的短信服务会给犯罪人提供便利,但是其并没有与犯罪嫌疑人通谋之故意,又不可能对于全国海量的短信信息进行逐条审查。如果认为电信服务商的主观心态是“明知”而加以进行刑法处罚,必然造成电信行业萎缩,不利于信息传播与共享。但是又有学者指出采用“明知”即“明确知道”这种观点,“对于明知的限定范围窄,容易为狡猾的犯罪分子所利用,使得他们可以借口未被明确告知而不明知,从而逃避刑法的惩罚。”[1]实际上这种担忧完全可以通过刑事推定予以解决。

笔者认为,在本罪中对于“明知”的认定,很难从其行为中直接得到证实,因为行为人往往以技术无罪,或仅提供一般的劳务性帮助,对于被帮助人犯罪行为不知情为由予以辩解。我国目前出台的司法解释基本明确了关于帮助信息网络犯罪活动罪中“明知”的推定规则。在美国《千禧年数字版权法》中,首创了网络版权法中的“通知与移除规则”。即收到了通知,就是证明其存在“明知”的证据。网络服务商除非证明指控虚假,否则就应当移除相关内容,断开相关链接。《关于办理利用互联网、移动通讯终端、声讯台制作、复制、出版、贩卖、传播淫秽电子信息刑事案件具体应用法律若干问题解释(二)》予以借鉴,在第8条中对“明知”的推定做出了更为详细的规定。[2] 在知识产权犯罪中,也存在红旗规则这样的推定规则:侵权事实如红旗一样鲜明地呈现在网络服务提供者面前,服务商不可能未发现其存在。较为常见的是音乐播放软件,例如腾讯、阿里音乐、网易云音乐诉酷狗案。网络音乐提供者非常容易发现其网页中列出的流行热门歌曲和歌手名称是否侵权,这是网络音乐软件或网站的管理者不可能意识不到的事实。这种情况下,就可以认为存在“明知”。

综上所述,如存在以下情况,就可以认定为本罪的“明知”:(1)经过行政主管机关、相关部门书面告知存在涉嫌违法犯罪行为后仍然继续实施本罪规定的客观行为

---

〔1〕 冯英菊:《论赃物犯罪中的“明知”》,载《人民检察》1997年第12期。

〔2〕 包括:(一)行政主管机关书面告知后仍然实施上述行为的;(二)接到举报后不履行法定管理职责的;(三)为淫秽网站提供互联网接入、服务器托管、网络存储空间、通讯传输通道、代收费、费用结算等服务,收取服务费明显高于市场价格的;(四)向淫秽网站投放广告,广告点击率明显异常的;(5)其他能够认定行为人明知的情形。

的。(2)已经接到投诉、举报后,仍然继续实施的。(3)提供本罪规定的客观行为中的各类网络服务,收取服务费明显高于市场价格的。(4)向淫秽网站投放广告,点击率明显异常的。(5)其他能够认定行为人明知的情形。当然,既然是推定的"明知",即便是高度的或然性,也存在不确定。因此,允许行为人作出解释,只要其解释可否认"明知"存在,即不存在"明知"。例如,如果可以证明其没有履行管理职责是因为证实了接到的举报是虚假的,或者证明其网络服务质量明显高于其他服务商,如网络服务流量稳定,维护功能服务好等,即可认定其作出了合理解释,就不应认定为该罪的"明知"。

三、帮助信息网络犯罪活动罪的司法认定

就帮助信息网络犯罪活动罪的司法认定而言,本文主要从罪与非罪的界限,本罪与它罪的界限,共同犯罪问题以及罪数与竞合问题进行分析。

(一)罪与非罪的界限

1. 中立帮助行为的适用问题

对于帮助信息网络犯罪活动罪成立与否,正如笔者前文详述,许多学者争议的集中点都放在了中立的帮助行为理论上,几乎所有有关网络帮助行为的论述,都绕不开中立帮助行为的理论。但笔者通过对于该罪主客观方面地分析,不同意将所有网络帮助行为都纳入中立帮助行为进行探讨的大而化之的讨论方式,因为就该罪而言,帮助行为的方式是不同的,至少存在着六种不同的帮助行为。但是许多学者却没有注意到,这六种帮助行为根据其自身的特点,所对应的刑事责任大小应该是不同的,不同类型的帮助行为,其成立犯罪的条件也应当是不同的。许多学者在这一问题上,直接认为网络接入行为、网络平台提供行为以及 P2P 软件提供行为,都是中立的帮助行为,不应当承担帮助犯的刑事责任。[1] 通过上述分析我们可以看出,不仅不同的行为类型之间存在差异,就连相同的行为类型内部都存在着差异。例如笔者上文所提到的"通讯传输"服务,提供网络电话的"通讯传输"服务,就明显与提供伪基站的"通讯传输"服务存在差别;又如"支付结算"服务,本身以支付结算服务为业的机构所提供的"支付结算"服务,与为用于犯罪活动的网站提供建设、管理支付页面和窗口的"支付结算"服务也存在差别。而且这种差别是非常显著的:提供伪基站服务和提供建设、维护网站支付结算窗口建设的服务明显可以看出帮助者对于其所帮助的活动属于何种性质具有明显的认识,因为其一,这两种帮助行为自动性程度低,都需要人为控制和

---

〔1〕 参见周光权:《网络服务商的刑事责任范围》,载《中国法律评论》2015 年第 2 期;车浩:《谁应为互联网时代的中立行为买单?》,载《中国法律评论》2015 年第 1 期;赵远:《浅析网络犯罪中网络服务提供者的刑事责任》,载《工会信息》2014 年第 26 期。

支配;其二,要实施这两种帮助行为,就需要提供服务者与被帮助者有更深入的接触,了解“客户”的需求;其三,这两种行为,提供服务者对于提供的服务有较强的技术支配力,有很大可能意识到自身行为是否与犯罪相联系。提供伪基站服务的帮助者需要得到被帮助者的短信信息内容才能输入群发器中进行发射,提供网站支付结算管理的帮助者则对整个网站的商品服务交易运营有一定了解。综上所述,笔者认为在认定网络帮助行为是否构成帮助信息网络犯罪活动罪时,将所有网络帮助行为大而化之地统一纳入进行讨论,无论是单纯强调其“中立性”而不认为是犯罪,还是强调社会危害性远超实行行为而认为是犯罪的观点,都是存在片面性的。对于实践中的网络帮助行为,应当具体地单独地分析其是否具有“中立性”以及“社会危害性”的有无和严重程度。其实《刑法》287条之二已经为该罪成立的界限作出了规定,即成立该罪必须要求“情节严重”。但是对于情节严重这一规定,《刑法》并未做出统一具体的规定,而需要我们根据相关刑法解释进行刑法意义上的分析和探讨。

2.“情节严重”的理解

刑法条文只规定了“情节严重”,但并未规定何种情况下构成情节严重,查阅之前颁布出台的司法解释我们不难发现,对于网络帮助行为的“情节严重”认定,一些司法解释中有着或多或少的规定。情节严重实际上被认为是构成犯罪的综合性要件,涉及主客观两方面的内容,针对《刑法》第287条之二的主观方面的罪与非罪的界限,笔者在前文已有详尽论述,由于提供网络技术帮助行为的特殊性,此处笔者将重点论述“情节严重”在客观方面的理解。

《网络赌博解释》《赌博解释》《淫秽电子信息解释》中,对于不同种类的帮助行为规定了不同的入刑标准。在《网络赌博解释》中,提供互联网接入、服务器托管、网络存储空间等技术支持服务的行为,入刑标准为2万元以上。对于提供支付结算服务的,入刑标准为收取服务费1万元以上或者帮助收取赌资20万元以上的。对于为赌博网站投放广告的,累计在100条以上。《淫秽电子信息解释(二)》中规定的更为详细,对于提供互联网接入、服务器托管、网络淫秽物品、网络存储空间等技术支持服务和代收费服务的,入刑标准为5个以上淫秽网站;提供技术支持服务的,收取服务费在两万元以上的;提供代收费服务,代收服务费在5万元以上的。而对于投放广告等方式提供资金和提供费用结算服务的,入刑标准则为10个以上淫秽网站投放广告或以其他方式提供资金;向淫秽网站投放广告20条以上的;向10个以上淫秽网站提供费用结算服务;以投放广告或者其他方式向淫秽网站提供提供资金5万元以上的;为淫秽网站提供费用结算服务,收取服务费数额在2万元以上的;造成严重后果的。由此可以看出,针对网络帮助行为而言,《网络赌博解释》和《淫秽电子信息解释(二)》制定入刑标准都是着眼于行为可被量化的数量、行为的牟利性。笔者认为这种方式较为科学,而《诈骗解释》中对于网络帮助行为就没有设定入刑标准,只是对于几种帮助行为类型进行了陈述。这种情况下就极容易造成刑法的不当适用,因为其蕴含了“零门槛”之意,也与诈骗罪相关犯罪的刑罚轻重不相适宜。〔1〕

因此,笔者认为,在适用《刑法》第 287 条之二对犯罪嫌疑人定罪时,应当参考我国《网络赌博解释》《淫秽电子信息解释(二)》中对于犯罪客观行为程度进行明确规定的量刑标准。笔者赞同有学者提出的,从对主犯的帮助程度(如技术行为是否不可或缺,以广告方式提供的资金数量),帮助行为的影响程度(如广告的投放数量、短信的发送数量、网络电话的拨打数量),帮助行为的获利数额(如收取服务费的数量)进行综合考虑。〔2〕

(二)本罪与它罪的界限

帮助信息网络犯罪活动罪,在性质上虽然存在争议,但是不可否认在该条罪名设立之前,这种网络帮助行为在构成犯罪的情况下,都是被作为网络犯罪的帮助犯进行处理,根据主犯的罪名及刑罚确定帮助犯的罪名及刑罚。那么在帮助信息网络犯罪活动罪被规定在《刑法》之后,帮助信息网络犯罪活动罪和网络帮助行为可能构成的其他犯罪如诈骗罪、赌博罪之间的界限如何认定,针对这一问题,实际上学界学者普遍没有进行较为详细的解释。笔者根据《刑法修正案(九)》颁布实施以来关于网络犯罪的若干份判决书、裁定书,针对法院对于网络帮助行为不同判决结果的理由,对该问题作出一定程度上的梳理。

1. 犯罪行为性质方面

有法院在做出关于犯罪嫌疑人成立《刑法》第 287 条之二所规定之罪的判决时,运用“犯罪行为性质”进行解释,以区别和其他犯罪的区别。例如,在王华南、王伟方案〔3〕中。法院认定提供网络技术支持的犯罪嫌疑人游伟成立何种犯罪时,认为“游伟是出于牟利目的对豪游公司网络商城的运行提供技术帮助与支持。对豪游公司的违法行为虽然有一定程度的认知,但是对豪游公司实施具体犯罪的内容、过程均不明确知道。”因此应当认定为帮助信息网络犯罪活动罪,而非诈骗罪。同样,在侯中杰、高领、刘冲进、陈建斌盗窃罪案〔4〕中,法院在针对《刑法》第 287 条之二的犯罪行为性质方面也进行了说明,认为“帮助信息网络犯罪是先有他人犯罪,再行或者同时提供技术支持等帮助行为,作用相对较小,具体实施犯罪的他人一般需要对具体的犯罪实行行为作具体的谋划、运筹、组织等,网络的技术支持只是其整体犯罪的一个作用相对较小的帮助环节和媒介利用而已。”但是侯中杰等盗窃案中的两位提供网络帮助行为的被告人首先创设了钓鱼网站,专门为犯罪团伙提供并用于相应的犯罪行为,深度参

〔1〕 贾立:《论网络招嫖案件中的刑法疑难问题》,华东政法大学法学系 2015 年硕士学位论文,第 43 页。

〔2〕 同上,第 43 页。

〔3〕 浙江省绍兴市中级人民法院刑事判决书(2016)浙 06 刑终字 307 号。

〔4〕 广东省深圳区宝安区人民法院刑事判决书(2016)粤 0306 刑初字 350 号。

与了他人的犯罪活动,其主动性远远超出了帮助信息网络犯罪活动罪中所谓的“明知让人实施犯罪,而提供互联网接入等技术支持”的范畴。所以被告人的行为已经不仅仅是一种帮助行为,而是对具体犯罪行为起到了至关重要的决定性作用。“被告人的行为与网站使用者的行为组成了一种复杂的、密不可分的共生、共存关系。”[1]主审法院认定提供网络帮助行为的被告人与网站直接使用者构成同一犯罪,即盗窃罪。而后,又认定其中一名提供了网络帮助行为的被告人高领的行为“较为单纯”,作用相对比较小,因此认定为从犯,减轻处罚。笔者认为,侯中杰等盗窃案的判决认定思路,还存有进一步商榷之处。第一,根据笔者前文分析,帮助信息网络犯罪活动罪的客观行为主要分为两类:一类是网络技术性帮助行为,另一类是网络商业性帮助行为。其中第一种帮助行为,提供网络帮助服务是行为人实施网络犯罪的必要条件,如果没有网络技术性帮助行为,行为人缺乏实施网络犯罪的条件,例如在缺乏互联网接入的情况下,行为人无论如何也不能通过网络实施犯罪。因此,网络帮助行为和他人犯罪行为并没有固定的先后顺序。第二,根据上文对于立法目的和意义的分析,网络帮助行为正是由于其社会危害性较大,具有单独予以刑法打击之必要,才将其予以正犯化。或许有的网络技术支持只在网络犯罪中起到很小的媒介作用,但是有许多情况下的网络技术支持对于网络犯罪起到关键性作用,因此不可一概而论。综上所述,笔者虽然赞同该法院将被告人认定为盗窃罪,但并不赞同其判决认定思路。笔者认为,被告人设立钓鱼网站的行为,帮助他人盗窃的行为,既符合帮助信息网络犯罪活动罪的构成要件,也符合盗窃罪的构成要件,成立盗窃罪的根据是《刑法》第287条之二中第3款的规定,有前两款行为,同时构成其他犯罪,依照处罚较重的规定定罪处罚。本案中盗窃数额达到巨大,盗窃罪的刑罚明显重于帮助信息网络犯罪活动罪的刑罚,因此构成盗窃罪。

2. 从旧兼从轻原则

一些法院认为,犯罪嫌疑人的行为本来属于其他的网络犯罪,但是由于《刑法修正案(九)》第29条把帮助信息网络犯罪的行为单独作为犯罪处罚,并且新的刑法对于犯罪行为的处罚轻于旧的刑法处罚(认为行为人本该成立诈骗罪共犯),因此根据从旧兼从轻原则,应当适用《刑法》第287条之二。[2] 有些法院在认定应当适用从旧兼从轻原则成立帮助信息网络犯罪活动罪时,明显也有些“底气不足”,同时还对嫌疑人的行为性质作出了说明,认为其不完全掌握他人犯罪的过程。[3] 同时,也有法院认为即便按照《刑法》第287条之二的规定,也不应当成立该罪。如陈铁中、蒋明智等诈

---

〔1〕 广东省深圳区宝安区人民法院刑事判决书(2016)粤0306刑初字350号。

〔2〕 江西省吉安县人民法院刑事判决书(2015)吉刑初字第204号。

〔3〕 浙江省绍兴市中级人民法院刑事判决书(2016)浙06刑终字307号。

骗案[1]中,针对上诉人提出的应当适用《刑法修正案(九)》第29条的新规定予以定罪,法院认为,《刑法》第287条之二第3款中明确规定,有前两款行为,同时构成其他犯罪的,依照处罚较重的规定定罪处罚。因此,行为人的行为本就成立诈骗罪共犯,即便按照新法进行处罚,但是诈骗罪的处罚重于帮助信息网络犯罪活动罪,按照《刑法》第287条之二的规定,也应当成立诈骗罪。

3. 帮助行为本身成立犯罪

在丁李浩、周森破坏公用电信设施罪、非法经营案[2]中,犯罪行为人丁李浩利用伪基站发送短信,其辩护人认为应当构成帮助信息网络犯罪活动罪。而法院认定丁李浩出售伪基站,并且承担返修伪基站并寄回的工作,直接参与买卖伪基站,其行为本身就是非法经营罪的实行行为。

由于《刑法修正案(九)》颁布实施距今还不足两年,因此在司法实践中法院关于该罪的判决还较为有限。在这些涉及该罪的刑事判决书、裁定书中除了以上三种情况外,还有一些法院在判决中并未对罪与非罪的界限进行说明,而是简单表述为根据《刑法》第287条之二的规定对嫌疑人定罪量刑。

笔者对于司法实践中的判决进行梳理后认为,实际上对于从旧兼从轻原则的适用,不同法院存在不同理解。笔者认为,此处不能简单得出适用或者不适用从旧兼从轻原则的结论。从简兼从轻原则简言之是"指有利于被告人"准则。如果当时的法律(行为时法)不认为是犯罪或者处罚较轻就适用当时的法律,如果新法不认为是犯罪或者处刑较轻就适用新法。根据《刑法》第287条之二的规定,我们可以看出:其一,如果当时的刑罚规定轻,现在的刑罚规定重,那么毫无疑问应当适用当时的刑法。其二,如果当时的刑罚规定重,现在的刑罚规定轻,这种情况则应当适用目前的刑罚规定,但是这种情况在《刑法》第287条有特别的处理方法。即便帮助信息网络犯罪活动罪比其他罪名轻,根据《刑法》第287条之二第3款之规定,也应当适用刑罚更重的罪名。此处的刑法学原理是法条竞合,法条竞合主要包括了包容关系和交叉关系。此处笔者认为该罪与其他罪名之间存在相同的构成部分,但并非是完全包容的关系,因此应当是交叉关系。根据交叉竞合关系的处断规则,应为"重法优于轻法"。[3] 所以,《刑法》第287条之二即便适用,也不可能比当时法律规定的刑罚处罚轻。其三,如果当时的刑法规定和现在的刑罚规定相同,那么按照从旧的原则,也应当适用当时的刑罚规定。所以笔者认为,此时即便无论是从旧还是"从轻",最终得出的结论都是适用原来的刑罚规定,即成立相关犯罪的共犯,在《刑法修正案(九)》颁布之前实施的网络

[1] 新疆生产建设兵团第六师中级人民法院刑事裁定书(2016)兵06刑终22号。

[2] 新疆维吾尔自治区克拉玛依市克拉依区人民法院刑事判决书(2016)新0203刑初字151号。

[3] 魏东主编:《刑法——原理·图解·案例·司考》,中国民主法制出版社2016年版,第196~197页。

帮助行为,帮助信息网络犯罪活动罪并没有适用的空间。

因此,笔者对于《刑法》第287条之二与其他罪名界限的观点是综合考虑帮助行为本身,即司法实践中强调的“行为性质”。在若干份关于帮助信息网络犯罪活动罪的判决书,无论是认定成立还是认定不成立帮助信息网络犯罪活动罪,很多法院对于行为性质都做出了一定程度的解释。综合考虑,笔者认为应当根据主观与客观两方面进行判断:主观上,要考虑提供帮助者的帮助目的、对于犯罪行为人违法程度的认识,存在何种犯意联络;客观上,要考虑行为人参与他人犯罪的程度、网络帮助行为对于犯罪所起的作用大小等。但是笔者所提出的区分该罪与它罪的观点,并不表明笔者认同法院在认定行为性质方面认为帮助信息网络犯罪活动罪中的技术支持和服务仅仅是“作用较小的帮助”。实际上笔者上文对于该罪的客观行为已经进行详述,网络帮助行为中的技术支持在很多情况下所起的作用往往是关键性的。在只认识到他人要实施犯罪,但是对他人实施何种犯罪并不明确的情况下为他人提供了技术性帮助,没有深度参与到他人的犯罪活动中的情形,笔者认为在这种情况下,对于犯罪活动有明知的故意,客观上也提供了技术性的帮助。只要符合“情节严重”的认定,即可成立帮助信息网络犯罪活动罪。这可以解决实践中对于他人实施网络犯罪的认知不明确,也未参与到他人具体犯罪活动中的犯罪认定难的情况。倘若既有帮助信息网络犯罪活动的行为,同时又实施了其他相关犯罪的部分参与行为(如参与了物色诈骗对象、诈骗分赃等行为),就表明其深度参与了网络犯罪活动,相关行为人所起的作用也就不仅仅是为网络犯罪提供网络帮助而已,还直接参与了网络犯罪,与网络犯罪实施者成立共同犯罪,成立盗窃罪或者其他相关犯罪,同时符合帮助信息网络犯罪活动罪的构成要件,根据《刑法》第287条之二第3款,依照处罚较重的规定进行处罚。

(三)共同犯罪问题

信息网络共同犯罪相较于传统犯罪而言,学者普遍归纳出有三个明显特点。第一,行为主体之间可能相互认识,也可能互不认识。由于信息时代使得各地区用户不再受空间条件限制,可以自由地实时地进行联络,因此行为人可能分别在不同城市,甚至是不同的国家。第二,在客观方面,各个共犯行为人只是分担了一小部分的行为,实行行为和帮助行为都具有隐蔽性。第三,主观上各共犯人的意思联络具有不明确性。许多情况下一些共犯人对于犯罪结果是一种间接故意的心态。[1] 以2016年引起两岸热议的肯尼亚诈骗案为例,犯罪嫌疑人供述其与同伙被关在一间堆满诈骗剧本的小房间中,只负责电话诈骗流程中的“冒充电信公司打电话环节”。这些人被临时招募,不知道招募自己的人是谁,也不知道其他环节的行为人是谁,有哪些,甚至不了解整个

〔1〕 张明楷:《〈刑法修正案(九)〉若干条款的理解与适用——论帮助信息网络犯罪活动罪》,载《政治与法律》2016年第2期。

诈骗流程是什么,只是完成自己的行为后,便由其他环节人员负责。这种情况下,要认定主观存在通谋是非常困难的。

张明楷教授认为,立法机关正是在以传统共犯理论为指导的情况下增设帮助信息网络犯罪活动罪的。因为传统刑法理论要求成立共犯,必须符合:“两个以上达到刑事责任年龄、具有刑事责任能力的人或单位”;“各行为人实施的行为,必须是犯罪行为”;“构成共同犯罪必须二人以上具有共同的犯罪故意”。〔1〕所以,如果查不清正犯是谁,正犯是否达到刑事责任年龄,是否具有刑事责任能力,正犯与帮助者是否具有共同犯罪故意,就不能够认定是否构成共同犯罪。在这种情况下,立法机关工作人员指出“按照刑法共同犯罪规定追究,存在困难,如按照共犯处理,一般需要查明帮助者的共同犯罪故意,但是网络犯罪不同环节人员之间往往互相不认识,没有明确的犯意联络……很难按照诈骗、盗窃的共犯处理。”〔2〕实际上,张明楷教授认为传统共犯理论不利于共同犯罪的认定,由其不利于网络犯罪中的共同犯罪认定。但犯罪的实体是违法与有责,刑法总则有关共同犯罪的立法所要解决的问题是,把不法事实归属给那些参与人,参与是否具有主观责任在共同犯罪中没有任何特殊性可言,认定共同犯罪,只是解决客观归属层面的问题。对于其是否对归属他的不法结果承担主观责任,需要分别地、单独地判断。简言之,共同犯罪的认定,应当以不法为重心。只要正犯的行为符合构成要件并且违法,不管正犯是否具有责任,即不管正犯是否具有责任能力以及具有故意,只要帮助行为与正犯的不法具有因果性,而且帮助者认识到了正犯的行为及其结果,就可认定帮助犯的成立。〔3〕张明楷教授指出,按照这种思路,立法机关工作人员提出的各种网络帮助行为的情形,都是可以通过共犯理论处理的,并且把“明确的犯意联络”作为共同犯罪成立的条件也不恰当,因为即便是共同犯罪传统理论,也承认片面的帮助犯。〔4〕全国人民代表大会常务委员会法制工作委员会对于《刑法修正案(九)》第29条第二部分的解读,认为设立第29条的目的是“即便实施诈骗等犯罪的人没被抓获,全案没有破获,但有足够证据证明了此人实施了帮助行为,也可以对其独立定罪。”实际上,《刑法》第287条之二的立法目的,就是在于解决网络共同犯罪中难以解决的问题,即当正犯的责任、罪行不明,共犯行为人意思联络不明确,难以对帮助犯进行定罪量刑。张明楷教授尽管认为仅从客观归属层面就可以解决共同犯罪的问题,但是其认定共同犯罪的中心仍然在正犯。简言之,只要难以查明正犯行为是否

---

〔1〕 高铭暄、马克昌主编:《刑法学》,北京大学出版社、高等教育出版社2014年版,第163~165页。

〔2〕 郎胜主编:《中华人民共和国刑法释义》,法律出版社2015年版,第505~506页;参见王爱立主编:《中华人民共和国刑法解读》,中国法制出版社2015年版,第695~696页;臧铁伟主编:《中华人民共和国刑法修正案(九)解读》,中国法制出版社2015年版,第206~280页。

〔3〕 张明楷:《〈刑法修正案(九)〉若干条款的理解与适用——论帮助信息网络犯罪活动罪》,载《政治与法律》2016年第2期。

〔4〕 高铭暄、马克昌主编:《刑法学》,北京大学出版社、高等教育出版社2014年版,第166页。

符合犯罪构成要件,就难以对共犯进行认定,只是简化了传统共犯理论认定共同犯罪的条件,未从根本上解决帮助犯认定难的问题。如果将网络帮助行为独立罪名化,可以解决这一问题。因为如此一来,实施网络犯罪的行为人抓获与否,与提供网络服务的行为人是否成立犯罪就没有关系,只要以提供网络服务的行为人为中心,查明其行为是否符合帮助信息网络犯罪活动罪的构成要件,即可定罪量刑。

综上所述,笔者认为,针对帮助信息网络犯罪活动罪而言,并不是不满足其他犯罪的共犯成立条件的网络帮助行为,就应当成立帮助信息网络犯罪活动罪。行为符合其他犯罪的帮助犯成立条件的,又符合《刑法》第287条之二成立条件的,既可以成立其他犯罪的帮助犯乃至正犯,也可以成立帮助信息网络犯罪活动罪。而不满足其他犯罪的成立条件的,如果满足《刑法》第287条之二成立条件的,则成立帮助信息网络犯罪活动罪。行为人提供网络帮助行为的,本应当与网络犯罪的直接行为人成立共同犯罪,但由于此类帮助行为的独立罪名化,则可以不考虑正犯罪行轻重,不按照共同犯罪原理进行处罚,一律按照独立罪名论处,这是对于信息网络共同犯罪中存在的区别于传统共同犯罪问题的解决方式。首先,"明知"他人利用网络实施犯罪的规定,解决了主体之间互相不认识,意思联络不明确的问题,即并不需要主体之间有明确的意思联络,只要帮助者具备"明知"条件即可。其次,六种客观具体行为和"等"字的规定,针对网络犯罪中的帮助者客观上只承担了一小部分行为的特征,避免了帮助者的一些从网络犯罪整体来看,情节较轻,作用较小的客观行为难以被认定与网络犯罪结果存在直接关联。

(四)竞合与罪数问题

针对该罪的竞合问题,笔者实际上在之前相关问题的叙述中,通过对于客观行为的分析、相关案例的解读已有部分论述。实际上,正如笔者在"本罪与它罪"中的论述所言,一部分法院的判决,认定网络帮助者的帮助行为不构成帮助信息网路犯罪活动罪的理由是"帮助信息网络犯罪是先有他人犯罪,再行或者同时提供技术支持等帮助行为,作用相对较小,具体实施犯罪的他人一般需要对具体的犯罪实行行为作具体的谋划、运筹、组织等,网络的技术支持只是其整体犯罪的一个作用相对较小的帮助环节和媒介利用而已。"笔者认为,其一,如果认为帮助信息网络犯罪活动罪当中的提供帮助行为,只是作用相对小的帮助,那么是否意味着该罪的立法原因只是为了打击一些"作用相对较小的帮助",笔者的答案是否定的。在前文关于该罪入罪与否的分析上,比较之前的司法解释会发现,虽然有的司法解释对于网络帮助行为成立共同犯罪的入刑标准作出了说明,但是有的司法解释并没有作出说明,暗含零门槛的意思。而《刑法》第287条之二则作出了"情节严重"的规定,至少说明并不是所有的网络帮助行为都会作为该罪处理。其二,按照入罪时举轻以明重的解释规则,既然"作用相对较小的帮助"都符合《刑法》第287条之二的规定,那么作用大的帮助当然也符合《刑法》第

287 条之二。

由于该罪名的设立,将一部分其他罪名的帮助行为独立成罪,则实施网络帮助行为不再是其他犯罪的帮助犯,而会产生与其他犯罪竞合或成立数个罪名的情况。讨论该罪的竞合和罪数问题,都应当根据《刑法》第 287 条之二第 3 款的规定展开。“有前两款行为,同时构成其他犯罪的,按照处罚较重的规定定罪处罚。”。其中,“同时构成其他犯罪的”,必须是一个行为。如果是数个行为中,一个行为符合该罪第 1 款,其他行为符合其他犯罪,那么应当数罪并罚。一个行为如果是既符合《刑法》第 287 条之二第 1 款的规定,又符合另一犯罪的规定时,就需要比较法定刑的轻重和量刑情节,按照处罚重的定罪处罚。因为此处成立法条竞合的交叉关系。不仅应当考虑法定刑轻重,还要考虑量刑情节,因为如果成立其他犯罪的从犯,无疑要参考我国《刑法》第 27 条第 2 款的规定“从轻、减轻处罚或者免除处罚。”那么如此一来可能最终判处的刑罚轻于《刑法》第 287 条之二第 1 款的法定刑。因此,倘若根据案情认为针对其他犯罪的从犯应当减轻处罚的法定刑低于《刑法》第 287 条之二第 1 款的法定刑,则仍然要按照第 1 款的规定定罪处罚。

但张明楷教授在此处指出,是否符合《刑法》第 287 条之二第 1 款规定的帮助行为,都要按照帮助网络犯罪活动罪来定罪处罚呢?一些地方法院针对该罪的判决书中似乎有种思路。认为该罪就是把原先属于其他罪帮助犯的一些帮助行为独立成罪,故而都应当适用该罪。这种法院认定成立该罪的思路也存在问题。行为如果既符合《刑法》第 287 条之二,又同时构成另一犯罪,那么应当按照处罚较重的规定定罪处罚,如果就法定刑而言,另一犯罪重于《刑法》第 287 条之二,按照另一罪定罪处罚,如果帮助者构成另一犯罪的从犯,按规定则应当适用从宽处罚的规定。但是对于另一犯罪的从宽处罚后的刑罚也不能低于《刑法》第 287 条之二所规定的法定刑。因为适用另一犯罪的前提就是另一犯罪处罚重于《刑法》第 287 条之二。

因此,整理思路我们可以得出该罪名罪数与竞合的相关结论:第一,如果存在数个完全符合不同犯罪构成要件的行为,某一行为符合《刑法》第 287 条之二第 1 款,还实施了完全符合其他犯罪构成要件的行为,则应当数罪并罚。第二,如果一个行为既符合《刑法》第 287 条之二第 1 款的规定,又符合另一犯罪构成要件,那么应当分析比较两罪名处罚的轻重,不能仅对比法定刑。若《刑法》第 287 条之二的处罚重,自不待言应当适用《刑法》第 287 条之二;若另一罪名的处罚重,那么应当适用另一罪名。但是此处应注意成立另一罪名的从犯则会适用刑法总则关于从犯从轻、减轻或免除处罚的规定,而即便适用总则规定,最终的刑罚也不能低于《刑法》第 287 条之二的法定刑。

在此处,张明楷教授提出了一个问题,即如果提供互联网帮助行为构成另一信息网络犯罪的共同正犯或者帮助犯,但另一信息网络犯罪的法定刑低于《刑法》第 287 条之二第 1 款规定的法定刑时,是否一律按照第 3 款适用帮助信息网络犯罪活动罪。

张明楷教授的回答是否定的,认为这种结论违反了罪刑相适应原则。因为如果将帮助者认定为正犯,法定刑都比《刑法》第287条之二低,那么认定为帮助犯,则更不应当认定为帮助信息网络犯罪活动罪。对此,笔者的理解是,确实存在违反罪刑相适应的风险,但是这种风险完全可以在法院审判活动中化解以达到罪刑相适应,因为毕竟《刑法》第287条之二的刑罚自由裁量空间是比较大的。如果认为存在这种风险,就不适用第3款的规定,则有违反罪刑法定之嫌。

四、帮助信息网络犯罪活动罪的刑罚配置分析

《刑法》第287条之二对于帮助信息网络犯罪活动罪规定的法定刑是"处三年以下有期徒刑或拘役,并处或者单处罚金"。首先,对比刑法分则中的诈骗罪、盗窃罪等罪名的第一档法定刑,可以发现帮助信息网络犯罪活动罪的处罚更重。因为帮助信息网络犯罪活动罪中,没有被判处"管制"刑的规定。而在盗窃罪、诈骗罪、故意伤害罪等侵犯人身、财产犯罪的罪名的第一档法定刑中,都有"管制"刑的规定,即是说只要网络帮助行为被法院认定为帮助信息网络犯罪活动罪,除非适用缓刑,否则都将面临监禁。其次,该罪排除了刑法总则中关于从犯的从宽处罚适用。因而最终法院的量刑甚至可能超过被认定为其他犯罪的帮助犯的量刑。因而该罪设立被认为会使网络帮助行为的处罚更重。但是同样也有学者认为,该罪的设立并不会导致网络帮助行为的处罚严厉化。因为在我国司法实践中,对于从犯大量的是从轻或者减轻处罚,免除的情形并不多见。并且一旦触犯重罪,即便从轻或者减轻处罚,一般也不会轻于帮助信息网络犯罪活动罪的法定刑。[1]

实际上,笔者在分析梳理司法实践中判决时发现,该罪的设立帮助法院解决了一部分帮助行为认定难的问题,即是在该罪设立之前,行为人如果明知他人利用其提供的网络技术帮助实施犯罪行为,而也为其提供了网络技术帮助,但是行为人并不了解他人将要利用该类行为实施何种服务。例如为他人建立支付结算窗口,为他人伪造信息办理"假宽带"账号,为他人提供服务器等,这些行为具有一定的外部性特征,而帮助者的主观目的也仅仅是为了收取更多的服务费。在该罪设立之前,往往成立其他犯罪的共犯,或者因为情节显著轻微不作为犯罪处理。其实两种做法某种程度都无法做到周全妥当,如果作为其他犯罪的共犯处理,但毕竟行为人并没有直接参与到他人犯罪活动中,且对他人犯罪也没有明确的认识,与一般意义上的帮助犯还有所不同。而后一种做法又有纵容犯罪之嫌。而刑法第287条之二的规定,似乎帮助司法机关找到了解决这一问题的办法,对于那些虽然明知他人实施犯罪,但没有明确认识,而客观上

---

〔1〕 张明楷:《〈刑法修正案(九)〉若干条款的理解与适用——论帮助信息网络犯罪活动罪》,载《政治与法律》2016年第2期。

只是提供技术帮助，没有深度参与他人犯罪的行为，按照《刑法》第 287 条之二定罪处罚。在目前关于此罪还为数不多的被认定为帮助信息网络犯罪活动罪的判决中，至少还没有被认定为这一犯罪的帮助者的刑罚超过其他犯罪的行为人的刑罚的情况发生。但是笔者也并不据此认为对于网络帮助行为的处罚更重，至少在很多司法解释中，如《关于办理利用信息网络实施诽谤等刑事案件适用法律若干问题的解释》《诈骗解释》《关于办理暴力恐怖和宗教极端刑事案件适用法律若干问题的意见》，都没有将把“情节严重”作为帮助犯成立的条件。对于帮助犯的成立存在“零门槛”规定的情况下，《刑法》第 287 条之二罪名的成立至少还规定了“情节严重”的成立条件。就此看来，该罪的刑罚配置是合理的，并没有加重对网络帮助者的处罚。

而针对有学者提出的“立法建议”，认为该罪应适用“资格刑”，对于触犯该罪的行为人还应当适用禁止令的规定，把“场所”的意义作扩大解释，扩大到网络空间中。[1]笔者认为这种观点还有待进一步探讨。第一，我国资格刑的设置尚不明确。我国《刑法》规定，“被禁止从事相关职业的犯罪分子违反人民法院依照前款规定作出的决定的，由公安机关给予处罚。”但《治安管理处罚条例》中却并未提到违反资格刑的服刑人员应当被作出何种处罚。第二，可操作性不强。目前的互联网早已不是台式机时代的互联网，只要打开手机不到一秒就可以连入网络，公安部门对其行为难以监管，禁止进入“网络空间”的禁止令规定几乎无可操作性。基于资格刑、禁止令本身还不够完善且缺乏可操作性，笔者初步认为目前还不宜过早将资格刑适用于该罪。

五、结语

如今的互联网时代，线上空间与线下空间深度融合，虚拟性和现实性的界限似乎也正在慢慢模糊。但互联网犯罪的帮助行为与传统的犯罪帮助行为的区别开始也被学者们逐渐认清。网络帮助行为，由于其本身种类的多样性，帮助者主观心态的不确定性，甚至同一种网络帮助类型都存在区别，因此对于帮助信息网络犯罪活动罪这一罪名的性质、构成要件、司法认定、刑罚配置都存在争议。笔者通过对于学者观点的分析，司法判决的归纳，结合自己的认识对该罪进行了一定程度上的梳理。分析该项罪名，不难发现其中存在的模糊之处，但是通过对于该罪的解释，明晰了该罪的性质、构成要件、司法认定和刑法配置。

独木不成林。网络犯罪中，确实存在着许多利用互联网技术、资源，对于网络犯罪提供各种技术支持、帮助的人员。对于一类主体，最核心的问题在于如何定罪处刑。笔者通过整体式的分析后认为，对于这一类主体进行刑法适用，一要重点考虑行为人

〔1〕 陆旭：《网络服务提供者的刑事责任及展开——兼评〈刑法修正案（九）〉的相关规定》，载《法治研究》2015 年第 6 期。

主观要件的“明知”,要进一步明确行为人对于犯罪活动的“明知程度"。二要分析其客观方面,具体属于帮助行为的哪一类行为,结合其具体的类型行为符合“情节严重”,并认定因果关系。如果主客观方面均符合该罪成立条件,还要考虑行为人是否存在罪数问题,考虑该罪与其他罪之间是否存在竞合关系以及竞合后应当如何适用刑法。最后在刑罚处罚上,配置理念上,该罪刑罚配置合理,没有对帮助者加重处罚。在具体适用上,要考虑其他犯罪的行为人的量刑轻重,不可轻率地适用资格刑和禁止令。

办理减刑假释案件中适用司法解释溯及力原则初探

——以最高人民法院“法释〔2016〕23 号”司法解释为视角

罗书平*

【内容摘要】减刑假释虽然发生在刑罚执行过程中,属于程序法调整的范畴,但由于它涉及对刑罚执行的变更,自应以作为实体法的刑法及其相关司法解释为依据,也就必然涉及这些法律依据发生变化后对其先前已交付执行的服刑人员申报减刑假释案件是否具有溯及力的问题。自 2016 年最高人民法院重新制定《关于办理减刑、假释案件具体应用法律的规定》(法释〔2016〕23 号)后,这个问题尤为突出。由于该司法解释对申报减刑(假释)条件、减刑幅度、间隔周期、服刑年限等都作了较之前更为严格的限制,实践中对其是否具有溯及既往的效力,在认识和做法上都不尽一致。溯及力原则作为刑法的基本原则之一,也应当成为刑事司法解释应当遵循的基本原则,故在办理减刑假释案件中同样适用;按照以“从旧兼从轻”为标志的溯及力原则,对新的司法解释施行前的减刑假释案件仍应当适用当时的司法解释,除非适用新的司法解释对罪犯有利才应当适用新的司法解释。

【关键词】刑法　溯及力原则　刑罚执行　减刑假释

一、现状与问题:法释〔2016〕23 号司法解释对减刑假释案件法律适用的重大影响

2015 年 8 月 29 日,国家立法机关通过《刑法修正案(九)》并自 2015 年 11 月 1 日起施行。如同之前于 2012 年通过的《刑法修正案(八)》一样,《刑法修正案(九)》也对包括适用减刑假释在内的刑罚执行制度作了重大修改。

为此,最高人民法院重新制定并发布了最高人民法院《关于办理减刑、假释案件具体应用法律的规定》[1]。该司法解释在 1991 年、1997 年、2012 年三个同名司法解释的基础上,既有对《刑法修正案(九)》关于适用减刑(假释)条件规定的明确和细

---

* 罗书平,中国民主法制出版社第八编辑部主任、国家法官法院教授。

〔1〕 最高人民法院《关于办理减刑、假释案件具体应用法律的规定》(2016 年 11 月 15 日发布,自 2017 年 1 月 1 日起施行,法释〔2016〕23 号)。

化,也有对在此之前三个司法解释的重大修改,体现出“宽严并重”以“严”为主的显著特点:对适用假释条件适当放宽;申报减刑条件更严;减刑幅度缩短。

(一)对死缓罪犯适用减刑条件的重大修改

现行《刑法》第50条规定:“判处死刑缓期执行的,在死刑缓期执行期间,如果没有故意犯罪,二年期满以后,减为无期徒刑;如果确有重大立功表现,二年期满以后,减为十五年以上二十年以下有期徒刑;如果故意犯罪,查证属实的,由最高人民法院核准,执行死刑。”

上述规定自1997年10月1日起施行后,国家立法机关作出过两次修改:

第一次:《刑法修正案(八)》(2011年5月1日起施行)第4条对其修改的内容有:一是对被判处死刑缓期执行的犯罪分子“确有重大立功表现,二年期满后”的减刑幅度由原来的“十五年以上二十年以下有期徒刑”修改为“二十五年有期徒刑”;二是增加了对被判处死刑缓期执行的累犯以及因故意杀人、强奸、抢劫、绑架、放火、爆炸、投放危险物质或者有组织的暴力性犯罪被判处死刑缓期执行的犯罪分子,人民法院可以同时决定对其限制减刑。

第二次:《刑法修正案(九)》(2015年11月1日起施行)第2条对本条第一款再次作了修改:一是将死缓执行死刑的条件由单一的“故意犯罪”修改为“故意犯罪,情节恶劣”;二是补充规定对于故意犯罪未执行死刑的,死刑缓期执行的期间重新计算,并报最高人民法院备案。

为了确保两个刑法修正案上述规定的顺利施行,最高人民法院相继于2012年和2016年修改和重新制定办理减刑、假释案件的司法解释,其中2016年司法解释对有关死缓罪犯减刑适用中涉及的起始时间、间隔时间、减刑幅度等作了比之前的司法解释更为严厉的规定。主要体现在以下几个方面:

一是将普通死缓罪犯减为无期徒刑后减刑的起始时间由2012年司法解释的“服刑二年以后”修改为“执行三年以上”;

二是将普通死缓罪犯减为无期徒刑后因“有重大立功表现的”减刑的幅度由2012年司法解释的“可以减为二十三年有期徒刑”修改为“可以减为二十三年以上二十四年以下有期徒刑”。

三是将十类被判处死缓的职务犯罪等罪犯在减为无期徒刑后再减刑的幅度和间隔时间明确要求应当“从严掌握”。

四是将限制减刑的死缓罪犯减为无期徒刑后再减刑的起始时间、间隔时间和减刑幅度由2012年司法解释规定的应当比未被限制减刑的死刑缓期执行罪犯“从严掌握”的笼统规定,修改为“执行五年以上方可减刑”的具体规定,并明确要求减刑间隔时间和减刑幅度按照前述“十类”罪犯的规定执行,其中“减为有期徒刑后再减刑时,一次减刑不超过六个月”,而按2012年司法解释的规定,对于非限制减刑的同类情况下的减刑幅度为1年。

（二）对无期徒刑罪犯适用减刑条件的重大修改

《刑法修正案（八）》将无期徒刑罪犯经过一次或多次减刑后实际服刑时间由1997年刑法规定的“不能少于十年”修改为“不能少于十三年”后，最高人民法院相继于2012年和2016年通过修改司法解释，对无期徒刑罪犯适用减刑的条件作出进一步的限制性规定：

2012年司法解释中对无期徒刑罪犯在服刑期间“多次减刑”的适用条件限制为：确有悔改表现，或者有立功表现的，服刑2年以后，可以减刑。减刑幅度为：确有悔改表现，或者有立功表现的，一般可以减为20年以上22年以下有期徒刑；有重大立功表现的，可以减为15年以上20年以下有期徒刑。[1] 这个司法解释与之前的司法解释（1997年）相比，其减刑后实际服刑的刑期普遍提高了2年。此外，该司法解释还规定：无期徒刑罪犯在刑罚执行期间又犯罪，又被判处无期徒刑的，自新罪判决确定之日起三年内一般不予减刑。[2]

2016年司法解释对无期徒刑罪犯减刑的适用条件进一步收紧：一是将第一次的减刑幅度由2012年司法解释的“可以减为二十年以上二十二年以下有期徒刑”修改为“可以减为二十二年有期徒刑”，减刑幅度相当于缩减了2年；二是将有重大立功表现的减刑幅度由“可以减为十五年以上二十年以下有期徒刑”修改为“可以减为二十年以上二十一年以下有期徒刑”，减刑幅度至少缩减了5年；三是对被判处无期徒刑的职务犯罪等十类罪犯适用减刑的条件更严，包括起始时间由2012年司法解释规定的“服刑二年以后”修改为“执行三年以上”，减刑幅度应当比照其他无期徒刑罪犯“从严掌握”，且无论何种情形的减刑均“一次不超过一年有期徒刑，两次减刑间隔时间不得低于二年。”

（三）对有期徒刑罪犯适用减刑条件的重大修改

尽管刑法修正案（八）和刑法修正案（九）并没有对有期徒刑罪犯适用减刑的刑罚执行制度进行修改，现行刑法中对有期徒刑罪犯一次或多次减刑后实际服刑时间不能少于原判刑期的二分之一的规定并未改变，但在两个刑法修正案分别于2011年和2015年起施行后，最高人民法院相继于2012年和2016年修改司法解释，对有期徒刑罪犯的减刑条件和幅度都作了一次比一次更为严格的限制和缩减：

2012年司法解释普遍将有期徒刑罪犯的减刑幅度缩减了一年。按之前1997年司法解释规定：“被判处十年以上有期徒刑的罪犯，如果悔改表现突出的，或者有立功表现的，一次减刑不得超过二年有期徒刑；如果悔改表现突出并有立功表现，或者有重

---

〔1〕 最高人民法院《关于办理减刑、假释案件具体应用法律若干问题的规定》（法释〔2012〕2号）第7条。

〔2〕 最高人民法院《关于办理减刑、假释案件具体应用法律若干问题的规定》（法释〔2012〕2号）第14条。

大立功表现的,一次减刑不得超过三年有期徒刑。"2012 年司法解释对上述规定中被判处 2 年有期徒刑罪犯的减刑幅度大大缩减,其规定是有期徒刑罪犯"确有悔改表现,或者有立功表现的,一次减刑一般不超过一年有期徒刑;确有悔改表现并有立功表现,或者有重大立功表现的,一次减刑一般不超过二年有期徒刑。"

2016 年司法解释对有期徒刑罪犯减刑的起始时间和减刑幅度进一步收紧:一是起始时间按原判刑期的长短而递增,不满 5 年有期徒刑的执行 1 年以上,5 年以上不满 10 年有期徒刑的执行 1 年 6 个月以上,10 年以上有期徒刑的执行二年以上。二是对确有悔改表现或者有立功表现的一次减刑幅度不论原判刑期长短,一律由 2012 年司法解释的"一般不超过一年"缩减为均"不得超过九个月"。三是间隔时间亦按原判刑期的长短而递增,即原判不满 10 年有期徒刑的两次间隔时间不得少于 1 年,原判 10 年以上有期徒刑的两次间隔时间不得小于 1 年 6 个月,同时补充规定所有有期徒刑罪犯两次以上的减刑间隔时间均"不得低于上次减刑减去的刑期"。四是补充规定对职务犯罪等十类罪犯适用减刑的起始时间、减刑幅度、间隔时间应当较于其他有期徒刑罪犯"从严掌握"[1]。

(四)对假释适用条件的"宽严并重"

如果说,有关减刑适用的司法解释总的趋势是越来越严的话,那么,在假释适用上则明显体现了"宽严并重"的特点。这主要体现在对适用假释罪犯范围的把握上:

一是降低了对"未成年罪犯"可以"适当从宽"适用假释的门槛。按照 2012 年司法解释,对于"未成年罪犯"适用假释时可以"适当从宽"。[2] 但该司法解释将"未成年罪犯"的年龄起算时间界定为"减刑时不满 18 周岁"。2016 年司法解释在此基础上进一步"放宽"未成年罪犯的确认条件,即将"未成年罪犯"的起算时间由之前司法解释所界定的"减刑时不满十八周岁"放宽为"犯罪时未满十八周岁"。[3] 换言之,即使申报假释时已经年满 18 周岁,但只要符合"犯罪时不满十八周岁"的条件,也可以"适当从宽",相应地也就扩大了对这批可塑性较强的服刑人员适用假释的范围。

二是扩大了可以"适当从宽"适用假释的服刑人员范围。2012 年司法解释中仅仅规定对"未成年罪犯适"用假释时可以"适当从宽"。这种刑罚执行制度上反映出的"重减刑、轻假释"的理念,其结果直接反映在司法实务中有关适用减刑、假释的比例极不协调上。全国法院办理的减刑、假释案件的司法统计数据显示:2010 年为 559 730 件,其中减刑 524 006 件、假释 35 724 件;2011 年为 615 010 件,其中减刑 572 226 件,假释 42 784 件[4]。连续两年在减刑、假释案件中,假释所占的比例均不足十分之一。

---

[1] 最高人民法院《关于办理减刑、假释案件具体应用法律的规定》(法释〔2016〕23 号)第 7 条。

[2] 最高人民法院《关于办理减刑、假释案件具体应用法律的规定》(法释〔2016〕23 号)第 19 条。

[3] 最高人民法院《关于办理减刑、假释案件具体应用法律的规定》(法释〔2016〕23 号)第 26 条。

[4] 最高人民法院编:《人民司法·应用》2011 年第 7 期、2012 年第 5 期。

显然,这是有违适用刑罚目的、也不适合世界上已经呈现出开放、文明的行刑发展趋势的。正因如此,2016 年司法解释扩大了适用假释时“可以依法从宽掌握”的范围,除前述“犯罪时未满十八周岁的罪犯”外,还包括:过失犯罪的罪犯、中止犯罪的罪犯、被胁迫参加犯罪的罪犯;因防卫过当或者紧急避险过当而被判处有期徒刑以上刑罚的罪犯;基本丧失劳动能力、生活难以自理,假释后生活确有着落的老年罪犯、患严重疾病罪犯或者身体残疾罪犯;服刑期间改造表现特别突出的罪犯;具有其他可以从宽假释情形的罪犯。并特别强调,当监狱服刑人员既符合法定减刑条件,又符合法定假释条件的,“可以优先适用假释”,其中年满八十周岁、身患疾病或者生活难以自理、没有再犯罪危险的罪犯的“优先适用假释”。〔1〕

三是 2016 年司法解释补充规定了“不予假释”的对象。即在现行刑法第 81 条和《刑法修正案(八)》规定对累犯以及因杀人、爆炸、抢劫、强奸、绑架等暴力性犯罪被判处十年以上有期徒刑、无期徒刑的犯罪分子“不得假释”的基础上,补充规定对于生效裁判中有财产性判项,罪犯确有履行能力而不履行或者不全部履行的,不予假释。〔2〕

二、研究与思考:刑法溯及力原则在刑事司法和刑罚执行中的具体运用

据调查发现,正是由于上述刑罚执行制度的重大变化,刑罚执行机关普遍反映,对无期徒刑罪犯、死缓罪犯以及刑期较长的有期徒刑罪犯的管理、教育以及考核奖惩机制都将受到很大冲击。也从一定程度上影响到刑罚执行机关的监管改造秩序的稳定。据 5 年前的统计显示,全国共有监狱 681 所、在押服刑人员 164 万人〔3〕。如前所述,全国法院每年办理的减刑假释案件均占押犯总数的三分之一以上,且呈逐年上升的趋势。

而上述刑罚执行制度的重大变化都必然涉及刑法溯及力原则在刑罚执行中是否适用,以及刑罚执行机关和人民法院在申报和审理减刑假释案件中,在相关司法解释已作修改的情况下,对在此之前已经交付执行目前仍在监狱服刑的人员是否有溯及力的问题。说其“牵一发而动全身”,实不为过。

(一)溯及力原则概述

刑法溯及力属于刑法的时间效力的范畴,它是指刑法生效后,对其生效前未经审判或者尚未确定的行为是否适用。如果适用,就有溯及力;如果不适用就没有溯及力。对此,我国《刑法》第 12 条专门作了规定:

---

〔1〕 最高人民法院《关于办理减刑、假释案件具体应用法律的规定》(法释〔2016〕23 号)第 26 条。

〔2〕 最高人民法院《关于办理减刑、假释案件具体应用法律的规定》(法释〔2016〕23 号)第 27 条。

〔3〕《司法部:中国共有监狱 681 所在押犯人 164 万人》,载凤凰网:http://news.ifeng.com/mainland/detail_2012_04/25/14141580_o.shtml,最后访问日期:2017 年 2 月 10 日。“在十一届全国人大常委会第二十六次会议上的报告”。载《法制日报》2012 年 4 月 25 日。

一是行为发生时的法律不认为是犯罪,而行为发生后的法律认为是犯罪的,适用当时的法律,即“新法”没有溯及力。对于这种情况,不能以“新法”规定为犯罪为由而追究行为人的刑事责任。

二是行为发生时的法律认为是犯罪,但行为发生后的法律不认为是犯罪的,只要这种行为未经审判或者判决尚未确定,就应当适用“新法”,即“新法”具有溯及力。

三是行为发生时和行为发生后的法律都认为是犯罪,并且按照刑法规定的追诉时效应当追诉的,原则上按行为发生时的法律追究刑事责任,即新法不具有溯及力;但如果按行为发生时的法律处刑比行为发生后的法律重,则应适用新法,新法具有溯及力。

四是如果按行为发生时的法律已经作出了生效判决,继续有效。即使按新法的规定,其行为不构成犯罪或处刑较当时的法律要轻,也不例外。

简言之,关于新法对它施行前的行为是否有溯及力,我国刑法体现的是“从旧兼从轻”或曰“有利被告”原则,即对一个行为发生后法律有变更的,在对行为人决定适用法律时,应当选择适用对行为人更为有利的法律。例如,《刑法修正案(九)》对贪污贿赂犯罪的法定刑中普遍降低了主刑,但增设了附加刑罚金刑。因此,自《刑法修正案(九)》施行后,人民法院审判《刑法修正案(九)》施行前的贪污受贿犯罪案件在裁量刑罚时,就应当坚持:主刑适用《刑法修正案(九)》(从轻);而对于附加刑,由于行为时的刑法没有规定罚金,就不能对这类案件判处罚金(从旧)。

刑事司法解释也必须遵循这样的法律适用原则。不管有关办理减刑、假释案件的司法解释是否规定对已经交付执行刑罚的案件适用新的司法解释,都应当从处理结果更有利于犯罪嫌疑人、被告人的角度来进行考量。

(二)溯及力原则在刑事司法实务中的具体运用

关于刑法溯及力原则在司法实践中应当如何具体运用的问题,最高司法机关曾作出过不少的司法解释:

1997年3月25日,在全国人大对刑法第一次大修后的第11天,最高人民法院就发出通知,要求全国法院对修订后的刑法实施前发生的行为、实施后尚未处理或者正在处理的案件,依照修订的《刑法》第12条的规定办理;对于修订的刑法实施前,人民法院已审结的案件,实施后人民法院按照审判监督程序重新审理的,适用原审结时的有关法律规定。

1997年9月25日,在全国人大第一次大修后的刑法施行前几天(10月1日起施行),最高人民法院制定了《关于适用刑法时间效力规定若干问题的解释》,内容包括新法在办理刑事案件中所涉及的追诉时效、减轻处罚、累犯、自首、立功、缓刑、假释等是否适用的问题,基本精神是体现了“从旧兼从轻”原则,如明确规定1997年9月30日以前犯罪、1997年10月1日以后仍在服刑的累犯以及因杀人、爆炸、抢劫、强奸、绑架等暴力性犯罪被判处10年以上有期徒刑、无期徒刑的犯罪分子,适用修订前的《刑法》第73条的规定,可以假释。

1997年10月6日,修订后的刑法施行第6天,最高人民检察院制定了《关于检察工作中具体适用修订刑法第十二条若干问题的通知》,第一次涉及司法解释的溯及力问题:如果当时的法律、司法解释认为是犯罪的,修订刑法不认为是犯罪的,依法不再追究刑事责任。已经立案、侦查的,撤销案件;审查起诉的,作出不起诉决定;已经起诉的,建议人民法院退回案件,予以撤销;已经抗诉的,撤回抗诉。

1997年12月23日,最高人民法院在《关于适用刑法第十二条几个问题的解释》中,对《刑法》第12条中"处刑较轻"的法律适用问题作出解释,其中特别强调:"如果刑法规定的某一犯罪有两个以上的法定刑幅度,法定最高刑或者最低刑是指具体犯罪行为应当适用的法定刑幅度的最高刑或者最低刑"。

1998年12月2日,最高人民检察院制定《关于对跨越修订刑法施行日期的继续犯罪、连续犯罪以及其他同种数罪应如何具体适用刑法问题的批复》,对司法实践中发生的三类情况作了相应的解释。

2001年12月17日,最高人民法院、最高人民检察院针对司法实践中就司法解释本身是否存在包括溯及力在内的时间效力问题的不同理解和做法,为了确保刑法适用的严肃性和统一性,联合发布了《关于适用刑事司法解释时间效力问题的规定》(以下简称《规定》),明确肯定司法解释同样存在适用上的时间效力问题,规定:一是司法解释自发布或者规定之日起施行,效力适用于法律的施行期间;二是对于司法解释实施前发生的行为,行为时没有相关司法解释,司法解释施行后尚未处理或者正在处理的案件,依照司法解释的规定办理;三是对于新的司法解释实施前发生的行为,行为时已有相关司法解释,依照行为时的司法解释办理,但适用新的司法解释对犯罪嫌疑人、被告人有利的,适用新的司法解释;四是对于在司法解释施行前已办结的案件,按照当时的法律和司法解释,认定事实和适用法律没有错误的,不再变动。

2011年4月25日,在《刑法修正案(八)》施行前几天,最高人民法院发布了《关于〈刑法修正案(八)〉时间效力问题的解释》:一是对于《刑法修正案(八)》以前判决已经发生法律效力的判处死刑缓期执行的案件,不适用《刑法修正案(八)》;二是对于犯罪行为发生在《刑法修正案(八)》施行以前,但在《刑法修正案(八)》施行后才审结的案件,是否适用应当区别对待,即对于其中本可以判处死刑立即执行,在《刑法修正案(八)》施行后,转而判处死刑缓期执行并限制减刑的案件,可以适用《规定》,但对于判处死刑缓期执行不限制减刑且已经符合罪刑相一致原则不能适用《刑法修正案(八)》;三是《刑法修正案(八)》施行以前犯罪,被判处无期徒刑的罪犯,减刑以后或者假释前实际执行的刑期,适用修正前《刑法》第78条第2款、第81条第1款的规定(实际执行10年以上);四是《刑法修正案(八)》施行前犯罪,因具有累犯情节或者系故意杀人、强奸、抢劫、绑架、放火、爆炸、投放危险物质或者有组织的暴力性犯罪并被判处10年以上有期徒刑、无期徒刑的犯罪分子,《刑法修正案(八)》后仍在服刑的,能否假释,适用修正前《刑法》第81条第2款的规定(新法没有溯及力);五是《刑法修正案(八)》施行前犯罪,因其他暴力性犯罪被判处10年以上有期徒刑、无期徒刑的犯罪分子,《刑法修正案(八)》施行以后仍在服刑的,能否假释,适用修正后《刑法》第81条第2款、第3款的规定(新法有溯及力)。

不难看出,虽然我国法律对于刑事司法解释是否存在溯及力以及是否具有溯及既往的效力问题没有明文规定,但国家最高司法机关(最高人民法院、最高人民检察院)对此是一直持肯定态度的,并通过发布若干司法解释等规范性文件一再予以重申。刑法和相关司法解释对于刑法溯及力原则在司法实践中的具体运用体现了以下几点:

一是从旧兼从轻原则,即当行为发生后法律有变更面临着是适用旧法还是新法的选择时,选择适用最有利于行为人的法律,这就是从旧兼从轻原则的具体体现;

二是行为发生后司法解释有变更面临着是适用原司法解释还是新司法解释的选择时,同样应当选择适用最有利于行为人的司法解释;

三是刑法等法律及其相关司法解释中有关溯及力问题的规定,不仅适用于司法机关办理刑事案件的法律适用中,也同样适用于刑罚执行中。

(三)溯及力原则适用于刑罚执行的法律依据

从表面上看,减刑假释发生在刑罚执行过程中,应当属于程序法调整的范畴,但由于减刑假释涉及对正在执行刑罚的变更,自应以现行刑法(实体法)为依据,其中必然涉及由于刑事法律规范的变化对办理减刑假释案件中有关溯及力原则的具体运用问题。

但是,这个问题长期以来尚未引起足够的重视,在应用法学研究方面的成果更少,从一定程度上影响到司法裁判的公正性和减刑假释制度设立的立法目的。这个问题,在最高人民法院2016年重新发布有关办理减刑、假释案件的同名司法解释后,显得尤为突出。

笔者认为,既然我国刑法所确立的有关溯及力原则所体现的从旧兼从轻原则适用于刑事司法领域中,那么,这一原则同样也应当适用于刑罚执行领域,包括适用于有关办理减刑、假释案件的司法解释。

最高人民法院在2016年发布的《关于办理减刑、假释案件具体应用法律的规定》第42条中规定:“本规定自2017年1月1日起施行。以前发布的司法解释与本规定不一致的,以本规定为准。”虽然这一规定中并未涉及该司法解释施行后的溯及力问题,但几乎在最高人民法院制定的包括司法解释在内的所有司法规范性文件中,对溯及力问题不作规定已成为一种惯例。但事实上,只要法律和规范性文件作了变更,就必然涉及溯及力新的规定对它施行前的行为是否适用的溯及力问题,该司法解释也不例外。

有鉴于此,笔者认为,关于2016年办理减刑假释案件司法解释的溯及力问题,可比照最高人民法院2013年发布的《关于办理减刑、假释案件具体应用法律若干问题的规定》有关问题的通知[1]执行,即原生效裁判在《刑法修正案(九)》生效前作出的,适用2012年的司法解释,但适用2016年司法解释对罪犯有利的,适用2016年司法解释。理由如下:2012的司法解释主要是针对《刑法修正案(八)》的实施而制定的,2016年的司法解释主要是针对《刑法修正案(九)》的实施而制定的;2012年司法解释的内容涉及对之前有关办理减刑假释案件司法政策的调整变化,2016年司法解释也同样涉及对2012年办理减刑假释案件司法政策的调整变化;2012年司法解释的基本精神体现了在办理减刑假释案件中应当坚持从旧兼从轻的溯及力原则,2016年司法解释理所当然地应当继续坚持这一溯及力原则,以此才能体现国家法律的统一性和司法裁判的延续性。

三、对策与建议:办理减刑假释案件中适用溯及力原则的法律思考

笔者根据我国刑法确立的溯及力原则和最高人民法院对如何正确适用溯及力原则而制定的若干刑事司法解释,以及在司法规范性文件中有关办理减刑假释案件的法律适用时体现的从旧兼从轻的司法政策,结合办理减刑假释案件中几类突出和常见的问题提出如下意见:

(一)关于死缓罪犯减刑的法律适用

鉴于2016年司法解释对有关死缓罪犯减刑适用中涉及的起始时间、间隔时间、减刑幅度等作了比之前的司法解释更为严厉的规定,如将普通死缓罪犯减为无期徒刑后减刑的起始时间由2012年司法解释的"服刑二年以后"修改为"执行三年以上";将被判处死缓的职务犯罪等十类罪犯在减为无期徒刑后再减刑的幅度和间隔时间更是作出了应当"从严掌握"的限制性规定,其中规定"减为有期徒刑后再减刑时,一次减刑不超过六个月",而按之前2012年的司法解释规定的减刑幅度为一年。因此,如2016年司法解释的上述规定对其施行前已经交付执行判目前正在服刑的罪犯申报减刑的案件适用即显失公允,该司法解释不应有溯及既往的效力。

(二)关于无期徒刑罪犯减刑的法律适用

鉴于2016年司法解释对无期徒刑罪犯减刑的适用条件更为严厉,主要表现在将无期徒刑罪犯第一次的减刑幅度由2012年司法解释的"可以减为二十年以上二十二年以下有期徒刑"修改为"可以减为二十二年有期徒刑";将有重大立功表现的减刑幅

[1] 最高人民法院关于执行《关于办理减刑、假释案件具体应用法律若干问题的规定》有关问题的通知(法〔2013〕201号):二、原生效裁判在《中华人民共和国刑法修正案(八)》生效前作出的,适用1997年《最高人民法院关于办理减刑、假释案件具体应用法律若干问题的规定》(以下简称《1997年规定》)。但适用《规定》对罪犯有利的,适用《规定》。

度由“可以减为十五年以上二十年以下有期徒刑”修改为“可以减为二十年以上二十一年以下有期徒刑”；对被判处无期徒刑的职务犯罪等10类罪犯适用减刑的起始时间由2012年司法解释规定的“服刑二年以后”修改为“执行三年以上”等。因此，该司法解释对其施行前即已交付执行并且目前正在服刑的无期徒刑罪犯申报减刑的案件不应具有溯及既往的效力，对这类罪犯减刑案件的法律适用应当继续执行2012年的司法解释。

(三)关于有期徒刑罪犯减刑的法律适用

鉴于2016年司法解释对有期徒刑罪犯减刑的起始时间和减刑幅度在2012年已经收紧的基础上更为严厉，如对确有悔改表现或者有立功表现的减刑幅度，由2012年司法解释的“一般不超过一年”一律缩减为均“不得超过九个月”。由于有期徒刑罪犯的比例在监狱服刑人员中占了绝大多数，因此，当2016年司法解释施行后对之前已经交付执行目前尚在继续服刑的这部分群体影响最大。从国家设立溯及力原则的立法精神考虑，2016年司法解释对这类有期徒刑罪犯的减刑不具有溯及既往的效力，应当适用之前的司法解释。

(四)关于假释案件的法律适用

由于2016年司法解释在假释适用条件上体现了宽严并重的特点，因此，对该司法解释施行后对它施行前已经交付执行且尚在继续服刑的罪犯申报假释的案件是否适用，应当区别不同情况确定：

1. 应当适用2016年司法解释的两种情形

一是对犯罪时未满18周岁的罪犯应当适用2016年司法解释。如前所述，关于对未成年罪犯是否“适当从宽”适用假释的问题，2016年司法解释和之前的2012年司法解释的规定是不一致的。虽然2012年司法解释规定对“未成年罪犯”适用假释时可以“适当从宽”，但该司法解释将“未成年罪犯”的年龄起算时间定位为“减刑时不满十八周岁”，因此，即使该罪犯犯罪时不满十八周岁，但通常在申报减刑(假释)时早已年满18周岁，故有关对“未成年罪犯”可以“适当从宽”适用假释的司法政策对其并不适用。而由于2016年司法解释将“未成年罪犯”的起算时间放宽到“犯罪时未满十八周岁”，这样只要申报假释的罪犯属于“犯罪时不满十八周岁”的情形，那么即使申报假释时已经年满18周岁，也可以“适当从宽”适用假释。

二是对其他符合“适当从宽”适用假释范围的服刑人员应当适用2016年司法解释。即对于2016年司法解释补充规定的“可以依法从宽掌握”范围的下列服刑人员，应当适用2016年司法解释：过失犯罪的罪犯、中止犯罪的罪犯、被胁迫参加犯罪的罪犯；因防卫过当或者紧急避险过当而被判处有期徒刑以上刑罚的罪犯；基本丧失劳动能力、生活难以自理，假释后生活确有着落的老年罪犯、患严重疾病罪犯或者身体残疾罪犯；服刑期间改造表现特别突出的罪犯；具有其他可以从宽假释情形的罪犯。同时，按照2016年司法解释的补充规定,当监狱服刑人员既符合法定减刑条件,又符合法定假释条件的,“可以优先适用假释”。

2. 不应适用2016年司法解释的情形。

鉴于2016年司法解释补充规定对于生效裁判中有财产性判项,罪犯确有履行能力而不履行或者不全部履行的,不予假释。这一规定显然对服刑人员不利,因此,在2016年司法解释施行前交付执行并已经申报假释的服刑人员原则上不宜适用。但如果在申报之时继续存在“确有履行能力而不履行或者不全部履行”情形的,则可视为“明知故犯”,2016年司法解释具有溯及力,对这类罪犯不予假释。

四、结语

鉴于刑罚执行机关和人民法院办理减刑、假释案件的实体法依据是作为国家基本法律的《刑法》,因此,对刑法和其他对刑事法律规范中有关溯及力特别是从旧兼从轻原则,对办理减刑、假释案件同样适用:当新的司法解释规定的减刑假释适用条件对其施行前已交付执行的服刑人员明显不利时,不具有溯及既往的效力,反之,则应当适用新的司法解释。

尽管这种理念似乎有“有利罪犯”之虞,但对于在国家作出明显不利于其余后的刑罚执行的司法政策的情况下,对于正在服刑的这个“特殊群体”而言,既是国家法律在溯及力问题上确立的从旧兼从轻原则的内在要求,也是在其因为危害社会的行为承受被定罪判刑后所能够享受到的最后一点法律上的“优惠待遇”,应当是一个文明社会和法治国家所能容忍的,完全符合中央政治局委员、中央政法委员会书记孟建柱同志一再强调的有关法律适用中的谦抑理念的。

刑法原理

行为犯原理的阐释与反思

何荣功*

【内容摘要】刑法的根本问题是国家对公民诉诸强制力的正当性问题。相对于结果犯而言,行为犯在构成要件的设置上呈现的是缩水现象,由此导致犯罪既遂的提前和证明犯罪责任的减轻,所以立法对行为犯的设置必须讲求正当性。我国刑法对行为犯构成要件的采用明显过于随意,呈现泛化趋势。该问题源于国家对刑法社会保护机能的过分重视,源于刑法过分强调对社会秩序的保护以及刑法对刑事政策的过度回应。行为构成要件的滥用存在巨大法治风险。刑法根本目的在于保障国民自由,没有耐心的刑法,实际上是用法治国的未来在冒险。近代刑法确立的以结果犯为原则的立法技术,没有改变的理由。

【关键词】行为犯　处罚的正当性　构成要件的缩水　立法技术

一、构成要件的缩水:一种值得关注的现象

现代国家权力合法性的全部基础被认为在于保障公民的权利与自由,一切法律规范皆应朝着其足以防堵公民权利遭受侵害之方向发展,而不是无目的扩张自己的领域。刑罚作为和平时期国家对公民基本权利与自由限制的最极端形态,“恶”的秉性决定国家应“竭力把刑罚的强制限制在最小的范围内并且不断寻求减少使用它的机会,而不是增加强制的机会并且把它当作挽救一切道德败坏的药方”。[1] 为了实现国家客观法上的保护义务之理想,在刑事立法上,国家除了强调刑罚处罚根据的正当性外,还努力通过种种立法技术确保刑法范围的最大限度克制。如近世以来各国刑法普遍采用的以处罚故意犯为原则,处罚过失犯为例外;以处罚既遂犯为原则,处罚未遂犯和预备犯为例外以及以处罚作为犯为原则,处罚不作为犯为例外的立法技术,皆是法治国克制刑罚范围的技术举措。

---

* 何荣功,法学博士,武汉大学法学院教授、博士生导师。

〔1〕［英］威廉·葛德文:《政治正义论》(下卷),何慕李译,商务印书馆1980年版,第141页。

与结果犯明显不同的是,行为犯的场合,特定行为方式的出现,无需有任何可感知的变动,不必有任何结果的发生,构成要件即已该当,犯罪构成既遂。正因如此,在刑法理论上,行为犯被形象地描述为"构成要件的缩水"。[1] 罪刑法定主义时代,构成要件划定着刑法的疆域,是国家刑罚权启动的准生证,也是公民权利与自由的保障书,构成要件缩水必然引起刑法处罚范围的变动和刑法判断上的问题,如行为犯场合,刑法上因果关系的认定成为不必要条件;在犯罪认定上,国家证明犯罪的责任大大减轻,公诉机关只需要证明行为人实施了构成要件的行为,即可认定犯罪既遂。最终,相对于既非价行为,也非价行为结果的结果犯而言,行为犯构成要件的采用使得国家刑罚权向前迈进、处罚更加便宜。

刑法的根本问题是国家对公民诉诸强制力的正当性问题,行为构成要件的采用所导致的国家刑罚权防线的向前推进和处罚便宜是否具有正当性? 对于法治国家而言,是个必须回答的根本性话题。正确的观念才能确保正确的行动,如果在观念上不能形成对行为犯处罚正当性的确信,构成要件缩水必然导致刑罚权使用的恣意和国家客观法上的保护义务的缩水,危及公民自由。而在该问题上,我国近些年的刑事立法却明显呈现出过度随意性,尤其是在经济犯罪等法定犯领域,大量行为犯构成要件的设置,虽然在很大程度上满足了国家对犯罪惩罚的需要,但带来的却是刑法正当化的危机。

法学大家奥斯丁曾言,法律的存在是一回事,法律的功与过则是另一回事。议论法律功过有助于法律更好、更善的存在。所以,本文无意对行为犯这种法律存在做规范论的解释,而是重点探讨刑事立法上行为犯构成要件设置的正当化根据以及当前我国刑法在行为犯设置上的功过问题。行文之前,以下问题特别说明:本文所称的结果犯和行为犯皆是在广义上使用的,前者包括具体危险犯;后者指的是以行为为基本构成要件的犯罪形态,包括纯粹的行为犯和抽象危险犯。

二、行为犯立法设置的正当化事由

(一)正当性根据的确立

法学家川岛武宜说,作为实用法学研究对象的法主要包含着两个要素,即赋予立法与审判以动机并决定其内容的价值判断以及实现该价值判断的手段所采用的词语技术。[2] 立法是一项复杂的工程,事关法内容表达的知识、经验、规则、方法和技巧等,都属于立法技术的范围。所以,法的形成和作用于社会生活,在立法技术方面,除词语技术外,还需要其他方面的表达技术,其中,法律规范的构造就是立法表达技术的重要事项。但是,立法技术作为法价值的表达方式,所具有的功能主要是工具性价值

---

〔1〕 参见林东茂:《刑法综览》(修订5版),中国人民大学出版社2009年版,第50页。

〔2〕 参见[日]川岛武宜:《现代化与法》,申政武等译,中国政法大学出版社2004年版,第242页。

而非享有独立之目的。相对于具有独立目的和作为价值体系的法而言,法律技术在法的要素体系中只是一种手段,其目的在于保障法律价值在社会中的贯彻与实现。人们之所以采用立法和审判要求或强制人们为某种社会行为,是因为要实现一定的社会价值,换句话说,法律的立法和解释全部活动,都是为实现一定的社会价值及其依据一定的社会价值所做的判断服务的。具体到刑法立法而言,如何划定刑法疆域,如何设置特定行为的犯罪形态?将特定行为究竟是规定为结果犯,还是行为犯?根本上决定于立法者对刑法价值的判断和决定。

从根本上讲,立法是一种出色的政治行为,是否赞成某一法律规定的决定因素是政治或思想的倾向。〔1〕对此,亦如当代著名公法学家马丁·洛克林(Martin Loughlin)所提醒,“政治并未且也难以终结,法治并未且也难以独行是我们学习法律特别是公法时应当秉持的基本认识。”〔2〕法律的目的是以政府的强制力作为后盾要求人们为一定的行为,通过这种方式形成并维护一定的社会秩序。在这个意义上,一方面,法律是依据政治权力所谓的强制,它是为了实现并维护社会秩序的目的而要求人们为一定行为的装置或过程。〔3〕但另一方面,近代民主社会胜利的标志性成果是法治国的建立,法律从此摆脱了对政治的依附而获得新生,生长为具有独立目的性价值的社会存在,在法治框架内,政治行为也毫无例外地受到法治拘束。所以,法律作为制度化的政治过程的理念,不仅仅是政治的产物,还为政治行为预设前提。〔4〕现代各国共同的现象是,虽然法律是在国家权力的支配下制定实施的,但法律一旦形成,权力也要服从于法律。法的独立性决定了对任何法律部门调整对象和立法技术正当性根据的追问必须集中于部门法的专业领域,而不能再求问于政治,否则,那将是对法学发展的极其不负责任的态度。

马克斯·韦伯在被誉为20世纪最伟大的社会学专著《经济与社会》一书中将事物正当性的基础分为传统、信仰和成文法规三种类型。法律本质上意味着秩序,对于个中之正当性,他写道,行动者之所以认为某种社会秩序具有正当性,可能是由于:(a)传统;(b)情绪化的——尤其是情感的——信仰;(c)价值理性的信仰;以及(d)实在的成文法规。今天最常见的正当性形式就是对合法性的信仰,以及服从形式上正确并按照惯常方式制定的法规。这种合法性之所以被认为是正当的,可能是因为它产生于当事各方的自愿同意,或者它是由某个被认为具有正当性,因而理应服从的权威所

〔1〕参见[日]川岛武宜:《现代化与法》,申政武等译,中国政法大学出版社2004年版,第269页。

〔2〕参见[英]马丁·洛克林:《剑与天平——法律与政治关系的省察》,高秦伟译,北京大学出版社2011年版,译者序第3页。

〔3〕参见[日]川岛武宜:《现代化与法》,申政武等译,中国政法大学出版社2004年版,第251~252页。

〔4〕参见[英]马丁·洛克林:《剑与天平——法律与政治关系的省察》,高秦伟译,北京大学出版社2011年版,第11页。

强加的。[1] 刑法作为实在的成文法规范，其适用事关国家刑罚权的运行，彰显的是国家主权的权威和霸气，其性质显然不能与以调整平等法律主体关系的民商法相提并论，其权威和合法性当然无法归结为当事人各方的自愿与同意。那么，作为合法性的正当性究竟为何？作为社会学家，韦伯的主要任务是从法律社会学的角度对问题进行整体性解释，不可能究问到作为社会科学细枝末节的具体部门法学之中。作为独立法律部门之一的刑法学，必须从自身寻求构成要件设置的正当性根据，行为犯构成要件的设置也应当遵循这样的思路。

（二）行为犯处罚的正当性

虽然一般可以认为，在许多情况下，科学方法论的确立往往是通过具体科学领域中的实际研究工作而非对方法论本身的研究去完成的。因为仅凭主观的想象和脱离实际的探索去论证和寻找方法论，对该科学的确立是不会产生积极作用的。[2] 但同时必须注意的是，我们绝不能因此而一概否认或贬低独立方法论研究对科学发展的重大意义。就法学研究而言，长期以来，强调法律的生命不在于逻辑，而在于经验的命题备受推崇，特别是在英美法系，经验主义的方法论得到了法学界无与伦比的偏爱，构成了英美法系法律与法学发展主体精神。但对于从事科学研究的人而言，任何思维定式都是最可怕的禁忌。从逻辑的角度对问题进行合乎理性的思考，无论何时都是十分必要和重要的。

对于立法采用行为构成要件正当性根据之论述，至少在我国刑法理论界，是很少有人直接涉足的。我国台湾地区林东茂教授在阐述刑法处罚危险犯的理由时，有如下精炼和创造性的见解，他写道，刑罚是最严厉的国家制裁手段，因此，基本上只有在现实上造成侵害的不法行为，才会被刑罚制裁。这是刑法向来以处罚实害犯为主要的原因。[3] 很明显，在林教授看来，现代刑法以处罚实害犯为原则主要基于刑罚严厉性的考量，换句话说，刑法处罚范围的节俭可以认为是法治国比例原则对刑事法治的要求。对于抽象危险犯立法技术的理由，林教授认为："在相当程度上，抽象危险犯是一种罗织，透显立法者的霸气，是把刑罚的防卫线向前与向外扩张。正因为如此，立法上设计抽象危险犯，司法上解释抽象危险犯，都需谨慎。刑罚是最严厉的国家制裁手段，应当保守运用，人民的灾难方得幸免。"对于保守运用的具体事项，林东茂教授提出，为了更周延地保护法益，以下情形危险构成要件的运用实不得不然：(1)当处罚实害犯的预备或未遂，刑法保护仍显不足；(2)无法描述行为的侵害结果，更不能坐视结果发生；(3)行为人的责任难以确定；(4)掌握未生实害的侥幸危险行为；(5)危险防御

---

〔1〕 参见［德］马克斯·韦伯：《经济与社会》（第1卷），阎克文译，上海人民出版社2010年版，第128页。

〔2〕 参见［日］川岛武宜：《现代化与法》，申政武等译，中国政法大学出版社2004年版，第215页。

〔3〕 参见林东茂：《危险犯与经济刑法》，台北，台湾五南图书出版公司1996年版，第3页。

作用。[1]

必须明确的是,林东茂教授的上述论述很明显是意在回答抽象危险犯的立法理由,并非直接针对行为构成要件技术设置的原理,而且,虽然抽象危险犯和纯粹行为犯在构成要件设置方面具有共性,即两者皆以行为为构成要件,但它们的处罚原理还是有差别的。刑法处罚抽象危险犯主要源于行为所导致的法益侵害的抽象危险,而在单纯的行为犯的场合,刑法处罚特定行为即为刑罚之目的,立法者并不考虑行为是否有法益侵害的抽象危险。在这个意义上,行为犯实际上是抽象危险犯的上位概念。[2] 但是,抽象危险犯和单纯行为犯毕竟在构成要件的类型上具有相同性质。所以,林东茂教授的上述论述,无疑可以为我们思考立法者设置行为构成要件提供重要方法论上的启迪。而且,如孟德斯鸠所言,法是由事物的性质产生出来的必然联系。[3] 为某一国人民而制定的法律,应该是非法适合于该国的人民的;如果一个国家的法律竟能适合于另外一个国家的话,那只是非常巧合的事。[4] 但是,人作为理性的存在,不分国别、地区、颜色和种族,具有种类物种所具备的众多共性。而且,法根本源于人类的生活需要,人们之所以要创造出一定的法律命题,采取一定的立法技术将命题予以表达,是因为现实的社会生活提出了这种要求。如果现实中并不存在这种要求,就不可能为保障其实现而提出法律命题。[5] 林东茂教授前面对行为构成要件的论述,虽然主要是借鉴德国刑法学研究成果和基于我国台湾地区的社会和法律实践提出的,但由于我国面临着和德国、台湾地区同样的社会现实和法治实践,上述论述在我国同样具有普适性。

因此,只要坚持法治国原理和强调国家客观法上的保护义务,刑法立法都有必要接纳以结果犯构成要件为原则,以行为构成要件为例外的立法技术。只有在例外之场合,国家考虑采取行为构成要件的立法技术,才是正当的。例外之情形,主要是以下方面:

1. 避免证明责任的难题,保证刑法的可实施性

法律的生命在于实践和可操作性,刑法规定不能仅停留于文本、纸面,必须能够实施,而且,法律的权威不仅来自法律的明文规定,更在于被依法实施。所以,刑法对犯罪构成要件的设定模式必须考虑现实可操作性。但犯罪性质和特点千差万别,有些犯罪类型,若立法将构成要件设定为结果犯或具体危险犯,将产生犯罪证明上的难题,甚至证明上的不可能。比如生产、销售伪劣商品类型犯罪,商品的本质属性是用于交换

〔1〕 参见林东茂:《刑法综览》(修订5版),中国人民大学出版社2009年版,第51~52页。

〔2〕 参见林东茂:《危险犯与经济刑法》,台北,台湾五南图书出版公司1996年版,第13页。

〔3〕 参见[法]孟德斯鸠:《论法的精神》(上册),张雁深译,商务印书馆1961年版,第1页。

〔4〕 参见[法]孟德斯鸠:《论法的精神》(上册),张雁深译,商务印书馆1961年版,第4~5页。

〔5〕 参见[日]川岛武宜:《现代化与法》,中国政法大学出版社2004年版,申政武等译,第221页。

实现其使用价值,销售行为往往是针对社会不特定公众。在商品高度化流动的时代,商品的购买者和消费者散布于社会各个角落与不同地区,如果以实害结果为构成要件,司法机关将面临着对分布于社会各个角落的被害事实进行取证,而这不仅是昂贵、不经济的,也基本上是不可能实现的。立法将此类行为设置为构成要件(如生产、销售假药行为和生产、销售有毒、有害食品行为),就很好地避免了责任认定上的难题。[1]

又如,有的犯罪场合,行为人责任难以认定,如聚众斗殴,该罪属于必要共犯,成立犯罪需要多人参与,如果立法将其规定为结果犯,在证据认定上就需要证明斗殴行为和结果之间的因果关系,一旦因果关系得不到确证,将无法归责行为人。为了避免责任认定上的尴尬,立法者一般也会对其倾向采纳行为犯的构成要件立法技术。[2]

2. 法益的属性决定了立法者需要采取行为构成要件

法益是人类和平、自由地共同生活所必不可少的前提条件,所以,包括刑法在内的一切法律,根本任务皆在于法益保护。[3] 刑法正因为具有保护法益的性质,所以才是合理、谦抑和经济的。[4] 近代以来,刑法对法益的保护早已超越了个人法益范围,刑法保护社会、国家等超个人法益已成为司空见惯的现象。如在法益之乡的德国,对于超个人法益侵害的犯罪,由于行为是否造成法益实害,构成要件往往难以陈述,个案认定上也常常会遭遇实际困难,立法者大多会采取抽象危险犯的构成要件。我国也是同样的情况,如货币类犯罪,其侵害的是国家法益,并不存在具体对象,也难以认定发生的具体危害结果,所以,对此类犯罪自然也就无法设定为实害犯,规定为行为构成要件,更为符合该类犯罪的特点。

又如,我国《刑法》第305条规定的伪证罪和第307条规定的妨害作证罪。就前罪而言,根据刑法的规定,只要证人、鉴定人、记录人和翻译人在刑事诉讼中,对与案件有重要关系的情节,作虚假的证明、鉴定、记录、翻译,就构成本罪,不以造成对被告人错误出罪或入罪之恶害结果为要件。国家之所以将本罪设置为抽象危险犯罪,是因为立法者认为本罪保护的法益是国家的公正司法秩序,而对该秩序的侵害,无须以造成被告人出罪或入罪结果发生为必要条件。而且,伪证行为是否对公正司法秩序造成了损害,具有抽象性特征,难以以实害或具体危险形式陈述。立法采用行为构成要件的立法模式有效避免了刑法规范陈述上的问题,也避免了司法判断上的难题。[5]

---

〔1〕 参见何荣功:《自由秩序与自由刑法理论》,北京大学出版社2013年版,第181页。

〔2〕 参见林东茂:《危险犯与经济刑法》,台北,台湾五南图书出版公司1996年版,第17~18页。

〔3〕 参见[德]克劳斯·罗克辛:《刑事政策与刑法体系》,蔡桂生译,中国人民大学出版社2011年版,中文版序言第1页。

〔4〕 参见熊琦:《论法益之"益"》,载赵秉志主编:《刑法论丛》(第15卷),法律出版社2008年版,第269页。

〔5〕 参见何荣功:《自由秩序与自由刑法理论》,北京大学出版社2013年版,第181页。

另外,有的犯罪类型,侵害的虽然是个人法益,但与侵害身体伤害、人的死亡和财产的损失等法益不同的是,该类法益难以实体测量。在此类案件的场合,行为是否造成法益实害,在理论上很难陈述,构成要件也难以描述。为了保证刑法适用的确定性与稳定性,刑法必须尽可能避免将评价中心集中于这些不可测量的非物质性结果上。如《刑法》第246条规定的侮辱罪和诽谤罪,因为侮辱、诽谤行为对他人名誉造成的侵犯几乎相当于实害犯,而且这种实害无法具体测量,立法将其设置为行为构成要件,同样可以避免责任认定的难题。[1]

3. 为填补刑法处罚上的空隙,或处罚特定犯罪的预备,国家仍嫌不足而采取行为构成要件之立法技术

现代各国,为了周全保护法益,刑法不仅处罚直接引起法益侵害的行为,即犯罪的实行行为,还将刑法范围延伸至实行行为的"周边行为"。其中,在纵向方面包括对犯罪实行具有组织、支配力的犯罪的组织、领导、指挥、策划行为,启动犯意的教唆行为以及对实行行为具有加工、补充的帮助行为。横向上,刑法范围不再限于具体法益侵害现实危险的着手行为,而推进至对法益侵害具有抽象危险的预备行为。国家通过立法在扩张处罚范围的同时,为了保证刑法适用的安定性,对共犯、预备犯的成立都设置了相应构成条件。如在大陆法系国家或地区,强调共犯的从属性,教唆犯和帮助犯的成立,除了行为人主观上具有教唆和帮助故意和客观上实施了教授、帮助行为外,还必须以正犯着手实行为要件。我国刑法对于教唆犯和帮助犯的成立虽然并未完全采取共犯从属性的立场,但共犯从属性的思想在我国共犯的司法实践中也是有明显体现。成立预备犯,同样需要特定条件,除了客观上需要实施"准备工具、制造条件"的预备行为外,主观上行为人还必须具有为了实行犯罪的故意。

立法上对共同犯罪和未遂犯、预备犯等制度的设计,扩大了刑法处罚范围,实现对法益更为周全的保护。但现实社会中,法益侵害行为样态多样,五花八门,立法者的良苦用心仍然无法"毕其功于一役",现实中仍然存在一些法益侵害行为无法纳入现行制度,或者即便纳入现行制度,处罚上仍显不足,这就为行为构成要件的存在提供了现实空间。比如,《刑法》第353条规定的教唆他人吸毒罪,第307条规定的帮助毁灭、伪造证据罪等,就是刑法为避免共犯处罚的间隙而将特定行为特别纳入立法规定。因为根据《刑法》规定,吸毒行为是行为人自陷风险、自我损害之行为,本身并不属于犯罪行为,所以,教唆他人吸毒的,自然无法按共犯处罚。但国家考虑到教唆他人吸毒具有造成对他人身心健康重大损害的重大危险,为了保护吸毒者法益,刑法将教唆他人吸毒的行为类型化,就避免了刑法共犯处罚上可能出现的漏洞。属于同样犯罪类型的还有组织他人卖淫罪等。

---

[1] 参见张明楷:《"风险社会"若干刑法理论问题反思》,载《法商研究》2011年第5期。

属于处罚特定犯罪的预备行为仍显不足而采取行为犯的立法技术的如《刑法》第205条规定的虚开增值税专用发票、用于骗取出口退税、抵扣税款发票罪。社会上之所以出现关于此类发票的违法犯罪活动，主要是这些发票的功能决定的。[1] 从立法目的看，本罪处罚虚开增值税专用发票、用于骗取出口退税、抵扣税款发票行为并不是目的，而是为了避免犯罪分子以此为手段骗取、逃避缴纳国家税款。换句话说，相对于最终目的的骗取、逃避缴纳国家税款而言，对上述发票的虚开行为，只是具有预备的性质，属于逃税罪和诈骗罪的预备行为。刑法之所以将具有预备性的虚开行为类型化，主要是源于如下考虑：如果不将虚开行为类型化，而是以逃税罪、诈骗罪以及其他犯罪的预备犯处罚，那么，就需要司法机关证明虚开行为人主观上具有实行逃税、诈骗等犯罪的故意。现实生活中，从发票的虚开到逃税、骗取国家税款的实现，往往会经过多个环节和阶段。其中，也不排除在有些环节上，行为人虚开发票仅仅是为了营利，并不存在明显的最终目的，而且行为人也不关心购买发票的交易人购买发票的最终目的为何。如果按照将此类案件按照预备犯论处，将给司法机关带来认定上困难，导致刑法对部分行为处罚的空隙。刑法将虚开行为类型化，就避免了预备犯认定上的困难，强化对该类犯罪的打击。

4. 预防法益危险而主动采取行为犯构成要件

法律既然是一种作用于现实社会的实践——所谓的“社会工程”，那么它的基础只有构筑在对社会分析之上，才能真正发挥自己的作用。同样，法律学亦是不能缺少社会学性质的分析的，缺乏这一分析的法律学将会脱离社会的现实，成为一种没有实用性的逻辑范畴之中时，它将会变成早已被人们所抛弃的“概念法学”。[2] 从根本上讲，法源于人性的需要，法律是人类用来追求自身安全的制度化机制。[3] 人出于自身安全的需要，最终选择了法治，如果法律不能满足人类的安全需要，那不仅是失败的，也是失职的。正因如此，大约自20世纪70年代起，面对所谓的风险社会的威胁，在德国以及整个西欧，刑法都有了很大发展，其特点是刑事政策的强化，这种强化态势既涉及实体刑法，也涉及刑事诉讼法，比如在德国实体刑法上，立法者对构成要件的描述，不要求在犯罪行为和结果之间存在因果联系，而是满足于描述一种抽象危险的犯罪行为。此外，立法者还从各种既普遍又模糊的法益中寻找出路，比如立法把大众健康视为麻醉剂刑法的法益，把资本市场的功能视为经济刑法的法益，把合法的财政体制和经济体制的稳定性与纯洁性视为法益。而且，很有意思的是：这种刑事政策强化所导致的刑法不法变得模糊不清，不仅没有违背公众的意志，相反却得到了公民的各种正

---

〔1〕 参见郎胜主编：《中华人民共和国刑法释义》，法律出版社2009年版，第320页。

〔2〕 参见[日]川岛武宜：《现代化与法》，申政武等译，中国政法大学出版社2004年版，第267页。

〔3〕 参见周少华：《刑法之适应性：刑事法治的实践逻辑》，法律出版社2012年版，第37页。

面期待和赞同。[1]

现代社会究竟能否被描述为风险社会,本文对此不做深究。但不可否认的事实是:不管是因为人文社会科学研究的滞后,或者是人类治理风险能力所限而引起的心理上的焦虑的原因,还是社会发展所导致的社会认同度的削弱,再或是人们对安全感需求的增加的缘故,人类确实存在着巨大的种种安全危机。而且,社会生活中,有些犯罪类型的出现和蔓延,对人类从事社会治理的技术提出了史无前例的挑战。刑法卷入其中,忙于处理和预防各种危机,是顺理成章的事情。

比如,面对黑社会性质组织和恐怖活动组织的威胁,我国刑法规定了组织、领导、参加恐怖组织罪和组织、领导、参加黑社会性质组织罪以及其他罪名体系。从司法实践实际情况看,对黑社会性质组织和恐怖活动组织的"组织""领导"行为,具有双重形态:一是犯罪组织成立后,对具体黑社会性质组织或恐怖活动组织实施的组织、领导行为,该场合的"组织""领导"行为属于典型的共同犯罪行为;二是为此类组织成立所实施的筹划、组建等行为,该类行为在性质上显然属于为黑社会性质组织和恐怖活动组织成立及其后具体犯罪活动做准备的犯罪预备行为。不能否认,相对于恐怖活动组织和黑社会性质组织的参加者和实行者而言,其中的组织、领导者属于首要分子,是犯罪集团的大人物,应当严厉打击,但关键问题还在于,要认定行为人成立犯罪集团中的组织犯并按照刑法规定让其对犯罪集团的全部罪行承担刑事责任,需要参加者实施了恐怖活动犯罪和黑社会性质的犯罪。恐怖活动组织和黑社会性质组织是严重威胁社会生存的严重罪行,如果刑法非要等到犯罪集团成立后实施具体的恐怖活动犯罪和黑社会性质犯罪时再介入,无疑是过于迟钝的。刑法将此类组织的组建、筹划、招募成员的行为规定为犯罪,可以保障国家对此类犯罪打击处于更为优势的地位。所以,对那些为恐怖活动组织、黑社会性质组织的组建、筹划、招募成员等预备性的行为独立设置行为构成要件,反映的是国家对此类犯罪严厉的刑事政策立场。

刑法作为社会需求的产物,作为社会治理的重要措施之一,必须以社会为基础,回应社会需求,在当前社会所引起的民众对安全普遍需要增加的情况下,预防法益危险而主动采取行为犯构成要件几乎已成为世界各国刑法立法常态化现象。所以,当前的问题并不在于为了预防法益侵害,国家能否主动采取行为构成要件的问题,而在于面对法益侵害的风险,国家采取行为构成要件的界限在哪里?国家应当如何平衡人权保障和预防犯罪的关系?以及刑法如何保持司法法的根本属性?这些问题,笔者将在后文进一步论述。

[1] 参见[德]哈塞默尔:《面对各种新型犯罪的刑法》,载中国人民大学刑事法律科学研究中心编:《明德刑法学名家讲演录》(第1卷),北京大学出版社2009年版,第23页。

三、行为犯的现实扩张：法治风险与批判

（一）刑事立法中行为犯滥用的诸相

自1979年中华人民共和国第一部刑法典颁布以来，在社会整体走向法治文明的进程中，我国的刑事立法整体上朝着科学化的方向迈进，[1]但其中存在的问题也很多。行为犯构成要件的滥用就是其中之一，尤其征表于经济犯罪等法定犯的立法中。归纳起来，行为构成要件的滥用表现至少有以下情形：

1. 有些犯罪形态缺乏设置行为犯构成要件的正当性事由

该种情形尤其明显反映在近年刑法修正案的立法中。如《刑法》第175条规定的高利转贷罪，根据《刑法》规定，高利转贷罪是指以转贷牟利为目的，套取金融机构信贷资金高利转贷他人，违法所得数额较大的行为。立法设立本罪旨在保护国家的贷款秩序。但问题在于：单位和个人从银行或其他金融机构贷款后，没有按照贷款合同约定用途将资金投入使用，性质上属于违反合同的民事行为。而且，该行为在我国出现有特定社会背景。过去一个时期，金融机构的贷款长期存在"贷大不贷小，贷公不贷私，贷长不贷短"的问题。但社会发展中最需要金融机构贷款的往往是大量中、小、微等非公有制企业。大量中、小、微等非公有制企业对资金的需求就导致了高利转贷有了市场。所以，高利转贷现象的存在与当前国家融资渠道有限，银行和其他金融机构垄断国家和社会融资渠道有重要关系，银行对贷款条件的不当限制不符合市场经济条件下国家对银行功能的定位，而这种现象不仅不利于市场经济鼓励交易的基本立场，也妨害了大量中、小、微等非公有制企业的健康发展。从这个角度看，刑法设立本罪本身就面临正当性疑问。

当然，在现代经济体系中，不可否认的是银行和其他金融机构具有特殊地位，包括刑法在内一切法律都有必要给予特殊保护，但特殊保护的限度必须符合权利和义务相一致的原则，在平等市场经济社会，银行和其他金融机构（中央银行除外）的业务早已超越了公共服务和公共利益范围，已成为平等的市场交易主体，即便法律有必要对银行特殊保护，也应当限于特定的业务范围。资产业务和负债业务作为银行的核心业务，为了保证国家对经济的有效调控和干预，法律规定对其垄断经营，是有一定必要性的。但即便如此，本罪处罚范围也应当严格限于高利转贷给银行贷款造成损害的情形，应采取结果犯的立法模式。在高利转贷仅是违法所得数额较大，并没有造成银行任何资金损失情况下，成立犯罪所必需的严重社会危害性究竟在哪里？而且，此类案件中交易各方你情我愿，这种情况恐怕在司法实践中的很多民事纠纷中就出现不少，怎么值得动用刑法惩罚呢？

又如，《刑法修正案（八）》增设的拒不支付劳动报酬罪。根据《刑法》第276条之

---

〔1〕 参见赵秉志、王俊平：《改革开放三十年我国刑法立法的成就与展望》，载《人民检察》2008年第21期。

一的规定,本罪是指以转移财产、逃匿等方法逃避支付劳动者的劳动报酬或者有能力支付而不支付劳动者的劳动报酬,数额较大,经政府有关部门责令支付仍不支付的行为。本罪设立过程中,对新增的必要性,就有反对的意见,认为“本罪规定的情形应属于行政法调整范围,主要是劳动法、劳动合同法等法律没有得到有效贯彻实施的结果,应加强劳动监察和劳动法律的执行力度,劳动者遇到本罪情况可通过劳动监察、劳动合同争议仲裁机构仲裁或向法院提起诉讼解决,拒绝支付的可以根据《刑法》第313条拒不执行判决裁定罪处理,直接用刑法规制,会导致其他纠纷解决机制的退化,给现有的司法力量带来很大压力,打击面过大”。[1] 但立法机关并没有重视上述意见,只是在处罚范围上做了限定,规定“有前两款行为,尚未造成严重后果,在提起公诉前支付劳动者的劳动报酬,并依法承担相应赔偿责任的,可以减轻或者免除处罚”。现在看来,本罪无论是在处罚正当性和立法技术运用上,都存在严重疑问:

首先,拒不支付劳动报酬同样属于债权债务关系纠纷,将该种行为直接纳入刑法范围,混淆了刑法与民事法的界限。梁慧星教授就明确反对将拒不支付劳动报酬的情形纳入刑法。他认为,轻易采取刑法手段打击欠薪行为并不妥当,“把老板判几年刑,工厂垮了,劳动者又会失去工作”,无益于问题的解决。他建议对于拒不支付劳动报酬的问题,应在法律理论和体系框架内设计出有效的方案,可以考虑从民事立法的角度,加强保护劳动者的工资债权:劳动者的工资可作为特殊债权处理,优先于国家税收受偿;将诉讼时效延长至10年;同时比照贷款利率实行法定强制利息等。[2]

其次,正如反对设立该罪的学者指出,现有制度和刑法条文(如《刑法》第313条)完全可以解决本罪意图解决的问题,本罪设立将导致刑法罪名的重叠和罪行条款的多余。[3]

还有,从刑法规定看,本罪属于不作为犯。刑法历来也是以处罚作为犯为原则,处罚不作为犯为例外的。根据不作为犯的性质和行为等价值要求,不作为犯的处罚范围在刑法上应是被严格限定的,而且即便是对于像故意杀人罪这样如此严重的罪行,原则上也是以结果的出现才处罚的。刑法将本罪规定为行为犯,难以认为具有正当化根据。

---

〔1〕 参见黄太云:《〈刑法修正案(八)〉解读(二)》,载《人民检察》2011年第7期。

〔2〕 参见《“恶意欠薪”入罪有坚实的民意基础》,载《时代风采》2010年第4期。

〔3〕 对此,可能有反对的观点提出,《刑法》第313条的规定并不能解决拒不支付劳动报酬罪意图解决的问题,因为刑法第313条仅仅处罚自然人,而《刑法》第276条之一规定的拒不支付劳动报酬罪还处罚单位,所以,本罪设立具有必要性。对此,笔者的看法是:对于单位实施的刑法没有明确规定单位犯罪的案件,在司法实践中并不少见,如单位盗窃等。对此如何处理,目前理论上争议很大。从目前有关对盗窃罪司法解释看,可以直接处罚单位主管人员和其他直接责任人员。而且,退一步讲,即便论者否认该场合可以直接处罚单位主管人员和其他直接责任人员,也不能成为刑法规定本罪的合理理由。

2. 立法将不少罪设置为半行为犯、半结果犯，缺乏正当性

“半行为犯、半结果犯”是我国刑事立法的特色技术之一，是立法者在构成要件的设定上采取行为犯和结果犯混用的情形。我国刑法上大量规定构成要件所需的“行为数额较大、情节严重或者造成严重后果”条款即是该立法技术的典型运用。如成立虚报注册资本罪，需要“虚报注册资本数额巨大、后果严重或者有其他严重情节的”。构成虚假出资，需要求行为“数额巨大、后果严重或者有其他严重情节的”。又如，构成骗取银行贷款罪，需要行为人给银行或者其他金融机构贷款造成重大损失或者有其他严重情节等。立法者对行为数量、情节和结果的限定本意是在限定刑法的处罚范围，但由于行为构成要件的采用，处罚的范围扩张至行为，本质上与纯粹的行为犯构成要件并无明显差异。

比如骗取贷款罪，根据《刑法》第 175 条之一的规定，骗取贷款罪指的是以欺骗手段取得银行或者其他金融机构贷款，给银行或者其他金融机构造成重大损失或者有其他严重情节的行为。对于设立本罪的初衷，权威的解释是考虑到“公安机关、人民银行等部门提出，实践中一些单位和个人以虚构事实、隐瞒真相等手段，骗用银行或其他金融机构的贷款。但要认定骗贷人具有‘非法占有’贷款的目的很困难。有些单位和个人虽然虚构事实、隐瞒真相、编造虚假理由获得贷款，但由于没有充分证据证明行为人主观上是否有非法占有的目的，致使这类案件的处理陷入两难境地，要么无罪，要么重刑。有的案件虽然给金融机构带来了较大损失，由于不能定贷款诈骗罪，客观上造成了此类案件的高发趋势，也危害到金融安全”。[1] 单从本罪的立法目的来看，无疑具有美好的初衷，即是为了解决司法实践中的两难困境。但善良的立法目的并不是行为犯罪化的正当化根据。再美好的立法初衷也不能掩饰刑法规定本罪存在的问题。

首先，现代各国刑法出于谦抑性考虑，对于“单纯”财产罪的处罚范围，都只是限于行为人“非法占有目的”。[2] 对基于非法使用目而非永久剥夺权利人财产权的行为，都是作为民事侵权处理的。骗取贷款的场合，行为人对所骗的款项主观上只是非法使用目的，[3]并非出于非法占有目的，行为性质应属于民事欺诈，对于因此形成的债权债务关系应由民事法调整。本罪的设立使刑法在介入财产关系领域和范围上，迈

〔1〕 黄太云:《〈刑法修正案(六)〉的理解与适用(下)》，载《人民检察》2008 年第 8 期(上)。

〔2〕 所谓的“非法占有目的”，即为不法所有目的，是指排除权利人、将他人的财物作为自己的所有物，并遵从财物的用法进行利用、处分的意思。这里的占有概念不同意民法中的占有概念。参见张明楷:《如何理解刑法中的“以非法占有为目的”》，载《人民法院报》2003 年 8 月 1 日。

〔3〕 根据立法本意，本罪处罚的情形主要有以下两种:(1)行为人主观上可能具有“非法占有”目的，但缺乏充分、确凿的证据予以证明的骗取贷款的案件;(2)行为人使用虚假手段，但主观上并没有“非法占有”目的，只是具有“非法使用”所带款项目的，却但给银行造成了重大损失或具有其他严重情节的案件。对于第一种情形，根据“疑罪从无”的刑事诉讼基本原则，应当认定为“非法使用目的”。所以，本罪处罚的情形都只是行为人主观上出于“非法使用”所贷款项的目的。

出了危险的一步。

其次,当前我国整个社会信用体系尚不健全,各类民事经济欺诈的现象还相当普遍。而且,刑法立法对同类性质行为处罚范围的设置应当协调。我国刑法诈骗罪形态多样,除侵犯财产罪中的普遍诈骗罪外,还有合同诈骗罪、信用卡诈骗罪、信用证诈骗罪等。与上述犯罪类型相对应,都存在行为人主观上出于非法使用目的的情形,刑法并没有设立如"骗取合同罪"或"骗取信用证罪"等罪名。也就是说,在本罪之前,刑法对骗取财产类行为处罚范围的设定一直限于行为人主观上出于有非法占有目的的案件。对于主观上是非法使用目的的案件,从来都是按照民事纠纷处理的。刑法没有理由对本罪涉及的情形特殊规定。前述立法机关学者解释本罪设立目的之一是要处理"没有充分证据证明行为人主观上是否有非法占有的目的而导致陷入两难境地的案件"。在笔者看来,这种解释没有丝毫说服力。因为在没有充分证据证明行为人是否具有非法占有贷款目的情况下,应当按照"疑罪从无"的刑事诉讼法基本原则处理。其实,只要对我国当前经济社会体制稍有了解的人都会清楚,"醉翁之意不在酒",本罪设立的重要原因是行为人骗取的对象不是普通社会主体,而是具有强势社会地位的银行和金融机构。本罪设立明显存在对银行等金融机构利益特殊保护之嫌。而这不仅有违市场经济本质,也违反了刑法平等原则,容易导致刑法不适当插手民事经济纠纷。

最后,随着社会的发展,国家对民事欺诈行为的法律性质、后果的看法已经发生了重大改变。《民法通则》第58条第3项规定,以欺诈手段实施的民事行为无效。1999年《合同法》第54条将因欺诈行为签订的合同规定为可变更、撤销合同(附撤销权的有效合同)。也就是说,随着市场经济发展,民事法律对不损害国家和社会公共利益的民事欺诈类行为的性质正呈现出越来越宽容的态度,本罪的规定难以与整个社会价值观的前进方向相契合。

3. 有些犯罪本应设置为行为构成要件,但由于对行为对象把握不严,导致行为犯处罚范围的失当

此类现象最鲜明体现在持有型犯罪中。众所周知,持有型犯罪作为一种立法技术,是为避免刑事处罚的漏洞而存在,本质上属于兜底性罪名,一般是在上游犯罪无法查清而立法者又对放任此类行为不放心时才不得已采用。持有型犯罪本质上属于"介入选择性型行为"(Intervening Choice),本身并不会直接导致危害或不利结果,只是行为具有诱使本人或他人进一步实施行为可能而导致伤害结果的发生的情形,如非法持有枪支的行为。所以,刑法对持有型行为的介入,必须强调公正归罪。[1] 在"介

---

〔1〕 Andrew Von Hirsch, Extending the Harm Principle: 'Remote' Harms and Fair Imputation, In A. P. simester and A. T. H. smith(ed.), Harm and culpability, Clarendon Press, 1996, pp. 264-266.

入型危险行为"的场合,由于实害法益侵害结果是否发生最终还需取决于介入者的进一步行为,行为人的行为只是和伤害结果之间具有间接因果关系,伤害结果是否发生具有不确定性,所以,对该种场合危险是否应当纳入刑法范围,必须十分慎重,要采取严格限定的立场。从各国刑法立法看,大都只是将非法持有枪支等具有可能造成严重法益侵害实害结果的行为纳入刑法范围。我国刑法长期以来,在持有型犯罪处罚的范围上应当说是节俭的,犯罪对象只是限于假币、毒品、枪支、弹药等具有高度法益侵害风险的行为。但近年,立法对持有型犯罪的增设却十分令人忧思。

国家面对社会上的"发票乱象",特别是"公安、税务机关反映的强烈要求",[1]《刑法修正案(八)》最终突破了刑法对发票违法行为的克制立场,新增虚开发票罪和持有伪造的发票罪。不能忽视的是发票泛滥在我国当前已成为严峻的社会问题,但究其原因,问题是深处且复杂的,有的是为了逃税、避税,有的是为了冲抵工资,而且发票的乱象与发票管理机关的管理机制、监督机制不到位,管理手段滞后(如完全有条件可全面推行计算机机打发票)不无重要关系。国家通过规范财务和报销制;加快网络化建设,税务机关要加大发票系统与银行卡消费、商家销售计算机系统等社会各个领域联网覆盖力度,破除假发票的利益链条,增大假发票的违法成本,[2]该问题应该并不难解决。在上述制度尚未全面推进的条件下,将其纳入刑法范围,动用刑法打击,显然是将问题简单化了。虚开发票、持有伪造的发票行为性质上属于"介入选择性型行为"(Intervening Choice),最终法益侵害结果的发生还需要后续行为的介入,对这类行为是否有必要犯罪化,需要慎重考虑虚开、非法持有行为本身的危险性程度和行为对象的属性。但显而易见的事实是:在行为的性质和危险性程度方面,虚开、非法持有普通"假发票",无论如何也不能与非法持有枪支、弹药以及伪造、变造、非法持有货币这类特定对象相提并论,动用刑法规制在处罚正当性上面临疑问。

当前,持有型犯罪持续扩张的局面仍在进行中,国家面对恐怖主义、极端主义的威胁,《刑法修正案(九)》又新增数个罪名,其中《刑法》第120条之四规定:"持有宣扬恐怖主义、极端主义的物品、图书、音频视频资料,情节严重的,处三年以下有期徒刑、拘役或者管制,并处或单处罚金。"

(二)法治风险与纠偏

如文首指出,立法从来都不是任意的,受法律价值的支配,也是反映社会价值的一面镜子。行为犯构成要件扩张深处反映的是国家的现实主义刑法机能和价值观。

刑法的机能是刑法学的根本性问题,决定着国家刑事法治的实践和方向。早在上

---

〔1〕 参见黄太云:《〈刑法修正案(八)〉解读(三)》,载《人民检察》2011年第8期。

〔2〕 参见陈景清:《假发票大规模侵袭中央部门 成谋取违法利益手段》,载《中华工商时报》2012年1月14日。

个实际90年代初期,李海东博士就作出了具有颠覆传统思想的论述,他写道:“一个国家对付犯罪并不需要刑事法律,没有刑法也并不妨碍国家对犯罪的有效镇压与打击,而且,没有立法的犯罪打击可能是更加及时、有效、灵活与便利的。如果从这个角度讲,刑法本身是多余和伪善的,它除了在宣传与标榜上有美化国家权力的作用外,起的主要是束缚国家机器面对犯罪的反应速度与灵敏度。那么,人类为什么需要刑法?这个问题三百年前欧洲启蒙思想家们作出了回答:刑法要遏制的不是犯罪人,而是国家。也就是说,尽管刑法规范的是犯罪及刑罚,但它针对的对象却是国家。这就是罪刑法定主义的实质,也是它的全部内容。”[1]该观点直至今日仍然不乏清新之感,特别是对刑法人权保障机能的重视与推崇,对至今仍弥漫着浓厚的国家主义刑法观的我国来说,无疑具有启蒙和警醒之意义。

人虽然是万物之灵,具有理性,但从来都是一种“感觉动物”,受制于错误、无知以及“成千上万种激情”。[2] 较之于其他物种,人对利益的纠结和对权力的迷恋程度,素来有过之而无不及,所以,历史学家阿克顿勋爵才断言:“历史并不是由道德上无辜的一双双手所编织的一张网。在所有使人类腐化堕落和道德败坏的因素中,权力是出现频率最多和最活跃的因素。只要条件允许,每个人喜欢得到更多的权力,并且没有任何人愿意投票赞成通过一项旨在要求个人自我克制的条例。”[3]犯罪的增加和构成要件的扩张直接带来的是国家权力的膨胀,而国家刑罚权增量的直接结果是国家取得对犯罪打击的更为优势地位。正因如此,现实社会,无论是国家的立法机关,还是国家的司法机关,都会利用一切机会扩张国家刑罚权和部门权力。

正因为权力具有滥用和永不满足的属性,人类社会为了实现善治才需要法治,需要约束国家权力。立法是法治的开端,立法必须尽可能反映社会多元主体的利益诉求,法律必须是各方利益博弈的结果。如果立法只是关注了社会主体的单一诉求,忽视法律的本性,必然带来种种问题立法。如前指出,我国之所以增设骗取贷款罪,主要是考虑到公安机关、人民银行等部门强烈惩罚愿望,但公安机关和人民银行属于行政机关,特别是人民银行作为商业银行其他机构的主管机关,其诉求难免具有部门利益色彩,立法者如只是倾听了他们的意见,不可能得出全面的意见。《刑法修正案(八)》之所以要增设发票类犯罪,同样主要是考虑了公安税务机关的意见。公安机关和税务机关对此类违法行为负有查处职能,作为行政机关,其行使的是社会管理职能。而刑罚权属于司法权,两者的权力职能的性质是显著不同的,不能因为公安机关和其他行政机关对某类违法行为的反映强烈,就将特定行为犯罪化。若如此,刑法面对的问题

---

〔1〕 李海东:《刑法原理入门(犯罪论基础)》,法律出版社1998年版,第3~4页。

〔2〕 参见[法]孟德斯鸠:《论法的精神》,张雁深译,商务印书馆2010年版,第3页。

〔3〕 [英]约翰·埃默里克·爱德华·达尔伯格-阿克顿:《自由与权力》,侯健、范亚峰译,译林出版社2011年版,第294页。

将会应接不暇,陷入琐碎的社会实务管理之中,调整的范围将会无限扩大,最终刑法会变性为“社会管理之法”。而且,刑法一旦成为社会管理法,面对社会种种新问题,必然“头痛医头,脚痛医脚”,陷入无休止的忙乱甚至慌乱之中。

犯罪是法益侵害行为,体现的是国家与犯罪人之间的冲突紧张关系。作为刑法的司法法必须给出解决冲突的处方,恢复对法律所确认的分配正义的侵害,实现矫正的正义,一方面实现社会保护机能,另一方面发挥刑法的人权保障机能。在这个意义上,刑罚权在属于国家权力同时,也兼具社会权力的属性。而作为一项社会权力,必须发挥制约国家权力(包括立法权、司法权和行政权)的职责与使命。

可见,如何纠偏行为构成要件的滥用,涉及的不仅仅是行为犯自身的处罚正当性和立法技术的问题,深处牵涉到的是刑法如何回应刑事政策以及刑法保护社会秩序的限度等问题。限于篇幅,这里只是做出以下结论性意见。

1. 关于刑事政策与刑法关系

“刑事政策法制化”和“刑法的刑事政策化”是当今各国刑事政策与刑法关系上共同呈现的“二重协奏”现象。但是,法律与政策的分离毕竟是近代制度文明的重要成果,我们在强调刑事政策与刑法共生互动关系的同时,必须重视刑法回应刑事政策的途径与限度,警惕刑法对刑事政策的过度回应。因为,一方面,法治首先乃是一种规则之治,在法治国家,政治行为必须受法治约束,“如果一种法律没有规则或者其规则未得到有序的遵守,那么这种法律就不能成为我们所了解的那种法律制度。它是一种随意决断的非正式‘制度’。”[1]另一方面,虽然法律在本质上决定于政治,但法律本身具有自主性,刑法自主性的最重要体现在于罪刑法定这个刑法帝王原则的确立以及该原则所体现的刑法对法的安定价值的维护。刑法一旦过度卷入政治或政策之中,将会松懈近代以来紧套在刑罚权身上罪刑法定的脚镣,刑法的安全价值势必面临危机,导致刑法自主性的消解,国家刑罚权便会乘机以推行公共政策为借口,谋取自身利益扩张而危及公民自由。

刑法理性回应刑事政策,有必要注意以下几方面问题:(1)要强调刑法的独立性和司法法属性。刑法本质上属于规范的范畴,是刑事政策不可逾越的藩篱,任何行为纳入刑法必须恪守犯罪化的根据与原则。我国采取的是犯罪与违法相区分的二元体系,犯罪只是违法行为中的“高端”部分,所以,行为的犯罪化更应当慎重,只有侵害了严重法益的行为或者严重侵害了法益的行为,才有必要纳入刑法视野。国家和社会必须明确刑法是司法法,而不是社会管理法和社会服务法。司法法性质决定了刑法本质属于其他部门法的保障和制裁力量,社会问题应优先由其他部门法解决。刑法介入社

---

〔1〕[美]P. S. 阿蒂亚、R. S. 萨默斯:《英美法中的形式与实质——法律推理、法律理论与法律制度比较研究》,金敏、陈林林、王笑红译,中国政法大学出版社 2005 年版,第 61 页。

会管理的过度化和活跃化,存在将刑法推向“社会管理法”的危险,导致社会问题解决机制的错位。(2)要重视刑法作为社会治理“最后手段”的运用。刑法的高度专业化特点决定了其适用范围和对社会的作用是极其有限的,国家对包括犯罪在内的社会问题的长效治理根本上依赖于社会非刑法手段的良性运转,社会不应当对刑法功能有过高期待。国家必须充足利用非刑事手段对社会问题解决的基础意义。刑法即便对维持社会秩序具有不可忽视的意义,也须意识到刑法适用会给国家、社会、犯罪人家庭以及犯罪者本人带来明显负面效果。所以,刑法参与社会治理必须限定在绝对必要的限度内,国家对社会治理必须倡导“小刑”“少刑”“后刑”理念。

2. 关于刑法保护社会秩序的限度

显而易见的道理是:但凡以保护秩序为理由的犯罪,立法大都会将其设置为行为犯,但秩序并不具有值得刑法保护的当然性。在广义上,秩序与制度、规则有类似的意义,强调的是“在自然和社会进程中所存在着的某种程度的一致性、连续性和确定性”。〔1〕 缺乏秩序,无论是自然界和社会,都将变得不可预测和难以确定。在人类社会,人们为了保护自由和更好地生活,从来都是需要秩序的。其实,凡是共同的群体生活,不管是人还是动物,都显示着秩序。〔2〕 社会秩序的存在,一方面满足了人们对行为选择及其事件发生的可预期性需求,使得社会生活具有一定的稳定性和有序性,在稳定、有序的社会环境中,人们对于自己在某种特定的场合应如何行动以及他人将会对自己的行为作何种反应可以有一定的预期。这种可预期性既可以满足人们对安全的心理需求,又可以实现人们对生活便利和活动效率的追求。〔3〕 另一方面,它可以有效避免人与人之间利益与意见冲突可能导致的对公共生活的阻碍与解体,“因为,在一个混乱不堪的世界,人类试图过一种有理性、有意义、有目的的生活的所有努力将受到挫折。有序的生活方式要比杂乱的生活方式占优势。”〔4〕

秩序的重要性和刑法保障法的属性自然很容易导出刑法对秩序保护的必要性,也许正是源于此,在刑法理论上,强调刑法保护秩序或制度的观念从来都是不容忽视的力量。如有学者写道:“社会秩序、经济利益、国家安全,虽然只是一种制度性利益。但是这些制度的正常运转,乃个人在社会中,使其人格、自由、利益的实现与展开所不可或缺之条件。因为作为主体的个人并非一种抽象、原子式的个人,或是与社会制度隔绝的个人。而是需要与他人互动、沟通具有社会连带性的个人。因此,一个社会必

〔1〕 参见[美]E. 博登海默:《法理学——法律哲学与法律方法》,邓正来译,中国政法大学出版社1999年版,第219页。

〔2〕 洪镰德:《法律社会学》,台北,扬智文化事业股份有限公司2001年版,第19页。

〔3〕 参见麻美英:《Norm, Order and Liberty 规范、秩序与自由》,载《浙江大学学报》(人文社会科学版)2000年第6期。

〔4〕 参见[美]E. 博登海默:《法理学——法律哲学与法律方法》,邓正来译,中国政法大学出版社1999年版,第225页。

须拥有某些社会的、经济的、政治的、文化的制度与秩序，以作为个人与他人互动、沟通以及实现个人利益的平台界面。因而将社会各种秩序与制度正常运转的利益，提升为刑法所要保护的对象，本身即有其正当性的基础。”[1]

但问题在于：国家基于社会控制目的建立的秩序性质不一、类型多样、内容千差万别。刑法作为和平时期国家对公民适用的最强烈、最具暴力性的强制措施，生来就具有断片属性，即在强调适用的精确、精准的同时，对秩序保护只能是断片性的。如果将社会秩序看作一张大网，刑法的属性和使命决定了其只是选择其中的一些关键性“网点”进行保护。而且，刑法之所以选取断片性的“网点”强化保护，根本上源于这些“网点”所体现的法益性质。任何对社会秩序做大而化之的模糊性认识，都将为刑罚权的扩张或恣意行使留下可乘之机。所以，如果不区分秩序的价值、类型和内涵，只是简单地、笼统地强调刑法对秩序的保护，刑法根本立场将面临变异的风险，甚至有可能堕落为阻碍社会进步和改革的力量。而且，若立法者对秩序做极度的扩张解释，则任何一个犯罪都或多或少包含秩序的考虑，如此一来，刑法对公民自由的保护，则失去实益，刑法对公民社会生活的介入干涉将会肆无忌惮，法益对立法权的限制将成为空话。所以，立法者在选择将一定的秩序作为刑法保护对象时，必须具有特殊的理由。比如是否属于具体法益侵害无法确定的情形，或者侵害的法益是否属于已经超越了单个具体的被害人法益等。当存在具体法益侵害的场合，不能轻易超越对具体法益的保护而以保护秩序为由设定罪行和构成要件。

3. 关于刑法参与社会风险治理限度

如前文分析，行为犯构成要件设置的重要理由在于预防法益危险而主动采取行为犯构成要件，其实，该理由是十分牵强的。因为如果以预防法益危险而采取行为构成要件，那么，故意杀人罪、放火罪等因为其严重程度皆应当设置为行为构成要件，但现实情况却并非如此。所以，即便为了预防法益侵害而采取行为构成要件，立法者也必须重视人权保障和预防法益间的平衡，而这种平衡根本决定于国家对风险的宽容度和国家非刑事措施对风险的治理和预防能力。但在权威色彩浓厚和社会治理体系和落后的社会，国家的政治宽容度往往是大打折扣的。另外，只是为了预防法益的危险而主张将行为犯罪化是很难认为具有正当性的，因为即便在现代社会，刑罚的正当性恐怕还是应当被认为主要是对犯罪的报应，而不是对犯罪的预防。

四、展望：行为犯立法的理性回归

行为犯构成要件的扩张与滥用，只是刑法在现代社会泛化的一瞥，反映的是刑法

---

〔1〕 王皇玉：《刑罚与社会规训：台湾刑事制裁新旧思维的冲突与转变》，台北，台湾元照出版公司 2009 年版，第 181 页。

参与现代社会治理的活性化,而这种活性化刑法的出现与现代国家职能多元化具有一脉相承的关系。

回顾整个20世纪,世界范围内主要的政治危险皆源自权力过大的国家产生的威胁,今天,行政国家面对公民日益增长的社会福利需求,总会采取雄心勃勃的计划,促进经济繁荣,规制环境风险,应对贫困与社会歧视的挑战,确保安全防止犯罪,这些都是摆在各国执政者面前的迫切任务。为解决这些任务,国家权力加强,刑罚权扩大也是必然趋势。尤其是在我国,从法律层面上看,虽然我国颁布有立法法,但立法程序对刑罚权发动缺乏有效制约;在实践中行政权过于强势,造成了司法权相对弱势,使国家在从事社会管理中本应通过行政或其他手段、措施可以妥善解决的问题,往往易被升格为司法问题,用刑法解决,刑法司法法色彩逐步退化,日益呈现出社会管理法色彩。

“司法本质上是反民主的,法律人必须通过无偏见地坚持贵族统治的信念来缓和民主政治过程中的不确定性、无知的或者过于雄心勃勃的行为。”〔1〕刑法作为司法法,必须从法治的立场思考在行政国家应对公民日益增长的社会福利需求过程中基本立场问题。“人是一切价值存在的基础和前提,也是法价值存在的基础与前提,是法价值的最终归宿。”〔2〕法律是人类有目的的创造之物,作为满足人的需要的一种规范体系,只有保护人的自由,从根本上才是对人有价值的,刑法自然也不应例外。对于社会治理的参与,刑法必须坚守其维护矫正正义的精神气质和保护公民自由的根本价值。刑事制裁既是人类自由的重要保障,同时也是人类自由的主要威胁。慎重和人道地使用刑事制裁,它就是人类自由的保障;如果不加选择地和强制地使用刑事制裁,它就是人类自由的威胁。〔3〕 所以,刑法的制定和实施,不仅要起到预防犯罪、保护法益,维护社会秩序之效用,也要在根本上有助于维护国民的自由,这是现代刑法仍需坚守的根本立场。行为犯构成要件作为一种例外的立法技术没有动摇的任何正当性理由。

法治是一种美丽的生活方式,刑法是其最坚强的守护者。现代刑法的理想是:我们不要希冀刑法创造和增加美丽,只期待它能尽职尽责地守护好这片美丽,不要肆意、乘机破坏美丽。没有耐心的刑法,实际上是用法治国的未来在冒险。

---

〔1〕 [美]马丁·洛克林:《剑与天平——法律与政治关系的省察》,高秦伟译,北京大学出版社2011年版,译者序第6页。

〔2〕 卓泽渊:《法的价值论》,法律出版社2006年版,第4页。

〔3〕 参见[美]哈伯特·L.帕克:《刑事制裁的界限》,梁根林等译,法律出版社2008年版,第363页。

行为犯理论的修正

——兼与行为犯否定论者商榷

梅传强　张永强*

行为犯是大陆法系刑法理论中的概念,属于结果犯的对应范畴,是大陆法系“三阶层”体系中构成要件该当性阶段犯罪的基本类型。一般而言,行为犯与结果犯的区分标准是犯罪客观构成要件要素中是否包含结果要素,包含结果要素者为结果犯,反之,不包含结果要素者为行为犯。但在“结果”要素的具体理解上,大陆法系内部存在分歧,限制论者只承认实然结果,而扩张论者在实然结果之外将具有法益侵害的危险也纳入“结果”范畴。行为犯否定论者通过实然结果向未然危险以及具体危险向抽象危险的“双重扩张”,否定了行为犯概念存在的必要性。行为犯理论引入我国以后,上述分歧同样存在,而且我国学界忽视了行为犯理论在大陆法系阶层式犯罪构成体系中的特殊性,错误地将本属于犯罪构成要件层面讨论的行为犯理论置于犯罪成立或者犯罪既遂层面讨论,导致行为犯理论一直处于混乱状态,影响了行为犯理论与我国刑法的真正融合。因此,立足于我国刑法构成要件上的特殊性,在行为犯理论的比较研究中,有必要对行为犯理论本身及相关论点进行一定的修正。

一、追本溯源:大陆法系行为犯理论

在大陆法系,根据立法旨意、法益性质、主体身份、犯罪形态等不同标准,将犯罪分为诸多不同的种类,例如,实质犯与形式犯、实害犯与危险犯、基本犯与加重犯,等等。其中,根据构成要件内容的差异,将犯罪分为行为犯与结果犯。这一分类是大陆法系刑法理论中重要的犯罪类型,大陆法系绝大多数学者也认可和接受这一分类。行为犯理论就是在研讨这一犯罪类型的过程中逐渐形成并发展起来的。

(一)行为犯理论分歧

在大陆法系刑法中,行为犯理论不是孤立的体系,而是与结果犯相对应的范畴,可以说二者是对立又统一的关系,对其中任何一方的理论思考都离不开另一方的佐证和

---

* 梅传强,法学博士,西南政法大学法学院教授、博士生导师;张永强,甘肃天水人,西南政法大学法学院2015级刑法学专业博士研究生。

支持。在大陆法系,行为犯理论主要围绕行为犯与结果犯的界分展开,也即围绕行为犯与结果犯的概念展开,但在具体的界分标准上,大陆法系内部先后出现了分歧。概括而言,主要有以下三种观点。

第一种观点从构成要件要素着手,认为行为犯与结果犯的区分是从单纯的结果层面展开的,而且这种结果仅限于构成要件的结果,也即构成要件在形式上包含了行为要素和结果要素的,为结果犯;只包含了行为要素而未包含结果要素的,为行为犯。这一观点为主张刑法的目的是维护社会伦理秩序的学者们所倡导的,也是德国、日本的主流观点。例如,日本学者团藤重光就认为,“根据构成要件,以结果发生为不必要,单纯仅以行为为要素的,这种犯罪被称为单纯行为犯。然而,对于大部分犯罪而言,除行为以外,以一定结果为构成要件要素的,则称为结果犯。”[1]日本学者大塚仁也认为,构成要件只规定了行为内容的犯罪就是行为犯,构成要件中除规定了行为内容之外还规定了结果内容的,则是结果犯。[2]

第二种观点从行为与结果的时空关系着手,认为行为犯与结果犯的区别在于行为与结果在时空上的不一致。按此观点,结果犯是指行为终了与结果发生之间有一定时间间隔的犯罪,行为犯则是指行为终了与结果发生之间没有时间间隔的犯罪。[3] 例如,日本学者山口厚认为,“有些犯罪看上去像是仅有行为就能成立(这被称为单纯行为犯、举动犯等,比如说,刑法第130条的侵入住宅罪,刑法第169条的伪证罪等),其实这样的犯罪是结果与行为同时(或者几乎是同时)发生。其与其他犯罪的区别仅仅在于,其他的犯罪是结果的发生和行为之间存在时间的、场所的隔离而已(对比与单纯行为犯,这些犯罪成为结果犯)。这样,在结果成为所有犯罪的构成要件要素(构成要件结果)、不存在没有结果的犯罪这样的意义上,犯罪(包括被称为单纯行为犯的犯罪在内)全部都是结果犯”[4]。此外,日本学者平野龙一和内藤谦也持此观点。

第三种观点从行为侵害的特定对象着手,认为行为犯与结果犯的区分在于行为是否侵害了特定的行为对象,结果犯是对特定行为对象的侵害属于构成要件要素的犯罪,而行为犯是对特定行为对象的侵害不属于构成要件要素的犯罪。例如,日本学者町野朔认为,“对行为客体的侵害属于构成要件要素的犯罪称为结果犯,与此相对的称为(单纯)行为犯或举动犯,结果犯要求行为通过对行为客体造成侵害结果来侵害威胁法益,行为犯只要求行为直接侵害威胁法益。”[5]

除此之外,值得注意的是,在大陆法系还有一种反对行为犯与结果犯划分的观点,

---

[1] [日]团藤重光:《刑法纲要总论》(改订版),日本创文社1979年版,第114~117页。

[2] [日]大塚仁:《刑法概说》(总论),冯军译,中国人民大学出版社2003年版,第120页。

[3] 张明楷:《外国刑法纲要》(第2版),清华大学出版社2007年版,第113页。

[4] [日]山口厚:《刑法总论》(第2版),付立庆译,中国人民大学出版社2011年版,第44页。

[5] 张明楷:《法益初论》,中国政法大学出版社2000年版,第347~348页。

认为只有结果犯,没有行为犯。例如,德国学者李斯特就曾指出,“任何一种犯罪均以某种结果为前提。在刑事法中区分‘结果犯’和纯粹的不以结果为前提的‘行为犯’是不正确的。”〔1〕日本学者团藤重光也指出,“对于所有的犯罪,结果都是必需的,概括而言,由于意志的发动而引起的外界的变化全部是结果”,“在所谓的单纯行为犯中,行为和结果在时间上归于一致,同时发生,故此划分没有必要。”〔2〕

(二)行为犯理论评价

从以上行为犯理论溯源可知,第一种观点所提出的行为犯理论是谨慎的、保守的,只在构成要件层面确立行为犯与结果犯的区分标准,这样就给行为犯理论确立了构成要件基础。由于构成要件本身是对不同犯罪的定型,而且成立犯罪所需的构成要件及构成要件要素通过刑法分则条文得以记述或者规范地表达,所以,在构成要件层面承认并确立行为犯理论并不会扩大行为犯的范围,反而契合大陆法系阶层式的犯罪构成逻辑。第三种观点虽然以行为侵害的特定对象入手,但其依旧在构成要件层面对行为犯与结果犯进行区分,这一点与第一种观点是一致的。

第二种观点提出的行为犯理论,已经超脱于构成要件层面,由于其将行为犯与结果犯置于更为宽泛的层面讨论,导致行为犯理论丧失了犯罪构成要件的约束。这种观点虽然强调行为与结果在时空上的差异性,并以此作为区分行为犯与结果犯的标准,但对这些差异是否属于构成要件所关注的差异,该观点并未明确。事实上,在大陆法系阶层式的犯罪构成分析中,首先是对构成要件该当性的判断,其次才是违法性和有责性的判断,只有影响构成要件该当性判断的差异才是有意义的,不做此甄别而直接将行为犯与结果犯在时空上的差别作为二者区分标准的做法是值得商榷的。

在上述评价的基础上,考虑到我国行为犯理论主要是对大陆法系主流观点的借鉴,为了在本源上厘清行为犯理论的基本内涵,笔者在此对大陆法系行为犯理论的主流观点(也即第一种观点)进一步展开论述和评价。

首先,从创设基础来看,行为犯理论是根据刑法分则条文所规定的具体犯罪构成要件在内容上存在差异而提出来的。这种差异具体表现为部分犯罪的构成要件要素要求特定的行为和结果,而部分犯罪的构成要件要素只要求特定的行为。从这一点上讲,行为犯理论本身是一种静态的理论,只关注静态的立法事实,而对于特定犯罪事实为何被评价在犯罪构成要件之中,以及不同犯罪的构成要件之间为何存在这种差异等动态问题不予关心。因此,行为犯与结果犯的分类是静态的规范分类,只要刑法分则条文规定的犯罪构成要件内容在“结果”要素上存在有无的差异,行为犯与结果犯的划分就天然存在。事实上,认清行为犯理论的这一基础特性是极为重要的,可以有效

〔1〕 [德]弗兰茨·冯·李斯特:《德国刑法教科书》,徐久生译,法律出版社2000年版,第180页。

〔2〕 [日]团藤重光:《刑法纲要总论》(改订版),日本创文社1979年版,第125页。

地避免行为犯概念违反刑法谦抑性的苛责。诚然,对于刑法为何规定行为犯的疑问,属于立法层面的问题,并不与来源于立法事实层面的行为犯理论相冲突。

其次,从具体内容来看,行为犯理论是通过肯定构成要件的"行为"要素、排斥"结果"要素来界定行为犯的。从刑法分则规定的犯罪构成要件的具体内容来看,有的规定成立犯罪必须具备"结果"要素,例如在故意杀人罪的构成要件中,除要求有"杀人"的行为以外还要求有"死亡"的结果,而有的规定成立犯罪仅需"行为"要素,例如非法侵入住宅罪的构成要件中仅需"侵入住宅"的行为即可。立足于立法上的这种差异,大陆法系刑法理论将构成要件中只需"行为"要素而无需"结果"要素的犯罪界定为行为犯,而将构成要件中除"行为"要素以外还需"结果"要素的犯罪界定为结果犯。由此可见,从刑法分则规定的构成要件内容上对行为犯和结果犯作形式区分是清晰的,不存在争议。然而,一旦脱离了构成要件,对"结果"要素进行实质评价时,由于大陆法系内部存在行为无价值和结果无价值的分歧,行为犯与结果犯的区分自然会变得模糊不清。

最后,从理论功能来看,行为犯理论首先表现为一定的犯罪分类功能,即在构成要件该当性阶段提出了一种基本的犯罪分类模式。其次,行为犯理论在构成要件内容的判断、犯罪的形态、主观的责任构成以及因果关系的判断等方面具有指引功能。具体而言,在构成要件内容上,行为犯只需评价行为即可,而结果犯除评价行为以外还需评价结果;在犯罪形态方面,行为犯一般不发生未遂的问题,而对于结果犯,由于行为与结果会出现分离,所以存在处罚未遂犯的情形;在主观责任方面,行为犯只能由故意构成,过失不能成为行为犯的主观责任,而故意和过失均可成立结果犯;在因果关系方面,成立结果犯必须要求行为与结果之间具有刑法上的因果关系,而行为犯则无需进行因果关系判断。

综上,行为犯与结果犯是大陆法系在构成要件该当性阶段对犯罪所做的一种基本划分,行为犯理论是紧紧围绕行为犯与结果犯的划分标准展开的,但在具体的划分标准上,大陆法系又存在分歧,主流的观点是将构成要件要素中是否包含"结果"要素作为区分标准。此外,对于大陆法系学者对行为犯理论的批判和否定,主要是通过对结果犯的扩张展开的,实质上是结果无价值立场的学者对"结果"要素所做的扩张解释。

二、抚躬自问:我国行为犯理论检视

我国刑法中的行为犯概念属于舶来品,是借鉴大陆法系行为犯理论的产物。在20世纪八九十年代,随着我国刑法学界对大陆法系刑法理论的普遍关注,行为犯理论开始逐渐进入我国学者的研究视野。我国刑法学界对行为犯的研究是围绕行为犯的界定以及与结果犯的区分展开的,但由于行为犯与结果犯的区分标准本身在大陆法系就存在争议,导致我国学界对行为犯的界定以及与结果犯的区分也是学说纷呈,没有达成统一的认识。

（一）行为犯界定的理论纷争

在行为犯的界定上，我国刑法学界可谓“百家争鸣”“百花齐放”，没有形成统一的行为犯概念。纵向来看，行为犯的界定出现了“单纯引进”向“思辨再造”的演进规律；横向来看，行为犯的界定出现了“犯罪既遂”向“犯罪构成”转移的趋势。基于横向与纵向的这种差异，笔者选取具有代表性的观点进行比较论述。观点1：“只要有一定的行为（作为或者不作为）即构成犯罪的是行为犯，且这种犯罪不考虑是否发生一定的实害或危险的结果”〔1〕。观点2：行为犯是指“只要实施刑法分则规定的某种危害行为就构成既遂的犯罪”。该观点还认为，“危险犯不是行为犯，而与实害犯同样是结果犯。因为危险犯也要求一定的结果，只是它要求的结果是某种危险状态，实害犯要求的结果则是实际的损害”。〔2〕 观点3：“所谓行为犯，是指以实行法定的犯罪行为作为犯罪构成必要条件的犯罪。它与举动犯的相同点在于：二者都不以发生实际的危害结果作为犯罪构成的必要条件。二者的区别在于：举动犯的既遂以着手实行犯罪为标志，而行为犯只有当实行行为达到一定程度时，才过渡到既遂状态”。〔3〕 观点4：行为犯是指“只要实施刑法分则规定的某种危害社会的行为就构成既遂的犯罪形态。它不以危害结果的发生作为犯罪既遂的标准。值得注意的是，这里的‘危害结果’是指行为人的危害行为对犯罪客体的实际损害，其既包括有形的危害结果，也包括无形的结果。同时，举止犯（即举动犯）只是行为犯的一种类型，另还包括一种过程犯”。〔4〕 观点5：行为犯是指“只要实施了符合刑法分则规定的某种基本构成要件行为就为既遂，而无须发生特定的犯罪结果或有该犯罪结果发生的法定危险的犯罪类型〔5〕。”观点6：行为犯是指“以法定犯罪行为的完成作为既遂标志的犯罪”，而结果犯是指“不仅要实施具体犯罪客观构成要件的行为，而且必须发生法定的犯罪结果才构成既遂的犯罪”。〔6〕 观点7：“行为犯是行为与结果同时发生的犯罪，因果关系便不成其为问题；结果犯则是行为与结果之间具有时间间隔的犯罪，需要认定行为与结果之间的因果关系”。〔7〕 观点8：“行为犯是指不以有形的危害结果作为犯罪构成要件，实施立法上规定的行为即可充足犯罪构成要件的类型”，而“结果犯是指以与行为在观念上可分离的危害结果作为犯罪构成要件要素的犯罪类型”。〔8〕

---

〔1〕 陈兴良：《刑法哲学》，中国政法大学出版社1992年版，第214～218页。

〔2〕 高铭暄主编：《中国刑法学》，中国人民大学出版社1989年版，第160页。

〔3〕 马克昌主编：《犯罪通论》，武汉大学出版社1991年版，第469～475页。

〔4〕 姜伟：《犯罪形态通论》，法律出版社1994年版，第115～116页。

〔5〕 史卫忠：《论我国刑法中行为犯的概念》，载《法学家》2000年第3期。

〔6〕 高铭暄、马克昌主编：《刑法学》，北京大学出版社、高等教育出版2010年版，第159页。

〔7〕 张明楷：《刑法学》，法律出版社2011年版，第169页。

〔8〕 郝艳兵：《风险刑法——以危险犯为中心的展开》，中国政法大学出版社2012年版，第220页。

(二)上述观点的具体评述

从上述观点可以看出,我国刑法学界在行为犯理论认识上的分歧,不仅体现在概念的具体表述及包含的内容上,而且体现在行为犯的讨论基础和认识层面上。虽然有些观点在一定程度上揭示了行为犯与结果犯的差异,也为行为犯与结果犯的区分提出了相应的参考标准,但从本源论和本体论的角度来看,其仍然值得商榷。

首先,从行为犯界定的路径来看,除观点7从行为与结果的时空关系、观点8从是否具备危害结果对行为犯进行反面界定外,其他观点都是从正面对行为犯进行界定的,即实施某种“行为”便构成行为犯。虽然这种正面的界定路径符合一般的逻辑要求,即犯罪是对行为的事后评价,只有实施了特定的行为,才能构成某种犯罪,但从实质上来看,这种界定路径并不能凸显行为犯的特殊性。因为如前文所述,行为犯是结果犯的对应范畴,二者主要的区别在“结果”上,而不是在“行为”上,即使是结果犯,同样是实施了某种行为才构成的。因此,在行为犯的界定路径上,应该遵循观点8的逻辑,即从构成行为犯是否需要特定结果这一反面进行。此外,在具体行为的认知上,也出现了分歧,有的观点认为是“一定的行为”(观点1)、“危害行为”(观点2)、“危害社会的行为”(观点4),有的观点认为是“犯罪行为”(观点3)、“法定犯罪行为”(观点6),也有的观点认为是“基本构成要件行为”(观点5)。笔者认为,“一定的行为”“危害行为”“危害社会的行为”的表述过于模糊和宽泛,而“犯罪行为”“法定犯罪行为”虽将行为限定在犯罪行为之内,但仍不能体现行为犯的特殊性,相比较而言,观点5表述的“基本构成要件行为”较为可取,即将行为犯的行为只限定在犯罪构成要件这一层面,这也符合大陆法系在构成要件该当性阶段划分行为犯与结果犯的前提。

其次,从行为犯界定的角度来看,出现了以下分歧:

1. 观点1、3在犯罪成立的角度讨论行为犯,可称为“犯罪成立说”。该说认为,只需实施一定的行为就可以成立犯罪的是行为犯,而除行为之外还需特定结果才能成立犯罪的是结果犯。从犯罪成立与犯罪形态的关系来看,犯罪形态的判断是在犯罪成立的基础上进行的,因此,犯罪成立的外延要比犯罪形态的外延广〔1〕,犯罪预备、犯罪中止、犯罪未遂、犯罪既遂都包括在犯罪成立的范围内,事实上我国刑法对预备犯、中止犯、未遂犯的处罚也印证了这一点。显然,按该说的观点就会得出结果犯的未遂是行为犯的错误结论,例如,在故意杀人未遂的场合,成立故意杀人罪(未遂)犯罪,但此时只有杀人的行为,而无“死亡”的结果,所以是行为犯,这显然是违背行为犯理论基本立场的。

〔1〕 需要说明的是,一般而言,大陆法系以处罚既遂为原则、处罚未遂为例外,刑法分则对犯罪构成要件的具体规定也是按此逻辑进行的,原则上只要行为符合构成要件犯罪就成立,也达至既遂。因此,在大陆法系犯罪成立和犯罪既遂是在同一层面使用的。在我国刑法视域中,由于处既遂犯之外还要处罚预备犯、中止犯、未遂犯,因此“犯罪成立”与“犯罪既遂”并不等同,这也是我国刑法与大陆法系刑法之间的主要区别。

2. 观点2、4、5、6从犯罪既遂角度讨论行为犯,可称为"犯罪既遂说",该说也是我国学界的主流观点。按此观点,行为犯是以法定行为的完成为既遂标志的犯罪,而结果犯是以法定结果的实现为既遂标志的犯罪,显然,这种观点的主要问题就是忽视了对行为违法性的实质判断,导致行为评价不充分,尤其在危险犯场合容易出现。以《刑法》第116条规定的"破坏火车、汽车、电车、船只、航空器罪"为例,按"犯罪既遂说"的观点,若行为人实施并完成了破坏火车、汽车、电车、电车、船只、航空器行为,由于可以评价为"完成了法定行为",所以可以得出该行为已经既遂的结论,这显然遗漏了对该行为是否达到"足以使火车、汽车、电车、船只、航空器发生倾覆、毁坏危险"的实质性评价。此外,即使在行为犯的场合,"犯罪既遂说"也会遇到类似的问题,以《刑法》第120条第1款规定的"组织、领导、参加恐怖组织罪"为例,对于组织、领导、参加恐怖组织的行为,是否只要一实施就达到既遂还是需要在程度上和危害性上进行考量,若需在程度和危害性上考量,那具体的"度"又是多少,显然这些问题"犯罪既遂说"无法回答。究其原因,主要是因为"行为犯、结果犯区分理论本身是形式意味甚浓的理论,在大陆法系不需要承担实质违法性判断之任务"。[1] 而我国是"定性+定量"的犯罪认定模式,因此,不能直接套用大陆法系对行为犯和结果犯在形式意义上的区分来判断我国刑法中具有实质意义的犯罪既遂。

3. 观点7是在行为与结果的时空关系上讨论行为犯的,可以称为"时空关系说",该说在我国为极少数学者主张。一般而言,该说主张行为犯与结果犯的区分标准是行为与结果在时空上的差异,如果行为与结果在时空上具有同一性,则属于行为犯,反之,行为与结果在时空上不同一,则属于结果犯。显然,按该说的逻辑,即使是结果犯,在"最终结果"未出现之前的预备、中止及未遂阶段,行为与结果也是保持同一的,那就会得出结果犯的预备犯、中止犯、未遂犯也是行为犯的结论,这显然是违背行为犯理论的。事实上,刑法中规定的部分犯罪在行为与结果的时空条件上确实存在差异,但这种差异并不是在行为犯与结果犯的划分中讨论的,而是在隔地犯与隔时犯的划分中讨论的。因此,行为与结果在时空上关系并不能准确地区分行为犯与结果犯。

4. 观点8是在犯罪构成要件角度讨论行为犯的,可以称为"犯罪构成要件说"。按照该说,行为犯与结果犯是以犯罪构成要件中是否包含特定结果为区分标准的,其中,不以"有形的危害结果"为必要,仅实施立法上规定的行为即可充足犯罪构成要件的属于行为犯,而以与行为在观念上可分离的危害结果作为构成要件要素的属于结果犯。显然,该说并未在犯罪既遂层面区分行为犯与结果犯,而是在犯罪构成要件层面,这与大陆法系在构成要件该当性阶段评价行为犯与结果犯的做法保持了一致。此外,

---

〔1〕 宋春、余作泽:《行为犯、结果犯区分理论与中国刑法的契合——以醉酒驾驶和扒窃的处罚范围为视角》,载《河南警察学院学报》2012年第1期。

该说还对作为行为犯与结果犯区分标准的“结果”作了限缩解释,即“有形的危害结果”,而不包括结果无价值立场的学者所主张的“危险”。

再次,从行为犯界定的限制来看,主要形成了两种观点:一种是以观点2、4、5为代表的“刑法分则规定说”,即行为犯的行为必须是刑法分则规定的行为;另一种是以观点1、3、6为代表的“立法规定说”,即行为犯的行为必须是立法规定的行为,但在具体表述上,各观点之间又有差异,观点1表述为“一定的”行为、观点3表述为“法定的”行为、观点6表述为“立法规定的”行为。相比较而言,“刑法分则规定说”更符合行为犯界定的本质,较为可取。因为行为犯本身是大陆法系在构成要件该当性阶段对犯罪所作的分类,针对的是基本犯罪而非派生犯罪,同时,对构成要件该当性的判断是完整意义上的判断,必须立足于刑法对行为构成要件的明确规定。从我国刑法规定来看,只有刑法分则是对具体犯罪行为构成要件的明确规定,而诸如预备犯、中止犯、未遂犯、共犯的构成要件是刑法总则对分则规定的具体构成要件进行一定修正而来的,属于修正的犯罪构成要件,不具有典型性和一般性。因此,“刑法分则规定说”对行为犯界定的限制是恰当的,若采取“立法规定说”,会将刑法总则规定的符合修正构成要件的预备犯、中止犯、未遂犯、共犯等纳入行为犯的范畴,反而会使行为犯理论变得模糊、混乱。

最后,从行为犯界定的功能来看,上述观点同样存在分歧。“犯罪成立说”强调的是行为犯在犯罪成立与否判断上的功能,即只需实施特定行为就成立犯罪的是行为犯,反过来,对行为犯的判断,只需判断特定的行为是否实施完成,而无需考虑是否出现特定结果。“犯罪既遂说”强调的是行为犯在犯罪既遂与否判断上的功能,即只需实施特定行为就达致既遂的犯罪是行为犯,相反,实施了特定行为并出现特定结果才达至既遂的是结果犯。“时空关系说”强调的是行为与结果在时空上的关系,由于正如前文所述,行为与结果在时空上的同一性并不是行为犯与结果犯区分的根本标志,而且在结果犯预备、中止、未遂的场合也具有行为与结果的同一性,所以“时空关系说”并未真正起到划分犯罪的功能。“犯罪构成要件说”强调的是在犯罪构成要件层面对行为犯与结果犯的划分功能,而且在此基础上,明确了行为犯与结果犯是犯罪构成要件层面对犯罪类型的一种基本划分。相比较而言,“犯罪构成要件说”更为可取,即在刑法分则规定的基本犯罪构成的基础上明确行为犯的犯罪分类功能,而无需脱离于构成要件之外确立模糊不清的犯罪成立、犯罪既遂或者行为与结果时空关系判断的功能。正如有学者所言,“大陆法系刑法学中的行为犯理论是基于对刑法分则所规定的各种具体犯罪的完整形态的分析而提出的,它较为准确地反映出不同犯罪在其构成内容上具有差异性这一立法事实。”〔1〕

〔1〕 史卫忠:《刑法学中行为犯理论及其评价》,载《中国刑事法杂志》1998年第4期。

综上可知,虽然我国刑法学界对行为犯理论进行了热烈的讨论,但在概念界定、认识角度、限制条件、功能定位等基本问题上仍然存在分歧,没有达成共识,进而影响了行为犯理论与我国刑法理论的真正融合。事实上,我国在借鉴德、日犯罪分类理论的过程中,忽略了特定概念的使用范畴,导致将不同范畴的概念混同使用。例如,在以德、日为代表的大陆法系刑法理论中,"三阶层"的犯罪构成体系是其刑法理论建构的根基,诸多刑法问题都是紧紧围绕这一根基展开的。而且在不同的阶层,所使用的概念也是不同的。其中,实害犯与危险犯的概念,主要是针对"三阶层"的第二个阶段(违法性)提出的,即在构成要件该当性判断完成以后,对行为是否具有实质违法性进行判断,在这一阶段,以行为对法益造成的是实然侵害还是具有侵害法益的危险为判断标准,将犯罪分为实害犯与危险犯。而我国在引进这对概念时,未注意到这对概念所使用的范畴,导致出现了将行为犯、结果犯、危险犯或者行为犯、结果犯、实害犯相并列或者混同的现象。然而,在构成要件该当性层面使用行为犯、结果犯的概念,在违法性层面使用实害犯与危险犯概念,不论在逻辑上还是理解上,均不会出现上述错误。正如有学者所言,"在包含有行为客体的犯罪中,存在与行为客体相联系的行为结果,如果这种结果表现为一种实际损害,那么,从构成要件该当性这一层次看,该罪属于结果犯,而从违法性这一层次看,该罪就属于实害犯。"[1]

三、理性建构:行为犯理论的修正

行为犯理论诞生于大陆法系刑法,我国的行为犯理论是借鉴大陆法系刑法理论的产物。由于我国刑法与大陆法系刑法在犯罪界定、犯罪分类、构成要件体系等方面存在诸多差异,这就决定了我国对行为犯理论的借鉴不能机械地"照搬照抄",而应该在准确认识大陆法系行为犯理论的基础上,充分考虑我国刑法的"本土化"特色,通过对行为犯理论的修正与拓展,使其与我国刑法体系相融合。

(一)行为犯概念的修正

"概念乃是解决法律问题所必需的和必不可少的工具。没有限定严格的专门概念,我们便不能清楚地和理性地思考法律问题。"[2]在行为犯理论研究中,对行为犯进行清晰的界定也显得尤为重要,综观大陆法系和我国行为犯理论的研究,从某种程度上来看,行为犯理论的建构和论争都是围绕行为犯的界定以及与结果犯的界分展开的,换言之,行为犯的概念是行为犯理论研究的基础。如前文所述,不论是"犯罪成立说""犯罪既遂说""时空关系说",还是"犯罪构成要件说",每种学说都在试图通过自

---

〔1〕 王志祥:《危险犯研究》,中国人民公安大学出版社2004年版,第177页。

〔2〕 [美]E. 博登海默:《法理学:法律哲学与法律方法》,邓正来译,中国政法大学出版社2004年版,第504页。

身的认识角度和研究方向给行为犯进行清晰地界定,但由于以上学说在认识上都存在一定的偏差,导致行为犯概念的内涵和外延仍有些值得商榷之处。

具体而言,从行为犯理论产生的本源来看,行为犯与结果犯是在构成要件该当性阶段对犯罪进行的一种形式化分类,除却行为犯与结果犯的犯罪分类功能之外,行为犯与结果犯本身并未承担犯罪成立与否或者既遂与否的判断,因此,不论是"犯罪成立说"还是"犯罪既遂说",我国在借鉴行为犯理论的过程中都背离了行为犯理论产生的本源。从行为犯与结果犯的区分来看,构成要件要素是否包含"结果"要素是二者区分的根本,而行为与结果在时空上是否具有同一性只是一种外在征表,即使是结果犯,在预备、中止、未遂的场合,行为与结果在时空上也是同一的,所以"时空关系说"并未抓住行为犯与结果犯区分的根本,该说对行为犯的界定亦不可取。从行为犯界定的视角来看,从犯罪构成要件角度界定行为犯较为可取,因为犯罪构成是类型化的不法,是抽象化、形式化的立法表达,在刑法分则条文中构成要件是明确的,不会因为犯罪事实的多样性而在司法层面随意变更,所以,从犯罪构成要件层面界定行为犯,契合了大陆法系在构成要件该当性阶段界定行为犯的做法。值得注意的是,虽然前文"犯罪构成要件说"从构成要件层面界定行为犯概念的做法值得肯定的,但其在具体界定时没有对行为进行"刑法分则条文规定的"限制,而是采用"立法上规定的"限制,显然这会将符合修正构成的预备犯、中止犯、未遂犯、共犯等纳入行为犯的评价范畴,有损行为犯概念自身的明晰性和犯罪分类功能。

因此,界定行为犯概念时需要注意以下几个方面的问题:一是行为犯应当属于犯罪构成要件层面的概念,而不是犯罪成立、犯罪既遂或者行为与结果时空关系层面的概念;二是行为犯与结果犯在构成要件层面具有犯罪分类的功能,本身并不承担犯罪成立或者既遂的判断;三是行为犯与结果犯的划分必须受到刑法分则规定的基本犯罪构成要件的约束,而不包括刑法总则规定的修正的犯罪构成;四是行为犯概念的内涵与外延并不是对法益侵害样态的反映,而是从形式上体现部分犯罪外观构造上的差异。鉴于此,笔者认为,行为犯是指刑法分则规定的犯罪构成要件中只需特定行为而无需特定结果的犯罪类型。与之相对应,结果犯是指刑法分则规定的犯罪构成要件中除需特定行为之外还需特定结果的犯罪类型。显然,在笔者主张的行为犯概念之下,行为犯与结果犯的划分是一种静态的、形式的划分,是基于刑法分则规定的构成要件要素在行为与结果的选择上存在差异这一立法事实展开的,与具体案件事实中是否充足了行为要素或者结果要素没有直接的关联。因此,行为犯与结果犯这一对概念的使用也应该只限于犯罪构成要件层面的犯罪分类范畴,除此之外,不能在其他范畴对其进行扩张适用。

(二)行为犯否定论的修正

不论是大陆法系还是我国,行为犯否定论者一直存在。一般而言,行为犯否定论者都是站在结果无价值立场对行为犯进行批判的,认为"结果是所有犯罪共通的构成要件要素(构成要件的结果),不存在没有结果的犯罪",甚至"行为本身也可被视为'结果'的一种方式,因为它是行为人一种冲动的效果"〔1〕。由此可见,行为犯否定论者是通过对结果犯的"结果"做无限扩张解释来达到否定行为犯目的的,甚至存在将"行为"类推解释为"结果"的错误做法。概括而言,行为犯否定论者对"结果"的扩张主要体现在两个方面。

一方面是实然结果向未然危险的扩张。行为犯否定论者一般认为,犯罪的本质是对保护法益造成了侵害"结果",这种"结果"不仅包括实然的法益侵害,而且包括法益侵害的危险。例如,日本学者山口厚认为,"作为属于构成要件要素的结果,不单指对保护法益的现实的侵害,也包括对保护法益的侵害的危险"〔2〕。我国也有学者认为,"所谓结果,从实质意义上说,是指对法益的侵害与法益侵害的危险,也可以说是对法益的侵害及威胁"〔3〕。然而,对于法益侵害"危险"或者"威胁"的具体定义及程度,行为犯否定论者并未进一步解释,仍然是一种模糊判断。一般而言,将造成法益侵害的实然结果视为结果犯中的结果是可以理解的,例如将人的"死亡"理解成故意杀人罪的结果、将财物的"毁坏"理解为故意毁坏财物罪的结果,但是将可能造成法益侵害的危险不加限制地全部理解为结果,已然超出了国民的合理预期,这种观点除在解释学上具有一定的意义外,从事实层面看仍是值得商榷的。因为危险本身并非刑法单独评价的实体,而是在对行为及其作用的外部环境进行价值评价的结果,而且"结果是与行为处于同一因果关系两端的结果,因而行为本身所蕴含着的对客体的可能侵害不可能成为结果"〔4〕,正如有学者所言,"并非任何危险都是结果,只有行为引起的具体的危险状态才可能是结果,行为本身的危险(行为的属性)则不是结果"〔5〕。

另一方面是具体危险向抽象危险的扩张。"危险概念是一个危险的概念"〔6〕,对危险不加以限制而"一刀切"地纳入结果的范畴,不仅会冲击结果本身的明确性和可知性,而且会给刑罚权留下无限的扩张空间。因为当危险成为刑法意义上的结果时,任何有直接或者间接侵害法益危险的行为都可以被刑法评价,这样反而会真正扩张犯罪圈。一般而言,根据危险的程度及其被现实化的可能性,危险可以分为具体危险与抽象危险,具体危险是指那些法益侵害的危险程度较高而且极易被现实化的危险,相反,抽象危险是指那些法益侵害的危险程度较低而且不易被现实化的危险。按行为犯

〔1〕 付立庆:《行为犯概念否定论》,载《政法论坛》2013年第6期,第107~108页。
〔2〕 [日]山口厚:《刑法总论》(第2版),付立庆译,中国人民大学出版社2011年版,第45页。
〔3〕 张明楷:《外国刑法纲要》(第2版),清华大学出版社2007年版,第110页。
〔4〕 李洁:《犯罪结果论》,吉林大学出版社1994年版,第18页。
〔5〕 张明楷:《外国刑法纲要》(第2版),清华大学出版社2007年版,第110页。
〔6〕 [日]木村龟二:《新刑法读本》,法文社1959年版,第263页。

否定论者的观点,对行为犯的否定,不仅要将具体危险纳入结果的范畴,而且也要将抽象危险纳入结果的范畴。虽然在一定程度上将极易被现实化的具体危险理解为结果,在解释学上具有合理性,可以归为"扩张解释",但将危险程度较低且不易被现实化的抽象危险也理解成结果,容易使人们对"结果"的边界产生质疑。对此,行为犯否定论者提出了广义的结果概念和狭义的结果概念,并认为结果犯的结果应该是广义的结果概念,而不是狭义的结果概念,即结果犯的"结果"既包括物质性的结果,也包括非物质性的具体危险和抽象危险。不过,也有学者对行为犯否定论者的这种观点提出了批判,认为"仅仅狭义的结果概念具有解释学上的意义,因为只有狭义的结果概念才能提出因果关系问题"[1]。

笔者认为,行为犯否定论者通过对"结果"的双重扩张来否定行为犯概念的做法是缺乏依据的,而且这样会将"结果"概念置于更为模糊的境地。从哲学视角考察,结果本身具有客观性,不以人的意志为转移,人们只能发挥主观能动性去认识结果,并在认识的过程中赋予特定的社会意义。因此,进入刑法领域的结果,也只能以哲学层面结果的客观性为基础,不能抛弃结果的客观性而承认一种观念上的结果。因此,行为犯否定论者将行为具有法益侵害的危险解释成"结果"的做法是缺乏哲学依据的。若按此逻辑,既然行为对法益的侵害危险是一种结果,那么像形式犯、预备犯、未遂犯、中止犯成立的情形中所表现出的对保护法益的侵害危险也是一种结果,这也意味着这些犯罪情形也是以一定的结果作为构成要件要素的,进而将这些犯罪情形也理解为结果犯,这显然是不合理。正如有学者所言,对于行为犯否定论者的观点,"如果再结合构成要件要素充足理论,还可以逻辑地得出'未遂'也是既遂犯的结论。因为未遂犯也是结果犯,结果犯是以发生一定的结果为构成要件要素的,而充足了构成要件要素的就是犯罪既遂,其逻辑结论便是,未遂犯因为其危险结果而充足了构成要件要素,因而是既遂犯。其中的矛盾是显而易见的"[2]。

事实上,不论是结果犯还是行为犯,其所指向的都是一种客观存在的实体(结果或者行为),而对法益是否造成现实的侵害或者具有侵害的危险,都只能是对实体(行为或者结果)进行评价的结果,无涉行为犯与结果犯本身合理性的问题。因此,就犯罪所指向的实体层面(结果或者行为)而言,结果犯和行为犯都有其存在的价值,两者并不冲突,前者是对犯罪构成要件中明确规定行为必须造成现实侵害(结果实体)的犯罪进行的归纳,后者是对犯罪构成要件中仅规定侵害行为而无需侵害危险现实化的犯罪进行的归纳。显然,在犯罪构成要件中是否包含行为对法益造成了现实的侵害这

---

〔1〕[德]汉斯·海因里希·耶塞克、托马斯·魏根特:《德国刑法教科书》(总论),徐久生译,中国法制出版社2001年版,第319页。

〔2〕刘之雄:《犯罪既遂论》,中国人民公安大学出版社2003年版,第96~97页。

一点上，行为犯和结果犯是相对立的，两者不存在包含与被包含的关系，这也说明任何试图通过扩张或者类推解释的方法将二者“融二为一”做法注定是具有缺陷的。正如有学者所言，“独立犯罪类型中的形式犯以及非独立犯罪类型的预备、未遂和中止行为所具有的威胁法益的状态仍然蕴含于行为内部而尚未现实地作用于法益……由此这种威胁法益的状态只能是行为的危险。也就是说，这种状态仍包容于危害行为当中作为危害行为的组成因素而存在，而并没有超出危害行为的范围之外而成为具有独立意义的实体。即使认为这样的状态具有结果属性，这种结果也只是观念上的，而尚未进入现实的领域”。〔1〕因此，就犯罪构成层面犯罪的分类而言，行为犯与结果犯是对立与并存的，而且“根据行为要素与结果要素之间关系的不同，区分出行为犯与结果犯，就可以将基本犯的所有类型概括无遗”〔2〕，没有必要通过对“结果”的无限扩张来否定行为犯概念。

（三）行为犯与举动犯、危险犯关系的修正

在肯定行为犯概念的前提下，需要论述的是行为犯与举动犯、危险犯之间的关系。就行为犯与举动犯的关系而言，刑法学界形成了三种学说，即同一关系说、并行关系说和种属关系说。具体而言，同一关系说认为行为犯与举动犯是同一概念，本质上不存在任何差异，只是称谓上的不同而已。例如，我国台湾地区学者林山田教授就认为，“行为犯又称为举动犯，乃指行为人只要单纯地实现构成要件所描述的行为，无待任何结果之发生即足以成立之犯罪”〔3〕。并行关系说认为，行为犯与举动犯是相并行的犯罪类型，不能将二者等同，举动犯一经着手即告成立，而行为犯只有当实行行为达到一定程度时才能过渡到既遂。〔4〕种属关系说认为行为犯与举动犯是种属关系，举动犯只是行为犯的一种，除此之外，阴谋犯、过程犯也属于行为犯范畴。〔5〕

比较而言，同一关系说从行为犯与举动犯在客观上均不需要特定的结果这一相同性质而将二者等同，并列关系说则从行为犯与举动犯在实行行为的程度上具有不同的要求而将二者并列，而种属关系说则从行为犯与举动犯在外延上存在差异而将行为犯作为举动犯的上位概念。由于三种学说认识的角度不一样，所以没有孰优孰劣之分，但从行为犯概念的犯罪分类功能和构成要件层面来看，笔者认为，同一关系说更为可取。因为从评价实体的角度来看，行为犯和举动犯都是对行为实体的评价，二者在对象上具有同一性；从构成要件层面来看，二者均不需要结果，只需特定的行为即可。至于行为犯与举动犯在实行行为程度上的差异，属于非构成要件要素上的差异，并不影

〔1〕何鹏、李洁主编：《危险犯与危险概念》，吉林大学出版社2006年版，第29页。

〔2〕史卫忠：《行为犯研究》，中国方正出版社2002年版，第55页。

〔3〕林山田：《刑法通论》（上册），台北，菩菱印刷公司1998年版，第122～123页。

〔4〕参见马克昌主编：《犯罪通论》，武汉大学出版社1995年版，第473页。

〔5〕参见陈兴良：《刑法哲学》，中国政法大学出版社1997年版，第217～219页。

响二者在构成要件上的同一性。因此,在行为犯与结果犯的划分中,举动犯并非单独的犯罪类型,而属于行为犯的范畴。

就行为犯与危险犯的关系而言,刑法学界形成了两种观点。第一种观点认为,危险犯属于结果犯的范畴。例如,有学者认为,“行为犯是与结果犯相对应的犯罪形态,而危险犯是结果犯的类型之一。行为犯与结果犯作为法定的犯罪既遂形态,应该以法条对某具体犯罪是否规定了结果而确定该罪是行为犯还是结果犯,在结果犯中,才有危险犯存在的余地”[1]。第二种观点认为,危险犯属于行为犯的范畴。例如,有学者认为,“行为犯是指行为人只要单纯地实施刑法分则规定的构成要件的行为就足以构成犯罪,而无须发生一定的犯罪结果。形式犯、阴谋犯和危险犯都可归入行为犯范畴。结果犯是指不仅实施犯罪构成客观要件的行为,而且必须发生法定的危害结果才构成既遂的犯罪”[2]。显然,行为犯与危险犯的关系在学界并未达至统一,之所以会出现危险犯在对立的行为犯与结果犯之间摇摆的现象,关键是学界对“危险”属性的理解出现了分歧。

一般而言,在“危险”属性的认识上,学界存在三种学说:一是“结果危险说”,该说认为刑法上的“结果”是指对法益的侵害和法益侵害的危险,危险本身属于结果的范畴,是一种具有结果属性的危险。该说是大陆法系刑法的通说,上述第一种观点就是在此基础上提出来的。二是“行为危险说”,该说认为具体危险犯中的危险和抽象危险犯中的危险都属于行为的危险,而不是作为结果的危险(危险结果),二者的区别在于前者引起结果发生的可能性高,后者引起结果发生的可能性低。[3] 上述第二种观点就是据此学说提出的。三是“行为危险与结果危险分别说”,该说认为具体危险犯的危险属于结果性危险(危险结果),而抽象危险犯的危险属于行为性危险(行为危险)[4],该说为极少数学者主张。

笔者认为,行为危险说更为可取,因为行为犯与危险犯至少在三个方面具有一致性:首先,二者都未对法益造成物质性的侵害,以此区别于结果犯;其次,二者在外部实体上都表现为一定的行为,通过对行为的评价得出法益侵害的危险性;最后,二者在构成要件上都需要对法益造成一定的侵害危险。[5] 从大陆法系刑法来看,危险犯是与实害犯相对应的范畴,而且是在三阶层构成要件的第二个阶段——违法性阶段对犯罪所做的分类,其标准是符合构成要件的犯罪行为在实质违法性层面表现的具体样态,其中,表现为实然的侵害结果的是实害犯,而表现为未然的侵害危险的是危险犯。因

[1] 李洁:《行为犯与危险犯之界限探析》,载《阴山学刊》2004 年第 6 期。

[2] 陈兴良:《刑法哲学》,中国政法大学出版社 2004 年版,第 225 ~ 228 页。

[3] 高铭暄:《中国刑法学》,中国人民大学出版社 1989 年版。

[4] 参见舒洪水:《危险犯研究》,法律出版社 2009 年版,第 33 页。

[5] 参见舒洪水:《危险犯研究》,法律出版社 2009 年版,第 188 页。

此，在阶层式的犯罪构成体系中，行为犯与结果犯、危险犯与实害犯属于不同阶层的犯罪分类，在构成要件该当性阶层来看，危险犯就是行为犯、实害犯就是结果犯；在违法性阶层来看，行为犯就是危险犯、结果犯就是实害犯。因此，在构成要件层面理解“危险”，“行为危险说”更具有合理性，顺此逻辑，在构成要件层面危险犯属于行为犯的范畴，都属于对特定行为法益侵害危险性的判断。

（四）行为犯存在根基的修正

行为犯否定论者认为，任何犯罪都必须有结果，不存在没有结果的犯罪，结果具体表现为法益的侵害和法益侵害的危险，因此，刑法规定的犯罪都是结果犯，不存在以单纯的行为为构成的行为犯。此外，行为犯否定论者还从反面批判指出，如果承认行为犯，将会不当的扩大刑罚的范围，任何有危险的行为都有可能成为刑罚的对象。显然，行为犯否定论者坚持的是极端的结果无价值论立场，并将行为犯自然地置于行为无价值论的立场进行批判。事实上，行为犯否定论者的批判，直接触及的是行为犯存在的根基问题。

“根据犯罪的本质，行为犯也必须具有侵犯法益的性质，否则不可能构成犯罪。如果认为行为犯是只需要实施一定行为就成立的犯罪，则可能意味着不需要法益侵害与危险。这会导致将没有侵犯法益的行为认定为犯罪，从而不当扩大处罚范围。事实上，国内外刑法理论实现已经确立了行为犯、结果犯的具体范围，即哪些犯罪属于行为犯，哪些犯罪属于结果犯已经被固定化，如非法侵入住宅罪、伪证罪属于行为犯，故意杀人罪、盗窃罪等属于结果犯（少数犯罪还存在争议），然后根据这种已经固定化的分类说明其分类标准。”〔1〕由此可见，行为犯本身是对已然被刑法分则规定的基本犯罪的一种类型概括，行为犯的存在与否本身并未扩大刑罚的范围，即使通过结果的“双重扩张”否定行为犯，也只是将行为犯纳入结果犯的范畴而已，其并未在立法层面真正减少行为犯的规定，因此，承认结果犯而否定行为犯也就谈不上限缩了刑罚圈。从这一点来看，行为犯否定论者的批判是不成立的，也是没有必要的。

对于立法上为何规定的行为犯，并非行为犯本身的问题，而是立法政策、刑事政策需要考量的问题。根据德国学者 Weber 的看法，立法者创设行为犯构成要件的理由，主要有二：一是行为人虽仅着手于未遂阶段，但几乎已经不可能对于由此产生的危险加以控制，如内乱罪；二是未遂行为本身已经对法益造成了破坏，因而有必要将未遂与既遂相提并论。如在德国，处罚受贿罪是为了保护公职行为的纯洁性以及人民对于该纯洁性的信赖。行为人对于公职行为要求、约定贿赂的，就已经破坏了公职行为的纯洁性以及人民的信赖，无需等待行为人去的财物便可认定既遂。〔2〕笔者认为，立法上

〔1〕 张明楷：《刑法学》，法律出版社 2011 年版，第 168～169 页。

〔2〕 张明楷：《外国刑法纲要》（第 2 版），清华大学出版社 2007 年版，第 113 页。

设置行为犯,就是对特殊法益的提前保护,即当行为对特殊法益具有侵害危险时刑法就提前介入,而不待这种危险现实化,这充分体现了国家对特殊法益的积极保护。正如有学者所言,"对行为的危险性予以处罚意味着,根据刑事政策,国家刑罚权力对于尚未发生实际法益侵害的行为事先介入,因此,除了已造成法益侵害的行为外,对于那些危及法益的行为,还必须通过特殊的犯罪构成要件使之类型化,从而赋予行为危险性以可罚性"〔1〕。

四、结语

在大陆法系刑法中,行为犯是与结果犯相对应的范畴,是构成要件该当性阶段一种基本的犯罪分类,其通说的依据是构成要件要素中是否包含"结果"要素。我国刑法中行为犯概念是借鉴大陆法系刑法的产物,但在犯罪成立、犯罪既遂以及行为与结果的时空关系上认识行为犯,是对行为犯犯罪分类功能的背离。在我国四要件犯罪体系中,应该在刑法分则规定的基本犯罪构成要件层面对行为犯和结果犯进行区分,因为"犯罪分类意在便于识别犯罪,犯罪构成是识别犯罪的最基本手段,犯罪分类应当以犯罪构成为基础"〔2〕。因此,行为犯与结果犯的划分,本身是一种形式的、记述的犯罪分类,而非实质的、规范的犯罪分类。从功能上讲,行为犯与结果犯除承担犯罪分类功能外,不应该在赋予犯罪成立、犯罪既遂或者行为与结果时空关系判断的功能。行为犯否定论者通过结果的"双重扩张"来否定行为犯的做法,既是不成立的,也是没有必要的,其本身并未解决行为犯为何在立法上存在以及限缩刑罚圈的问题。对于行为犯是否存在未完成形态、在立法上应该限于哪些特殊法益、行为犯与形式犯又是何种关系等问题,由于篇幅的限制,本文并未论及,有待后续进一步地深入研究。

---

〔1〕 王志祥:《危险犯研究》,中国人民公安大学出版社2004年版,第50~65页。

〔2〕 李林:《危险犯与风险社会刑事法治》,西南财经大学出版社2012年版,第6~7页。

行为犯概念之辩证

王志祥　黄云波*

行为犯是刑法理论中一个争议极大的问题。可以说，迄今为止，不论是在大陆法系刑法理论还是在我国的刑法理论中，就对行为犯理论中许多基本问题的认识而言，仍然处于众说纷纭、莫衷一是的状态。其中，尤为突出的表现就是，对于"行为犯"概念本身，理论上尚未达成共识。因此，笔者在本文中将就行为犯的概念问题做些梳理与分析，希望通过本文能为行为犯理论的研究确立一个统一的出发点，并为行为犯理论的深入研究贡献绵薄之力。

一、行为犯概念的讨论基准

行为犯与结果犯是相对立的理论类型。刑法学界之所以对行为犯与结果犯的概念没有达成共识，最主要的原因就在于，学者们对行为犯概念的讨论基准问题尚未形成统一认识。因此，要想得出意见一致的行为犯概念，首先应当明确的就是行为犯概念的讨论基准。

笔者认为，行为犯与结果犯这一划分是针对刑法分则基本犯的既遂形态而言的，即行为犯与结果犯是被当作犯罪既遂的类型加以研究的。这是因为，"刑法分则原则上规定的是单独犯、既遂类型，然而，犯罪并非一定达到既遂，也并非一定单独实施，既有止于未遂的情形也有数人一同参与的情形，要对这些特殊情形予以处罚，就必须存在有关未遂、共犯的规定。刑法在总则中对未遂、共犯作出了规定。"〔1〕在刑法分则中规定达到既遂的构成要件，而在总则中对未遂、共犯等形态加以概括性规定的立法模式是各国刑法的通例，我国刑法同样如此。我国 1997 年系统修订的《刑法》第 22 条第 2 款规定："对于预备犯，可以比照既遂犯从轻、减轻处罚或者免除处罚。"第 23 条第 2 款规定："对于未遂犯，可以比照既遂犯从轻或者减轻处罚。" 依据这些规定，在我

---

* 王志祥，法学博士，北京师范大学刑事法律科学研究院外国刑法与比较刑法研究所所长、教授、博士生导师；黄云波，北京师范大学刑事法律科学研究院刑法专业博士研究生。

基金项目：本文系教育部"新世纪优秀人才支持计划" 资助项目（NCET－13－0062）和中央高校基本科研业务费专项资金资助项目"风险社会视野下的刑法修改宏观问题研究"（2012WZD11）的阶段性成果。

〔1〕［日］西田典之：《日本刑法总论》，王昭武、刘明祥译，中国人民大学出版社 2007 年版，第 46 页。

国刑法中,对预备犯、未遂犯进行处罚之时可以比照既遂犯从轻、减轻或者免除处罚。所谓比照,就是按照、对照的意思。就"比照"而言,理所当然应当有参照物,该参照物就是既遂犯。由此可知,我国刑法对既遂犯的处罚应当已经做了明确规定。刑法分则所规定的具体的犯罪是以既遂犯为模式的,而对于预备犯、未遂犯等特殊形态的处罚,则需要在这既遂模式的规定之上进行调整。正基于此,多年以前我国学者就已明确指出:"刑法分则规定的各种犯罪构成及其刑事责任都是以犯罪既遂为标准的;在刑法理论中,一般也是以犯罪既遂状态作为研究的标本。"〔1〕

在对行为犯与结果犯进行研究之时,如果忽略了行为犯与结果犯这一划分是针对刑法分则基本犯的既遂形态而言的,则有可能导致理论的混乱。如有学者指出,"依据构成要件,有的不需要有结果产生而仅把行为(身体的活动)当作要素。但大部分的罪行,都要在行为以外产生一定结果,才被认定为构成要件的要素。前者被叫做行动犯或单纯行为犯(如伪证罪。行政犯的例子很多),后者被叫做结果犯(如杀人罪)。而"结果犯"一词,有结果加重犯之意。所谓结果加重犯,即指在一个基本的构成要件成立后,进一步引起一定的严重后果因而加重处罚的犯罪,这种后果是与上述结果不同的。"〔2〕有学者认为,"以结果在刑法中规定的情况为标准,可以分为行为犯、结果犯、结果加重犯(是以单独犯为标准)。"〔3〕很显然,在这些论述中,行为犯、结果犯、结果加重犯是被当作并列的几种犯罪类型来对待的。然而,需要注意的是,正如上述学者所言,结果加重犯这一犯罪类型是在"基本的构成要件成立后"或者"发生基本犯罪构成要件以外的重结果,对该重结果刑法规定更重刑罚的犯罪。"〔4〕换言之,结果加重犯并非针对刑法分则基本犯的既遂形态而言,而是针对基本犯以外的其他派生犯而言的。结果加重犯应当属于派生犯的形态。结果加重犯和结果犯、行为犯其实是处于不同层面上的几种犯罪类型,将其与结果犯、行为犯相并列属于一种理论上的错位。

除上述将结果加重犯与结果犯、行为犯相并列的观点之外,刑法学界也有学者主张将结果加重犯纳入结果犯之中。如有学者认为,"作为结果犯的一种,有结果加重犯"。〔5〕有学者指出,"结果犯之中含有结果加重犯,这是指行为人出于基本构成要件的故意,而实行基本构成要件该当的行为,竟然发生超出基本构成要件的加重结果,致该当加重构成要件,而成立的犯罪"。〔6〕从这些论述可知,结果加重犯的研究对象是超出了基本犯的构成要件范畴的,换言之,结果加重犯与结果犯、行为犯所针对的对象

---

〔1〕 杨春洗、杨敦先:《刑法讲义》,法律出版社1983年版,第72页。

〔2〕 [日]福田平、大塚仁编:《日本刑法总论讲义》,李乔、文石、周世铮译,辽宁人民出版社1986年版,第50页。

〔3〕 林亚刚:《刑法学教义(总论)》,北京大学出版社2014年版,第155页。

〔4〕 林亚刚:《刑法学教义(总论)》,北京大学出版社2014年版,第155页。

〔5〕 马克昌:《比较刑法原理(外国刑法学总论)》,武汉大学出版社2002年版,第198页。

〔6〕 林山田:《刑法通论》(上册)(增订10版),北京大学出版社2012年版,第155页。

是有所区别的。将结果加重犯纳入结果犯之中,事实上就是将结果加重犯的研究对象——派生犯转换成为了基本犯,但这与上述学者们对结果加重犯的定义是相矛盾的。而且,“在将结果加重犯纳入结果犯范围的情况下,结果加重犯的加重结果超出了基本犯的罪质范围这一特点就无从显现”。〔1〕结果加重犯的理论意义由此就被削弱。

二、行为犯概念的界定标准

(一)关于行为犯概念界定标准的理论分歧

行为犯概念的界定标准其实就是行为犯与结果犯的划分标准。对此,在刑法学界主要存在两种不同观点。

既遂标准说认为,对于行为犯与结果犯的区分,应当以犯罪既遂是否要求犯罪结果为标准。如有学者指出,结果犯,是指不仅要实施具体犯罪构成客观要件的行为,而且必须发生法定的犯罪结果才构成既遂的犯罪,即以法定犯罪结果的发生与否作为犯罪既遂与未遂区别标志的犯罪。行为犯是指以法定犯罪行为的完成作为既遂标志的犯罪。这类犯罪的既遂并不要求造成物质性的和有形的犯罪结果,只要实施完毕具体犯罪规定的法定行为即可。〔2〕

成立标准说认为,应当以犯罪成立是否要求犯罪结果为标准来界定行为犯与结果犯。如有学者认为,“以犯罪的成立是否需要发生结果为标准来进行分类。即发生结果才构成犯罪的,是结果犯,如过失致人死亡罪、滥用职权罪等,这种结果犯只有是否成立的问题,而不可能存在犯罪既遂、犯罪未遂、犯罪中止与犯罪预备之分;没有发生结果也构成犯罪的,是行为犯,如故意杀人罪、抢劫罪等,这种行为犯则存在犯罪既遂、犯罪未遂、犯罪中止与犯罪预备之分。”〔3〕有学者主张,所谓行为犯,是指只要实施一定行为就足够,而不要求发生实际损害结果的犯罪类型。如《刑法》第 232 条所规定的故意杀人罪就是如此。因为按照刑法的相关规定,成立故意杀人罪,只要具有故意杀人的行为就够了,而不要求引起具体的危害结果。所谓结果犯,是指必须发生一定实际损害结果的犯罪类型。对于刑法以引起一定结果为犯罪构成要件的犯罪来说,行为人只是实施了危害行为,而没有对行为对象造成一定的实际损害结果的话,通常情况下,不构成犯罪。但特定情况下,可以存在犯罪未遂。〔4〕

---

〔1〕 王志祥:《犯罪既遂新论》,北京师范大学出版社 2010 年版,第 128 页。

〔2〕 参见高铭暄、马克昌主编:《刑法学》(第 5 版),高等教育出版社、北京大学出版社 2011 年版,第 148 页;于志刚、孙万怀、梅传强:《刑法总论》,高等教育出版社 2011 年版,第 306 页。

〔3〕 张明楷:《法益初论》,中国政法大学出版社 2000 年版,第 350 页。

〔4〕 参见黎宏:《刑法学》,法律出版社 2012 年版,第 92 页。

(二)行为犯概念界定标准之评析

1. 对成立标准说之否定

笔者认为,成立标准说存在诸多不足,因而将其作为行为犯与结果犯的界定标准,并不可取。

一方面,成立标准说的判断标准不明确。虽然,在过失犯罪、间接故意犯罪以及少数的刑法规定以危害结果作为罪与非罪区分标志的直接故意犯罪的场合,犯罪只有成立与不成立之分,犯罪成立的状态是唯一的,且特定的犯罪结果的发生对于犯罪的成立起着不可替代的作用。对此,犯罪成立可以成为区分行为犯与结果犯的确定标准。但是,在大多数直接故意犯罪的场合,犯罪成立的状态则不是唯一的。即在这种情况下,犯罪成立其实不是一个确定的标准。众所周知,在我国刑法中,犯罪既遂属于犯罪成立,但犯罪成立却并不等于犯罪既遂,因为犯罪预备、犯罪未遂、犯罪中止都属于犯罪成立。刑法分则所规定的具体的犯罪以既遂犯为模式,但对于预备犯、未遂犯等特殊形态的处罚则需要在这既遂模式的规定之上进行调整。因此,犯罪既遂比犯罪未完成形态更为明确,对犯罪既遂的判断比对犯罪成立的判断更为简便。

另一方面,以成立标准说界定行为犯,可能导致同一种犯罪既是行为犯又是结果犯的不合理结论。以故意杀人罪为例。成立标准说认为,没有发生结果也构成犯罪的,是行为犯,如故意杀人罪。然而,需要注意的是,故意杀人罪既可以由直接故意构成,也可以由间接故意构成。在直接故意的情况下,行为人只要实施故意杀人行为,即使没有出现死亡结果,其行为也构成故意杀人罪。这样,依据成立标准说,故意杀人罪属于行为犯,这是没有疑义的。而在间接故意的情况下,特定危害结果的发生与否,决定了间接故意犯罪能否成立。也就是说,行为人不仅需要实施故意杀人行为,而且只有在死亡结果出现的情况下,行为人的行为才构成故意杀人罪。在这种情况下,依据成立标准说,故意杀人罪又属于结果犯。同一种犯罪,既属于行为犯,又属于结果犯,其界定标准显然不具有合理性。

2. 对既遂标准说之质疑

一方面,既遂标准说与犯罪停止形态理论存在自相矛盾之处。持既遂标准说的学者认为,犯罪既遂形态、犯罪的未完成形态在间接故意犯罪与过失犯罪中没有存在的余地。[1] 如此一来,依既遂标准说,行为犯与结果犯的划分范围就仅限于直接故意犯罪之中,间接故意犯罪与过失犯罪由于不存在犯罪既遂形态,因而也就不存在行为犯与结果犯之分。然而,这些学者同时认为,间接故意犯罪与过失犯罪,“二者都是结果

---

〔1〕 参见高铭暄、马克昌主编:《刑法学》(第5版),高等教育出版社、北京大学出版社2011年版,第144页。

犯,即以实际发生危害结果作为成立的必备条件。"[1]其自相矛盾之处是显而易见的。

另一方面,既遂标准说将行为犯与结果犯的区分局限于直接故意犯罪范围之内,降低了该理论的价值。特定方法能协助研究者达成其认识目标及其实务上的任务。将事物予以类型化是加深对事物认识的重要方法。通过对不同类型的比较、分析,可以使该事物变繁为简,使认识由浅及深。因此,类型分析法是一种重要的社会科学研究方法。"刑法所处罚的犯罪行为,依据不同的标准可以区分为不同的类型。由于各种类型有其不同的目的和功能,因此,分析犯罪类型除了有助于概念的厘清之外,也有实际上的区别实益。"[2]行为犯与结果犯的区分就是我们认识犯罪的方法。通过这一区分,我们可以将众多的犯罪种类分别纳入其中,突出该种犯罪类型与其他犯罪种类的不同特征,从而更好地认识犯罪。然而,依既遂标准说的观点,行为犯与结果犯这一区分却被局限于直接故意犯罪范围之内,间接故意犯罪与直接故意犯罪被排除在这一区分类型之外,由此导致行为犯与结果犯的理论价值大打折扣。

(三)行为犯概念的界定标准之确立

笔者认为,与成立标准说相比,既遂标准说应当说更具合理性,但如前所述,这种学说同样存在一定的不尽如人意之处,因此,尚需对其做一定的完善。

一方面,要改变对犯罪既遂存在范围的通行认识。一般认为,由于犯罪完成形态是与犯罪未完形态相对而言的,过失犯罪既然无犯罪未完成形态的存在,因而也就无犯罪完成形态即犯罪既遂存在的余地和意义。间接故意犯罪也不存在犯罪的既遂形态。然而,传统观点同时认为,犯罪既遂是指行为人所故意实施的行为已经具备了某种犯罪构成要件的全部要素。犯罪既遂是故意犯罪的完成形态。[3] 从这一意义上来说,就没有理由否认间接故意犯罪与过失犯罪也存在犯罪的完成状态。因为,不可否认,任何犯罪都会存在最终停止的状态。不论是间接故意犯罪还是过失犯罪,要最终构成犯罪,就必须符合刑法所规定的全部犯罪构成。所以,"应当认为凡是完成刑法分则条文对某种犯罪所规定的全部犯罪构成的,就是既遂"。[4] 犯罪既遂可以存在于一切罪过形式的犯罪之中。

另一方面,非物质性结果应纳入结果犯之结果的范围之内。居于通说地位的观点认为,依据危害结果的现象形态,可以将其分为物质性结果与非物质性结果。物质性结果是指现象形态表现为物质性变化的危害结果,是有形的、可测量确定的,如致人死亡;非物质性结果,是指现象形态表现为非物质性变化的危害结果,往往是无形的、不

---

〔1〕 高铭暄主编:《刑法学原理》(第2卷),中国人民大学出版社2005年版,第111页。

〔2〕 林钰雄:《新刑法总则》,中国人民大学出版社2009年版,第66页。

〔3〕 参见高铭暄、马克昌主编:《刑法学》(第5版),高等教育出版社、北京大学出版社2011年版,第144~147页。

〔4〕 何秉松:《犯罪构成系统论》,中国法制出版社1995年版,第333页。

可测量确定的,如名誉损害。结果犯中的结果只能是物质性的、可具体测量确定的、有形的损害结果。但笔者认为,将结果犯的结果限定为物质性结果是没有必要的,非物质性结果应纳入结果犯之结果的范围之内。因为,首先,非物质性结果同样是客观的、是可测量的,只不过其测量的方法与物质性结果有所不同而已。其次,虽有学者认为,对于行为犯而言,尽管行为人的行为本身可能导致危害结果的发生,甚至已经造成了现实的危害结果,但是法律条文并没有将这种结果的发生作为既遂的标志。[1] 但需要注意的是,“没有将这种结果的发生作为既遂的标志”并不代表对这种结果就没有必要予以认定。即使这种结果对于定罪没有影响,但在量刑时也应当对其予以考虑,因此仍需予以认定。最后,物质性结果与非物质性结果同属于危害结果,其差异仅仅在于前者的表现形式更为直观,后者的表现形式更为抽象而已,其实二者之间并无本质区别。

三、行为犯概念与犯罪的本质

关于行为犯的概念,刑法学界存在诸多不同观点,不仅不同国家的学者对行为犯存在各种不同认识,即使是同一国家的学者对行为犯的认识也可谓五花八门。以日本学者对行为犯的研究情况为例。第一种观点认为,行为犯是指在构成要件中,只把行为人一定的身体动静作为构成要件性行为的犯罪。[2] 第二种观点认为,“单纯行为犯是指并不伴有法益侵害或者甚至连法益侵害的危险也并不存在的犯罪。”[3]第三种观点认为,“举动犯,也叫单纯行为犯,是指只要具有作为构成要件的行为的人的外部态度就成立,而不要求发生一定结果的犯罪。”[4]第四种观点认为,“从法益的侵害、危险性理解,结果犯是指行为的终了与结果的发生之间存在时间的间隔,没有时间间隔的则称之为行为犯。”[5]第五种观点认为,有些犯罪看上去像是仅有行为就能成立,这被称为单纯行为犯。其实这样的犯罪是结果与行为同时(或者几乎同时)发生。其与其他犯罪的区别仅仅在于,其他犯罪是结果的发生和行为之间存在着时间的、场所的隔离而已。[6]

以上第一种和第三种观点均从形式上指出了行为犯所具有的一些特征,即行为犯的构成要件中只包括行为要素,而不包括结果要素。就形式概念而言,这两种观点有其合理之处。第二种观点认为,就行为犯而言,连法益侵害的危险都不需要即可成立

---

〔1〕 参见马克昌主编:《犯罪通论》,武汉大学出版社1999年版,第494页。

〔2〕 参见[日]大塚仁:《刑法概说(总论)》(第3版),冯军译,中国人民大学出版社2003年版,第136页。

〔3〕 [日]西田典之:《日本刑法总论》,王昭武、刘明祥译,中国人民大学出版社2007年版,第46页。

〔4〕 [日]大谷实:《刑法讲义总论》(新版第2版),黎宏译,中国人民大学出版社2008年版,第8页。

〔5〕 [日]野村稔:《刑法总论》,全理其、何力译,法律出版社2001年版,第114页。

〔6〕 参见[日]山口厚:《刑法总论》(第2版),付立庆译,中国人民大学出版社2011年版,第44页。

犯罪。这种观点其实是犯了将行为犯与形式犯相混淆的错误，行为犯应当属于实质犯，因此这种观点所界定的行为犯概念并不合理。第四种和第五种观点基本一致，均认为行为犯的成立在本质上仍然需要产生结果，只是这种结果与行为同时出现，因而没有必要再对结果予以单独强调。

结合前文所确定的行为犯概念的讨论基准和行为犯概念的界定标准，参鉴上述日本学者研究行为犯之得失。笔者认为，所谓行为犯，是指在犯罪构成客观要件中仅包括行为要素，并以行为本身侵犯法益的危险性作为基本犯成立条件的犯罪。所谓结果犯，是指在犯罪构成客观要件中包含了结果要素，以结果的存在作为基本犯成立条件的犯罪。其中的“结果”既包括物质性结果，也包括非物质性结果；既包括实害结果，也包括危险。需要说明的是，本概念在界定行为犯之时所采用的事实上是修正的既遂标准说。因为，行为犯是针对刑法分则基本犯的既遂形态而言的。同时，由于笔者改变了对犯罪既遂存在范围的通行认识，即认为犯罪既遂可以存在于一切罪过形式的犯罪之中，所以，笔者所界定的行为犯、结果犯概念对直接故意犯罪、间接故意犯罪、过失犯罪均可适用。

什么是犯罪的本质？关于这一问题，在大陆法系刑法理论中存在着各种不同的理解角度。有学者着眼于犯罪的实质进行理解，指出：关于犯罪的实质是什么的问题，传统上存在着主观主义与客观主义的对立，现在则认为是违法与责任。[1] 有学者着眼于犯罪的侵犯对象，因此而产生了权利侵害说、法益侵害说、义务违反说、规范违反说、综合说等不同学说。当然，也有学者试图调和上述两种思路，主张折中说。[2] 经过多年的学术论争，应当说从客观主义立场出发的法益侵害说得到了较多学者的赞同。[3] 我国刑法学界一致认为犯罪的本质属性是社会危害性，这便是侵害或者威胁法益。[4] 可以说，如今法益侵害说在我国也获得了较为一致的认可。法益侵害说认为，犯罪的本质在于对法益的侵害或侵害的危险。换言之，立法者只能将有法益侵害或者侵害危险的行为规定为犯罪。那么，笔者所界定的行为犯概念是否符合这一犯罪本质呢？

一方面，行为犯的处罚根据是侵害法益的危险。根据法益侵害说，立法者之所以将某种行为规定为犯罪，其原因就在于这种行为对社会而言，具有严重的社会危害性，或者说对法益具有现实的侵害或者有侵害的危险。“刑法中的危险，是指行为本身所具有的使刑法上的法益遭受侵害的可能性，或者行为所导致的刑法上的法益遭受损害

---

〔1〕 参见[日]林干人：《刑法总论》（第2卷），东京大学出版会2008年版，第26～46页。

〔2〕 参见陈家林：《外国刑法通论》，中国人民公安大学出版社2009年版，第105～109页。

〔3〕 参见马克昌：《比较刑法原理（外国刑法学总论）》，武汉大学出版社2002年版，第93页；[日]大塚仁：《刑法概说（总论）》（第3版），冯军译，中国人民大学出版社2003年版，第103页。

〔4〕 参见张明楷：《法益初论》，中国政法大学出版社2000年版，第273页。

的可能状态。"[1]所谓可能性,是指包含在现实事物中的、预示着事物发展前途的种种趋势,是潜在的尚未实现的东西。虽然可能性意味着现实尚未形成,但是,可能性同时也意味着已经具备成为现实的客观条件。而且,"根据现有的具体情况,产生损害被视为极有可能,产生此等损害的可能性近在咫尺。"[2]正是因为"危险距离侵害仅仅一步之遥",[3]所以,立法者认为,对于这种具有法益侵害危险的行为,同样需要以刑法手段予以规制。行为犯虽然尚未造成现实的损害结果,但却仍然被立法者作为犯罪处理,原因就在于这种行为具有法益侵害的危险。

另一方面,行为犯的危险是行为本身所具备的危险,是抽象的危险。通常认为,危险犯可以分为具体的危险犯与抽象的危险犯。与之相对应,作为危险犯的处罚根据,危险也可以分为具体危险与抽象危险。不过,刑法学界对于具体危险与抽象危险区分标准的认识并不一致。第一种观点认为,"具体的危险是要根据具体情况判断的,而抽象的危险不是构成要件,因而并不需要判断,也不允许反证,即便行为人证明自己的行为没有危险,也不妨碍抽象危险的存在。"[4]第二种观点认为,"具体的危险犯与抽象的危险犯都是以对法益侵害的危险作为处罚根据的犯罪,但是,前者的危险是需要司法上具体认定的,后者的危险是立法上推定的。"[5]第三种观点认为,具体危险与抽象危险的区别在于危险程度的不同。其中,具体的危险是紧迫的、高度的危险;而抽象的危险是缓和的、低度的危险。前者的危险意味着发生侵害结果的可能性很大,后者的危险意味着发生侵害结果的可能性较小。[6]

笔者认为,以上第一种和第二种观点是以刑法的已有规定为前提的,论者所采取的是一种司法者视角。这两种观点的产生,是建立在论者对现有刑法规定的分析之上的。其实以上两种观点并不冲突,具体的危险是要根据具体情况判断的,需要司法上的具体认定;而抽象的危险是立法上推定的,因而在司法实践中并不需要予以具体判断。这同时也决定了对于抽象的危险在实践中不允许反证。因为一旦在实践中对于抽象的危险允许反证,就等于将抽象的危险与具体的危险相混同。就第三种观点而言,论者采取的则是立法者视角。立法者通过对不同程度的危险进行比较,将紧迫、高

---

〔1〕 王志祥:《危险犯研究》,中国人民公安大学出版社2004年版,第8页。

〔2〕 [德]汉斯·海因里希·耶塞克、托马斯·魏根特:《德国刑法教科书》,徐久生译,中国法制出版社2001年版,第322页。

〔3〕 [德]约克·艾斯勒:《抽象危险犯的基础和边界》,蔡桂生译,载赵秉志主编:《刑法论丛》(2008年第2卷),法律出版社2008年版,第333页。

〔4〕 张明楷:《危险犯初探》,载马俊驹主编:《清华法律评论》(第1辑),清华大学出版社1998年版,第126页。

〔5〕 参见张明楷:《刑法学》(第4版),法律出版社2011年版,第167页。

〔6〕 参见[日]平野龙一:《刑法总论Ⅰ》,有斐阁1972年版,第120~122页;[日]前田雅英:《刑法总论讲义》,东京大学出版会1994年版,第148页。转引自张明楷:《危险犯初探》,载马俊驹主编:《清华法律评论》(第1辑),清华大学出版社1998年版,第127页。

度的危险作为具体危险,而将程度较为缓和、低度的危险作为抽象危险。至于具体危险与抽象危险之间的界限何在,在立法者这里其实并不存在一个精确的刻度。从民主立法的现实情况来看,某一法案的通过往往需要多数意见的支持。因此,从立法角度来看,具体危险与抽象危险的区分只能取决于一般人的判断。

通过以上分析,笔者认为,具体危险是一种紧迫的、高度的危险,发生侵害结果的可能性很大;对于具体危险,需要司法上根据具体的情况予以认定。危险是一种可能性,这种可能性需要以客观条件的存在为前提。由于具体的危险已经是一种紧迫的危险,其转化为现实的可能性很大。那么,这种可能性就必然需要建立在充分的客观条件之上。由此也就决定了,这种危险在表现形式上已经能够显示为一种外在的事实状态。这种事实状态是一种由行为所造成的侵害法益的可能性,是一种“危险结果”,或者说是“作为结果的危险”。这种“危险结果”已经超出了行为本身所具有的危险属性,演变成了一种可辨识的事实状态。抽象危险是一种缓和的、低度的危险,发生侵害结果的可能性相对而言较小,这种危险是立法上推定的,不需要司法上的具体判断。抽象的危险是一种缓和的危险,转化为现实的可能性相对而言较小。与具体危险已经表现为一种法益侵害的事实状态不同,抽象危险还没有和行为相分离,仍然是一种蕴含于行为之内的法益侵害可能性,属于行为本身所具备的危险性。因此,也可以将抽象危险称之为“作为行为的危险”。当然,需要注意的是,虽然抽象的危险是一种缓和的危险,但这种危险依然存在着侵害法益的可能性,已经逾越了刑法所允许危险存在的程度,因而仍需以刑法对其予以规制。

行为犯的犯罪构成客观要件中并不包含结果要素。就司法者对某种行为是否成立行为犯的判断而言,着眼点在于行为本身是否具有侵害法益的危险性。这种危险性还没有表现为行为之外的独立状态,所以,行为犯中的危险属于抽象的危险。

四、行为犯概念与结果犯概念之间的关系

行为犯与结果犯之间是什么关系?行为犯与结果犯这一对犯罪类型的区分是否可以穷尽所有的犯罪?或者说,除行为犯之外,是否其他犯罪均属于结果犯?对此,刑法学界存在不同认识。第一种观点主张,“以结果在刑法中规定的情况为标准,可以分为行为犯、结果犯、结果加重犯(是以单独犯为标准)。”〔1〕第二种观点主张,犯罪既遂主要有以下四种不同的类型:结果犯、行为犯、危险犯、举动犯。也就是说,这四种犯罪之间是并列关系,在结果犯与行为犯这种区分之外,还同时存在危险犯和举动

〔1〕 林亚刚:《刑法学教义》,北京大学出版社2014年版,第155页。

犯。[1]第三种观点主张,将犯罪既遂的类型分为结果犯、行为犯和危险犯。[2]第四种观点主张,将犯罪既遂的类型分为阴谋犯、行为犯、危险犯、结果犯。[3]

对于第一种观点,笔者在前文已经做出分析。行为犯与结果犯是针对刑法分则所规定的基本犯而言的,结果加重犯已经超出了基本犯的范畴,是针对派生犯来说的。因此,结果加重犯既不应与行为犯、结果犯相并列,也不属于结果犯之下的犯罪类型。对于另外三种观点而言,首先,需要明确的是,危险犯与实害犯是根据危害结果表现形态的不同对结果犯进行的划分,这同根据危害结果是否具有物质表现性可以将结果犯划分为物质性结果犯和非物质性结果犯是一样的道理。危险犯与实害犯是不应当与行为犯和结果犯相并列的。其次,就举动犯而言,"大陆法系国家的刑法学者是在完全相同的意义上使用行为犯和举动犯概念的。"[4]而在我国刑法理论中,对于行为犯和举动犯的关系,理论上存在三种观点,即同一关系说、并行关系说和种属关系说。[5]主张行为犯与举动犯并行关系说的学者认为,行为犯并不是行为一着手即告完成的,按照法律的要求,这种行为要有一个实行过程,要达到一定的程度,才能视为行为的完成。而举动犯,也称即成犯,是指按照法律规定,行为一着手犯罪实行行为即告犯罪完成和完全符合构成要件,从而构成既遂的犯罪。简言之,行为犯的完成需要一个发展过程,而举动犯的完成则无需发展过程。然而,应当认识到,其实任何犯罪从其开始实施到完成都是存在一个过程的,区别仅仅在于这一过程的长短。那么,行为犯与举动犯的区别仅仅在于这一过程的长短不同。如果一定要予以区分,举动犯也不应当与行为犯相并列,而应属于行为犯这一属概念之下的种概念。而且,事实上,举动犯的区分与行为犯、结果犯的区分所采用的标准是不同的。区分行为犯与结果犯的依据是犯罪的客观要素中是否存在结果要素。而再划分出与行为犯并行的举动犯这种类型,则依据的是实行行为的着手与犯罪的完成之间是否存在一定的时间间隔,亦即对犯罪实行行为的实施有无程度上的要求。这一点明显违背了对事物进行同一次分类只能运用同一个标准的原则。最后,从阴谋犯来看,我国学者认为,所谓阴谋犯,"是指立法者基于行为的无价值在刑法分则中设置的只需实施自然事实意义上的预备行为就应给予既遂否定评价的构成要件类型。"[6]因此,阴谋犯实质上是对将本来意义上的犯罪预备行为提升为实行行为加以规定的犯罪的统称。在阴谋犯的场合,鉴于行为人所实施的行为本来属于犯罪预备活动,不可能对刑法所保护的社会关系造成实际侵犯,因

〔1〕参见高铭暄、马克昌主编:《刑法学》(第5版),高等教育出版社、北京大学出版社2011年版,第147~149页。

〔2〕参见苏惠渔:《刑法学》,法律出版社2001年版,第176页。

〔3〕参见何秉松:《犯罪构成系统论》,中国法制出版社1995年版,第334页。

〔4〕张明楷:《刑法的基本立场》,中国法制出版社2002年版,第224页。

〔5〕参见郑飞:《行为犯论》,吉林人民出版社2004年版,第152~155页。

〔6〕刘树德:《行为犯研究》,中国政法大学出版社2000年版,第67页。

而在预谋犯的犯罪构成中就不存在危害结果这一要素。这样,从犯罪构成的客观方面的要素中不需要结果要素这一点来看,阴谋犯就应该隶属于行为犯。由上可知,不论是危险犯,还是举动犯、阴谋犯,将其与行为犯、结果犯相并列都是存在问题的。以上关于行为犯与结果犯的关系,或者说对犯罪既遂形态所作的犯罪类型区分的各种观点,虽有其合理之处,但也均存在一些误解和不足。

综合以上分析,笔者认为,根据行为要素与结果要素之间关系的不同,区分出行为犯和结果犯,就可以将基本犯的所有类型概括无遗。二者之间是一种非此即彼的择一关系或者对立关系。由于行为犯与结果犯是针对犯罪既遂的基本犯而言的,因此,二者又统一于犯罪既遂形态之中,共同构成了犯罪既遂形态的全部内容。

五、基本犯既遂形态的设置规律

从一定意义上来说,刑法分则条文是对刑法总则条文的展开,是对刑法总则条文的具体化。刑法分则条文通过其内涵的行为规范对人们的行为具有指引功能;在立法与司法过程中,刑法分则担负着区分罪与非罪、此罪与彼罪,以及一罪与数罪的区分与识别功能;刑法分则条文也具有计算每个犯罪所需要付出的代价或者成本的尺度功能;最为重要的是,刑法分则还对司法者具有制约功能,通过刑法分则对具体犯罪种类的设定,将司法者的权力限制在合理的范围之内。[1] 由此可见,刑法分则的设置,或者说我国刑法分则中的基本犯既遂形态的设置,关系到刑法整体目标的实现。应当说,基本犯既遂形态设置的合理与否,是刑法目的的实现和刑法任务完成的基本前提。那么,立法者在设置刑法分则中的具体犯罪之时是否应当受到一定的规律的限制?在这一部分,笔者将以行为犯与结果犯这一犯罪类型的区分为工具,对这一问题进行分析。

如前所述,结果犯中的“结果”既包括物质性结果,也包括非物质性结果;既包括实害结果,也包括危险。因此,结果犯又可以分为实害犯与危险犯。笔者认为,实害犯是指以行为人出于故意或过失而实施的危害行为造成的实害结果作为构成要件要素的犯罪;危险犯,是指以行为人出于故意或过失而实施的危害行为造成的法定的危险状态作为构成要件要素的犯罪。[2] 如前所言,表现为外在于行为的事实状态之危险,属于具体的危险。具体危险犯以造成法定的危险状态为构成要件要素,因而真正的危险犯中的危险应为具体危险。行为犯所产生的危险是抽象危险。[3] 因此,如果以行为对法益的侵害程度来区分,犯罪既遂类型也可以分为行为犯、危险犯、实害犯,三者

---

〔1〕 参见徐文斌:《刑法条文设置的科学性研究》,上海人民出版社2011年版,第119~134页。

〔2〕 参见王志祥:《危险犯研究》,中国人民公安大学出版社2004年版,第21页。

〔3〕 由于行为犯所产生的危险为抽象危险,而在刑法之中抽象危险又只能表现为行为的危险,所以,行为犯与抽象危险犯可以在同一意义上使用。

之间在对法益的侵犯程度上呈现为递增关系。

刑法谦抑主义认为,刑罚是以剥夺人的生命、自由、财产为内容的,是最严厉的国家制裁手段,因此,刑法只能被看作防止犯罪的“最后手段”;刑法规制不应渗透到生活领域的每一个角落,应将其控制在维持社会秩序所必需的最小限度之内;即便行为人实施了犯罪,但如果不是为了保护法益而迫不得已的话,就应该基于宽容精神,尽量不动用刑罚。〔1〕 在这一前提之下,为了防止刑法对公民自由的侵犯,在刑法之中,“犯罪构成要件的经典构造是以结果犯加为基准的。”〔2〕更为准确地说,刑法应当以处罚实害犯为原则,以处罚(具体)危险犯为例外。可以说,这是近代以来世界各国刑法所奉行的基本原则。因此,从各种犯罪类型在刑法中所占的比例或者数量上来看,行为犯(抽象危险犯)、(具体)危险犯、实害犯三者之间也呈现出一种递增的关系。

由此,行为犯(抽象危险犯)、具体危险犯、实害犯三者之间在数量上以及对法益的侵犯程度上均呈现为一种递增的关系。详言之,实害犯应当是犯罪类型中的常态,具体危险犯则为犯罪类型中的例外,而对于行为犯(抽象危险犯)而言,则应当是例外中之例外。这是基本犯既遂形态设置的基本规律。

然而,自风险社会理论发轫于德国以来,该理论对大陆法系各国的刑法产生了重要影响。由此导致各国在刑法理论与刑事立法上出现了刑事处罚明显扩张的倾向。有学者认为,在风险社会中我国刑事立法对危险犯应做如下造法活动:增设环境犯罪、食品安全犯罪和职务犯罪等犯罪的危险犯。因为,公共安全无疑是重大法益,但显然并不是唯一的重大法益。环境保护、职务犯罪中的职务廉洁性和食品安全事故所涉及的人身健康权利等,未尝不是重大法益,理应将导致这些风险出现的行为规定为犯罪。〔3〕 有学者主张,风险社会背景下,危险犯构建的社会现实发生了变化,危险犯立法的理念也应随之改变。有鉴于我国危险犯立法的不足,新时期我国危险犯立法应具备如下理念:以人为本、加强立法的拟制、扩张危险犯的范围。在具体的立法方面,应设立新的危险犯类型,将部分具体危险犯转化为抽象危险犯。〔4〕 从我国学者的相关论述来看,这些以风险刑法之名主张对我国刑法进行改造的观点主要有:应增设新罪和提高法定刑,增加抽象危险犯与具体危险犯,或者将具体危险犯更多地调整为抽象危险犯,增设预备犯、持有犯,甚至不排除追究某些行为之严格责任,等等。对于这一现象,有学者将其称之为风险刑法的越界“风险”,即风险刑法超越刑法应扮演的制度

---

〔1〕 参见[日]大谷实:《刑法讲义总论》(新版第2版),黎宏译,中国人民大学出版社2008年版,第8页。

〔2〕 [德]约克·艾斯勒:《抽象危险犯的基础和边界》,蔡桂生译,载赵秉志主编:《刑法论丛》(2008年第2卷),法律出版社2008年版,第333页。

〔3〕 参见李正新:《风险社会中危险犯的改与造——以刑事立法与实践为视角》,载中南财经政法大学刑事司法学院:《风险社会与刑事政策的发展学术研讨会论文集》(2010年11月),第137页。

〔4〕 参见李林:《风险社会背景下我国危险犯立法范式转化研究》,载《华中科技大学学报》(社会科学版)2012年第2期。

角色界限。因为,目前暂时尚且无从断言中国社会已经全面进入风险社会时代。我们目前所能主张的仅可以是:中国社会是局部风险社会而非全面风险社会,是现代社会但又留有前现代社会的遗迹。在中国当下的现实语境之中,风险刑法仍可以是配合工作规程、单位纪律、风险伦理、风险知识的生产传播制度、公共政策以及其他风险法律之角色功能的补充又至关重要的手段。风险刑法相对于其他部门法规范而言,其“第二次法”的性质仍然需要得到贯彻。[1] 对此,笔者深表赞同。

笔者认为,面对风险社会之挑战,我国刑法理论与刑事立法不能无动于衷,但同时我们也应当高度警惕以风险刑法之名而出现的刑法泛化现象。从行为犯(抽象危险犯)本身所具备一些特征来看,其在构成要件之中没有包含结果要素,其对法益所产生的危险是抽象危险,是行为本身所具备的危险;对于这种危险的认定只需有行为人实施了危险行为这一事实,而无需其他的更多证明;即便可以对这种危险进行反证,也只是在一般情况中存在的例外否定。因此,行为犯本身就包含着权力滥用与人权侵犯的风险在内。现代国家的刑法应以保护国民的利益为基本出发点,刑法的存在主要是为了限制于规范国家惩治犯罪的活动。[2] 虽然这一认识有些偏颇,但对于中国而言,这一矫枉过正的主张仍然很有积极意义。只有在实现了国权刑法到民权刑法的真正转变,才可以考虑原则之外的例外,而且应当将这种例外的副作用降到最低程度。对于例外中之例外,则更应持审慎态度。“一切风险的防范措施几乎总是引发其他风险”,[3] 因此,在中国局部风险社会背景下,仍然应当将行为犯作为例外中之例外的犯罪类型加以设定,将实害犯作为常态的犯罪类型加以设定,而将具体危险犯作为例外的犯罪类型加以设定,只不过在风险刑法的背景下行为犯的范围有适当扩张的趋势。

六、行为犯成立范围的限制

与绝大多数国家或地区不同,对于危害社会行为的治理,我国法律采取的是违法与犯罪相区别的二元体系。即对于轻微的危害社会行为,以行政法律予以处理;而对于严重的危害社会行为,则通过刑法手段予以处置。我国《刑法》第 13 条规定的“但书”,即“但是情节显著轻微危害不大的,不认为是犯罪”,可以说是对违法与犯罪之间界限的总体性规定。这一规定对我国刑法的立法与司法均产生了深远的影响。就立法而言,立法者只能将具有严重社会危害性纳入刑法体系,而轻微的危害社会行为则只能交由行政手段处理。为了坚持这一治理模式,我国刑法还在刑法分则中设置了大量的数额犯与情节犯。就司法而论,司法人员不仅需要考察行为的性质,而且需要考

〔1〕 参见焦旭鹏:《风险刑法的基本立场》,法律出版社 2014 年版,第 65、77、195 页。

〔2〕 参见李海东:《刑法原理入门(犯罪论基础)》,法律出版社 1998 年版,第 3 ~ 4 页。

〔3〕 [美]凯斯·R. 桑斯坦:《恐惧的规则——超越预防原则》,王爱民译,北京大学出版社 2011 年版,第 48 页。

察行为是否具备严重的社会危害性,由此也决定了我国刑法对犯罪认定采用的是"定性+定量"的处理模式。那么,在中国刑法这一特殊语境之下,行为犯的立法是否也会呈现出不同于其他国家或地区的不同特征呢?笔者对此作肯定回答。

如前所述,行为犯(抽象危险犯)应当属于各种犯罪类型中例外之例外,对于行为犯(抽象危险犯)的设置应当持极为谨慎的态度。因而,对行为犯的设置需要存在特殊的立法理由。对此,有德国学者认为,抽象危险犯定型化之根据主要有两点:其一,消除因为限制未遂犯、过失犯刑事可罚性之范围而产生的空隙;其二,克服某些犯罪在证明上的困难。[1] 我国台湾地区学者认为,刑法创设独立危险构成要件的理由有:(1)处罚实害犯的未遂,在刑法保护上仍嫌不足;(2)侵害结果难以认定;(3)行为人的责任难以认定;(4)掌握过失实害犯所附丽的偶然因素;(5)警察的危险防御作用。[2] 大陆学者认为,刑法采取抽象危险犯(或行为构成要件)的立法技术,至少存在以下理由:第一,严厉刑法范围,刑法提前介入,以预防法益侵害结果的发生;第二,法益实害或具体危险无法测量,采取行为构成要件的立法技术,可以避免构成要件陈述和司法认定的难题;第三,为避免证明责任的难题,而采取行为构成要件的立法技术;第四,为避免处罚上的空隙,而采取抽象危险犯立法技术。[3] 以上学者所指出的刑法设置行为犯(抽象危险犯)的各种特殊理由,事实上可以简化为两点:"一是将刑法处罚前置化,希望以此更为周延地保护法益,即基于实质处罚必要性的考虑。二是在立法技术方面,在有些情形下,某些犯罪行为,刑法无法以结果犯和具体危险犯表达,刑法将行为设定为构成要件,是特定犯罪性质与特点决定的。对此,可以理解为是形式必要性的考虑。"[4]

笔者认为,以上各种理由事实上都只能建立在刑法谦抑性这一前提条件之上。详言之,不论是基于对法益更为周延的保护,还是基于立法技术方面的考虑,都不应忽视刑法只能是在不得已的情况下才能使用这一前提。因为,"尽管为了制止更大的恶,刑罚的存在是必要的,但刑罚本身就是一种恶。恶产生于法律的威慑与强制,产生于确定被告人可能系无辜之前即遭控诉,产生于司法判决以及对无辜的人所造成的一些不可避免的后果。"[5]所以,对于刑罚,我们必须时刻保持警惕。"当一种制裁措施直接或潜在地涉及剥夺人身自由时,立法者是不能随心所欲的;只有在最适当,即'完全

---

〔1〕 参见[德]约克·艾斯勒:《抽象危险犯的基础和边界》,蔡桂生译,载赵秉志主编:《刑法论丛》(2008年第2卷),法律出版社2008年版,第336~338页。

〔2〕 参见林东茂:《危险犯与经济刑法》,台北,五南图书出版有限公司1996年版,第15~22页。

〔3〕 参见何荣功:《自由秩序与自由刑法理论》,北京大学出版社2013年版,第178~183页。

〔4〕 何荣功:《自由秩序与自由刑法理论》,北京大学出版社2013年版,第171页。

〔5〕 [英]吉米·边沁:《立法理论》,李贵方等译,中国人民公安大学出版社2004年版,第412页。

必要的'情况下,立法者才有权规定刑事制裁。"[1]在立法者设置实害犯时,应当坚持将刑法作为最后手段予以使用,必须是在穷尽其他所有社会治理方式之后,仍然难以实现对这一危害行为的预防和控制,才将其纳入刑法范围。对于危险犯、行为犯(抽象危险犯)的设置更应重视刑法的最后手段性。

需要注意的是,即使是在没有区分违法与犯罪的一元体系国家,在大多数情况下,也并不是所有侵害刑法所保护利益的行为都是刑法规范的制裁对象。[2] 在中国违法与犯罪相区别的二元体系之下,基于刑罚的最后手段性特征,就更应当优先考虑通过行政手段予以处置。在我国《刑法》有第13条"但书"存在的情况下,任何侵害或者威胁法益的行为都只有在达到一定的严重程度的情况下才能作为犯罪处理。对于行为犯,当然也需要对其社会危害程度进行考察,而不是只要行为人实施了具有抽象危险性的行为即将其纳入刑法范围。换言之,从立法的角度来看,并非行为本身具有侵犯法益的危险就可以入罪。

以"盲驾入刑"为例。近年来,有全国人大代表建议将开车玩手机的行为纳入危险驾驶罪,此举得到了不少代表的附议。代表们提出,如今在驾驶机动车时玩手机或手持其他电子终端的现象很严重。这种行为导致的"盲驾"比醉驾和毒驾更具危险性,危害程度更大。如果将此类行为入刑,通过刑法强大的威慑力和震慑力,相信会降低交通事故。应当看到,驾驶行为本身就是一种危险行为,只不过这里所涉及的危险属于被允许的危险之列。被允许的危险理论着眼于社会利益,认为如果禁止一切危险,社会就会停滞,因而应当允许某些具有法益侵害危险的行为如高速交通、医疗、科学实验、体育运动等存在。它是根据对社会的有用性使公法益优先于个人的生命、身体的保护等私法益。但也并非置私法益于不顾,而是在如果遵守一定的规则,通常就不会发生危险结果这样的条件下,允许危险行为的存在。而且,如果对具体结果的发生有预见可能,就不允许实施该行为。[3] 由此可见,被允许的危险之所以得以被允许,相关规则对这种危险行为的合理规制发挥着至关重要的作用。

不可否认,"盲驾"行为具有侵害法益的危险性。也正基于此,我国《机动车驾驶证申领和使用规定》等交通法规对其已经做出了禁止性规定:驾驶机动车有拨打、接听手持电话等妨碍安全驾驶的行为的,一次记2分。不过,"盲驾"行为之所以产生危害结果,原因却在于驾驶者打破了相关规则对驾驶行为的合理限制。因而,要规制"盲驾"行为,首先考虑的应当是对相关交通规则的威慑力进行检讨。如果是因相关

〔1〕 [意]杜里奥·帕多瓦尼:《意大利刑法学原理》(注评版),陈忠林译评,中国人民大学出版社2004年版,第6页。

〔2〕 参见[意]杜里奥·帕多瓦尼:《意大利刑法学原理》(注评版),陈忠林译评,中国人民大学出版社2004年版,第5页。

〔3〕 参见[日]浅田和茂:《刑法总论》,成文堂2005年版,第346页。

的交通规则威慑力不够导致“盲驾”行为滋生,那么就应当通过交通规则的完善达到规制“盲驾”行为的目的。刑法是社会治理的最后手段;在通过其他社会治理方式能够达到治理目的的情况下,“盲驾”没有入刑的必要。

有论者认为,对于行为犯(抽象危险犯)而言,“一旦某种行为被禁止,在具体情况下,不论是否已发生某种危险,都应当认为该行为符合具体的犯罪构成要件,构成犯罪。”〔1〕也有论者指出,“抽象的危险性犯罪,是指一种典型的危险的举止行为被作为犯罪而处于刑罚之下,不需要在具体案件中出现一种危险的结果。”〔2〕在这些学者看来,对于行为犯(抽象危险犯)来说,既然立法者在犯罪构成要件中没有对结果要素予以规定,也就说明了刑法处罚的其实是这些行为本身,因此,不论行为是否导致了危险的产生,都应当将其作为犯罪处理。

笔者认为,在我国1997年《刑法》有第13条“但书”存在的情况下,任何侵害或者威胁法益的行为的社会危害性都只有在达到一定严重程度的情况下才能作为犯罪处理。据此,在我国刑法的语境下,在行为犯的场合,并非行为一经实施,就构成犯罪;是否构成犯罪,还需要过《刑法》第13条“但书”这一关。对于虽然实施行为犯的构成要件的行为,但符合《刑法》第13条“但书”规定的情形,应否定犯罪的成立。

以危险驾驶罪为例。在刑法设立危险驾驶罪以后,在我国曾经出现过关于醉驾是否一律构罪的激烈争论,即关于我国《刑法》第13条“但书”的规定是否应当适用于危险驾驶罪的争论。笔者认为,在通常情况下,醉酒驾车的确是极具危险性的行为,其对法益的侵害可能性很大。因此,我国刑法将其作为犯罪处理具有合理性。虽然刑法并未规定这种犯罪以结果的出现为既遂条件,但这并不表示刑法对这种行为进行处罚缺乏正当性。因为,立法者在将这种行为规定为犯罪之时,就已经仔细斟酌这种行为的危险性。并且,这种行为具有典型性,无需附加其他要件即可通过行为本身确认其危险性。“实行行为必须是具有导致结果发生可能性的行为,或者说必须是具有法益侵害性或者危险性的行为。”〔3〕所以,醉驾行为作为抽象危险犯的实行行为,其实已经具备法益侵害的可能性。但不可否认,在特殊情况下,醉驾行为有符合《刑法》第13条“但书”规定的可能。例如,在内蒙古空旷的草原上或者在新疆、西藏等荒无人烟的地区醉酒驾驶的行为就是如此。从形式上来看,这种行为的确与危险驾驶罪所规定之醉驾行为极为相似。但是,立法者在规定危险驾驶罪之时,已经就危险驾驶行为的危险性作了评估。立法者是以可能侵害到他人人身或者财产安全的行为为模本设置危险

〔1〕[日]大谷实:《刑法讲义总论》(新版第2版),黎宏译,中国人民大学出版社2008年版,第115页。

〔2〕[德]克劳斯·罗克辛:《德国刑法学总论:犯罪原理的基础构造》(第1卷),王世洲译,法律出版社2005年版,第278页。

〔3〕参见[日]前田雅英:《刑法总论讲义》,东京大学出版会1994年版,第146~149页。转引自李海东主编:《日本刑事法学者(下)》,法律出版社、成文堂1999年版,第330页。

驾驶罪的构成要件的。换言之,危险驾驶罪的实行行为应当对他人人身或者财产造成严重的威胁。在荒无人烟的地区所实施的醉驾行为,由于其难以危及他人人身或者财产安全,或者其对他人人身或财产所产生的威胁并不严重,因而并不具备危险驾驶罪实行行为的典型性。这种行为与危险驾驶罪的实行行为不具有实质相符性。由此,也就可以通过否认这种行为的实行行为性将其出罪。醉驾一律入刑的观点看到了行为犯成立犯罪不需要(实害、危险)结果的这一特征,但却忽视了根据刑法总则的规定,犯罪的成立应受到《刑法》第13条"但书"的制约这一点,因而是不能成立的。

行为犯原理的探讨性阐释*

魏 东**

【内容摘要】行为犯应从形式概念、犯罪既遂标准说的界定方式来阐释，是指只实施刑法分则规定的危害行为、而不要求发生物质性危害结果就成立犯罪既遂的犯罪类型。行为犯作为一种对全部犯罪的典型样态（逻辑上仅限于犯罪完成形态）进行平行的、周全的类型划分意义上的犯罪类型，其属于横向的犯罪样态问题，其原则上不得混同于对某种犯罪的可能停止形态所进行的纵向的、个别的类型划分而形成的纵向的犯罪形态（如犯罪的预备形态、未遂形态、中止形态和既遂形态）。行为犯包括预备行为犯、举动行为犯、过程行为犯、持有行为犯、危险状态犯等五种具体的犯罪类型。行为犯的犯罪既遂，必须是行为人所实施的行为具备了刑法分则所规定的某一犯罪的构成要件意义上的"完整行为"并具备了相应的精神上的或者制度上的危害结果（非物质性危害结果）这一"实然危害"而成立完整犯罪的典型形态。预备行为犯、持有行为犯均不存在犯罪预备、犯罪未遂与中止等犯罪未完成形态；举动行为犯通常可以存在犯罪预备形态以及犯罪预备阶段的中止等犯罪未完成形态；过程行为犯和危险状态犯可以存在犯罪预备、犯罪未遂与中止等犯罪未完成形态。

【关键词】行为犯　物质性危害结果　非物质性危害结果　犯罪既遂　犯罪未遂

行为犯的解释原理必须以行为犯的刑法立法论为基础。我国大陆刑法理论、台湾地区刑法理论以及德日刑法理论均认为刑法立法上设置了行为犯（形式犯），并基于刑法立法论上的关照考察，形成了行为犯（形式犯）理论。〔1〕借助这些理论资源，本文研讨行为犯的相关解释原理问题，供学界同仁批评指正。

一、行为犯的内涵界定

关于行为犯的概念，刑法理论上存在有行为犯的形式概念与实质概念两种界定

* 本文系作者所承担的2012年度国家社科基金项目重点课题《刑法解释原理与实证问题研究》的阶段性成果之一。课题批准号：12AFX009。

** 魏东，法学博士，四川大学法学院教授、博士生导师。

〔1〕 有学者指出，中外均有少数学者持否认行为犯存在的见解，但此见解缺乏说服力且影响甚微。参见史卫忠：《行为犯研究》，中国方正出版社2002年版，第68～79页。

方式。

就行为犯的形式概念之界定方式而言，其是对行为犯的法律特征（形式特征）进行概括而得出的行为犯概念，又可以区分为犯罪成立标准说与犯罪既遂标准说两种对立观点。犯罪成立标准说认为，应以犯罪成立为标准，将那些必须有一定的行为举动、但是无须发生一定的犯罪结果即可成立的犯罪界定为行为犯，具体包括形式犯、阴谋犯、危险犯；〔1〕或者将刑法分则条文只规定危害行为、但没有规定危害结果的犯罪界定为行为犯，如我国刑法分则条文中所规定的大多数犯罪。〔2〕犯罪既遂标准说认为，应以犯罪既遂为标准，将那些只要实施刑法分则规定的危害行为就成立既遂的犯罪界定为行为犯。犯罪既遂标准说尽管其内部具体的结论性观点各有差异，但其是目前占有通说地位的见解。〔3〕

就行为犯的实质概念之界定方式而言，其是对行为犯的实质特征进行概括而得出的行为犯概念，又可以区分为法益侵害标准说与法益危险说两种具体见解。法益侵害标准说认为，行为犯应以是否侵犯一定法益为标准，将行为犯视为一种与结果犯相对应的单纯行为犯，或者将行为犯视为一种与结果犯相等同的广义行为犯（认为行为犯也是一种结果犯）。法益危险说认为，行为犯是指立法者在刑法分则中设置的、以行为对法益造成危险（侵害的可能状态）为实质处罚根据的犯罪构成类型。〔4〕

我们认为，行为犯的界定方式选择，必须坚持以下三点共识性逻辑知识：

其一，符合刑法论（尤其是犯罪论）的一体性原理。就刑法论的一体性原理而言，现代刑法论基于行为刑法和罪刑法定原则之基本原理，承认无行为即无犯罪、无社会危害即无犯罪（无法益侵害即无犯罪）、无刑法规定即无犯罪等共识性知识，必须得到一体性遵从。因此，有的论著认为，只要实施行为而不要求有危害（或者危害结果）发生的犯罪类型就是行为犯，这种定义方式就可能存在某种理论逻辑上的不周全：既然刑法上根本就不存在“不要求有危害”的犯罪类型，亦即任何犯罪类型都要求“有危害”之实质特征，换言之，刑法论上犯罪之“实质特征”都在“有危害”这一点上是一样的，那么，试图通过犯罪之“实质特征”来界定行为犯与其他犯罪类型之界限就成为一种不可为。当然，这种理论阐释上还关涉对相关语词概念本身的诠释差异问题，如“危害”“危害结果”等语词概念，在不同学者的思维中、在不同的具体的语境中均可能存在不同的含义，这个问题当然需要同时加以研讨和明确；但是，即便如此，我们仍然应当承认仅通过犯罪之“实质特征”来界定行为犯与其他犯罪类型之界限不可行，还需要进一步审查犯罪之“形式特征”（法律特征）才可能有效界定行为犯与其他犯罪类

〔1〕 陈兴良：《刑法哲学》，中国政法大学出版社1992年版，第214页。

〔2〕 张明楷：《犯罪论原理》，武汉大学出版社1995年版，第516～517页。

〔3〕 参见郑飞：《行为犯论》，吉林人民出版社2004年版，第66～67页。

〔4〕 参见郑飞：《行为犯论》，吉林人民出版社2004年版，第69～70页。

型之界限。

其二,符合犯罪类型与犯罪停止形态论的一体性原理。我知故我在,因而“我知”是前提。“我为什么是行为犯”而不是犯罪的其他类型?行为犯的界定方式选择必须在遵从刑法论一体性原理的基础上有利于回应这个问题,从而,“犯罪类型”与“犯罪停止形态”本身的有效界分就成为恰当界定行为犯概念的两个重要的逻辑范畴。

犯罪类型的界定机理因语境和功能而存在不同阐释。对全部犯罪的典型样态(逻辑上仅限于犯罪完成形态)进行平行的、周全的类型划分,属于横向的犯罪样态问题。同时应当说明的是,犯罪论意义上的横向犯罪样态,除了典型样态(犯罪完成样态)的类型划分之外,还包括犯罪的共犯形态和罪数形态(犯罪竞合形态)的类型划分。此处仅限于犯罪的典型样态的类型划分,其原则上不得混同于对某种犯罪的可能停止形态所进行的纵向的、个别的类型划分,后者属于纵向的犯罪停止形态(样态)问题,即纵向考察具体个罪的预备过程、实施过程之中所可能出现的犯罪的预备形态、未遂形态、中止形态和既遂形态。同理,犯罪停止形态论(有的简称犯罪形态论)的界定机理也因语境和功能而存在不同阐释,因为犯罪停止形态论由于是纵向考察具体个罪的发展过程中所可能出现的犯罪的预备形态、未遂形态、中止形态和既遂形态,其也不能混同于对全部犯罪的典型样态或者说对全部犯罪完成形态所进行的类型学阐释(如全部犯罪完成形态大致可以分为行为犯、结果犯等),其同时也不同于对犯罪的共犯形态和罪数形态的类型学阐释。以放火罪和诈骗罪为例,可能有利于说明这个逻辑关系问题。就放火罪而言,其规定在《刑法》第114条和第115条两个条文之中,理论上有学者将《刑法》第114条阐释为行为犯(危险犯),而将《刑法》第115条阐释为结果犯;但是,《刑法》第115条被阐释为结果犯在逻辑上并不严谨,因为按照行为犯原理观察,《刑法》第115条可能应阐释为行为犯的结果加重犯而不是严格意义上的结果犯——因为放火罪已经被阐释为行为犯(横向的犯罪形态论),其在逻辑上不可能同时又是结果犯(指横向的犯罪形态论)。同理,设若将《刑法》第114条和第115条合并为一个刑法条文(但可能设置为两款或者多款),我们也只能将放火罪阐释为行为犯(行为犯中的危险犯)。这里的逻辑关系是:行为犯被有效阐释之后,即使其因出现严重的物质性危害结果或者非物质性危害结果而由法律规定了更重的法定刑,仍然属于行为犯(行为犯的结果加重犯)。而就诈骗罪而言,相应地,由于诈骗罪已经被阐释为结果犯,那么,即使我们需要惩治诈骗罪的未遂犯(甚至预备犯),我们也只能借助于纵向的犯罪样态理论,将诈骗罪的未遂犯阐释为作为结果犯的未遂形态的诈骗罪,而不得将诈骗罪的未遂犯阐释为行为犯(尽管其在未出现物质性危害结果这一特征上十分近似于危险犯)。

其三,符合行为犯的类型一体性区分原理。行为犯本身是指某一大类的犯罪类型,如有的论著认为行为犯包括了阴谋犯(预谋犯)、举动犯、过程犯和持有犯四种,[1]另有的论著则认为我国刑法中规定的行为犯有阴谋犯、举动犯、危险状态犯三种;[2]此外,行为犯还有单一行为犯与复合行为犯、作为行为犯与不作为行为犯、普通行为犯与情节行为犯、故意行为犯与过失行为犯、自然人行为犯与单位行为犯等其他分类。[3] 可见,行为犯并非仅是指涉单一的阴谋犯、单一的举动犯、单一的过程犯或者单一的持有犯之中的某一个单一的犯罪类型,更不是仅指涉某一个具体罪名,而是指涉包括若干单一的犯罪类型在内的某一大类的犯罪类型(属于横向的犯罪样态理论),因而,在具体选择确定行为犯的界定方式时,必须照应其既能够涵摄某一大类的犯罪类型的要求,而不至于出现挂一漏万的现象,又能够区分出"另类"的犯罪类型(不属于行为犯的其他犯罪类型)。那么,在此就必须明确与行为犯相对应的"另类"的犯罪类型是什么。与行为犯相对应的"另类"的犯罪类型是结果犯(属于横向的犯罪样态理论),抑或是危险犯和结果犯?若答案是结果犯,那么,在界定行为犯时就必须照应结果犯并使得"行为犯—结果犯"形成一个完整闭合的"两位一体"的犯罪分类逻辑;若答案是危险犯和结果犯,则在界定行为犯时就必须同时照应危险犯和结果犯并使得"行为犯—危险犯—结果犯"形成一个完整闭合的"三位一体"的犯罪分类逻辑。应当说,目前学术界关于行为犯的犯罪分类逻辑尚存在较大争议。

从上列三点共识性逻辑知识出发,笔者认为,行为犯本身在实质上必须实施了危害社会的具体行为(如实质概念的界定方式),以及在客观上尚没有出现具体的物质性危害结果时即可以成立犯罪(如犯罪成立标准说的界定方式)等立场上,均无法恰当地界定出能够体现鲜明"个性"的行为犯概念,而只能够从形式概念的、犯罪既遂标准说的界定方式(通说立场)对行为犯加以恰当界定。不过,称其为"通说"立场,其实只是某种表象,因为在此种"通说"内部尚有许多具体观点存在较大分歧,因而实则没有形成真正意义上的通说见解。

笔者认为,从形式概念的、犯罪既遂标准说的界定方式出发,可以将行为犯定义如下:所谓行为犯,是指只实施刑法分则规定的危害行为,而不要求发生物质性危害结果就成立犯罪既遂的犯罪类型。

二、行为犯的具体类型

根据行为犯之上列定义,笔者认为,行为犯大致包括以下五种具体的犯罪类型:预备行为犯、举动行为犯、过程行为犯、持有行为犯、危险状态犯。因而,在行为犯与结果

〔1〕 郑飞:《行为犯论》,吉林人民出版社2004年版,第109页。

〔2〕 刘树德:《行为犯研究》,中国政法大学出版社2000年版,第63页。

〔3〕 参见郑飞:《行为犯论》,吉林人民出版社2004年版,第105页;刘树德:《行为犯研究》,中国政法大学出版社2000年版,第64~65页。

犯的范畴分类框架下(遵行"行为犯—结果犯"的"两位一体"的犯罪分类逻辑),结果犯之结果,是指物质性危害结果:出现物质性危害结果时之犯罪状态为结果犯之犯罪既遂,尚未出现物质性危害结果时之犯罪状态为结果犯之犯罪未完成形态。相应地,行为犯之结果,是指非物质性危害结果:预备行为犯、举动行为犯、过程行为犯、持有行为犯、危险状态犯等五类行为犯均存在非物质性危害结果(具体包括精神性危害结果与制度性危害结果),但均不要求出现物质性危害结果。

笔者认为,危险状态犯作为一种犯罪标准形态(犯罪既遂形态),宜将其界定为行为犯。这种理论界定不同于目前学术界的相关见解:有学者认为,"危险犯的位置介于行为犯与结果犯之间",同时认为"在司法实践中能够认定的危险,只能是指客观的、可以衡量的危险,是具体的危险。抽象危险及抽象危险犯的存在不仅没有理论中的认识根源,同时也缺乏实践中的认定可能。在危险犯的分类中设置抽象危险犯毫无意义,不应存在具体危险犯与抽象危险犯的划分",[1]因而认为危险犯是一种不同于行为犯与结果犯的独立犯罪类型,其遵行"行为犯—危险犯—结果犯"这样一种"三位一体"的犯罪分类逻辑;[2]另有学者认为,只宜将抽象危险犯界定为行为犯,因而反对将具体危险犯界定为行为犯。那么,危险犯到底应否界定为(归属于)行为犯?这个问题的回答可能需要厘清一系列的逻辑关系,如行为犯与哪一种犯罪类型相对应并组成一个犯罪逻辑系统,物质性危害结果在犯罪逻辑系统中到底有何界定功能,等等。应当说,这些逻辑关系在刑法学界的研究是比较深入的。笔者认为,将物质性危害结果作为界定行为犯的重要范畴是缘于以下因素:

其一,犯罪的分类体系根据。在行为犯与结果犯这一对范畴体系之中,行为犯并非是没有任何危害结果,而仅仅是没有物质性危害结果的犯罪类型,将物质性危害结果作为区分行为犯与结果犯的重要因素,是犯罪分类的体系化和逻辑周延性的基本要求。如果说任何犯罪都有危害结果,那么,就不能成立"行为犯没有危害结果"之命题,因为只有有危害结果的行为才可能被规定为犯罪;如果说危害结果包括物质性危害结果与非物质性危害结果,那么,就可以成立"行为犯没有物质性危害结果"之命题。因而,就犯罪的分类体系根据而言,行为犯("没有物质性危害结果"之犯罪既遂类型)与结果犯("有物质性危害结果"之犯罪既遂类型)作为一对范畴体系就是逻辑周延性的分类体系。

笔者认为,危害结果既包括物质性危害结果也包括非物质性危害结果,因而所有犯罪都必然存在危害结果,在此意义上,以物质性危害结果为完整犯罪标准形态的犯

---

[1] 郑飞:《行为犯论》,吉林人民出版社2004年版,第98~104页。

[2] 参见苏彩霞:《危险犯及其相关概念之辨析——兼评刑法分则第116条与第119条第1款之关系》,载《法学评论》2001年第3期;郑飞:《行为犯论》,吉林人民出版社2004年版,第98页;史卫忠:《行为犯研究》,中国方正出版社2002年版,第171~172页。

罪归属于结果犯，以非物质性危害结果为完整犯罪标准形态的犯罪归属于行为犯，从而所谓危险犯应当归属于行为犯。至于危险犯内部是否宜进一步划分为具体危险犯与抽象危险犯的问题，笔者认为，由于抽象危险犯本身认定时仍然需要具体审查所谓的抽象危险是否实际存在（有的论著表述为是否准许反证），因而，在逻辑上所谓抽象危险也需要具体审查，从而抽象危险难以脱离所谓具体危险犯之具体危险相当的具体审查，二者界分缺乏逻辑基础，故此，不应当在危险犯内部再作具体危险犯与抽象危险犯之界分。综上，笔者认为将危险犯界定为行为犯更为合理，因为危险犯必定出现精神性危害结果与制度性危害结果（尽管其尚未出现物质性危害结果），行为犯的解释机理完全契合危险犯。

其二，犯罪的文化哲学根据。在犯罪的危害结果这一范畴体系之内，存在物质性危害结果与非物质性危害结果的体系性划分，有其文化哲学根据。文化哲学认为，物质文化、制度文化、精神文化组成了低级到高级的文化范畴体系，其中制度文化和精神文化可以统称为非物质文化；以此立场看，犯罪作为一种文化现象，其侵害文化的表现形态相应地也可以划分为物质性危害结果、制度性危害结果和精神性危害结果等三种危害结果形态，其中后二者可以统称为非物质性危害结果。

其三，比较优势。相对于行为犯的其他界定方式，以物质性危害结果界定行为犯更为准确、更有逻辑性和实用性。其中显性特点是，将尚未出现现实而具体的物质性危害结果的持有犯、危险犯都囊括于行为犯之范畴内，有助于展开对行为犯本身的系统性研讨，也有利于将结果犯限定于适当范围加以体系性分析。有观点不认同将持有犯界定为行为犯，但是我们认为持有犯因其完全符合行为犯“只实施刑法分则规定的危害行为，而不要求发生物质性危害结果就成立犯罪既遂的犯罪类型”之基本特征，理应将持有犯界定为行为犯类型。还有的观点认为，危险犯并不属于行为犯，理由是危险犯并非没有物质性危害结果，而是表现为某种物质性危害结果发生的危险，因而应将“没有物质性危害结果”与“物质性危害结果发生的危险”区分开来。此种见解尽管并非毫无道理，但是其主张将“没有物质性危害结果”与“物质性危害结果发生的危险”区分开来，本来就缺少评价标准的统一性。因为，我们对行为犯类型的界定，就是针对犯罪既遂类型的某种划分，这里的“犯罪既遂”是指停顿下来静态的、确定的犯罪既遂类型，危险犯就是因为其具有“只实施刑法分则规定的危害行为，而不要求发生物质性危害结果”之特点才成为一种特定的犯罪既遂类型。危险犯尽管要求其在客观上必须具有某种非物质性危害结果，亦即“物质性危害结果发生的危险”，但是，此种物质性危害结果“发生的危险”恰恰是某种精神性的危害结果。此种“物质性危害结果发生的危险”设若进一步发展成为了现实具体的物质性危害结果，则在犯罪既遂类型上出现了质变，即在犯罪既遂类型上只能将其界定为结果犯；但是，这种犯罪既遂类型的变化本身，并不能解释为由危险犯（犯罪既遂类型）发展成为结果犯（另一种犯罪既遂类型)。例如,在被害人碗里投毒致被害人中毒死亡的行为,应当认定为故意杀人罪(结果犯),这时只能认定这里的故意杀人罪是结果犯(犯罪既遂类型之一),而不能说这时是由危险犯(投毒行为)“发展”成为了结果犯(故意杀人致人死亡)。因为,一种犯罪要么是危险犯(犯罪既遂类型之一),要么是结果犯(犯罪既遂类型之一),而不可能既是危险犯又是结果犯,即不能说一种犯罪同时存在两种犯罪既遂类型。至于个别论者有时在表达上将这种现象表述为“由危险犯(投毒行为)‘发展’成为了结果犯(故意杀人致人死亡)”,这种表述方式仅仅是一种‘形象的’表述方式,但是在严格意义上讲这种表述方式是不准确、不符合逻辑的。否则,逻辑混乱就在所难免,我们就会在理论逻辑上将犯罪预备、犯罪未遂与中止等“犯罪未完成形态”等混同于作为“犯罪既遂类型”的危险犯。

三、行为犯的犯罪样态

行为犯原理的重要价值合理性之一,在于其能够有效界分行为犯的犯罪形态不同于其他犯罪类型的犯罪形态。犯罪样态理论认为,按照刑法原理,犯罪样态总体上包括犯罪的纵向犯罪样态(犯罪的完成形态与未完成形态论)、横向犯罪样态(包括典型样态即犯罪完成样态的类型划分理论、共犯论、罪数论与竞合论),既有一般性的共通原理,也有行为犯自身不同于其他犯罪类型的特别原理。那么,行为犯原理的重要价值合理性,正是表现于其有利于揭示和阐释行为犯的纵向犯罪样态(犯罪的完成形态与未完成形态论)、横向犯罪样态(包括典型样态即犯罪完成样态的类型划分理论、共犯论、罪数论与竞合论)的特殊性。因本文篇幅限制和研讨重点所致,此处仅着重研讨行为犯的纵向犯罪样态,即研讨犯罪论意义上的纵向犯罪样态所包括的犯罪的完成形态(既遂形态)和未完成形态(犯罪预备、犯罪未遂与中止)。

(一)行为犯的既遂形态

就行为犯的犯罪既遂标准问题而言,因为行为犯是作为犯罪既遂类型之一种(相对的另一种犯罪既遂类型是结果犯),因而行为犯的犯罪既遂标准必然有其不同于结果犯既遂标准的特殊性。

行为犯之既遂标准,必须符合犯罪既遂标准理论的体系性安排。关于犯罪既遂标准问题,我国理论界有既遂的结果说、既遂的目的说、既遂的构成要件说等多种学说,其中通说是既遂的构成要件说,认为“所谓犯罪既遂,是指行为人所故意实施的行为已经具备了某种犯罪构成的全部要件。确认犯罪是否既遂,应以行为人所实施的行为是否具备了刑法分则所规定的某一犯罪的全部构成要件为标准”。[1] 笔者认为,通说的基本观点是正确的,应当以既遂的构成要件说为基础来恰当界定行为犯之既遂标

---

〔1〕 参见高铭暄主编:《刑法学原理》(第二卷),中国人民大学出版社1993年版,第291~295页。

准。在此基础上，我们认为，犯罪既遂是解决犯罪成立标准基础上进一步确定犯罪完整成立的典型形态，而不能将犯罪既遂标准等同于犯罪成立标准。犯罪成立必须具有主、客观的诸方面条件，如主观上具有罪过有责的因素、客观上具有符合构成要件的违法行为，“有”与“没有”是解决罪与非罪的界限问题；在此基础上，犯罪完整成立的典型形态之判断标准的关键点只能是其客观方面要件的违法行为是否完整成立（但同时不能忽略其主观上的罪过有责性因素）、危害结果是否出现实然危害，只有实施了客观方面要件意义上的完整行为并造成了精神上、制度上或者物质上的实然危害之时才能成立行为犯的既遂。

因此，笔者认为，犯罪既遂，应以行为人所实施的行为具备了刑法分则所规定的某一犯罪的构成要件意义上的“完整行为”“实然危害”并成立完整犯罪的典型形态为标准。结果犯的犯罪既遂，必须是行为人所实施的行为具备了刑法分则所规定的某一犯罪的构成要件意义上的完整行为并具备了相应的物质性危害结果这一实然危害而成立完整犯罪的典型形态。如故意杀人罪的既遂标准，要求行为人所实施的故意杀人行为这一完整行为并具备了被害人生命被剥夺这一实然危害而成立完整的故意杀人罪的典型形态，否则不成立故意杀人罪的既遂；再如诈骗罪的既遂标准，要求行为人所实施的诈骗行为这一完整行为并具备了被害人财物被行为人非法占为已有这一实然危害而成立完整的诈骗罪的典型形态。

行为犯的犯罪既遂，必须是行为人所实施的行为具备了刑法分则所规定的某一犯罪的构成要件意义上的完整行为并具备了相应的精神上的或者制度上的危害结果（非物质性危害结果）这一实然危害而成立完整犯罪的典型形态。如预备行为犯、举动行为犯、持有行为犯，由于其在法理逻辑上不成立犯罪预备（不具备可罚性）与犯罪未遂，故而其成立标准等同于其既遂标准，[1]要求行为人所实施的预备行为（其在预备行为犯之中已经作为预备行为犯之“实行行为论”）、举动行为、持有行为具备了刑法分则所规定的某一犯罪的构成要件意义上的完整行为并具备了相应的非物质性危害结果而成立完整犯罪的典型形态。正如有学者指出，在举动犯的范围内，行为犯的成立标准与既遂标准是一致的，犯罪成立的同时也构成举动犯的既遂。[2] 再如过程

〔1〕 刑法学界有一种观点纠结于犯罪的“成立标准”与“既遂标准”之间、“犯罪未完成形态”与“犯罪既遂”（犯罪完成形态）之间的逻辑关系。笔者认为，犯罪的“成立标准”实际上指涉犯罪的“最低成立标准”，其可能是犯罪预备标准（当其预备行为具备可罚性时）、也可能是犯罪未遂标准（当其预备行为不具备可罚性而其未遂行为具备可罚性时）、还可能是犯罪既遂标准（当其预备行为不具备可罚性且其客观上不能成立犯罪未遂形态时）。就犯罪的最低“成立标准”等同于犯罪的“既遂标准”之情形而言，是否存在这样一种逻辑悖论：某种犯罪本来就没有犯罪未遂形态（如举动犯），何来“犯罪既遂”？或者换句话讲：提及某种犯罪之“犯罪既遂”，是否必须以该罪能够成立犯罪未完成形态（如犯罪预备与犯罪未遂）为前提？笔者认为这里不存在此种逻辑悖论，将不成立犯罪预备和犯罪未遂等“犯罪未完成形态”的犯罪的“成立标准”等同于犯罪的“既遂标准”是可以的，这是逻辑上将全部犯罪（包括过失犯罪）的完备的典型形态加以有效概括的重要方法。

〔2〕 郑飞：《行为犯论》，吉林人民出版社2004年版，第163页。

行为犯的既遂标准,要求行为人所实施的行为具备了刑法分则所规定的某一犯罪的构成要件意义上的完整行为并具备了相应行为过程所达到的特定的非物质性危害结果这一"实然危害"而成立完整的过程行为犯的典型形态。如强奸罪的既遂标准,要求行为人实施了刑法分则所规定的强奸行为这一完整行为并具备了相应的强奸行为过程所达到的充分侵害被害女性之性权利的危害结果这一实然危害而成立完整的强奸罪的典型形态。危险状态犯的既遂标准,要求行为人所实施的行为具备了刑法分则所规定的某一犯罪的构成要件意义上的完整行为并具备了特定危险状态所侵害的制度上的危害结果(相应的非物质性危害结果)这一实然危害而成立完整的危险状态犯的典型形态。如放火罪的既遂标准,要求行为人实施了刑法分则所规定的放火行为这一完整行为并具备了发生火灾的充分的危险状态所侵害的公共安全制度上的危害结果(相应的非物质性危害结果)这一实然危害而成立完整的放火罪的典型形态。

但是,就行为犯的犯罪既遂形态而言,上列描述仅仅是初步的粗略叙说,有些具体问题尚需要进一步阐释。

过程行为犯的犯罪既遂形态,应准确把握该过程行为之完整行为所达到的特定的精神上的或者制度上的危害结果(相应的非物质性危害结果)这一实然危害的基本内容。如果过程行为尚未达到刑法分则规定的犯罪构成客观方面要件意义上的完整行为,或者相应行为过程尚未达到特定的精神上的或者制度上的危害结果(相应的非物质性危害结果)这一实然危害,则仍然不能构成犯罪既遂。以强奸罪既遂为例,在阐释强奸之性侵入行为这一完整行为及其所达到的充分侵害被害女性之性权利这一实然危害时,应将"性侵入行为"这一过程实施完整从而达到"充分侵害被害女性之性权利"的特点作为基本内容。因此,若强奸行为尚未将性侵入行为这一过程实施完整(而只是刚刚达到性器官之表面接触),从而并未达到"充分侵害被害女性之性权利"这一特定的非物质性危害结果(但是并非没有任何非物质性危害结果),因缺乏行为完整性和精神上实然危害的充分性则仍然不能成立强奸罪的犯罪既遂。至于我国传统刑法理论认为,奸淫幼女型强奸罪的既遂标准采"性接触说",实质上是基于特别保护未成年女性性权利之刑事政策立场而进行的某种理论上的犯罪既遂"拟制",并非犯罪既遂标准的"真相"的阐释;而从更为周全的刑事政策立场看,奸淫幼女型强奸罪的既遂标准根本上不宜采"性接触说",而应统一采用强奸罪既遂标准的"性侵入说"。[1] 可见,过程行为(性侵入行为)这一过程是否实施完整、实然危害是否达到"充分侵害被害女性之性权利"的特点是相互联系在一起的,对于那种"性侵入行为"过程没有实施完整、从而没有达到"充分侵害被害女性之性权利"之情形,尽管仍然存在非物质性危害结果(被害女性之性权利客观上已有一定程度的侵害),就仍然不能

〔1〕 参见魏东、蒋春林:《论奸淫幼女犯罪既遂的认定标准》,载《政法论丛》2007年第4期。

构成强奸罪既遂。

危险状态犯的既遂标准,应准确把握行为人所实施的行为具备了完整行为和特定危险状态的实然危害(相应的非物质性危害结果)的基本内容。这里所说的"特定危险状态",应当将其限定为侵害了公共安全制度上的实然危害。由于危险状态犯在理论上还可以进一步区分为抽象危险犯与具体危险犯,因而,危险状态犯所造成的"特定危险状态"还需要进一步区分抽象危险之危险状态与具体危险犯之危险状态。

就抽象危险犯而言,其危险状态属于显性危险而通常无需加以具体证明的危险。如醉驾型危险驾驶罪,由于醉驾行为属于显性危险而通常无需对个案加以具体证明,其侵害的法益是汽车运行中的公共交通安全制度方面的实然危害(制度上的实然危害);通常而言,只要行为人实施了醉驾行为,这种制度上的实然危害即已存在并成立犯罪既遂。但是也应注意,这只是一种常态判断,其并不完全排斥特别判断。如某人特定时段在荒郊野岭上醉驾的行为,因其"抽象危险"很轻甚至缺失而没有产生汽车运行中的公共交通安全制度方面的实然危害(制度上的实然危害),则仍然不应成立抽象危险犯,当然不成立抽象危险犯的既遂。因此,有学者提出了抽象危险也需要审查其客观存在性的观点,认为"应当允许反证危险不存在而出罪",[1]应当说这种见解既有利于深化抽象危险犯理论研究,也有利于限缩抽象危险犯成立范围,值得肯定。

就具体危险犯而言,其危险状态需要进行个案的具体的判断。以放火罪的既遂标准为例,只有出现引火物被点燃(具备放火的完整行为)之危险状态并侵害了公共安全制度上的实然危害,才能成立放火罪既遂。但是,若引火物尚未被点燃(而只是实施了点火行为但是尚未具备放火的完整行为),点火行为并未有效实施完毕,则尽管出现了特定危险状态并在一定程度上侵害了公共安全制度上的实然危害,也不能成立放火罪既遂。

(二)行为犯的犯罪未完成形态问题

就行为犯的犯罪未完成形态的存在范围问题,因为行为犯作为一种既遂类型,其犯罪的既遂和未遂的成立标准均是以存在非物质性危害结果为特征,此种非物质性危害结果之判断标准本身具有相当的抽象性和主观性,加之预备行为犯、持有行为犯、危险状态犯等即使作为"犯罪既遂类型"本身也面临着处罚必要性和处罚范围的限定问题,从而,行为犯的犯罪未完成形态之存在范围(处罚范围)的限定必然面临更多的限制性考量。

行为犯之犯罪未完成形态的存在范围与我国刑法理论上"故意犯罪停止形态存在的范围"理论相关联。我国传统刑法理论认为,直接故意犯罪才可能存在犯罪的预备、未遂与中止等未完成形态(但并非一定存在未完成形态),而举动犯不存在犯罪未

---

〔1〕 付立庆:《应否允许抽象危险犯反证问题研究》,载《法商研究》2013 年第 6 期。

遂,而间接故意犯罪、过失犯罪等均不存在犯罪未完成形态。[1] 就预备行为犯、举动行为犯、过程行为犯、持有行为犯、危险状态犯等五种行为犯而言,其是否存在犯罪未完成形态以及如何判断,均需检讨。一般来说,预备行为犯、持有行为犯均不存在犯罪预备、犯罪未遂与中止等犯罪未完成形态,因为预备行为、持有行为本身只能是某种意义上的例外处罚的特殊立法规定,从而对其本身之"未完成行为"断无处罚必要性,因而不应承认预备行为犯和持有行为犯的未完成形态;举动行为犯通常可以存在犯罪预备形态以及犯罪预备阶段的犯罪中止形态,但不存在犯罪实行阶段的犯罪未遂与中止的形态,因为按照举动行为犯的构成机理,只要实施举动行为即成立举动行为犯之既遂;过程行为犯和危险状态犯可以存在犯罪预备、犯罪未遂与中止的形态,其原理在于过程行为犯之"过程"可以出现预备行为、不完整的实行行为,危险犯之"危险"可能存在于预备行为和实行行为之中。因而总体来看,举动行为犯、过程行为犯和危险状态犯的犯罪未完成形态值得展开理论研讨。

举动行为犯的犯罪未完成形态,有犯罪预备形态、预备阶段出现的犯罪中止等两种情况。举动犯在我国现行刑法中有较多规定,大体上可以分为教唆型举动犯与实施型举动犯两类,在举动犯的场合中,不会出现犯罪未遂,但是"不排除举动犯中预备犯与预备中止的可能"。[2] 但是,在举动犯的预备犯与预备中止犯的可罚性范围上尚有深入研究的必要。如分裂国家罪(刑法第103条第1款)与煽动分裂国家罪(刑法第103条第2款),二者均属于举动犯,前者属于实施型举动犯,后者属于教唆型举动犯,那么,二者的预备犯与预备中止犯是否均有处罚必要性的问题就值得检讨。笔者认为,实施型举动犯的预备犯与预备中止犯通常具备相当的处罚必要性,但是教唆型举动犯的预备犯与预备中止犯通常不具有处罚必要性,因为教唆型举动犯在本质上是通过"预备行为实行行为化"而独立成罪的,再进一步处罚教唆型举动犯之前的预备行为有违刑法谦抑性原理而不具有妥当性。

过程行为犯的犯罪未完成形态,有犯罪预备、犯罪未遂与中止的形态等三种情况。由于过程行为犯的完整犯罪形态,需要有一个完整的行为过程,包括预备行为、实行行为、完成行为过程,因而过程行为犯通常都有犯罪预备、犯罪未遂、犯罪中止三种未完成形态。以强奸罪为例,强奸罪的完整犯罪形态是强奸行为过程的完成,其经历过程可能成立强奸罪的犯罪预备形态(仅实施强奸预备行为)、犯罪未遂形态(着手实施强奸行为过程中因行为人意志以外的原因而尚未完成完整的强奸行为)、犯罪中止(在强奸预备行为与实行行为过程中主动放弃而尚未完成完整的强奸行为)。

危险状态犯的犯罪未完成形态,在逻辑上存在犯罪预备、犯罪未遂与中止的形态

---

[1] 参见高铭暄主编:《刑法学原理第二卷》(精),中国人民大学出版社1993年版,第268~277页。

[2] 郑飞:《行为犯论》,吉林人民出版社2004年版,第163、180页。

等三种情况。对于一些关涉重大民生或者严重危及公共安全的危险状态犯而言,如放火罪、生产、销售假药罪等,应当依法惩治尚处于犯罪预备、犯罪未遂与中止等犯罪未完成形态的犯罪。但是,对于某些普通的危险状态犯,如危险驾驶罪等,其成罪标准本来就很低、法定刑也很轻,当其出于犯罪未完成形态时,则在刑事政策上缺乏惩罚必要性和充分性,依法可以不作为犯罪论处。

危险犯的故意认识内容

蒋　玲*

【内容摘要】抽象危险犯中的抽象危险体现了法益侵害性，属于客观违法要素，是犯罪故意的认识内容。抽象危险犯区别于具体危险犯的特点是，抽象危险结果是与行为同时发生的，所以对行为的认识也即意味着对抽象危险结果的认识。

【关键词】危险犯　客观违法要素　抽象危险结果

危害结果直接体现法益侵害性，属于客观违法要素，是故意认识的核心内容。根据客观上是否造成实际的损害事实，危害结果可分为实害结果和危险结果。刑法分则规定的大多数犯罪为实害犯，实害犯的故意认识内容包括实害结果，一般不存在特殊问题。但是对于分则规定的一部分危险犯而言，如何正确区分抽象危险与具体危险，以及它们与犯罪故意认识内容的关系，存在一定疑难。例如，哪些危险结果属于抽象危险？是否需要认识抽象危险结果？在隔夜醉驾案中，如何认定行为人的故意认识内容？司法实践在认定行为人是否具有放火罪的故意时，需要行为人具有对实害结果的认识，还是只需要其认识到危险结果即可？这些都是与危险犯的故意认识内容相关的问题，本文将一一予以探讨。为了行文的方便，本文以《刑法》第133条之一危险驾驶罪〔1〕、第130条非法携带枪支、弹药、管制刀具、危险物品危及公共安全罪以及放火罪为例，分别讨论抽象危险犯和具体危险犯的故意认识内容。

一、危险犯的属性与种类

（一）危险犯的性质

危险犯是相对于实害犯（或称为侵害犯）而言的，是指行为对刑法所保护的法益造成了侵害之危险。刑法分则规定的大部分犯罪为实害犯，以客观上发生一定数额的财产损失、对人身造成一定程度的伤害等在客观上能够被直观感知的结果作为危害结果。而危险结果属于导致实害结果发生的前一阶段的范畴，不能被直观感知。

* 蒋玲，法学博士，四川大学刑事政策研究中心特邀研究员。

〔1〕 在我国刑法理论中，关于危险驾驶罪的主观罪过是故意还是过失，存在争议，本文以其属于故意犯罪进行讨论。

区分危险犯和实害犯在定罪方面具有重要意义,如果行为人出于造成危险结果的故意(包括认识因素和意志因素)实施危害行为,原则上成立危险犯;若是基于实害结果的故意实施危害行为,即使未发生实害结果而只在客观上造成了危险结果,也不成立危险犯,根据刑法规定,可能构成实害犯的未遂。例如,同样是严重超速行为,如果行为人基于对公共安全造成危险结果的故意,一般情况下,成立危险驾驶罪;若是以对公共安全造成实害结果的故意实施该行为,虽然客观上未造成实害结果,也不成立危险驾驶罪,根据刑法规定,可能成立其他实害犯的未遂。

根据危险的程度,危险犯可分为具体危险犯与抽象危险犯。前者是指一旦该危险性在案件中具体出现,某个违反规范的行为对刑法所保护的客体有可能造成危险和当罚;后者是指刑法将一定的举止行为视为普遍对被保护的客体造成危险[1]。一般认为,具体危险离实害结果的发生比抽象危险更接近,所以危险程度更高。在具体危险犯中,是否发生了具体的、高度的危险需要独立进行判断;而抽象危险犯是该行为一旦实施,通常能肯定危险的发生[2]。换言之,通说认为,在是否需要对危险进行个案审查上,二者存在差异。

但是,刑法理论中,对于具体危险与抽象危险在犯罪论体系中的地位存在不同观点。有观点认为,具体危险是犯罪构成要件要素,而抽象危险仅仅是立法的动机、制定法条的理由或法律规定的存在理由[3]。相反观点则认为,危险犯中的危险都是犯罪构成要件的内容,故抽象危险也是犯罪构成要件要素[4]。

本文认为,危险犯的危险结果都是构成要件要素。危害结果体现了法益侵害性,是所有犯罪的构成要件要素。危险结果与实害结果相同,都属于危害结果,具体危险和抽象危险只是对危险程度进行的分类,故都是犯罪构成要件要素。若将抽象危险排除在犯罪构成要件的范围外,抽象危险犯的危害结果如何体现呢?危险都是现实存在的,抽象危险犯并非没有结果,而是抽象危险行为内含了作为结果的抽象危险[5]。

具体危险的行为危险与作为结果危险是分开的,例如,《刑法》第114条规定的爆炸罪,爆炸行为本身具有内在的危险性,同时该行为所造成的结果具有严重危害公共安全的危险性,二者是独立存在的,具有刑法上的因果关系,并且结果的危险性需要由司法者进行判断。换言之,一方面,行为的危险性是判断具体危险是否存在的基础;另一方面,具体危险的判断与行为危险的判断相互独立。与之相对,抽象危险犯的行为

〔1〕 参见[德]约翰内斯·韦赛尔斯:《德国刑法总论》,李昌珂译,法律出版社2008年版,第14页。

〔2〕 参见[日]山口厚:《刑法总论》,付立庆译,中国人民大学出版社2011年版,第45页。

〔3〕 参见[德]克劳斯·罗克辛:《德国刑法学总论:犯罪原理的基础构造》(第1卷),王世洲译,法律出版社2005年版,第278页;[德]约翰内斯·韦塞尔斯:《德国刑法总论》,李昌珂译,法律出版社2008年版,第14页。

〔4〕 参见[日]大塚仁:《刑法概说(总论)》,冯军译,中国人民大学出版社2003年版,第137页;[日]山口厚:《刑法总论》,付立庆译,中国人民大学出版社2011年版,第45页。

〔5〕 参见[日]山口厚:《刑法总论》,付立庆译,中国人民大学出版社2011年版,第45页。

内含了结果的危险性,二者同时产生,客观上融为一体,正如有学者指出,通过抽象危险行为展示了作为结果的危险的内容[1]。通说认为,抽象危险是法律拟制的,不需要司法者对之进行判断。例如,《刑法》第133条之一规定的危险驾驶罪,只要行为人实施了该条第1款规定的四项行为中的一种,即造成了抽象危险,这些行为内含了对公共安全造成侵害的危险性。

需要注意的是,危险不是单纯的自然事实,属于规范构成要件要素。所以对危险的判断不是单纯认识论上的判断,而涉及规范性的价值判断[2]。所以在认定对具体危险的认识时,需要遵循关于对规范构成要件要素认识的原理。

(二)具体危险犯与抽象危险犯的区分

按照刑法理论通说,具体危险是具体的、高度的危险,而抽象危险是抽象的、较为缓和的危险。由于具体危险与抽象危险涉及在司法实践中是否需要对之进行单独判断,以及认定行为人对危险结果的认识问题,所以有必要对二者进行区分。我国刑法分则部分条文规定了危险犯,对于其属于具体危险犯抑或抽象危险犯,需要具体分析。本文认为,区分标准主要体现在以下方面:

第一,根据分则条文对罪状的规定,出现了“足以使……危险,尚未造成严重后果的”“危及(危害)……安全,尚未造成严重后果的”“足以危害……的”,说明该危险需要独立进行判断,原则上可以认为该条文规定的犯罪为具体危险犯。例如,《刑法》第114条放火罪、决水罪、爆炸罪、投放危险物质罪,第116条破坏交通工具罪,第117条破坏交通设施罪,第118条破坏电力设备罪、破坏易燃易爆设备罪,第123条暴力危及飞行安全罪,第125条第2款非法制造、买卖、运输、储存危险物质罪,第143条生产、销售不符合安全标准的食品罪,第145条生产、销售不符合标准的医用器材罪等都属于具体危险犯。

反之,若分则条文没有类似表述的,可以认定为抽象危险犯。有学者指出,当分则条文的罪状仅仅表述了危害行为,而对行为造成的实害结果或者危害结果没有表述时,该犯罪就属于抽象危险犯[3]。例如,《刑法》第133条之一规定的危险驾驶罪的罪状直接列举了几项属于危险驾驶的行为,并未单独对危险进行描述;此外,第141条生产、销售假药罪,第144条生产销售有毒、有害食品罪,第125条第1款规定的非法制造、买卖、运输、邮寄、储存枪支、弹药、爆炸物罪等也属于抽象危险犯。

理论上的这种区分主要是形式上的区分。从实质上看,刑法对抽象危险和具体危险的规定,是与刑法的目的即保护法益紧密相连的。刑法对于重要法益的保护采取前

[1] 参见[日]山口厚:《刑法总论》,付立庆译,中国人民大学出版社2011年版,第45页。

[2] 参见陈兴良主编:《刑法各论精释》(下),人民法院出版社2015年版,第664页。

[3] 参见冯军:《论〈刑法〉第133条之1的规范目的及其适用》,载《中国法学》2011年第5期。

置式的保护模式,例如无待具体危险或实害结果的发生,就以抽象危险犯的方式规制行为,这是一种层级式的保护方式〔1〕。而这种实质上的区分可以通过下面这种方式进行判断。

第二,根据不同法条之间的关系进行判断。由于立法技术和法律语言的局限性,往往不能穷尽上述原则,在某些情况下,单独依靠法律规定进行形式上的判断,可能出现不合理之处,这也是刑法争议所在。所以除了形式上的区分,还需要根据不同法条之间的关系具体分析。

刑法分则仅仅规定了"危害公共安全"或者"危及公共安全"的犯罪,其属于具体危险犯还是抽象危险犯,不应一概而论,而应结合行为手段、行为对象的危害性及法条间的关系进行综合判断。例如,《刑法》第 125 条第 1 款非法制造、买卖、运输、邮寄、储存枪支、弹药、爆炸物罪是抽象危险犯,第 2 款非法制造、买卖、运输、储存危险物质罪规定了"危害公共安全的"。由于在现实中,针对枪支、弹药、爆炸物的犯罪行为本身即具有危险性,不需要特别判断;而危险物质存在个别因生产、生活需要而非法制造、买卖、运输、储存的行为,应根据实际情况进行判断,故第 2 款罪宜认定为具体危险犯。而在第 127 条第 1 款盗窃、抢夺枪支、弹药、爆炸物、危险物质罪中,虽然表述上用了"危害公共安全的"这一语词,但是从该条与第 125 条第 1 款的犯罪内容、量刑的相似性上分析,宜将该危险认定为抽象危险;并且,从第 127 条第 2 款规定的针对国家机关、军警人员、民兵的枪支、弹药、爆炸物的盗窃、抢夺行为的规定看,对于刑法将重罪都规定为抽象危险犯,若将第 127 条第 1 款规定为具体危险犯,与通说对抽象危险与具体危险的危险程度的认定不一致。

又如,对于《刑法》第 130 条是危险犯在理论上并无争议,而存在争议的是其是抽象危险犯〔2〕,还是具体危险犯〔3〕。根据《刑法》第 128 条规定,非法持有、私藏枪支、弹药罪是抽象危险犯,只要实施该行为即构成犯罪,第 130 条与第 128 条在客观方面具有重合性,携带也可认为是另一种持有,二者刑罚相当。若将第 130 条解释为具体危险犯,法定刑太轻,罪刑不相当,故本文初步认为,将第 130 条视为抽象危险犯,使法条之间的关系更加协调,较具有合理性。实际上,在绝大多数司法判例中,只要证明行为人携带了上述物品进入公共场所,一般就认定构成犯罪,并未对危险进行具体判断〔4〕。

在司法实践中,对于抽象危险与具体危险的判断,容易发生混淆。即使是相似的

---

〔1〕 参见许泽天:《遗弃罪之研究——待厘清保护法益的具体危险犯》,载《东吴法律学报》2010 年第 2 期。

〔2〕 参见陈洪兵:《准抽象危险犯概念之提倡》,载《法学研究》2015 年第 5 期。

〔3〕 参见张明楷:《刑法学》,法律出版社 2011 年版,第 682 页;王作富:《刑法分则实务研究》(上),中国方正出版社 2013 年版,第 128 页。

〔4〕 参见广东省珠海市金湾区人民法院(2015)珠金法刑初字第 183 号刑事判决书。

客观行为,不同法院判决观点可能存在不同。例如,在徐某某危及公共安全罪一审案件中,被告人因与他人产生纠纷,遂携带汽油到宾馆,并将部分汽油泼至他人居住的房间门口,法院认定被告人非法携带易燃性物品进入公共场所并进行泼洒,构成非法携带危险物品危及公共安全罪〔1〕。而在许某犯放火罪二审案件中,被告人因对政府拆迁补偿不满,携带汽油来到政府某工作人员办公室,并泼洒汽油在办公室和自己身上,虽然被告人未携带放火工具,但法院认定,被告人实施了泼洒汽油的行为,作为成年人应该知道汽油由于具有强烈的引火性,在办公室这一公共场所出现一点火星都可能引发火灾,对发生火灾持放任态度,对公共安全造成了潜在危害,构成放火罪〔2〕。虽然这两个案例在客观方面相类似,但是法院观点相异,前者认定行为构成非法携带危险物品危及公共安全罪,是抽象危险犯;后者则认为该行为构成放火罪,是具体危险犯。在这两个案例中,被告人在公共场所实施泼洒汽油行为,危险结果已经超出了抽象危险的范围,属于具体危险;若行为人以放火的故意携带易燃性物品进入公共场所或者公共交通工具,尚未造成严重后果的,应适用第114条的规定,构成放火罪,而不能构成第130条非法携带危险物品危及公共安全罪,应该根据《刑法》第114条认定为放火罪,故前一判决认定罪名不正确。

二、具体危险犯的认识内容

(一)具体危险与犯罪故意认识内容的关系

关于具体危险是否是犯罪故意的认识内容,理论上存在争议。有观点认为,行为人只需要认识到构成危险的情状,对于危险无须认识。相反观点则认为,根据明确性的原则和罪责主义原则要求,行为人必须认识到具体危险,方具有相应的危险故意〔3〕。本文认为,具体危险属于危害结果,危害结果是一切犯罪必备的客观违法要素,是犯罪故意的认识内容。在具体危险犯中,作为结果的危险结果是与行为相分离而独立存在的,故具体危险犯对于危害行为和具体危险结果应该分别具有认识。

以《刑法》第116条破坏交通工具罪为例,行为人需要认识到,其一,其是针对正在使用的交通工具实施的破坏行为,该行为本身具有危险性;其二,该行为可能造成交通工具倾覆、毁坏的危险,即具体危险的结果;其三,该行为与具体危险结果之间具有因果关系。例如,在被告人胡某某、梁某某、何某某破坏交通工具罪二审案中〔4〕,三名被告人在高速公路上铺撒铁钉的行为;在黄某某破坏交通工具二审案中〔5〕,被告

〔1〕 参见江苏省响水县人民法院(2014)响刑初字第00113号刑事判决书。

〔2〕 参见湖南省常德市中级人民法院(2016)湘07刑终41号刑事裁定书。

〔3〕 参见许泽天:《遗弃罪之研究——待厘清保护法益的具体危险犯》,载《东吴法律学报》2010年第2期。

〔4〕 参见广西壮族自治区贺州市中级人民法院(2014)贺刑终字第51号刑事裁定书。

〔5〕 参见广东省佛山市中级人民法院(2014)佛中法刑一终字第93号刑事裁定书。

人对正在使用的大型客车剪断底盘线路的行为，不仅这些危险行为具有危险性，而且客观上对公共安全造成了具体危险。行为人需要认识到自己行为的危险性，即对交通工具中影响安全行驶的安全部位进行破坏；若认为自己仅剪断了汽车的空调线路，而非刹车线路，说明其对自己的行为和结果具有的侵害公共安全的危险性没有认识。同理，行为人需要认识到其试图破坏的交通工具正在使用中，因为只有正在使用中的交通工具被破坏，才可能侵害公共安全，若其认为自己破坏的交通工具已经报废，则不具有该罪的故意认识内容。

又如，以放火罪为例，行为人应该认识到放火行为本身的危险性、对公共安全可能造成的危险以及二者之间的因果关系。例如，在傅某某放火罪二审案中，判决认定，上诉人应该认识到将汽油泼洒在地上，手持打火机准备实施的行为可能造成的后果，该行为对房内和周边相邻建筑内的人员以及其他公私财物均构成现实的危险，上诉人主观上对这种可能发生的危害结果是一种放任的故意认识〔1〕。又如，在杜某某放火罪二审案中，法院认定，被告人在明知公司仓库存在大量易燃物品，且公司有员工上班的情况下，仍故意放火焚烧财物，危害公共安全，构成放火罪〔2〕。在该案中，行为人在认识到客观存在大量易燃物品且有人员在仓库内的情况下，仍实施焚烧财物的行为，必然认识到其行为对他人生命和公私财产可能造成的危险，即认识到了具体危险。

（二）刑法分则规定的具体危险犯与实害犯的关系

我国刑法规定了大量具体危险犯，且部分条款还对具体危险犯造成实害结果规定了不同的刑罚。例如，《刑法》第 114 条规定放火、决水、爆炸、投放危险物质等行为，危害公共安全，尚未造成严重后果的，处相应刑罚。第 115 条规定，实施了第 114 条规定的行为并在客观上造成重大实害结果的，加重刑罚。类似的条款还有第 116 条、第 117 条与第 119 条规定的破坏交通工具罪、破坏交通设施罪；第 118 条与第 119 条规定的破坏电力设备罪、破坏易燃易爆设备罪。

关于这些条款之间的关系，刑法理论未形成统一观点，而这恰恰是判断具体危险犯认识内容的关键。本文以放火罪为例，分析具体危险犯与相应的实害犯之间的关系。

需要指出的是，第 114 条规定的“尚未造成严重后果”是从反面的角度规定行为的后果，但这种“后果”并非犯罪构成要件的结果，而仅仅是一种“条件”，是与第 115 条规定的实害结果相对的。本条中的构成要件结果是指具体危险而非“未造成严重后果”。正如有学者指出的，这种要素并不表明违法性和有责性，而是表明该条规定

〔1〕 参见山西省太原市中级人民法院（2014）并刑终字第 572 号刑事判决书。

〔2〕 参见浙江省高级人民法院（2014）浙刑一终字第 66 号刑事裁定书。

的行为与第115条相比的违法程度的差异[1]。

我国《刑法》第114条和第115条第1款都规定了放火罪,前者是对尚未造成严重后果的放火罪的定罪处罚,后者是对客观上已经造成严重后果的放火罪的定罪处罚。关于二者之间的关系,存在不同观点,有学者认为,侵害犯是相应的危险犯的既遂犯[2]。有观点认为,危险犯和侵害犯是两种不同形式的既遂犯,只是前者的既遂结果是足以造成某种危害结果发生的危险状态,而后者的既遂结果是实害结果[3]。还有观点认为,第114条规定的放火罪是危险犯,第115条规定的放火罪是实害犯[4]。以上观点虽然在某一方面都有一定道理,但是,在司法实践中还是存在不合理处。如认为侵害犯是相应的危险犯的既遂犯,相当于认为危险犯是未遂犯,那么行为人基于危险故意的犯罪行为,都可能被认定为实害犯的未遂,这并不符合法理,故第一种观点有失妥当。第二种观点无法解决中止犯罪的问题。第三种观点虽然具有一定的合理性,但无法解决出于具体危险的故意又过失造成实害结果的情况。

本文基于解释学的立场,根据责任主义原则,对《刑法》第114条和第115条第1款的关系做如下解释:一方面,第115条第1款放火罪单独成立实害故意的既遂;另一方面,第115条第1款又可以构成第114条的结果加重犯。

第一,行为人出于造成具体危险的故意实施放火行为,客观上产生了具体危险,直接构成第114条规定的犯罪。例如,行为人不想发生严重的实害结果,只是意图造成危险状态而吓唬他人的心理,例如将汽油泼洒在一个角落,事实上也只产生了具体危险的状态,并未造成严重危害,应认定构成第114条。

第二,行为人出于造成实害的故意实施放火行为,并在客观上造成严重的实害结果,应直接构成第115条第1款规定的放火罪的既遂。在这种意义上,放火罪具有实害的故意,即行为人的主观认识为实害结果。例如,在李某放火罪二审案中[5],被告人基于发生实害结果的认识,置被害人及周边民众的生命安全于不顾,在繁华地段的店铺里放火,并造成一人死亡,应直接依照第115条定罪处罚。

第三,若行为人基于产生具体危险的故意实施放火行为,在客观上却造成了严重的实害后果,这种过失造成的结果超出了《刑法》第114条构成要件对结果的规定,不应构成第114条,但是符合第115条第1款放火罪的构成要件,应该按照该条定罪处罚。换言之,当行为人出于对具体危险的故意认识,而过失导致他人伤亡、财产损失等实害结果时,成立第115条第1款规定的放火罪,在这种情况下,第115条第1款是第

---

[1] 参见张明楷:《论表面的构成要件要素》,载《中国法学》2009年第2期。

[2] 参见陈航:《对“危险犯属于犯罪既遂形态”之理论通说的质疑》,载《河北法学》1999年第2期。

[3] 参见高铭暄:《中国刑法学》,中国人民大学出版社1989年版,第169页。

[4] 参见龚培华:《刑法法条关系研究》,华东政法大学2007年博士学位论文,第91页。

[5] 参见湖北省高级人民法院(2014)鄂刑一终字第00031号刑事裁定书。

114 条的结果加重犯。例如，行为人并不愿意对某建筑物造成火灾的结果，只是出于引起社会注意的目的，意图通过自己的放火行为造成实害之危险，但是没有想到引线太短，客观上发生了火灾，对公共安全造成了实害结果，该行为构成第 115 条第 1 款规定的放火罪。

根据上述分析，放火罪只需要行为人认识到具体危险即可，因为危险故意都构成放火罪的犯罪故意，实害故意更应当构成犯罪故意。所以，在放火罪的案件中，司法机关在判断行为人的认识内容时，只需要判断其是否认识到了具体危险，就可以认定行为人是否具有放火罪的故意。例如，在李某放火罪一审案中，辩护人提出，放火罪侵犯的客体是公共安全，而被告人及时报警没有发生实害结果，应构成故意毁坏财物罪，而非放火罪〔1〕。该辩护意见首先错误理解了放火罪的危险结果的性质；其次，只要行为人认识到具体危险即具有放火罪的故意认识，无需认识实害结果。

以放火烧自己的房子为例，若是在鳞次栉比的现代社会，建筑物彼此相邻，放火烧自己的房子一定会对周围的建筑物及他人生命、财产造成威胁，即威胁公共安全。而如果行为人是在比较偏远的农村，由于房子之间间隔较远，在一般情况下，其所实施的烧自己房子的行为不会侵害公共安全。至于行为人是否具有实害故意，需要对具体危险进行判断，因为行为人的这种认识是通过案件的客观事实条件来进行判断的。

又如，在李某某犯放火罪二审案中，法院认定，被告人持汽油泼洒在自家屋内，明知其房屋与多户邻居相连或相邻，且其亲属还在身旁，身上沾有汽油，仍点燃汽油放火，引发火灾，危害了不特定多数人的生命、财产安全，其行为构成放火罪〔2〕。在该案中，行为人对房屋构造环境、周围存在他人且身上沾有汽油的认识，说明了其对实施放火行为所可能产生的具体危险具有认识，其辩称自己仅仅是自杀的理由不能成立。再如，在娄某某犯放火罪二审案中，被告人在知道现场有布匹、定型纸等大量可燃物，而且有多名工人正在上班的情况下，仍然购买了 5 桶多达 70 余升的汽油携带至现场并进行泼洒并点燃〔3〕。在该案中，行为人认识到了客观存在的可燃物，进而实施汽油泼洒行为并点燃，说明其认识到了放火罪对公共安全造成的具体危险。

三、抽象危险犯的认识内容

（一）抽象危险的性质

抽象危险犯是指法律认为一定的举止方式普遍地对客体造成危险〔4〕。换言之，抽象危险是一种具有普遍性的危险，只要出现抽象危险的行为，法益就受到了侵害，不

〔1〕 参见广东省深圳市福田区人民法院（2015）深福法刑初字第 1904 号刑事判决书。

〔2〕 参见福建省高级人民法院（2015）闽刑终字第 206 号刑事裁定书。

〔3〕 参见浙江省高级人民法院（2015）浙刑一终字第 71 号刑事裁定书。

〔4〕 参见［德］约翰内斯·韦塞尔斯：《德国刑法总论》，李昌珂译，法律出版社 2008 年版，第 14 页。

问具体情况[1]。即使根据具体案件情况认为不存在危险时(例如在无人之地醉酒驾驶),也不能排除抽象危险的存在。有学者指出,根据一般预防的根据,如果排除了这一危险,立法者所追求的确定行为方式便会受到侵害[2]。危险驾驶罪是一种典型的情形责任(situational liability),对于这种法定罪刑,法律不要求证明行为形式,只需要证明被告人处于法律所不允许的情形下(醉酒并驾驶机动车)[3]。但是,有相反观点认为,虽然是抽象危险,也需要判断,虽然实施了危险行为,但没有造成抽象危险的,不成立犯罪[4]。对于抽象危险犯,当具体案件中并未发生相应的危险时,可以通过反证危险的不存在而出罪。如果某一行为在具体的场合不存在侵害法益的可能性,若仍然肯定抽象危险的存在,相当于将刑法防线予以提前,可能导致侵害人权的危险[5]。

本文认为,如前所述,抽象危险结果内含于危险行为,原则上无需进行判断;但是,其表明了法益侵害性,并非任何轻微程度的危险都属于抽象危险的范围,只有对法益所造成的威胁达到一定的程度,才是刑法规定的抽象危险,故上述反对观点具有一定合理性。具体而言,抽象危险具有如下性质:

首先,这里的危险并非泛指所有的危险,而是指刑法所不容许的具有较高程度的实害发生可能性的危险。因为社会中有一些行为本身具有危险性,但是社会或法律却容忍之,如高速运行的车辆本身具有一定的危险,但却是社会发展所容忍的。正如有学者指出,在交通犯罪中,立法者并非处罚所有的行为,而是接近实害结果的危险,酒后驾驶罪应该被解释为一种适足犯,更确切说是危险犯,必须被限缩在车子速度达到足以侵害别人时,适足当之[6]。可见,并非任何造成了法益侵害之危险的行为,都属于刑法规定的抽象危险犯的范畴;根据罪刑法定原则,只有侵害了刑法法益并造成危险的行为才属于危险犯,这是对危险程度的限制。上述认为抽象危险需要判断、允许反证的观点,实质上与这里对抽象危险的界定本质相同,以在无人的偏僻角落醉酒驾驶行为为例,由于该行为在客观上没有造成侵害危险的可能性,实际上并非刑法上的抽象危险行为,所以在这种情况下,不具有危险[7]。

---

[1] 参见柯耀程:《刑法构成要件解析》,台北,三民书局股份有限公司2010年版,第132~133页。

[2] 参见[德]克劳斯·罗克辛:《德国刑法学总论:犯罪原理的基础构造》(第1卷),王世洲译,法律出版社2005年版,第280页。

[3] See William Wilson,"Criminal Law: Doctrine and Theory"(Fourth edition), Pearson Education Limited, 2011, p. 74.

[4] 参见陈兴良主编:《刑法各论精释》(上),人民法院出版社2015年版,第341页。

[5] 参见付立庆:《应否允许抽象危险犯反证问题研究》,载《法商研究》2013年第6期。

[6] 参见[德]贝思德·许迺曼:《法益保护原则——刑法构成要件及其解释之宪法界限之汇集点》,何赖杰译,载许玉秀、陈志辉合编:《不移不惑献身法与正义——许迺曼教授刑事法论文选辑》,台北,新学林出版有限公司2006年版,第246页。

[7] 参见黎宏:《刑法学》,法律出版社2012年版,第92页;张明楷:《刑法学》,法律出版社2011年版,第168页。

其次,抽象危险是一种现实的危险。有观点视其为"危险推定"[1],实质上是将抽象危险等同于假定的危险,即"非现实的危险"。本文认为,这种观点具有片面性,因为无论是具体危险抑或抽象危险,都是现实的危险,在客观上都对刑法法益造成了侵害。在危险犯中,使客体遭受实害的危险状态已经现实地发生[2]。故在刑事诉讼上无需对抽象危险进行证明是一方面,其在事实上客观存在是另一方面,二者不应混淆。

与具体危险在司法上需要根据具体案情进行判断不同,司法上直接对抽象危险进行认定。例如在杨某危险驾驶罪二审案中,法院认为,醉酒驾驶行为严重危害道路的正常秩序,对公共安全造成较大的抽象危险性,这种抽象危险转化为现实危害,将会给社会和他人生命、健康、财产造成严重危害[3]。可见,不同于具体危险,原则上只要存在抽象危险行为,在客观上就产生了抽象危险结果,司法一般不专门对抽象危险结果的判定进行论证,但抽象危险是客观存在的。

(二)抽象危险与犯罪故意认识内容的关系

本文以危险驾驶罪为例,分析抽象危险与犯罪故意认识内容的关系。关于该罪的罪过形式,理论上存在直接故意、间接故意、过失、既可能是间接故意也可能是过于自信的过失等多种观点[4]。虽然醉驾入刑是在2011年,但在此之前一直被作为行政处罚的对象,根据相关案例统计,危险驾驶罪的行为人多数属于明知故犯、心存侥幸的心理,被告人均普遍了解醉酒后驾车会触犯刑法,但出于对自己驾驶技术的自信或路途短不会被警察查获等原因,明知违法仍不惜以身试法[5]。可见,在危险驾驶罪中,行为人的"侥幸"针对的是"自己可能不会受到处罚、不被执法机关逮住",而非针对犯罪所造成的危险结果,说明行为人对其行为的法益侵害性有充分认识。从行为人的内在认知能力分析,酒后驾驶行为具有的典型危险性,是任何达到刑事责任年龄和具有刑事责任能力的普通人都能够认识的,所以可以排除疏忽大意的过失。并且,这种对法益侵害事实的充分认识程度已超出了过于自信的认识因素的程度。

基于对人的主体性价值(人格)的尊重,社会赋予人根据自己对于事情利害关系的判断来行事。但这并非不设限制,由于人们可能的无知,立法意旨不容行为人自行判断行为的作用关系。标准化行为模式的功能并不止于避免眼前肇事的可能性,而是

---

〔1〕 参见劳东燕:《认真对待刑事推定》,载《法学研究》2007年第2期。

〔2〕 参见鲜铁可:《论危险犯概念与特征》,载《法律科学:西北政法学院学报》1995年第4期。

〔3〕 参见安徽省芜湖市中级人民法院(2015)芜中刑终字第00330号刑事裁定书。

〔4〕 具体观点参见张明楷:《危险驾驶罪的基本问题——与冯军教授商榷》,载《政法论坛》2012年第6期;赵秉志、赵远:《危险驾驶罪研析与思考》,载《政治与法律》2011年第8期;卢成仁:《"醉驾"之罪与罚》,载《河北法学》2011年第10期;冯军:《论〈刑法〉第133条之1条的规范目的及其适用》,载《中国法学》2011年第5期;曲新久:《危险驾驶罪的构成要件及其问题》,载《河北学刊》2012年第1期;叶良芳:《危险驾驶罪的立法证成和规范构造》,载《法学》2011年第2期。

〔5〕 参见《北京海淀法院集中宣判一批危险驾驶案件 多数缘于心存侥幸》,载凤凰网:http://news.ifeng.com/gundong/detail_2013_07/15/27524018_0.shtml,最后访问日期:2016年1月1日。

长远的交通安全机制[1]。换言之,法律之所以如此设定,并非针对一次性、眼前的情况,而是为了强势推行重要的行为规则、一种标准化的行为模式。醉驾行为就是对这种公共模式、整体公共安全秩序的挑战。所以,不论行为人认为自己驾驶技术如何高超、经验如何丰富、道路几乎没有行人等可以避免危险情况发生的理由,这种自我判断没有危险,本身就是一种危险。所以,危险驾驶罪不属于过于自信的过失,而属于故意犯罪。

应该指出的是,危险驾驶罪的增设,使交通肇事罪一方面成为危险驾驶罪的结果加重犯,另一方面成立独立的过失犯罪[2]。当行为人出于制造危害公共安全的抽象危险的故意,实施醉酒驾驶行为,客观上未发生致人伤亡的实害结果时,定危险驾驶罪;若客观上发生了致人伤亡的实害结果,定交通肇事罪。

刑法理论对于抽象危险是否属于犯罪故意的认识内容存在不同见解。大部分学者认为,犯罪故意的行为人需要对具体危险有认识,但是不一定要求认识抽象危险[3]。还有学者认为,无论是抽象危险犯还是具体危险犯,因为判定行为是否具有危险以客观为标准,而非以行为人的主观认识为标准,所以行为人对危险是否认识不影响对危险的判断[4]。司法实践也有部分案例赞成该观点,如苏州市人民检察院诉PAWAR MANOJ MANDHUKAR危险驾驶一案,判决载明,根据我国法律规定,危险驾驶罪系行为犯,只要被告人实施了醉酒驾驶机动车辆的行为,即构成该罪[5]。

本文认为,如前所述,抽象危险属于危害结果,体现法益侵害性,属于客观违法要素,是犯罪故意的认识内容。其特殊性在于,当行为人认识到自己的危险行为的同时,也认识到了抽象危险结果,不需要在行为之外单独分析、论证对抽象危险结果的认识。况且,具体危险和抽象危险只是对危险结果的程度进行的分类,前者都是故意的认识内容,若将后者排除于故意认识的内容,不具有合理性。

危险驾驶罪是抽象危险犯,以危险驾驶罪中的醉酒驾驶为例,行为人在实施醉酒驾驶这一危险行为时,即已包含对该抽象危险结果的认识。这种认识是在长期社会生活实践中形成的,无需以积极认识的形态显现出的潜意识,也不需要每次都有特定的认识形成过程,只要是具有正常理智的成年人都会对醉酒驾驶产生的危险具有认识。可见,并不是说抽象危险犯不需要对抽象危险结果具有认识,而是这种认识内涵在行为中,不需要专门提出来进行分析。司法上无须判定或证明之,并不意味着抽象危险

[1] 参见黄荣坚:《基础刑法学》(上),中国人民大学出版社2009年版,第287页。

[2] 参见胡东飞:《危险驾驶罪与交通肇事罪的关系》,载《四川警察学院学报》2013年第1期。

[3] 参见[日]大谷实:《刑法讲义总论》,黎宏译,中国人民大学出版社2008年版,第158页;[日]大塚仁:《刑法概说(总论)》,冯军译,中国人民大学出版社2003年版,第206页;[德]汉斯·海因里希·耶赛克、托马斯·魏根特:《德国刑法教科书》,徐久生译,中国法制出版社2001年版,第357页。

[4] 参见林山田:《刑法通论》(上册),北京大学出版社2012年版,第156~157页。

[5] 参见江苏省苏州市中级人民法院(2011)苏中刑二初字第0026号刑事判决书。

不是犯罪故意的认识内容。

同理,《刑法》第130条属于抽象危险犯。从立法目的分析,刑法设置该罪是为了杜绝此类行为可能产生的严重的实害结果。根据一般人的认识,行为人只要携带这类危险物品进入公共场所,必然认识到自己的行为会对不特定的他人的生命、健康、财产造成危险,也即对危险的认识是与行为同时发生的。该罪的故意认识内容包括:一是自己携带的是具有危险性的、可能危及公共安全的物品;二是自己进入公共场所或者公共交通工具。

例如,在赵某犯非法携带枪支、弹药、管制刀具、危险物品危及公共安全罪二审案中[1],被告人及其辩护人以赵某进入的是私人场所,不是公共场所作为上诉理由,法院判决认定其进入场所系耕地,是公共场所,故上诉理由不能成立。换言之,该罪规定的公共场所是犯罪故意的认识内容。行为人认识到上述两方面内容,就认识到了自己行为的法益侵害性;而抽象危险内含于行为之中,不需要专门认识或证明。从法院判决也可看出,对于这种抽象危险不需要专门进行证明[2]。

需要注意的是,抽象危险犯不需要证明结果,并不意味着其没有故意认识内容。抽象危险犯的故意认识内容不仅针对抽象危险这一危害结果,还包括其他客观违法要素,如行为等。下文以醉酒型危险驾驶罪为例,分析抽象危险犯的认识内容。

(三)抽象危险犯的认识内容——以隔夜醉驾案为例

以西昌醉驾案为例,目前,在司法判例中,普遍将隔夜醉驾作为酌情从轻处罚情节[3]。在刑法理论和司法实践中,隔夜醉驾案系针对抽象危险的认识存在较大争议的一类案件,争议集中在行为人对抽象危险的认识上。有观点认为,在隔夜醉驾中,行为人未认识到自己是醉酒驾驶,不构成该罪[4]。一般而言,由于隔夜醉驾的行为人没有认识到醉酒驾驶,不构成危险驾驶罪,只有在其认识到自己醉酒驾驶时,才能对之定罪[5]。也有观点认为,抽象危险结果不是故意认识的内容,只要行为人客观上醉酒驾驶,即使是隔夜醉驾也成立犯罪。还有观点认为,对于醉酒驾驶行为,不能一概而论,由于不同的人对于酒精的代谢有差异,若代谢快的,其没有醉酒驾驶的故意,不应认定为危险驾驶罪;若代谢较慢或间隔时间较短的,具有醉酒驾驶的未必故意,构成危

---

[1] 参见河南省洛阳市中级人民法院(2016)豫03终第57号刑事判决书。

[2] 参见陈某某非法持有、携带危险物品案,成都铁路运输中级法院(2014)成铁中刑终字第25号刑事裁定书;被告人周某非法携带危险物品危及公共安全案,吉林省延边朝鲜族自治州中级人民法院(2016)吉24刑终第12号刑事裁定书。

[3] 参见张某某危险驾驶罪一审案,新疆维吾尔自治区察布查尔锡伯自治县人民法院(2015)察刑初字第23号刑事判决书;李某某危险驾驶一审案,吉林高新技术产业开发区人民法院(2015)吉高新刑初字第41号刑事判决书。

[4] 参见洪常森:《危险驾驶罪的司法认定及刑事处理原则》,载《检察日报》2011年3月18日。

[5] 参见王作富:《刑法分则实务研究》(上),中国方正出版社2013年版,第148页。

险驾驶罪[1]。

本文认为,如前所述,抽象危险和具体危险一样,都是犯罪故意的认识内容,所以持"抽象危险犯不需要对抽象危险具有认识,只要客观行为是醉酒驾驶,即使是隔夜醉驾也成立犯罪"的观点不正确。以身体的代谢差异作为判断行为人是否具有醉酒驾驶的故意,混淆了犯罪与生理学。直接认为隔夜醉驾的行为人没有认识到自己的危害行为的观点,也值得商榷,如前所述,抽象危险犯的认识内容是抽象危险行为,隔夜醉驾罪的认识内容要根据法条进行具体分析。

在醉酒型危险驾驶罪中,对罪状规定的行为要素进行分解,可分为道路、醉酒、驾驶机动车三个要素。由于只有在道路上醉酒驾驶,才可能对公共安全造成危险,在其他地点如自家院落实施该行为,一般不会对公共安全造成危险。例如,在陈某危险驾驶罪二审案中[2],针对上诉人提出的由于案发地属于饭店控制区域,不具有公共道路的性质,因此不具有危害公共安全的抽象危险的上诉理由,法院指出,根据道路交通安全法,无论该区域的管辖范围,但其仍属于公众通行的道路,在该区域内醉酒驾驶行为同样具有抽象危险。这里涉及对"道路"这一规范构成要件要素的认识及认定问题,上述认识错误可按照对规范构成要件要素的认识错误进行处断。

这里需要专门对醉酒行为的认识进行分析。对犯罪事实的表象,应该需要意义的认识。但是,行为人的认知只要达到"外行人的一般认知"即可,不需要具有严密的法认识[3]。法律以车辆驾驶人员血液中的酒精含量浓度来区分饮酒驾驶和醉酒驾驶,但是,一般人无法判断自己血液的酒精浓度(即便是医学专家不借助科学仪器也无法判断),醉酒的界定属于空白构成要件要素,由于空白构成要件要素的认识内容不包括对违反行政法规具有认识,所以该罪不要求被告人对自己醉酒的行政标准具有认识。由于抽象危险内含在危险行为中,故危险驾驶罪的认识内容是对自己处于饮酒状态下仍驾驶机动车的行为的认识。

在隔夜醉驾案中,被告人认为自己为了不酒后驾车,才没有在饮酒的当晚开车,自认为酒精作用经过一夜已经消失,而在第二天开车,所以自己没有主观醉酒驾驶的故意。法律并不要求行为人认识在隔夜后自己体内的酒精浓度,而只需要其认识到自己处在饮酒状态下,即仍处于酒精作用中。根据医学测定,人体在饮酒后反应肯定会变迟钝,酒精在人体内达到一定浓度时,人对外界的反应和控制能力会下降;酒精含量越高,人体反应和控制能力会越低,且浓度不同,人体也会产生各种反应,如飘忽感、兴奋、语无伦次、激动、动作不协调等,这些都是行为人能自我感知到和判断的。经过一

---

〔1〕 参见李翔:《危险驾驶罪主观方面新论》,载《法商研究》2013年第6期。

〔2〕 参见北京市第二中级人民法院(2015)二中刑终字第1114号刑事裁定书。

〔3〕 参见[日]大塚仁:《刑法概说(总论)》,冯军译,中国人民大学出版社2003年版,第208页。

夜，酒精含量虽有下降，但行为人仍可通过一些表象判断自己是否已经可以安全驾驶。在该例中，经过一夜后，行为人血液经检测仍然具有高浓度的酒精含量，从科学依据上说明其无法安全驾驶，而这也是行为人自身能够有所体会和判断的。

所以，在隔夜醉驾案中，被告人通过自己的身体反应，认识到自己仍处于酒后状态即可；而其自认为自己的身体不处于法律认定的醉酒状态的评价，不属于故意认识的内容。被告人自认为隔夜可以安全驾驶，这种错误属于被告人对法律评价认识错误问题，不影响法益侵害性，不阻却犯罪故意的成立。

此外，对于其他不影响法益侵害性的事实的认识错误，也不影响抽象危险犯的故意的成立。例如，在包某某危险驾驶罪二审案中，上诉人包某某提出自己驾驶车辆时，自认为体内的酒精已经分解，并不知道自己患有肝功能不全的疾病才影响酒精分解。法院判决认定，其上诉理由属于事实认识错误，不影响对犯罪行为的认定〔1〕。从后文可知，严格来讲，这并不属于刑法意义上的事实认识错误；而且，行为人的这种认识不影响其对法益侵害性的认识，不属于危险驾驶罪的故意认识内容。

综上，本文认为，抽象危险犯中的抽象危险体现了法益侵害性，属于客观违法要素，是犯罪故意的认识内容。抽象危险犯区别于具体危险犯的特点是，抽象危险结果与行为同时发生，所以对行为的认识也即意味着对抽象危险结果的认识。

〔1〕 参见衢州市中级人民法院（2012）浙衢刑终字第157号浙江省刑事裁定书。

稿　约

《刑法解释》是四川大学法学院和刑事政策研究中心主办、法律出版社出版发行、专题研究刑法解释学和刑法方法论的连续出版物，由法学界学术泰斗和知名学者、司法实务界专家共同组成编辑委员会，由赵秉志教授和李少平大法官担任编委主任，魏东教授担任主编，暂定每年出版2卷。《刑法解释》以登载学术底蕴深厚、理论创新性突出或者实践指导性强、字数在2万字以上的原创性长篇大作为主，设置的主要专栏有"特稿""专论""刑法判决""刑法原理""外国与比较刑法""书评"等。

《刑法解释》作为严肃的学术性连续出版物，主张严守学术规范，择善而从，择优而用。来稿请以WORD文档附件形式，发送邮件到以下邮箱地址：xingfajieshi@163.com；纸质文稿可寄送以下通讯地址：四川省成都市双流区川大路四川大学江安校区法学院办公室3007室，魏东（收），邮编：610207。

《刑法解释》热切期待刑法学同仁不吝赐稿，并请遵从下列写作技术规范：

一、论文的体例和标题的用法

（一）原则上不使用"章""节"等细目。

（二）一级标题编序原则上使用汉字表达，如：一、二。另行，前空二字。

（三）二级标题编序原则上使用汉字表达，如：（一）（二）。另行，前空二字，行末不带标点。

（四）其他层次，用阿拉伯数字表达，如：1.2.；(1)(2)。另行，前空二字。

正文标题排序中原则上不使用①②等，如出现需以①②等为标题层次时，即需对正文结构进行调整，避免层级过多。

（五）在自然段内出现要点列举时，可为：(1)(2)；第一；其一。一般情况下接排。

二、注释的用法

（一）注释采用当页脚下注，注释号每页重新起算排序，用阿拉伯数字〔1〕、〔2〕等。

（二）除特殊情况外，文中注号置于注处标点外右上角。

（三）引用资料非来自原始出处者，注明"转引自"。

（四）引文出自同一资料相邻数页者，采用注释例：第28页以下、第28~31页。

（五）引注作品重复出现时，需注释完整，不采用"同上注""同前注"等形式。

（六）作者为三人或三人以上的作品，首次引用时应显示全部作者，重复出现时可在第一作者之后加“等”字样。

注释例一(著作类):

《马克思恩格斯选集》(第2卷)(上册),人民出版社1972年版,第35页。

柴成文等:《板门店谈判》,上海人民出版社1989年版,第45~48页。

国务院发展研究中心:《中国农业报告》,中信出版社2001年版,第35页。

注释例二(期刊类):

赵白辰:《建构新经济制度》,载《中国社会科学研究》1993年第2期。

注释例三(文集类):

王民:《价格理论》,载张可主编:《经济学论集》,经济出版社1992年版,第33~39页。

注释例四(报纸类):

王启东:《法制与法治》,载《法制日报》1989年3月2日第2版。

注释例五(网站类):

吴汉东:《论范式民法典中的知识产权制度》,载中国私法网:http://www.privatelaw.com.cn/cgi-bin/ztyj/view.asp? id=38,最后访问日期:2015年1月1日。

注释例六(译作类):

[德]拉伦茨:《德国民法通论》,邵建东译,法律出版社2003年版,第1页。

[澳]依凡·谢瑞尔:《国内法院对国际法的查明和适用》,尤明青译,载《法商研究》1997年第5期。

注释例七(外文类):

从该语种的通常注释习惯。

三、法律法规等的用法

(一)法律名称前不需要加“中华人民共和国”字样,如不用《中华人民共和国刑法》,只需为《刑法》即可;但外国刑法名称除外。

(二)在专指某法典时,加书名号,其他叙述时不加书名号,如《刑法》第5条规定……;我国刑法所规定的故意杀人罪……。

(三)涉及条款时,表述(示例)为《刑法》第292条第1款第3项。

(四)如文中多处出现名称较长的法律法规、规章、司法解释等,可于文前附缩略语表,文内统一使用简称。

(五)引用法条原文时,如和原文毫无差别,加引号;如有差别,不加引号。

四、数字的用法

(一)使用汉字的情况

定型词汇,如八国联军　五四运动　白发三千丈　二八年华　五省一市。

民族纪年,如腊月二十三　咸丰六年九月十日　日本平成七年。

概数和约数,如七八十个　几千年　三十多个省份　约三千人。

非物理量，如一个人　三本书　六条意见　五个百分点。

(二)使用阿拉伯数字的情况

统计数字，如48　69%　1/4　1:50　-25.6　3.875。

时间，如公元前8世纪　1949年10月1日　20世纪80年代　1970年代。

法律条文号及刑期，如《刑法》第292条第2款　有期徒刑9年。

物理量，如12m　100kg　45.8万元　11个月　4.9万册　12.4亿人。

《刑法解释》编委会
2018年6月16日

图书在版编目(CIP)数据

刑法解释. 第3卷 / 魏东主编. -- 北京 : 法律出版社, 2018
(刑法解释论坛)
ISBN 978-7-5197-2679-9

Ⅰ. ①刑… Ⅱ. ①魏… Ⅲ. ①刑法-法律解释-中国-文集 Ⅳ. ①D924.05-53

中国版本图书馆CIP数据核字(2018)第208763号

刑法解释(第3卷)
XINGFA JIESHI(DI 3 JUAN)

魏 东 主编

策划编辑 聂 颖 金 羽
责任编辑 金 羽
装帧设计 贾丹丹

编辑统筹 法律应用·大众读物出版第一分社

出版 法律出版社
总发行 中国法律图书有限公司
经销 新华书店
印刷 北京虎彩文化传播有限公司
责任印制 胡晓雅

开本 787毫米×1092毫米 1/16
印张 16.5
字数 283千
版本 2018年10月第1版
印次 2018年10月第1次印刷

法律出版社/北京市丰台区莲花池西里7号(100073)
网址/www.lawpress.com.cn
投稿邮箱/info@lawpress.com.cn
举报维权邮箱/jbwq@lawpress.com.cn
销售热线/010-63939792/9779
咨询电话/010-63939796

中国法律图书有限公司/北京市丰台区莲花池西里7号(100073)
全国各地中法图分、子公司销售电话:
统一销售客服/400-660-6393
第一法律书店/010-63939781/9782 西安分公司/029-85330678 重庆分公司/023-67453036
上海分公司/021-62071010/1636 深圳分公司/0755-83072995

书号:ISBN 978-7-5197-2679-9 定价:56.00元
(如有缺页或倒装,中国法律图书有限公司负责退换)